일본 중용장구 훈점본의 해독과 번역

동경대학 국어연구실 소장 『중용장구』를 대상으로

일본 중용장구 훈점본의 해독과 번역
－동경대학 국어연구실 소장『중용장구』를 대상으로－

초 판 인 쇄   2020년 02월 15일
초 판 발 행   2020년 02월 25일

저   자   오미영 외 한문훈독연구회
발 행 인   윤석현
발 행 처   박문사
책 임 편 집   최인노
등 록 번 호   제2009-11호

우 편 주 소   서울시 도봉구 우이천로 353 성주빌딩 3층
대 표 전 화   02) 992 / 3253
전   송   02) 991 / 1285
전 자 우 편   bakmunsa@hanmail.net

ⓒ 오미영 외 한문훈독연구회 2020 Printed in KOREA.

ISBN 979-11-89292-52-2   93730   정가 48,000원

한문훈독연구 총서 4

일본 중용장구 훈점본의 해독과 번역

―동경대학 국어연구실 소장 『중용장구』를 대상으로―

오미영 외 한문훈독연구회

박문사

추천사

쓰키모토 마사유키

(도쿄대학 문학부 교수, 훈점어학회 회장)

「한문」을 중국 주변 각국의 언어로 읽는 것, 즉 「한문훈독」은 오랜 옛날부터 이루어져 왔다. 그 중심이 된 것이 한반도와 일본이다. 그때 원문에 기입된 문자와 부호를 한반도에서는 「구결」이라고 부르고 일본에서는 「훈점」이라 칭한다.

일본에서는 8세기 말부터 훈점이 기입되어 왔다. 이후 방대한 수의 자료가 만들어져 오늘날까지 전하며 서기 1200년 이전 자료만 해도 5000점 이상이 되는 것으로 보인다.

일본에서 한문은 대부분 훈독으로 읽어 왔기 때문에 일본에서 한문을 이해한다는 것은 훈독과 함께하는 것이며, 훈독에 대한 해명 없이 일본인이 한문을 이해해 온 역사를 말하는 것은 불가능하다. 일본어학 분야에서는 20세기 초부터 한문에 기입된 훈점을 해독하여 옛 일본어를 연구하는 자료로서 활용해 왔다. 이러한 연구를 통하여 일본에서 한문훈독에 의해 새로운 문체가 생겨났다는 것도 밝혀졌다.

그러나 한문훈독 자료[훈점자료]의 해독에는 많은 어려움이 따른다. 훈점을 구성하는 개개의 문자와 부호를 바르게 해독하고 오래 전 그 당시에 그 훈점을 기입한 사람의 의도에 다가가는 것은 전문가에게도 쉬운 일이 아니며 오랜 수련과 경험을 필요로 한다. 이로 인해 현재 일본에서는 이 방면의 연구자가 고작 5명 정도를 헤아리는 실정이다.

이러한 상황 속에서 본서의 대표저자인 오미영 교수는 일본 한문훈독자료의 연구에 매진하여 커다란 성과를 올려 왔다. 오미영 교수는 홋카이도 대학에 유학하여 이시즈카 하루미치 교수의 지도하에 일본의 논어 훈독에 관한 연구로 박사학위를 취득했다. 그 성과가 『日本論語訓読史研究 (上) 訓点資料篇』과 『日本論語訓読史研究 (下) 抄物篇』(제이앤씨, 2006년)이다. 이것은 20세기 초에 일본의 훈점자료 연구가 시작된 이래 논어만을 대상으로 삼은 첫 연구서이며 또한 훈점자료와 함께 중세에 행해진 강의록인 쇼모노[抄物]에 대해서도 논함으로써 일본인 연구자들이 이루지 못했던 연구를 완성시킨 것이었다.

나아가 오미영 교수는 위 저서에서 중심적으로 다루었던 동양문고(동경) 소장 『논어집해(論語集解)』 전체를 대상으로 본인이 주재하는 <한문훈독연구회> 구성원과 함께, 오랜 기간에 걸쳐 해당 훈점본에 기입된 훈점에 따라 해독하고 훈점에 따라 한문훈독문을 작성하고 현대 일본어와 한국어 번역 작업을 하여 저서로서 출판하였다. 이것이 『일본 논어 훈점본의 해독과 번역 — 일본 동양문고 소장 『논어집해』를 대상으로 — (상·하)』(숭실대학교 출판국, 2014·2015년)

이다. 이 저서를 통해 오미영 교수는 명실공히 일본의 유교 경서 훈독에 관한 연구의 일인자가 되었다고 필자는 평가한다.

일본 국내외를 통틀어 근래 일본 한문훈독과 훈점에 대해 언급한 연구는 결코 적지 않으나 오미영 교수의 저작과 같이 개개의 훈점을 정확하게, 그리고 대량으로 해독하고 그것에 입각하여 이루어진 연구는 거의 찾아볼 수 없다. 이러한 점에서 오미영 교수의 연구성과는 실로 탁월한 것이며 오랜 세월에 걸친 진지한 노력의 결정체라고 생각한다. 그러한 점에서 나는 일본인 한문훈독 연구자로서 경탄과 함께 마음으로부터 경의를 표하는 바이다.

또한 2019년에는 『일본 천자문 훈점본의 해독과 번역 - 동경대학 국어연구실 소장 『주천자문』을 대상으로 - 』(박문사, 2019년)를 출판하였다. 이것은 동경대학 문학부 국어연구실에 소장된 15세기 자료를 대상으로 우선 훈점을 해독하고 필요한 설명을 덧붙인 후 한문훈독문을 작성하고 한국어 번역을 한 것이다. 더불어 내용 이해에 필요한 주석도 인용하여 번각하고 한국어로 번역하였다. 이것은 일본에서 필사된 『천자문』의 주석에 대한 연구로서 대단히 중요한 것이다.

이번에 오미영 교수를 대표저자로 하여 <한문훈독연구회>에서 출판하는 본서의 고찰대상 자료도 동경대학 문학부 국어연구실에 소장된 『중용장구(中庸章句)』훈점본이다. 이것은 남송의 주희(朱熹, 1130-1200)가 지은 『중용』의 주석서에 대해서 일본 중세의 유학자 기요하라 노부카타(淸原宣賢, 1475-1550)가 훈점을 기입한 것으로 필사자는 그의 둘째 아들인 요시다 가네미기(吉田兼右, 1516-1573)이다. 일본 중세에 유교 경서가 어떻게 해독되고 이해되었는가를 알기 위한 절호의 자료였음에도 불구하고 일본인 연구자에 의한 연구는 충분히 이루어지지 않았었다. 그러한 연구를 이룩한 것에 대해 나는 오미영 교수에게 마음으로부터 우러나오는 존경의 마음을 갖지 않을 수 없다.

나는 2009년 오미영 교수를 동경대학 문학부 외국인연구원으로 모신 적이 있다. 동경대학 문학부 귀중서고를 안내하였을 때 오미영 교수는 곧장 본서의 고찰대상 자료인 『중용장구』를 발견하고는 크게 기뻐하였다. 그러나 그때 나는 참으로 부끄럽게도 그 자료의 가치를 충분히 알지 못하고 있었다. 그 후 오미영 교수는 직접 또는 논문을 통하여 그 자료의 가치를 일깨워 주셨다. 오미영 교수께 다시금 감사의 말씀을 드린다.

일본 한문훈독을 연구하는 학자로서 나는 오미영 교수의 연구 성과와 숨은 노력에 대하여 깊은 경의를 표하고, 이 책이 한국과 일본의 관련 연구자들이 반드시 읽어야 할 책이라 말씀드리면서 추천사를 맺고자 한다.

2019년 10월 동경에서

번역: 신웅철(경성대학교 한국한자연구소 HK연구교수)

推薦の辞

月本雅幸

(東京大学 教授, 訓点語学会 会長)

　「漢文」を中国周辺のそれぞれの国の言語で読むこと，即ち「漢文訓読」は古い時代から行われた。その中心となったのが韓半島と日本である。その際原文に記入される文字や符号を韓半島では「口訣」と呼び，日本では「訓点」と称する。

　日本では8世紀の末から訓点が記入されるようになった。それ以後，膨大な数の資料が現存し，西暦1200年頃までの資料だけで5000点以上があると見られる。

　日本では漢文は大部分が訓読されたので，日本に於ける漢文の理解は訓読と共にあり，訓読の解明なくして，日本人による漢文理解の歴史を語ることはできない。日本語学の分野では，20世紀の初めから漢文に記入された訓点を解読し，古い日本語の資料として活用することが行われて来た。この研究を通じて，日本では漢文訓読により，新たな文体の生じたことも明らかに

なった。

　けれども，漢文訓読の資料(訓点資料)の解読には多くの困難が
伴う。訓点を構成する個々の文字や符号を正しく解読し，遙か
昔の解読者の意図に迫ることは，専門家にとっても容易なもの
ではなく，長年の修練と経験を必要とする。このため，現在の
日本ではこの方面の研究者は僅か5名ほどを数えるのみとなって
いる。

　このような中にあって，本書の代表著者，呉美寧教授は日本
の漢文訓読資料の研究に取り組み，大きな成果を挙げて来られ
た。同教授は北海道大学に留学され，石塚晴通教授の指導の
下，日本に於ける論語の訓読に関する研究に従事して，博士の
学位を得た。その成果が『日本論語訓読史研究(上)訓点資料篇』
『同(下)抄物篇』2冊(J＆C，2006年)である。これは20世紀の初めに
日本の訓点資料研究が始まって以来，初の論語のみに関する研
究書であり，また，訓点資料と共に中世に行われた講義録であ
る「抄物」についても論じていて，日本人研究者がなし得なかっ
た研究を完成されたものである。

　さらに呉教授は前著において中心的な資料とした東洋文庫(東
京)蔵，『論語集解』の全文を対象として，呉教授主宰の＜漢文訓
読研究会＞のメンバーと共に，そこに記入された訓点によって
解読し，それたよって漢文訓読文を作成し，現代日本語と韓国
語訳を付ける長年の作業を行い，著書として刊行された。これ
が『日本論語訓点本の解読と翻訳—日本東洋文庫所蔵「論語集解」
を対象として—(上・下)』2冊(崇実大学校出版局，2014・2015年)で

ある。これによって同教授は名実共に日本に於ける儒教の典籍の訓読に関する研究の第一人者となられたというのが私の評価である。

　日本にあっても，外国にあっても，近年，日本の漢文訓読や訓点に言及した研究は決して少なくないが，呉教授の著作のような，個々の訓点を正確且つ大量に解読しながらそれらに即して行われた研究はほとんど見られない。この点において，呉教授の研究成果は真に卓越したものであり，長年の真摯な努力の賜物であって，私は日本人の漢文訓読研究者として驚嘆し，心から敬意を表するものである。

　さらに2019年には『日本の千字文訓点本の解読と翻訳―東京大学国語研究室蔵「註千字文」を対象として―』(博文社，2019年)を刊行された。これは東京大学文学部国語研究室が所蔵する15世紀の資料を対象として，まず訓点を解読し，必要な説明を加えた上で漢文訓読文を作成し，これを韓国語で翻訳したものである。さらに内容の理解に必要な注釈を引用し，これも韓国語で翻訳を行っている。これは日本で書かれた『千字文』の注釈の研究として極めて重要なものである。

　今回呉教授が代表著者として＜漢文訓読研究会＞で刊行されるのは，同じく東京大学文学部国語研究室所蔵の『中庸章句』を考察対象としたものである。これは南宋の朱熹(1130-1200)が著した『中庸』の注釈書に対して，日本中世の儒者清原宣賢(1475-1550)が訓点を記入し，その次男吉田兼右(1516-1573)が写したものである。日本中世において，儒教の典籍がどのように解読，理

解されたかを知るのに格好の資料であるにもかかわらず，日本人研究者によっては，十分に研究されて来なかった。その研究を果たされたことに対し，私は呉教授に対し，心からの尊崇の念を抱くものである。

　私は2009年に呉教授を東京大学文学部外国人研究員として受け入れたが，呉教授を東京大学文学部の貴重書庫に案内した際，同教授は直ちにこの『中庸章句』の写本を見出され，大いに喜ばれた。しかしその時には私は，まことに恥ずかしいことながら，その価値がよく分かっていなかった。その後，直接または論文によってその価値を教えられたことであった。呉教授には改めて感謝したい。

　日本の漢文訓読を研究する者として，私は呉教授の研究成果とその背後にある努力に敬意を表し，本書が関係する日韓両国の研究者にとって必読の書であることを述べ，以て推薦の辞とするものである。

　2019年10月　東京にて

머리말

이 책은 한문훈독연구회 총서로 간행되는 네 번째 책입니다.

한문훈독연구회는 한국과 일본의 한문훈독 및 동양고전의 탐구에 뜻을 가진 일본어학자 및 국어학자 그리고 대학원생들이 함께 모여 공부하는 모임입니다. 한문훈독연구회는 한국과 일본의 한문훈독과 관련된 자료를 해독할 수 있는 연구자를 양성함으로써 동아시아 한문훈독연구에 이바지하는 것을 첫 번째 목표로 하고 있습니다. 또한 연구자를 양성하는 것에 그치지 않고 동양 고전의 탐구라는 공통의 관심사를 가진 사람들이 함께 모여 공부하며 삶을 돌아볼 수 있는 장을 마련하는 것도 또 하나의 목표입니다.

한문훈독연구회는 2006년 6월 마지막 토요일에 숭실대학교에서 첫 공부 모임을 시작한 이래 현재까지 주1회, 평균적으로 10명에서 15명 정도가 숭실대학교에서 모여서 공부모임을 해 오고 있습니다. 어느새 만14년을 향해 달려가고 있습니다. 현재까지 총50명 정도가

연구회에 함께 해 왔습니다. 그 사이 석사과정 1학기에 참여하기 시작한 학생이 박사학위를 취득하기도 하고 학부생이었던 친구들이 직장을 잡고 사회생활을 하면서도 계속해서 연구회에 참여하고 있기도 합니다. 또 시간강사에서 전임교수가 되거나, 심지어 학부 3학년 때 참여한 학생이 전임교수가 되는 등 전임교수가 아니었다가 전임교수가 되신 분이 15명이나 됩니다.

한문훈독연구회에서 지금까지 공부한 고전과 텍스트는 대략 아래와 같습니다.

논어: 일본 동양문고 소장 무발본 『論語集解』 16세기 淸原枝賢 가점.

소학: 일본 내각문고 소장 『小學句讀』 貝原益軒 훈점. / 『飜譯小學』 16세기 중간본. 金詮과 崔淑生 등이 『소학』을 의역하여 언해. / 『小學諺解』 16세기 간본. 교정청에서 『소학』을 직역하여 언해.

육조단경: 조계원본 『六祖法寶壇經』 훈점본. 18세기 간본. / 『六祖法寶壇經諺解』 15세기 간본. 인수대비의 명을 받은 學祖가 간행하였을 것으로 추정.

법화경: 『倭點法華經』 13세기 간본. 心空 훈점. / 『假名書き法華經』 14세기 서사본. / 『法華經諺解』 15세기 간본. 세조가 구결을 달고 간경도감에서 언해하여 간행.

중용: 동경대학 국어연구실 소장 『中庸章句』 16세기 兼右 서사·淸原宣賢 훈점.

신약성서 사복음서: 『新約全書』 훈점한문성서. 1879년 미국성서회사 간행본.

이 밖에도 일본서기(日本書紀), 화엄경(華嚴經), 고문효경(古文孝經) 훈점본을 일부 공부하였습니다. 2019년 10월 현재는 훈점한문성서 신약과 법화경 훈점본을 두 번째 공부하고 있습니다.

한문훈독연구회 총서는 일본의 훈점자료를 연구한 책들입니다. 일본에서는 8세기 말 이후 현재까지 한문을 <한문훈독>이라는 방식으로 읽어 왔습니다. 한문책 위에 구두점, 가나점, 오코토점, 어순지시부호 등의 훈점을 기입하고 일정한 규칙에 따라 일본어로 읽어가면 한문훈독문이라는 일본어 번역문이 성립되도록 고안된 한문학습방식을 한문훈독이라고 합니다. 훈점이 기입된 한문책을 훈점본 혹은 훈점자료라고 합니다.

한문훈독연구회 총서 제1권과 제2권은 일본 동양문고에 소장되어 있는『論語集解』훈점본(二Ca4)을 세 차례에 걸쳐 함께 공부한 후 그 결과물을 상하 두 권에 나누어 담아서 2014년과 2015년에 각각 간행한 것입니다. 해당 자료의 훈점을 정밀하게 판독하여 나타내고 이를 일본어 어순으로 배열한 후, 그것을 바탕으로 일본어 한문훈독문을 작성함과 동시에 이에 대한 현대 일본어 번역문과 현대 한국어 번역문을 함께 제시하였습니다. 또한 내용의 이해를 돕기 위한 추가 정보가 필요한 경우 각주를 달아 설명하기도 하였습니다. 논어는 텍스트 자체가 가진 내용적 위대함도 크지만, 한문훈독연구회에서 가장 먼저 공부하기 시작한 훈점본이라는 점에서 모든 구성원들이 남다른 애정을 가지고 있는 자료입니다.

한문훈독연구회 총서 제3권은 동경대학 국어연구실에 소장되어 있는『註千字文』훈점본(特22D55 L46820)에 대해 연구한 책입니다. 필자의 졸저이기는 합니다만 연구회의 몇 사람은 해당 훈점본과 더불어 한국과 일본의 천자문 자료를 공부하는 필자가 진행한 연구 모임에 함께 참여하였습니다.

한문훈독연구회 총서 제4권인 본서는 동경대학 국어연구실에 소장되어 있는『中庸章句』훈점본(21H11)에 대해 2010년부터 2019년 초까지 세 차례에 걸쳐 한문훈독연구회에서 다 함께 공부한 내용을 담았습니다. 이제 그 결과를 세상에 내놓음으로써 보다 많은 연구자들과 학문적인 활동을 공유하고자 하는 것입니다. 체제는 현대 일본어 번역문을 생략함으로써 제1권과 제2권에 비해 조금 간략해졌습니다.

필자는 2009년 한 해 동안 연구년을 맞아 동경대학의 외국인연구원으로서 국어연구실에서 연구하였고 해당 연구실의 고문헌 보존서고를 처음 보았을 때의 감동을 한문훈독연구회 총서 제3권의 머리말에서 밝힌 바 있습니다. 그곳에 들어서자마자 저의 시선을 끈 책이 바로『中庸章句』(21H11)입니다. 거기에는 <宣賢點·兼右書>라는 메모가 꽂혀 있어서 더욱 저의 마음을 끌어 당겼습니다.

宣賢은 중세 일본의 경학 연구를 담당하고 계승한 淸原 박사 가문의 학자로서 가문 내에서도 출중한 학문적 업적을 남겼습니다. 그는 본래 신도(神道)를 가업으로 하는 吉田 집안에서 태어났으나 淸原 가문의 양자로 들어가 가업인 유가경서에 대한 연구를 이어받게 되었습니다. 兼右는 宣賢의 차남으로서 아버지의 생가인 吉田 집안의 대를 이었고 학문적으로도 많은 업적을 남겼습니다. 즉 이 두 사람은 부자 관계이며 중세 일본의 학문 세계에 큰 기여를 한 인물들입니다.

『中庸章句』(21H11)의 필사기를 통해서 다음과 같은 사실을 알 수 있습니다. 兼右가 13살 때 淸原 집안의 책을 바탕으로 중용장구 원문을 서사한 후, 부친인 宣賢에게 훈점 기입을 청하였다고 합니다. 이에 응하여 宣賢이 붉은 색의 훈점, 즉 주점(朱點)을 기입해 주었고, 그 후 兼右 자신이 부친이 가점한 다른 훈점본을 보고 검은 먹으로 찍은 훈점, 즉 묵점(墨點)을 옮겨 적었다는 사실입니다.

필자는 중세 논어 훈점본을 대상으로 중국 주석서의 수용과 그에 따른 훈독의 변천을 살펴본 박사논문 집필 이래, 淸原 박사가문의 훈점본, 특히 宣賢의 여러 훈점본을 고찰 대상으로 하여 연구를 해왔습니다. 淸原 가문의 학문은 고주(古注)를 기본으로 하고 있었으나 宣賢은 당대 淸原 가문의 학문 체계를 주자학 체계에 따라 사서(四書)로 편성하고 淸原 집안 훈점의 정통성을 확보하기 위해 가본(家本)을 제작합니다. 다만 사서라는 주자(朱子)의 신주(新注) 체계에 따랐음에도 불구하고, 논어의 텍스트는 주자의 논어집주(論語集注)가 아닌 이전부터 사용되던 고주 주석서인 하안(何晏)의 논어집해(論語集解)를 사용했다는 점이 특징입니다.

필자는 2009년에 淸原 가문의 훈점본의 훈독과『中庸章句』(21H11)의 훈독을 비교하여 연구하였으며, 2010년 동경대에서 돌아온 후부터는 한문훈독연구회 구성원들과 함께 해당 자료를 꼼꼼하게 공부하기 시작했습니다. 함께 공부한 한문훈독연구회의 구성원은 아래와 같습니다.

<중용장구를 함께 공부한 구성원>
오미영(숭실대학교 일어일문학과 교수)
박진호(서울대학교 국어국문학과 교수)

한세진(숭실대학교 일어일문학과 초빙교수)

김문정(서울시교육청 학부모교육 강사)

이정범((주)kakao AI Lab 직원)

신웅철(경성대학교 한국한자연구소 HK연구교수)

문현수(숭실대학교 박사후연구원)

허인영(고려대학교 국어국문학과 박사과정)

정문호(일본 北海道大學 대학원 文學院 박사과정)

손범기(사이버한국외국어대학교 일본어학부 조교수)

이태섭(숭실대학교 일어일문학과 석사과정)

한경호(성균관대학교 중어중문학과 초빙교수)

최준호(서울대학교 국어국문학과 박사과정)

배진솔(서울대학교 국어국문학과 박사과정)

엄상혁(서울대학교 국어국문학과 박사과정)

이 자료를 처음 강독하였을 때에는 중용의 추상적인 개념을 이해하는 것이 쉽지 않았고 시간도 많이 소요되었습니다. 그러나 대개의 공부가 그렇듯이 시간이 가면서 어느새 학문적으로 성장하고 있음을 확인할 수 있어서 기쁘기도 했습니다. 그러나 현재의 저희들로서는 중용의 내용을 완전히 이해하지 못한 부분이 적지 않음을 고백합니다. 앞으로의 공부를 통해 이를 어느 정도 채워갈 수 있을지 알 수 없지만 적어도 각자의 공부 속에서, 혹은 함께하는 공부 속에서 현재의 부족함을 채우기 위해 노력해 갈 것을 약속드리는 바입니다.

이 책은 저희의 공부 결과와 더불어 원본 사진 전체를 함께 싣고 있습니다. 이는 月本雅幸 교수님(東京大學)의 아낌없는 격려와 지원으로 가능하였습니다. 교수님은 연구회 총서 제3권『註千字文』의 경우와 마찬가지로 어떠한 대가도 없이 귀한 자료의 사진 전체를 공개하도록 허락해 주셨습니다. 이를 통해 한국에 일본 훈점본의 존재를 알리고 한국과 일본의 한문훈독 연구와 문화적 교류의 활성화에 이바지하고자 하는 교수님의 큰 뜻을 저희는 잘 알고 있습니다. 또한 한국에 방문하실 때는 저희 연구회에 직접 참석하셔서 어려운 내용을 짚어서 가르쳐 주시고 젊은 참여자들이 학문의 길로 나아갈 수 있도록 격려해 주셨습니다.

한편 小助川貞次 교수님(富山大學)은 한문훈독연구회의 구성원들이 한문훈독연구의 기초를 쌓을 수 있도록 여러 차례에 걸쳐 자료 조사의 기회를 마련해주시고 물심양면으로 아낌없이 지원해 주셨습니다. 교수님의 가르침과 지원이 아니었다면 저를 포함한 저희 연구회 구성원들이 이처럼 성장할 수 없었을 것입니다.

또한 石塚晴通 교수님(北海道大學 명예교수)과 池田証壽 교수님(北海道大學), 高田智和 교수님(日本 國立國語硏究所)께는 늘 아낌없는 격려와 굳은 지지를 받아 왔습니다. 여러 선생님들께 이 자리를 빌려 진심으로 감사의 말씀을 드립니다.

2019년 10월 한문훈독연구회를 대표하여
오미영 씀

새로 보수한 표지

속표지

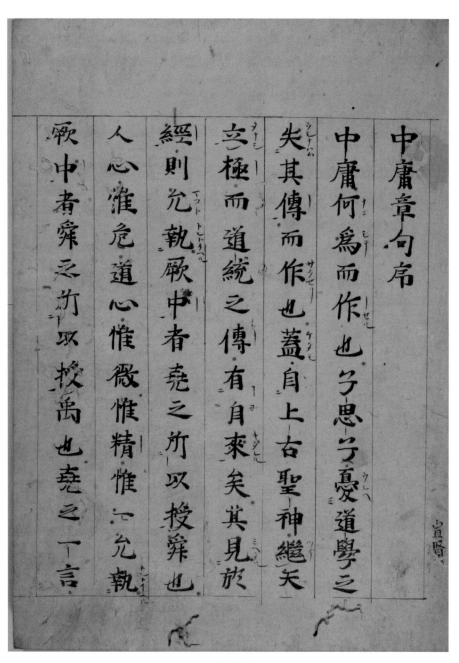

中庸章句序

中庸何爲而作也子思子憂道學之

失其傳而作也蓋自上古聖神繼天

立極而道統之傳有自來矣其見於

經則允執厥中者堯之所以授舜也

人心惟危道心惟微惟精惟一允執

厥中者舜之所以授禹也堯之一言

1장 앞면

諸說之同異得失亦得以曲暢旁通
而各極其趣雖於道統之傳不敢妄
議然初學之士或有取焉則亦庶乎
行遠升高之一助云爾淳熙己酉春
三月戊申新安朱熹序

中庸 中者不偏不倚無過
不及之名庸平常也 朱熹章句

5장 앞면

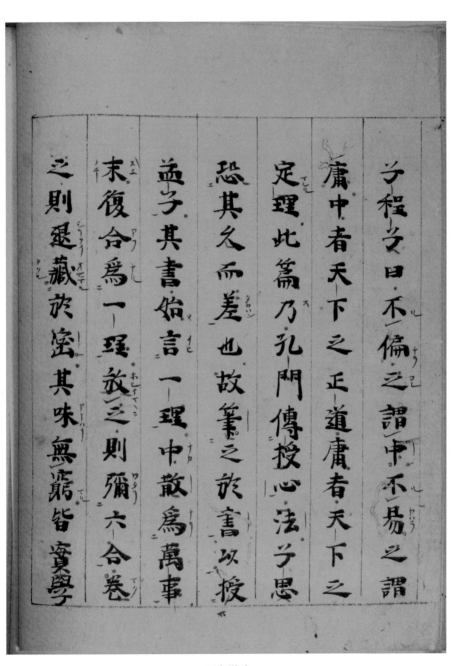

子程子曰不偏之謂中不易之謂
庸中者天下之正道庸者天下之
定理此篇乃孔門傳授心法子思
恐其久而差也故筆之於書以授
孟子其書始言一理中散爲萬事
末復合爲一理放之則彌六合卷
之則退藏於密其味無窮皆實學

5장 뒷면

也善讀者玩索而有得焉則終身

用之有不能盡者矣

天命之謂性率性之謂道修道之謂

教命猶令也性即理也天以陰陽五

行化生萬物氣以成形而理亦賦

焉猶命令也於是人物之生因各得

其所賦之理以爲健順五常之德所

謂性也率循也道猶路也人物各循

其性之自然則其日用事物之間莫

不各有當行之路是則所謂道也修

品節之也性道雖同而氣稟或異故

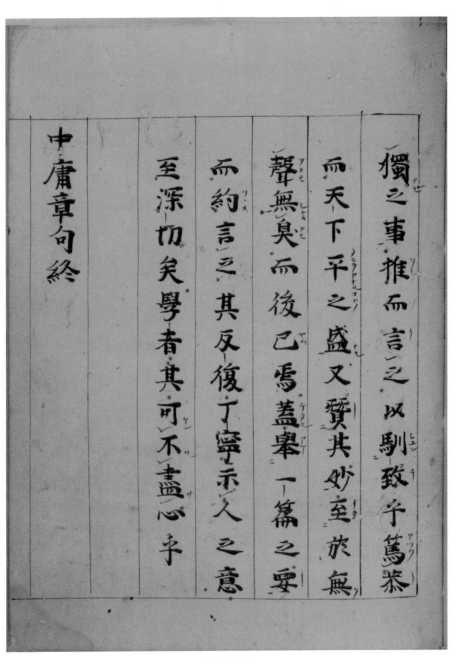

獨之事推而言之以馴致乎篤恭

而天下平之盛又贊其妙至於無

聲無臭而後已焉蓋舉一篇之要

而約言之其反復丁寧示人之意

至深切矣學者其可不盡心乎

中庸章句終

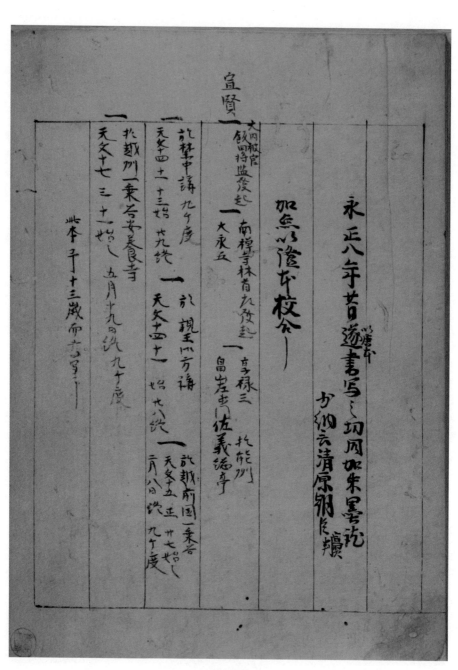

永正八年某日逐書寫之功同加朱墨訖
　　　　　　　　少納言清原朝臣嶽

加之以證本校合

宣賢

大内殿官
　飯田將監後起
　　　南禪寺林育九後起
　　　　　　　一大永五
　　　　　　　　　　享禄三
　　　　　　　　　　　　於能州
　　　　　　　　　　畠山左衛門佐義總亭

訖辈中誹九ヶ度
　　　於覩室以方誹
一天本四十三始十九終
　　　　　　一天文十四十一始十八終
　　　　　　　　　一於越前國一乘谷
　　於越州一乘谷安養寺
　　　　　　　　天文十五正廿七始
　　　　　　　　　二月八日終九十度
一天文十七三十一始
　　　五月十九日終九十度
　此本子十三歳而赤書之

53장 뒷면

28 일본 중용장구 훈점본의 해독과 번역

목차

제1장

해설

오미영

1. 중용

1) 성립

중용은 본래『禮記』의 한 편(제31편)이다.『孔子世家』에 따르면 중용의 저자는 子思이다. 자사는 공자의 손자이다. 공자는 아들 鯉(字 伯魚)를 두었는데 50세로 죽었고, 그의 아들 伋(字 子思)이 宋나라에서 어려움을 겪으며 중용을 지었다고 한다. 그러나 자사 개인의 저작이 아니라 여러 유학자들의 저술을 모아 편집했거나 후학들의 손에 의한 것이라고 주장되기도 한다.

2) 주석서

중용을『禮記』에서 독립시키고 거기에 주석을 단 것으로 가장 먼저 나온 책은 南朝 宋 戴顒(378-441)의『禮記中庸傳』2권이다. 이 책은 현존하지 않는다.

이어 梁나라 武帝(464-549)가『中庸講疏』1권을 저술하고 章紹, 朱异, 賀琛 등에게 명하여『私記制旨中庸義』5권을 편집하게 하였다. 이 책들 또한 현재 전하지 않는다.

위 책들은 유·불, 혹은 유·불·도 절충의 입장에서 기술되었던 것으로 보이며 宋나라 이후에도 불가의 입장에서 중용을 해석한 저술이 있었던 것으로 추정된다.

여기에서 벗어나 유교의 본의를 밝히기 위해 중용을 근거로 삼은 것은 唐 李翶(?-846)의『復性書』였다. 그럼에도 불구하고 이 책에도 불교의 영향이 뚜렷하게 드러난다.

宋나라 司馬光(1019-1086)이『潛虛』를 저술하여 중용의 '中和'의

개념을 중심에 두고 기술하였다. 周敦頤(1017-1073)는 『通書』를 저술하면서 중용의 '誠'을 형이상학의 근본과 연결지었다.

南宋의 朱熹(1130-1200)는 중용과 관련한 저술을 여러 권 남겼다. 1173년에는 친구인 石墩이 周敦頤·二程 이하 北宋 학자들의 여러 설을 모아 편집한 『中庸集解』에 서문을 쓰고, 스스로 『中庸集解』의 요점을 뽑아 『中庸輯略』을 편집하였다. 또 중용의 의의를 설명하고 여러 학자들의 해석에 비판을 가한 『中庸或問』을 저술하였다. 1174년 呂祖謙에게 보낸 서한에 『中庸章句』를 보내고 비판을 청한 내용이 있다. 그 후 20년이 지난 1189년에 비로소 서문을 단 『中庸章句』의 완성본이 나왔다.

주희는 『中庸章句』를 서술상의 연결을 고려하여 33장으로 나누고 일관된 주장을 지닌 논서임을 밝혔으며 정현 이후 선대 유학자들의 견해를 종합하고 자신의 설을 더하였다. 주희의 중용 해석은 단순한 훈고와 해설에 그치지 않고 스스로의 철학을 표명하였다.

3) 구성

중용의 구성에 대해 赤塚忠(1967:182-186)은 주희의 분장을 바탕으로 하여 아래와 같이 크게 6단으로 구성되어 있음을 밝혔다. 그 내용을 정리하면 다음과 같다.

제1단(중용장구 제1장): 중용 학설의 근간이 되는 性·道·敎의 관계를 분명히 하고, 특히 道의 실천이 愼獨의 근본임을 말하였다.[天命之謂性-愼其獨也] 또한 도의 실천이, 마음 속 中正으로부터 시작되어 널리 사물의 절도를 얻으며, 소위 道는 중용으로 결국 天地人中和의 큰 이상을 달성해야 함을 설하였다.[喜怒哀樂-萬物育焉]

제2단(중용장구 제2장-제12장): 군자의 도가 중용임에도 불구하고 사람들이 이것을 온전히 다하지 못함을 개탄하였다.[제2장-제5장] 순임금·안연·자로의 예와 공자의 술회를 통해, 知·仁·勇을 겸하여 성현의 중용을 얻고자 노력했음을 말하였고, 나아가 성현이 되려는 뜻을 세우고 중용을 시종일관 닦아야 함을 설하였다.[제6장-제11장] 이렇듯 군자의 도는 범인의 일상에서 성현의 고원함에 이르기까지 널리 행해지는 것임을 주장하였다.[제12장]

제3단(중용장구 제13장-제20장不可以不知天): 도의 실천은 사람과 접하고 세상에 거하는 것에서 시작하는데, 요는 스스로를 닦아서 천명을 기다리는 것을 기본으로 함을 명백히 하였다.[제13장-제14장] 도를 펴서 미치게 하는 것은 일가의 화합, 그 중에서도 부모와 선조의 제사를 삼가 행하고 효도를 다하는 것에서 시작하여 덕에 의해 지위를 얻고 종국에는 정치에 미쳐야 함을 설하였다. 나아가 그 정치도 스스로를 닦는 것을 바탕으로 하여 천명을 하는 데 있음을 말하였다.[제15장-제20장不可以不知天] 앞서 서술한 실천의 道를 五倫·九經으로, 실천의 德을 三達德으로 개괄하고 그것의 유일한 근본은 誠임을 명백히 하였다.[제20장天下之達道-不誠乎身矣]

제4단(중용장구 제20장誠者天之道也-제26장): 誠이 三達德·九經의 근본이므로 天命·知天에 상응하여 그것을 하늘의 도로 달관하고 학문에 의해 닦아 얻는 것이 사람의 道임을 논하였다.[제20장誠者天之道也-雖柔必强] 誠은 명찰력을 갖춘 性이 본래 구비한 작용으로, 그 誠과 明에 의해 誠을 발휘해야 함을 말한 후 誠의 기능에 대해 논하였다.[제21장-제24장] 나아가 誠이 자기의 완성이며 도의 실현이며 타자를 완성시키는 것임을 분명히 하고, 편 머리의 명제를 실증하고 誠이 천도와 완전히 일치하는 데 이르는 것을 찬탄하였다.[제25장-제26장]

제5단(중용장구 제27장-제32장): 至誠·至德의 성인은 예를 펴고 도를 완전히 실현하므로 군자는 성인을 지향하고 덕성을 받들어 학문을 하며 중용에 의해 시종일관 도를 실현하는 인물이어야 함을 설하였다.[제27장] 예를 펴 나가는 것은 덕과 지위를 갖추고 때에 부합되어야 하는데 특히 세 가지 중요한 요건이 있다. 군자는 이 세 요건을 다하여 스스로 천하의 법칙이 되어야 함을 설하였다.[제28장-제29장] 세 요건을 완비한 성인으로서 공자를 추존하고 그 천지에 배당된 덕을 찬미한 후, 나아가 至聖·至誠의 덕이 완전무결하고 널리 살아있는 존재의 尊信을 받아서 종국에는 도를 펴고 中을 세우고 大和에 달하여 중용을 완수하여 완전한 세계를 실현하는 것을 설하였다.[제30장-제32장]

제6단(중용장구 제33장): 이상으로 중용의 주요 논의가 끝났으므로 여러 시를 인용하여 덕행에 힘쓸 것을 권하고 그 수득의 근본이 내성하여 獨을 삼가고 誠에 철저히 복무하는 것에 있음을 설함으로써 전체를 끝맺었다.

2. 동경대학 국어연구실 소장『中庸章句』(21H11)

1) 성립

동경대학 국어연구실에는『中庸章句』(21H11) 1권(이하, 동대본

중용장구)이 소장되어 있다. 淸原宣賢(1475-1550)의 훈점이 기입된 훈점본을 저본으로 하여 吉田兼右(1516-1573)가 본문을 필사하고 훈점을 移點한 책이다.

일본 중세의 유교 경전 학습은 천황의 명을 받아 淸原家가 담당하고 있었다. 淸原宣賢은 淸原家 학자 중에서도 학문적으로뿐만 아니라 정치적으로도 영향력이 높았으며 淸原家의 經學을 집대성한 학자이다. 그는 淸原家 家學의 체계를 四書에 따라 정비하고자 하여 永正 연간(1504-1521)에 四書 텍스트 각각에 훈점을 단 家本(이하. 永正家本)을 마련하였다. 일본은 유교 경전의 학습에 있어 중세 말까지 공식적으로는 주자학 이전의 古注를 중심으로 하였다. 그런데 淸原家의 四書에서 흥미로운 점은 論語 텍스트는 고주본인 論語集解을 사용하고 나머지 孟子, 大學, 中庸에 대해서는 주자의 新注 주석서인 孟子集註, 大學章句, 中庸章句를 사용하였다는 점이다. 학문의 체제는 주자학에 따르면서 실제 내용면에서는 고주와 신주, 즉 주자학이 혼용되어 있었던 것이다.

吉田兼右는 淸原宣賢의 차남이다. 淸原宣賢은 吉田兼俱(1435-1511)의 셋째 아들이었는데 어려서 淸原宗賢(1430-1503)의 양자가 되었다. 그리고 淸原宣賢의 본래 가문인 吉田家는 그의 차남인 兼右가 대를 잇게 되었다. 兼右는 동대본중용장구 외에도 淸原家의 家本을 필사한 훈점본을 다수 남겼다.

책 후미에 兼右의 필체로 永正八年(1511)에 宣賢이 가점하였다는 내용으로 다음과 같은 識語가 적혀 있다.

永正八年廿一日遂書写之功同加朱墨訖 ^{以唐本}

　　　　　　　　　　　少納言清原朝臣判 ^{宣賢}

加点以證本校合了

　이 기록을 통해 이 책의 훈점은 宣賢 永正家本을 이점한 것임을
알 수 있다. 이 기록에 이어 宣賢의 강의 기록이 적혀 있다. 훈점본
을 필사·이점할 때는 저본이 되는 책에 있는 識語도 그대로 옮겨적
는 것이 일반적이다. 따라서 위의 기록들은 동대본중용장구의 저본
이었던 永正家本에 적혀 있던 것을 본문 필사 때 그대로 옮겨 적은
것으로 볼 수 있다.
　또한 그 뒤에 兼右의 필체로 동대본중용장구의 성립과 관련한 내
용이 다음과 같이 적혀 있다.

　　此本予十三歳而書写之処環翠先生令加朱点給歴数年矣
　　今雖可書改之先加墨点了
　　天文十九年十月廿二日 左武衛卜部朝臣(花押)

　兼右의 나이 13세 때 淸原宣賢의 永正家本 中庸章句를 보고 서사
한 후 부친인 宣賢에게 朱點을 가점해달라고 요청하였고, 이에 宣
賢이 주점을 가점해주어서 받은 후 몇 년이 지나 兼右 자신이 墨點
을 가점하였다는 것이다. 정리하면 동대본중용장구은 <兼右 필사
→ 宣賢 주점 가점 → 兼右 묵점 가점>의 순서로 성립된 것이다.
　마지막 장 앞면에는 「右一冊兼右卿/御筆也加證明訖/兼雄」이라
고 적혀 있는데 吉田兼雄(1705-1787)은 京都 吉田神社의 祠官이었

던 사람이다. 원래 표지 안쪽에는 「兼右卿十三歲御筆朱点/宣賢卿
御筆依虫損加修/補訖/弘化四丁未歲十一月十二日/從三位侍從卜部
良芳」이라고 적혀 있다. 吉田良芳(1810-1868)은 吉田家 32대 당주
이다. 卜部는 吉田家의 본래 姓으로 중세 卜部家 17대손부터 吉田
라고 하였다. 두 기록 모두 弘化四年(1847)에 책을 보수할 때 良芳
이 적은 것으로 보인다.

이밖에 마지막 장 뒷면에는 「中庸」이라는 글씨가 오른쪽 아래에
거꾸로 적혀 있다. 개성 있는 둥근 형태의 글씨인데 안쪽 표지의
「中庸」이라는 글씨와 짝을 이루고 있다.

이상과 같이 동대본중용장구는 淸原家의 대학자인 宣賢의 훈점
을 전한다는 점에서 중용장구 훈독사상 큰 가치를 지닌다. 또한 宣
賢의 친아들이며 일본 중세에 학문적으로 큰 업적을 남긴 兼右의
친필 서사본이라는 점도 이 자료의 가치를 더한다. 특히 이러한 내
용이 문헌 위에 기록되어 있다는 점이 이 자료의 가치를 더하고 있
는 것이다.

동대본중용장구의 서지를 阿部隆一(1962:31)에서 인용 번역하면
아래와 같다.

개장. 배접 보수. 새로 보수한 주황색 표지(27.3×21.5cm). 外題
「兼右卿御十三歲御筆/中庸」(卜部良芳 필). 차갈색 원래 표지에
는 외제 없음. 표지 안쪽 첫 장 제목 「中庸」. 전체 56장. 본문 53
장. 楮紙. 序題 「中庸章句序」. 그 난외 오른쪽 아래에 「宣賢」이
라고 적혀 있다. 半葉 匡郭 20.6×17.2cm. 有界 7행, 각행 14자. 주
석 소자 쌍행. 전권에 걸쳐 朱點·朱引·朱ヲコト點과 墨訓點이

가점되어 있다.

2) 훈점

위의 서지에서 언급된 바와 같이 동대본중용장구에는 전권에 걸쳐 훈점이 朱와 墨으로 기입되어 있다. 朱點으로는 句讀點을 찍었고 인명 아래에는 그것을 나타내는 朱引이 확인된다. 또한 오코토점을 朱로 기입하였다.

오코토점은 한자 위 혹은 한자 주변에 점을 찍거나 선 등을 그어서 그 각각이 일본어의 조사, 조동사 등을 나타내도록 고안된 것이다. 오코토점은 경전의 훈독을 비밀리에 전수하던 전통에 기반을 두기 때문에 불교의 종파에 따라서도 다르며, 고대 교육기관이던 大學寮의 박사 가문인 明經道와 紀傳道 간에도 차이가 있다.

동대본중용장구에 사용된 오코토점을 모양에 따라 분류하여 나타내면 다음과 같다.

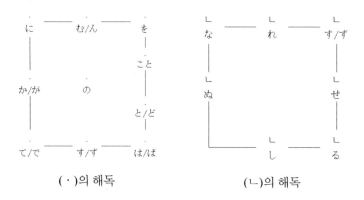

(ㆍ)의 해독   (ㄴ)의 해독

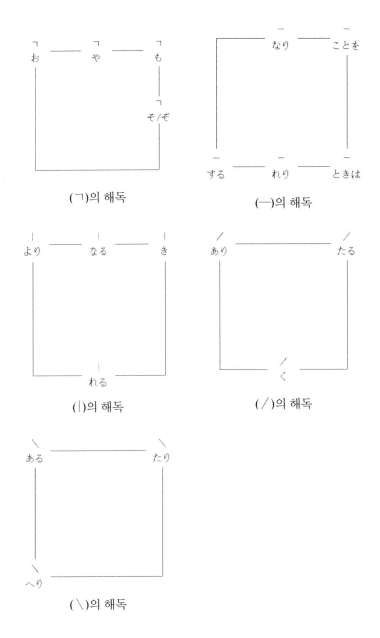

(ㄱ)의 해독

(一)의 해독

(ㅣ)의 해독

(／)의 해독

(＼)의 해독

墨으로 기입된 훈점, 즉 墨點으로는 읽는 순서를 지시하는 어순 지시부호[返り点]와 해당 한자의 읽는 법이나 활용어미, 조사 등을 적은 가나점, 해당 한자에 대해 음독과 훈독 여부를 지시한 음독부와 훈독부, 두 글자 이상의 한자들에 대해 음독과 훈독 여부를 지시한 음합부와 훈합부 등을 기입하였다.

3) 훈독

동대본중용장구를 포함한 淸原家의 중용장구 훈독에 대해서는 오미영(2010)을 통해 고찰한 바 있다. 京都大學에 소장되어 있는 永正八年(1512)『中庸章句』(1-66/チ/6貴. 이하, 京大永正本中庸章句.)[1] 의 훈독을 고찰한 것인데, 비교 대상 훈점본으로 동대본중용장구를 비롯하여 京都大學 소장 淸原宣賢 자필본『中庸』(1-66/チ/4貴. 이하, 京大宣賢本中庸)[2], 京都大學 소장 天正一年(1573) 淸原枝賢本 (1-66/チ/1貴. 이하, 京大天正本中庸章句.)[3]의 3종의 훈점본을 사용하였다.

그 결과 京大永正本中庸章句의 훈점은 동대본중용장구의 훈점과 京大宣賢本中庸의 훈점이 다른 경우, 그 두 가지를 모두를 취하기도 하고 그와는 다른 훈점을 적기도 하는 등의 특징을 보이고 있었다. 또한 京大天正本中庸章句의 경우도 동대본중용장구의 훈점

---

1 京大永正本中庸章句는 아래에 사진이 공개되어 있다.
   http://edb.kulib.kyoto-u.ac.jp/exhibit/s117/image/1/s117s0001.html
2 京都大學 소장 淸原宣賢 자필본 中庸은 아래에 사진이 공개되어 있다.
   http://edb.kulib.kyoto-u.ac.jp/exhibit/s117/image/1/s117s0001.html
3 京大天正本中庸章句는 아래에 사진이 공개되어 있다.
   http://edb.kulib.kyoto-u.ac.jp/exhibit/s031/image/1/s031s0001.html

과 대부분 일치하지만 그와는 다른 훈점을 기입한 예도 확인되었다. 이는 당시 중세 말 淸原家에서는 중용에 관해서는 永正年間에 제작된 家本 이외에도 여러 종류의 훈점본이 존재했음을 보여주는 것이라고 생각된다. 중용의 경우 宣賢 당시에 새롭게 淸原家의 家學에 편제되었기 때문에 당시로서도 훈독이 한 가지로 정립되지 못했던 것으로 보인다.

오미영(2018)을 통해서는 동대본중용장구의 훈독이 중용장구의 한문구문 및 주석 내용을 바르게 이해하고 있는가에 대해 검토해보았다. 약 35예에서 중용장구 본문과 중용장구에 실린 주희의 주석 내용을 잘못 이해하고 가점한 것이 발견되었다. 고찰 과정에서는 후대의 중용장구 훈점본인 寬文本中庸章句와 비교하여 고찰하였다.

주자학의 기치를 걸고 그것이 학파 혹은 가문으로서 권위를 지니게 되는 것은 林羅山(1583-1657)에서 시작하는 林家이다. 林羅山은 德川 막부의 정치사상의 근거가 되는 송나라 유학, 즉 주자학을 소개하고 계몽에 이바지한 인물이다. 林家는 대대로 江戶시대 官學인 昌平坂學問所[4]의 大學頭[5] 지위를 계승했다. 林羅山의 훈점, 더 넓게는 林家의 훈점은 道春點이라고 불린다. 羅山의 四書 훈점본이 출판된 것은 그의 사후인 寬文四年(1664)이다. 이때 출판된 중용장구

---

4 寬永七年(1630) 德川家康에게 하사받은 上野忍岡의 부지에서 林羅山이 운영하던 유학 私塾에 기원을 둔다. 羅山은 그곳에 공자의 사당을 만들고 제사를 지냈는데, 그 유지와 운영은 이후 대대로 林家의 당주가 계승했다. 그 후 元祿三年(1690) 쇼군 德川綱吉이 神田 湯島로 공자의 사당을 옮길 것을 명하였고 이때에 강당과 기숙사 등을 정비하여 이전하였다. 이와 더불어 이 지역을 공자의 출생지인 「昌平鄕」에 연유하여 「昌平坂」이라고 명명하였다.

5 교장에 해당한다.

의 훈점본이 寬文本中庸章句인 것이다.

본격적으로 주자학의 시대에 돌입한 후 간행된 寬文本中庸章句에서는 단어 용례 7예를 제외한 28예에서 동대본중용장구의 오류를 수정한 형태로 가점되어 있었다. 특히 구문의 이해와 관련된 용례는 모두 오류가 수정되어 가점되어 있다는 점이 주목된다. 이는 주자학에 대한 이해가 깊어진 결과이며, 나아가 淸原家 이래의 중용장구에 대한 학문적 축적이 반영된 결과가 반영된 것이라고 생각된다.

참고문헌

赤塚忠(1967)「中庸解説」『大学・中庸(新釈漢文大系2)』明治書院, pp.147-198
阿部隆一(1962)「本邦中世に於ける大學中庸の講誦傳流について―學庸の古鈔本并に邦人撰述注釋書より見たる」『斯道文庫論集』1, pp.3-84
박완식 편저(2008)『중용』여강, pp.13-343(초판 2005)
성백효 역주(2014)『懸吐完譯大學・中庸集註』전통문화연구회, pp.71-158(초판 1991)
오미영(2001)「일본의 論語訓讀과 中國側注釋書의 관련―論語集解本과 論語集注本의 비교를 통하여」『일어일문학연구』39, pp.277-294
오미영(2010)「京都大学 淸原文庫 所藏 中庸章句의 訓讀에 대하여」『일본연구』46, pp.347-365
오미영(2015)「日本 東洋文庫 소장『論語集解』에 나타난 한문훈독의 오류 고찰」『일본언어문화』32, pp.181-110
오미영(2016)「日本 東京大 國語硏究室 소장『註千字文』훈독의 내용적 고찰」『일어일문학연구』96-1, pp.87-106
오미영(2018)「東京大學 國語硏究室 소장『中庸章句』(21H11) 훈독의 내용적 고찰」『일본연구』76, pp.221-240

제2장

동경대학 국어연구실 소장
『중용장구』의 해독과 번역

〈凡例〉

1. 본서는 일본 동경대학 국어연구실에 소장되어 있는『中庸章句』
   (21H11. 이하, '본 훈점본'이라고 한다.)의 훈점을 판독하고 그에
   따른 훈점 해독문과 한문훈독문을 작성하여, 이를 현대 한국어
   로 번역한 것이다.

2. ABCD·abcd
   'ABCD'는 대문(大文)을, 'abcd'는 세주(細注)를 나타낸다. 단, 한
   글자 분량을 내려서 적은 부분의 대문과 세주는 각각 'A>, B>,
   C>, D>', 'a>, b>, c>, d>'와 같이 나타내었다.
   1) A·a: 훈점 판독문. 본 훈점본에 기입되어 있는 훈점을 아래의
      규칙에 따라 옮긴 것이다.
   2) B·b: 훈점 해독문. A·a를 일본어 한문훈독 어순으로 바꾸고 기
      호를 가나로 재현한 것이다.
   3) C·c: 한문훈독문. B·b를 바탕으로 일본어 한문훈독문을 만든
      것이다.
   4) D·d: 현대 한국어 번역문. C·c를 현대 한국어로 번역하여 나타
      낸 것이다.

3. A·a
   1) 본문의 한자는 가능한 한 본 훈점본의 자체에 가깝게 입력하
      고자 하였다. 그러나 동일한 글자체로 입력하기 어려운 경우

는 정자체[강희자전체]로 입력한다.

2) 훈점은 [어순지시부호, 합부·독부, 인명부, 가나점, 오코토점, 성점]의 순서로 입력한다.

(예) [﹁, ﹀, 훈합부, 인명부, ∕, 12, 평]

3) 어순지시부호가 두 개 이상 기입되어 있을 경우 큰 단위를 나타내는 것부터 제시한다.

4) 합부는 음합부와 훈합부가 있는데, 이것을 구별하여 나타낸다.

5) 독부는 음독부와 훈독부가 있는데, 이것을 구별하여 나타낸다. [-ㅈ]와 같이 적혀있는 음독부는 [음독부ㅈ]라고 나타낸다.

6) 한자의 오른쪽에 적힌 정훈(正訓)과 왼쪽에 적힌 좌훈(左訓)이 동시에 있는 경우, 정훈은 [ ] 안에 넣어 나타내고 좌훈은 [ ] 밖에 { } 안에 넣어 나타낸다.

7) 오코토점은 위치에 따라 다음과 같이 나타낸다.

8) 오코토점은 해독에 반영되는 순서로 제시한다.

9) 성점의 경우, 평성은 '평', 상성은 '상', 거성은 '거', 입성은 '입'으로 나타낸다. 탁성점은 각각 '평탁, 상탁, 거탁, 입탁'으로 나타낸다.

10) 삽입부와 삽입내용이 기입되어 있는 경우가 있는데, 이는 해
   당 위치 앞 글자의 훈점 판독에 이어 '삽입부[삽입내용]'와 같
   이 나타낸다.

11) 삭제부는 한자 뒤에 [삭제부]라고 적고 B·b 이하에서는 반영
   하지 않는다.

12) 문장이 끝나는 부분에 두점이 기입되거나 두점이 찍여야 하
   는 곳에 구점, 즉 마침표가 기입된 곳이 있다. A·a와 B·b에는
   원문에 기입된 대로 나타내고 C·c에서는 문맥의 필요에 따라
   나타낸다.

13) 그 외의 훈점에 대해서는 각주로 설명한다.

4. B·b

1) 한자는 A·a와 동일하게 나타낸다.

2) A·a를 일본어 한문훈독 어순으로 배열 순서를 바꾸어 나타내
   며, 이때 부독자(不讀字)는 나타내지 않는다.

3) 가나점은 A·a에 있는 그대로 ( )에 넣어 나타내며 좌훈은 나타
   내지 않는다.

4) 합자(合字)는 다음과 같이 풀어서 나타낸다.

   (예) A·a: [ㄱ] → B·b: (コト)

      A·a: [メ] → B·b: (シテ)

      A·a: [云] → B·b: (イフ의 해당 활용형)

5) 재독자(再讀字)는 다음과 같이 나타낸다.

   (예) A·a: 未[イマタ]{ス} → B·b: 未(イマタ)…… 未(ス)

      A·a: 將[マ, 11]{ス} → B·b: 將(マ)に …… 將(ス)

6) 반복부는 반복되는 글자를 가나로 나타낸다. 탁음의 경우도
   청음으로 나타낸다.

   (예) A·a: 正[タヽス] → B·b: 正(タタス)

7) 오코토점은 통사적인 기능을 고려하여 다음과 같은 형태소로
   바꾸어 히라가나로 나타낸다.

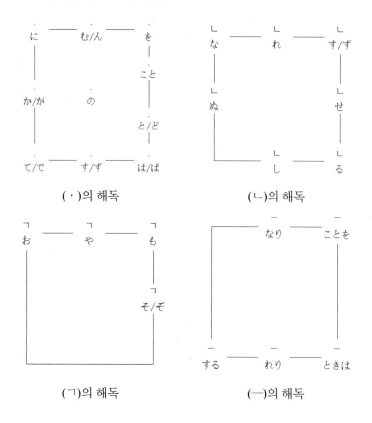

| (·)의 해독 | (ㄴ)의 해독 |

| (ㄱ)의 해독 | (一)의 해독 |

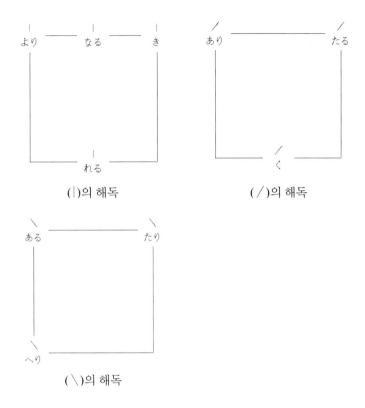

（｜）의 해독   （／）의 해독

（＼）의 해독

5. C·c

1) B·b를 일본어 한문훈독문으로 만든다.

2) 한자는 모두 정자체[강희자전체]로 나타낸다.

3) 한자는 모두 ( ) 안에 독법을 적는다.

4) 한문훈독문은 일본어 역사적 가나표기법[歷史的仮名遣い]에 따르고자 하였다.

5) 한자음 표기는 기본적으로 『漢辭海(제4판)』(三省堂, 2017)에서 제시한 한음(漢音)으로 나타내고자 하였다. 그러나 가점이

있는 경우 가점에 따라 적었다. 그밖에 관용적인 독법에 따른 예도 있고 특별히 설명이 필요한 경우는 주를 달았다.

6) 한문훈독문 작성에는 다음 훈점본을 참고하였다.

內閣文庫藏寬文四年(1664)『道春點中庸』(이하, 寬文本)

6. D·d

1) C·c의 한문훈독문의 구조에 맞추어 현대 한국어로 번역한다.

2) 현대 한국어 번역 및 내용 이해에는 다음을 참고하였다.

박완식 편저(2008)『중용』여강(초판2005. 이하, <박완식>)

성백효 역주(2014)『懸吐完譯大學·中庸集註』전통문화연구소(초판 1991, 이하, <성백효>)

중용장구 서

A: 中[음합부]庸章[음합부]句[22]序

B: 中庸章句の序

C: 中庸(ちうよう)章句(しゃうく)の序(しょ)

D: 중용장구의 서.

A: 中[음합부]庸[33]何[ナニ]爲[シテ, 21]而作[음독부セル]也。

B: 中庸は何(ナニ)爲(シテ)か作(セル)。

C: 中庸(ちうよう)は何(なに)と爲(し)てか作(さく)せる。

D: 중용은 무엇을 위하여 만들었는가?

A: 子[음합부]思[음합부]子[인명부]、憂[ニ, ウレヘ]道[음합부]學[22]之失[ニ, ウシナハム, 13~23, 13]其[22]傳[一, 음독부, 31]而作[サクセリ]也。

B: 子思子、道學の其の傳失(ウシナハム)ことを憂(ウレヘ)て作(サクセリ)。

C: 子思子(ししし)、道學(たうかく)の其(そ)の傳(てん)を失(うしな)はんことを憂(うれ)へて作(さく)せり。

D: 자사자(子思子)가 도학(道學)이 그 전승을 잃을까 염려하여 만들었다.

A: 蓋[ケタシ]、自[ニ]上[음합부]古[22]聖[음합부]神、繼[レ, ツイ]天[11]立[一, レ, タテシ]極[음독부, 13]、而道[음합부]統[22, 거]之傳[음독부]、有[ニ, リ]自[ヨ, 31]來[一, キタレル, 13~23]矣。

B: 蓋(ケタシ)、上古の聖神、天に繼(ツイ)極を立(タテシ)自、道統の傳、自(ヨ)て來(キタレル)こと有(リ)。

C: 蓋(けだ)し上古(しゃうこ)の聖神(せいしん)、天(てん)に繼(つ)いで極(きょく)を立(た)てしより、道統(たうとう)の傳(てん)、自(よ)りて來(きた)れること有(あ)り。

D: 무릇 상고시대의 성인이 천명을 계승하여 극(極)[법]을 세운 후부터 도통(道統)[도학의 전수에 중심이 되는 계통]의 전승은 비롯되어 온 바[근원]가 있게 되었다.

A: 其[22]見[ニ, ミヘタル, 33]於經[一, 음독부, 11]、則允[マコト, 11]執[ニ, トレトイヘル, 33]厥[22]中[一, 음독부, 13]者堯[22]之所[ニ, 훈합부]以[12一]授[一, レ, 13 /]舜[11]也。

B: 其の經に見(ミヘタル)は、則允(マコト)に厥の中を執(トレトイヘル)は堯の舜に授たる所以なり。

C: 其(そ)の經(けい)に見(み)えたるは、則(すなは)ち允(まこと)に厥(そ)の中(ちう)を執(と)れといへるは、堯(げう)の舜(しゅん)に授(さづ)けたる所以(ゆゑん)なり。

D: 경전에 보이는 바, 즉 '진실로 그 중[중도]을 취하라.'라고 한 것은 요임금이 순임금에게 전한 말이다.

---

1 「ㄱ」처럼 보이지만 문맥상 「リ」로 판단하였다.

A: 人[22]心、惟[12ㄴ]危[32ㄴ]、道[22]心、惟[12ㄴ]微[12一]。惟[12ㄴ]精[음독부]、惟[12ㄴ]一[11, 32ㄴ, 31]允[11]執[二, トレト イヘル, 33]厥[22]中[一, 음독부, 13]者舜[22]之所[二, 훈합부]以[12一]授[一, ㇾ, 13／]禹[11]也。

B: 人の心、惟れ危し、道の心、惟れ微なり。惟れ精、惟れ一に して允に厥の中を執(トレトイヘル)は舜の禹に授たる所以な り。

C: 人(ひと)の心(こころ)惟(これ)危(あや)ふし、道(たう)の心(こ ころ)惟(これ)微(び)なり。惟(これ)精(せい)、惟(これ)一(いつ) にして、允(まこと)に厥(そ)の中(ちう)を執(と)れといへる は、舜(しゅん)の禹(う)に授(さづ)けたる所以(ゆゑん)なり。

D: '인심(人心)은 위태롭고 도심(道心)은 은미하다. 정밀하게 하고 한결같이 하여 진실로 그 중을 취하라.'라고 한 것은 순임금이 우 임금에게 전한 말이다.

A: 堯[22]之一[음합부]言、至[イタレリ]矣、盡[ツクセリ]矣。

B: 堯の一言、至(イタレリ)、盡(ツクセリ)。

C: 堯(げう)の一言(いつげん)、至(いた)れり、盡(つく)せり。

D: 요임금의 한 마디는 지극하고 (해야 할 말을) 다 하였다.

A: 而[シカウ, 32ㄴ, 31]舜、復[マタ, 거]益[ㇾ, マス, 11]之[ㇾ]以 [二, セル, 13~23, 33]三[음합부]言[一, 13]者、則所[四, 훈합부] 以[12一]明[三, アカ]夫[カ, 22]堯[22]之一[음합부]言、必、如 [ㇾ, コトク, 32ㄴ]是[22, 31]而后[ノチ, 11]可[二, 13~23, 13]庶[음

합부, ソ[2]{コヒネカフ}[3]幾[ー, キ]也。

B: 而(シカウ)して舜、復(マタ)之(レ)益(マス)に三言を以(セル)ことは、則夫(カ)の堯の一言、必、是の如(コトク)して后(ノチ)に庶幾(ソキ)可ことを明(アカ)所以なり。

C: 而(しかう)して舜(しゅん)、復(また)之(これ)を益(ま)すに、三言(さむげん)を以(も)ってせることは、則(すなは)ち夫(か)の堯(げう)の一言(いつげん)、必(かなら)ず是(か)くの如(ごと)くして、后(のち)に庶幾(そき)すべきことを明(あ)かす所以(ゆゑん)なり。

D: 그런데 순임금이 다시 여기에 세 마디를 보탠 것은, 요임금의 한 마디는 반드시 이와 같이 한 후에야 근접할 수 있음을 밝히기 위한 것이다.

A: 蓋[シ]、甞[コヽロミ]論[ㇾ, セン]之[13]。

B: 蓋(シ)、甞(ココロミ)之を論(セン)。

C: 蓋(けだ)し甞(こころ)みに之(これ)を論(ろん)ぜん。

D: 한번 이것을 논해 보자.

A: 心[훈독부, 22]之虛[음합부]靈、知[음합부]覺[33]一[ヒトツナル]而[훈합부]已[ノミ, 12ー]矣。

B: 心の虛靈、知覺は一(ヒトツナル)而已(ノミ)なり。

---

2 「庶」의 한음은 「ショ」, 오음은 「ショ・ソ」이다.
3 「庶幾」에는 '가까이하다'와 '바라다'라는 두 가지 의미가 있고 정훈과 좌훈은 각각 이를 반영한 것으로 판단된다.

C: 心(こころ)の虚霊(きょれい)、知覺(ちかく)は一(ひと)つなる
のみなり。

D: 마음의 허령(虛靈)과 지각(知覺)은 하나일 뿐이다.

A: 而[シカウ, 32ㄴ, 31]以爲[レ, スル, 33]有[ニ, 23~33]人[훈합부, 22]心、道[훈합부]心之異[一, 음독부]者、則以[下, 12一]其[12ㄴ]或[アルイ, 33]生[ニ, ナリ]於形[음합부]氣[22]之私[一, ワタクシ, 11]、或[アルイ, 33]原[ニ, モトツケ]於性[음합부]命之正[一, 음독부, 11, 31]而所[三, 훈합부]以爲[ニ, 31一]知[음합부]覺[一, 13]者[モ]不[上, レ, 13]同[シカラ]。

B: 而(シカウ)して以人の心、道心異有と爲(スル)は、則其れ或(アルイ)は形氣の私(ワタクシ)に生(ナリ)、或(アルイ)は性命正に原(モトツケ)て知覺を爲する所以者(モ)同(シカラ)不を以なり。

C: 而(しかう)して以(も)ちて人(ひと)の心(こころ)、道(たう)の心(こころ)の異(い)有(あ)りと爲(す)るは、則(すなは)ち其(それ)或(ある)いは形氣(けいき)の私(わたくし)に生(な)り、或(ある)いは性命(せいめい)の正(せい)に原(もと)づけて、知覺(ちかく)を爲(す)る所以(ゆゑん)の者(もの)同(おな)じからざるを以(も)ってなり。

D: 그런데도 인심과 도심이 다름이 있다고 여기는 것은, 즉 어떤 것은 [인심은] 형기(形氣)의 사사로움에서 생기고 어떤 것은[도심은] 성명(性命)의 바름에 기인하여 지각을 하는 수단이 같지 않기 때문이다.

A: 是[훈합부, 13]以[31]或[33]危[음합부]殆[タイ, 11, 32ㄴ, 31, 평]而不[ㅌ, 13ㄴ]安[ヤスカラ]。或[33]微[음합부]妙[11, 32ㄴ, 31, 거탁]而難[ㅌ, シ합점]{キ}見[ミ합점]{ミ}耳{ノミ}。

B: 是を以て或は危殆(タイ)にして安(ヤスカラ)不ず。或は微妙にして見(ミ)難(シ)。

C: 是(これ)を以(も)ちて或(ある)いは危殆(ぐゐたい)にして安(やす)からず。或(ある)いは微妙(びべう)にして見(み)難(がた)し。

D: 이 때문에 혹은 위태로워 편안하지 않다. 혹은 미미하여 보기 어렵다.

A: 然[シカル, 11]人、莫[ㅌ, 32ㄴ]不[ㅌ, ト云]有[ニ, ラ]是[22]形[一, カタチ]。

B: 然(シカル)に人、是の形(カタチ)有(ラ)不(トイフ)莫し。

C: 然(しか)るに人(ひと)、是(こ)の形(かたち)有(あ)らずといふこと莫(な)し。

D: 그렇지만 사람이 (사람인 이상) 이 형기를 갖지 않은 자가 없다.

A: 故[11]雖[ニ, ヘトモ]上[음합부]智[一, 23~33]、不[ㅌ, 13ㄴ]能[ㅌ]無[ニ, 13~23]人[훈합부, 22]心[一]。

B: 故に上智と雖(ヘトモ)、人の心無こと能不ず。

C: 故(ゆゑ)に上智(しゃうち)といへども、人(ひと)の心(こころ)無(な)きこと能(あた)はず。

D: 따라서 상지(上智)[지혜가 뛰어난 사람]라고 하더라도 인심이 없을 수 없다.

A: 亦莫[ㇾ, 32ㄴ]不[ㇾ, ト云, 13~23]有[二]是[22]性[一]。

B: 亦是の性有不(トイフ)こと莫し。

C: 亦(また)是(こ)の性(せい)有(あ)らずといふこと莫(な)し。

D: 또 (사람인 이상) 이 성명을 가지고 있지 않은 자가 없다.

A: 故[11]雖[二, ヘトモ]下[음합부]愚[一, 23~33]、不[ㇾ, 13ㄴ]能
   [ㇾ]無[二, 13~23]道[22]心[一]。

B: 故に下愚と雖(ヘトモ)、道の心無こと能不ず。

C: 故(ゆゑ)に下愚(かぐ)といへども、道(たう)の心(こころ)無(な)
   きこと能(あた)はず。

D: 따라서 하우(下愚)[매우 어리석은 사람]라고 하더라도 도심이 없
   을 수 없다.

A: 二[훈합부, ツ]者[モ]雜[二, マシハリ]於方[음합부, ハウ, 평]寸
   [ソン, 22]之間[一, アヒタ, 11, 31]而不[ㇾ, 33一]知[二]所[二, 훈
   합부]以[13]治[一, ムル]之、則危[훈합부, ウキ]者[22]愈[イヨ다
   자반복부]危[32ㄴ, 31]微[ナル, 평탁]者[モ, 22, 33]愈[イヨ다자
   반복부]微[12一]。

B: 二(ツ)者(モ)方寸(ハウソン)の間(アヒタ)に雜(マシハリ)て治
   (ムル)所以を知不ときは、則危(ウキ)者の愈(イヨイヨ)危して
   微(ナル)者(モ)のは愈(イヨイヨ)微なり。

C: 二(ふた)つの者(もの)、方寸(はうそん)の間(あひだ)に雜(まじ)
   はりて、治(をさ)むる所以(ゆゑん)を知(し)らざるときは、則
   (すなは)ち危(あや)ふき者(もの)は愈(いよいよ)危(あや)ふくし

て、微(び)なる者(もの)は愈(いよいよ)微(び)なり。

D: 이 두 가지[인심과 도심]는 방촌지간[사방 한 치의 좁은 마음의 공간]에 섞여 있어서, 다스릴 방법을 알지 못하면 위태로운 것은 더욱 위태로워지고 미미한 것은 더욱 미미해진다.

A: 而[シ, 32ㄴ, 31]天[음합부]理之公[음독부, 평]、卒[ツイ, 11]無[ニ, 32ㄴ]以[31]勝[二, カツ, 13~23]夫[カ, 22, 평]{音扶}人[음합부]欲之私[ー, ワタクシ, 11]矣。

B: 而(シ)して天理公、卒(ツイ)に以て夫(カ)の人欲私(ワタクシ)に勝(カツ)こと無し。

C: 而(しかう)して天理(てんり)の公(こう)、卒(つひ)に以(も)ちて夫(か)の人欲(じんよく)の私(わたくし)に勝(か)つこと無(な)し。

D: 그러면 천리의 공변됨이 끝내 저 인욕의 사사로움을 이길 도리가 없게 된다.

A: 精[음독부ナル, 33一, 평]則察[二, 음독부, 32ㄴ, 입]夫[カ, 22, 평]二[훈합부, ツ, 22]者[モ, 22]之間[ー, タ, 13, 31]而不[ㇾ, 13ㄴ]雜[マシヘ]也。

B: 精(ナル)ときは則夫(カ)の二(ツ)の者(モ)の間(タ)を察して雜(マシヘ)不ず。

C: 精(せい)なるときは、則(すなは)ち夫(か)の二(ふた)つの者(もの)の間(あひだ)を察(さつ)して雜(まじ)へず。

D: 정밀하면, 저 두 가지[인심과 도심] 사이를 잘 살펴서 섞이지 않는다.

A: 一[음독부ナル, 33一]則守[ᄀ, マホリ]其本[음합부]心之正[ᄀ,
음독부, 13, 31, 거]而不[ᄂ, 13ㄴ]離[ハナ, 12ㄴ, 거]也。

B: 一(ナル)ときは則其本心正を守(マホリ)て離(ハナ)れ不ず。

C: 一(いつ)なるときは、則(すなは)ち其(そ)の本心(ほんしむ)の
正(せい)を守(まぼ)りて離(はな)れず。

D: 한결같이 하면, 그 본심의 바름을 지켜서 멀어지지 않는다.

A: 從[ᄀ, シタカ]事[11]於斯[ᄀ, コヽ, 11, 31]無[ᄀ, トキハ합점, 32
ㄴ]少[훈합부, シハラク]間[13ㄱ, 거]斷[ᄀ, タツ, 13~23, 31]{都
玩反}

B: 事に斯(ココ)に從(シタカ)て少間(シハラク)も斷(タツ)こと無
して[4]

C: 事(こと)に斯(ここ)に從(したが)ひて、少間(しばらく)も斷(た)
つこと無(な)くして、

D: 이[정밀하게 하고 한결같이 하는 일]에 힘써서 잠시도 끊김이 없고,

A: 必使[ᄀ, シ]{シムルトキハ}道[훈합부, 22]心[13, 31]常[11]爲
[ᄀ, ナリ]{シテ합점}[5]一[음합부]身[22]之主[ᄀ, 23~33, 31]而人
[22]心[ヲ, 13, 32ㄴ, 31]每[ツネ, 11]聽[ᄀ, ᄂ, キカ]命[13, 거]
焉、

---

4 「無」에 가점된 가나점에 따라 읽으면 「無(な)きときは」가 되고 오코토점에 따라
읽으면 「無(な)くして」가 된다. 가나점에 합점이 달려 있으므로 이에 따라 읽는
것이 맞지만 문맥상으로는 오코토점 쪽이 적합하므로 B 이하에서는 오코토점에
따랐다.

5 좌훈에 합점이 달려 있으므로 B 이하 좌훈을 취했다.

B: 必道の心を使(シ)て常に一身の主と爲(シテ)て人の心(ヲ)をして毎(ツネ)に命を聽(キカ)使(シムルトキハ)、

C: 必(かなら)ず道(たう)の心(こころ)をして常(つね)に一身(いっしん)の主(しゅ)として、人(ひと)の心(こころ)をして毎(つね)に命(めい)を聽(き)かしむるときは、

D: 반드시 도심으로 하여금 항상 한 몸의 주인이 되게 하고 인심으로 하여금 항상 명(命)을 듣게 하면,

A: 則危[훈합부, キ]者[22]安[ク]、微[ナル, 평탁]者[22]著[アラハ, 12ㄴ, 31]而動[음합부, 상]靜[거]、云[음합부, ウン, 평]爲[ヰ, 평]、自[オ]、無[ニ, 32ㄴ]過[음합부]不[음합부]及[22]之差[ー, タカヒ]矣。

B: 則危(キ)者の安(ク)、微(ナル)者の著(アラハ)れて動靜、云爲(ウンヰ)、自(オ)、過不及の差(タカヒ)無し。

C: 則(すなは)ち危(あや)ふき者(もの)安(やす)く、微(び)なる者(もの)著(あらは)れて、動靜(とうせい)云爲(うんゐ)、自(おの)づから過不及(くゎふきふ)の差(たが)ひ無(な)し。

D: 위태로운 것은 편안해지고 미미한 것은 드러나서 동정운위(動靜云爲)[행동과 말]가 저절로 과불급의 오류가 없어진다.

A: 夫[ソ, 12ㄴ, 평]{音扶}、堯[인명부]舜[인명부]禹[인명부, 33]天[음합부]下之大[음합부]聖[12一]也。

B: 夫(ソ)れ、堯舜禹は天下大聖なり。

C: 夫(それ)堯(げう)舜(しゅん)禹(う)は、天下(てんか)の大聖(た

いせい)なり。

D: 대저 요임금·순임금·우임금은 천하의 대성(大聖)이다.

A: 以[ニ]天[음합부]下[一, 13, 31]相[훈합부]傳[フル, 33]天[음합부]下之大[음합부]事[12一]也。

B: 天下を以て相傳(フル)は天下大事なり。

C: 天下(てんか)を以(も)ちて相(あ)ひ傳(つた)ふるは、天下(てんか)の大事(たいし)なり。

D: 천하를 차례로 물려준 것은 천하의 대사(大事)이다.

A: 以[ニ]天[음합부]下[22]之大[음합부]聖[一, 13, 31]行[ニ, フ]天[음합부]下[22]之大[음합부]事[一, 13]。

B: 天下の大聖を以て天下の大事を行(フ)。

C: 天下(てんか)の大聖(たいせい)を以(も)ちて、天下(てんか)の大事(たいし)を行(おこな)ふ。

D: 천하의 대성으로서 천하의 대사를 행하였다.

A: 而[32ㄴ, 31]其授[음합부]受[22]之際[アイタ]、丁[음합부, 평]寧[22, 평]告[음합부, カウ, 거]戒[거]、不[レ, サル, 33]過[レ, スキ]如[レ, ナル]此[22]、則天[음합부]下[22]之理、豈有[ニ, ラン]以[31]加[ニ, マサレル, 13~23]於此[一, 11]哉[12ㄱ]。

B: 而して其授受の際(アイタ)、丁寧の告(カウ)戒、此の如(ナル)過(スキ)不(サル)は、則天下の理、豈以て此に加(マサレル)こと有(ラン)哉や。

C: 而(しかう)して其(そ)の授受(しうしう)の際(あひだ)、丁寧(ていねい)の告戒(かうかい)、此(か)くの如(ごと)くなるに過(す)ぎざるは、則(すなは)ち天下(てんか)の理(り)、豈(あに)以(も)ちて此(これ)に加(まさ)れること有(あ)らんや。

D: (천하를) 넘겨주고 넘겨받을 때에 했던 간곡한 훈계가 이[요임금의 한 마디 말 혹은 순임금의 네 마디 말]에 집약되어 있으니 천하의 이치가 어찌 여기에 더할 것이 있겠는가?

A: 自[과단[第二段], ㇄]是[㇁]、以[훈합부, コノカタ]來、聖[음합부]聖相[훈합부]承[ウケ, 31]若[二, コトキ]成[음합부]湯[인명부]文[인명부]武[인명부, 22]之爲[㇄, 13 ＼]君、皐[음합부, 평]陶[인명부, 평]伊[인명부, 평]傅[인명부, 상]周[인명부, 평]召[인명부, 22, 거]{音部}之爲[一, ㇄, 13 ／, 21]臣、既[11]皆、以[㇄]此[13]而[31][6]接[二, ツク]夫[カ, 22]道[음합부]統[22]之傳[一, 13]。

B: 是(㇁)自、以來(コノカタ)、聖聖相承(ウケ)て成湯文武の君爲たり、皐陶伊傅周召の臣爲たるが若(コトキ)、既に皆、此を以て夫(カ)の道統の傳を接(ツク)。

C: 是(これ)より以來(このかた)、聖聖(せいせい)相(あ)ひ承(う)けて、成湯(せいたう)文(ぶん)武(ぶ)の君(きみ)たり、皐陶(かうえう)伊(い)傅(ふ)周(しう)召(せう)の臣(しん)たるが若(ごと)き、既(すで)に皆(みな)此(これ)を以(も)ちて夫(か)の道統(た

うとう)の傳(てん)を接(つ)ぐ。

D: 이로부터 성인과 성인이 차례로 계승하여 (은나라를 개창한) 성
　 탕·(주나라를 개창한) 문왕·무왕은 임금으로서, 고요·이윤·부
　 열·주공·소공은 신하로서 이미 모두 이것[말씀]으로 도통(道統)
　 의 전승을 이었다.

A: 若[⼆, キ, 33]吾[21]夫[음합부]子[⼀, 22]、則雖[ㇾ, ヘトモ]不
　 [ㇾ, 23~33]得[⼆]其[22]位[⼀, 13]、而所[下, 훈합부]以[12―]繼
　 [⼆, ツイ]徃[음합부]聖[⼀, 11, 31]開[中, ク]來[음합부]學[上,
　 13]。

B: 吾が夫子の若(キ)は、則其の位を得不と雖(ヘトモ)、徃聖に繼
　 (ツイ)で來學を開(ク)所以なり。

C: 吾(わ)が夫子(ふうし)の若(ごと)きは、則(すなは)ち其(そ)の位
　 (くらゐ)を得(え)ずといへども、往聖(わうせい)に繼(つ)い
　 で、來學(らいかく)を開(ひら)く所以(ゆゑん)なり。

D: 우리 선생님[공자] 같은 분은 (세상을 움직일 수 있는) 지위를 얻지
　 는 못했다 할지라도 옛 성인을 계승하여 후학을 열어 주는 매개체
　 가 되었다.

A: 其[22]功反[カヘ, 31]有[ㇾ, 33ㄴ]賢[⼆, マサ, 32|, 13~23]於堯[인
　 명부]舜[⼀, 인명부, 11]者[22, 12―]

B: 其の功反(カヘ)て堯舜に賢(マサ)れること有る者のなり

C: 其(そ)の功(こう)反(かへ)りて堯(げう)舜(しゅん)に賢(まさ)れ
　 ること有(あ)る者(もの)なり。

D: 그러한 공로는 오히려 요임금·순임금보다 뛰어난 바가 있다.

A: 然[シカレ, 23~33, 13ㄱ]當[゠, アタ]是[22]時[⁻, 11, 31]見[ミ]而
[31]知[33ㄴ]之者[22, 33]、惟[タヽ]顔[음합부]氏、曽[음합부]氏
[21]之傳[평]、得[゠, 13\]其[22]宗[⁻, 음독부, 13]。

B: 然(シカレ)ども是の時に當(アタ)て見(ミ)て知る者のは、惟(タ
タ)顔氏、曽氏が傳、其の宗を得たり。

C: 然(しか)れども是(こ)の時(とき)に當(あた)りて、見(み)て知
(し)る者(もの)は、惟(ただ)顔氏(がんし)、曾氏(そうし)が傳
(てん)、其(そ)の宗(そう)を得(え)たり。

D: 그러나 이때[공자님 당시]에 공자를 직접 뵙고 깨달은 자는 오직
안씨[안회(顔回)]와 증씨[증삼(曾參)](이다. 그들)의 전승만이 정
통함을 얻었다.

A: 及[゠, 31, 33]曽[음합부]氏[21]之再[음합부]傳[32ㄴ, 31]而復[マ
タ, 거]得[゠, 33ㄴ, 11]夫[음합부]子[22]之孫[マコ]、子[음합부]
思[⁻, 인명부, 13]則去[ㇾ, サル, 13~23, 거]聖[13]遠[トヲウ, 32
ㄴ, 31]而異[음합부, 상]端[평]、起[33ㄴ]矣。

B: 曽氏が再傳して復(マタ)夫子の孫(マコ)、子思を得るに及ては
則聖を去(サル)こと遠(トヲウ)して異端、起る。

C: 曾氏(そうし)が再傳(さいてん)して、復(また)夫子(ふうし)の
孫(まご)、子思(しし)を得(う)るに及(およ)びては、則(すなは)
ち聖(せい)を去(さ)ること遠(とほ)うして、異端(いたん)起(お
こ)る。

D: 증자가 (이 도통을) 다시 전하여 다시 공자의 손자인 자사를 얻음
에 이르러서는 (그 때만 해도 벌써) 성인으로부터 (시대가) 멀어져
서 이단이 일어났다.

A: 子[음합부]思[인명부]懼[ﾗ, ヲソ]夫[カ, 22, 평]愈[イヨ다자반복
부]久[32ﾚ]而[31]愈[イヨ다자반복부]、失[ﾗ, ハン, 13—]其
[22]眞[ﾏ, 음독부, 13]也[31]

B: 子思夫(カ)の愈(イヨイヨ)久して愈(イヨイヨ)、其の眞を失(ハ
ン)ことを懼(ヲソ)て

C: 子思(しし)、夫(か)の愈(いよいよ)久(ひさ)しくして、愈(いよ
いよ)其(そ)の眞(しん)を失(うしな)はんことを懼(おそ)りて、

D: 자사는 점점 (시간이) 오래될수록 점점 더 그 참모습을 잃는 것을
두려워하여

A: 於是[11, コﾍ]、推[ﾗ, 훈합부, 32ﾚ]本[モトツケ]堯[인명부]舜
[인명부, 11ǀ]以[훈합부, コノカタ]來相[훈합부]傳[ツタヘ, 13
／]之意[ﾏ, コ丷ロ, 13, 31]質[タ丷ス, 11]以[ﾏ]平[음합부]日所
[ﾚ, 22]聞[ﾗ, キケル]父[음합부]師[ﾏ, 11]之言[ﾐ, コト, 13, 31]

B: 是(ココ)に、堯舜より以來(コノカタ)相傳(ツタヘ)たる意(ココ
ロ)を推し本(モトツケ)て質(タタス)に平日父師に聞(キケル)所
の言(コト)を以て

C: 是(ここ)に堯(げう)舜(しゅん)より以來(このかた)相(あ)ひ傳
(つた)へたる意(こころ)を推(お)し本(もと)づけて、質(ただ)す
に平日(へいじつ)父師(ふし)に聞(き)ける所(ところ)の言(こと)

を以(も)ちて、

D: 이에 요임금·순임금 이래로 전승되어 온 뜻을 헤아려 근본으로 삼고, 평소에 스승님께 들어왔던 말씀으로 바로잡아서

A: 更[훈합부, タカヒ, 평]互[11]演[음합부, エン]{ノヘ, 以淺反}繹[エキ, 32ㄴ, 31]{タツネ, 音亦}作[二, 음합부, 입]爲[32ㄴ, 평]此[22]書[一, 13, 31]以[31]詔[二, ツク]後[22]之學[음합부]者[一, 11]。

B: 更互(タカヒ)に演繹(エンエキ)して此の書を作爲して以て後の學者に詔(ツク)。

C: 更互(たが)ひに演繹(えんえき)して此(こ)の書(しょ)を作爲(さくゐ)して、以(も)ちて後(のち)の學者(かくしゃ)に詔(つ)ぐ。

D: 서로 비교하고 연역하여 이 책[중용]을 지어 이로써 후학들에게 알려주었다.

A: 蓋[32ㄴ]其[12ㄴ]憂[レ, ウレヘ, 13ノ, 13~23]之[13]也、深[32ㄴ]。故[11]其言[レ, イフ, 13~23]之[13]也、切[음독부, 12一]。

B: 蓋し其れ之を憂(ウレヘ)たること、深し。故に其之を言(イフ)こと、切なり。

C: 蓋(けだ)し其(それ)之(これ)を憂(うれ)へたること、深(ふか)し。故(ゆゑ)に其(それ)之(これ)を言(い)ふこと、切(せつ)なり。

D: 아마도 걱정이 깊기 때문에 말씀도 절절하다.

A: 其慮[レ, オモンハカル, 13~23]之[13]也、遠[32ㄴ]。故[11]其[12

ㄴ]說[ㇾ, トク, 13~23]之[13]也詳[ツ, 12—]。

B: 其之を慮(オモンハカル)こと、遠し。故に其れ之を說(トク)こ
と詳(ツ)なり。

C: 其(それ)之(これ)を慮(おもんばか)ること、遠(とほ)し。故(ゆ
ゑ)に其(それ)之(これ)を說(と)くこと、詳(つまび)らかなり。

D: 배려가 멀기 때문에 (먼 후세까지 배려했기 때문에) 말씀이 상세
하다.

A: 其[22]曰[ニ, イヘル, 33]天[22]命[セル]、率[一, ㇾ, シタカフ,
23~33]性[11]、則道[22]心[22]之謂[イヒ, 12—]也。

B: 其の天の命(セル)、性に率(シタカフ)と曰(イヘル)は、則道の
心の謂(イヒ)なり。

C: 其(そ)の天(てん)の命(めい)ぜる、性(せい)に率(したが)ふと曰
(い)へるは、則(すなは)ち道(たう)の心(こころ)の謂(い)ひな
り。

D: 하늘이 명한 바[천명]·성에 따른다[솔성]고 한 것은, 즉 도심(道
心)을 말한 것이다.

A: 其[22]曰[ニ, 33]擇[ㇾ, エラン]善[13, 31]固[32／]執[一, 23~33]、
則精[음합부, 평]一[ニスル, 입]之謂[イヒ, 12—]也。

B: 其の善を擇(エラン)で固く執と曰は、則精一(ニスル)謂(イヒ)
なり。

C: 其(そ)の善(せん)を擇(えら)んで固(かた)く執(と)ると曰(い)へ
るは、則(すなは)ち精一(せいいつ)にする謂(い)ひなり。

D: 선을 택하여 굳게 취한다고 한 것은, 즉 정밀하고 한결같이 함을 말한 것이다.

A: 其曰[゠]君[음합부]子時[一, ㇚, トキナフ, 23~33]中[13]則執[㇚, 33ㄴ]中[13]之謂[12一]也。

B: 其君子中を時(トキナフ)と曰則中を執る謂なり。

C: 其(そ)の君子(くんし)、中(ちう)を時(とき)なふと曰(い)へるは、則(すなは)ち中(ちう)を執(と)る謂(い)ひなり。

D: 군자답고 중도에 맞게 한다고 한 것은, 즉 중도를 취함을 말한 것이다.

A: 世[ノ]之相[훈합부]後[ヲクレ, 13 ／, 13~23]、千[음합부]有[음합부]餘[음합부]年。而[32ㄴ, 31]其[22]言[コト, 22]之不[㇚, ル, 13~23]異[コトナラ]、如[㇚, 32ㄴ]合[゠, アハセタル, 21]符[음합부, 평]節[一, 13, 입]。

B: 世(ノ)相後(ヲクレ)たること、千有餘年。而して其の言(コト)の異(コトナラ)不(ル)こと、符節を合(アハセタル)が如し。

C: 世(よ)の相(あ)ひ後(おく)れたること、千有餘年(せんいうよねん)。而(しかう)して其(そ)の言(こと)の異(こと)ならざること、符節(ふせつ)を合(あ)はせたるが如(ごと)し。

D: 세대가 서로 떨어진 것[요순의 시대와 자사의 시대 사이의 간격]이 천 년이 넘는다. 그럼에도 불구하고 그 말이 다르지 않음이 마치 부절을 맞춘 것과 같다.

A: 歷[ニ, 음합부, 입]選[31一, 11, 거]前[음합부]聖之書[一, 음독부, 13]、所[下, 훈합부]以[12一]提[ニ, 음합부, テイ, 평]挈[ケツ, 32ㄴ, 입]{苦結反}綱[음합부, 평]維[一, 13, 평]、開[中, 음합부]示[31一]縕[음합부, ウン, 평]{委粉於問二反}奧[上, 13]。

B: 前聖書を歷選するに、綱維を提挈(テイケツ)し、縕(ウン)奧を開示する所以なり。

C: 前聖(せんせい)の書(しょ)を歷選(れきせん)するに、綱維(かうゐ)を提挈(ていけつ)し、縕奧(うんあう)を開示(かいし)する所以(ゆゑん)なり。

D: (나 주희가) 옛 성인들의 책을 가려 열람하여 보건대, (중용이라는 책은) 도통의 대강을 들어 보이고 심오한 뜻을 열어 보이는 수단이다.

A: 未[レ, タ]{シ}有、若[レ, ノ]是[22]其[12ㄴ]明[アキラカ, 11, 32ㄴ, 31]且[マタ]盡[セル]者[モノ]也。

B: 未(タ)有末(シ)、是の若(ノ)其れ明(アキラカ)にして且(マタ)盡(セル)者(モノ)。

C: 未(いま)だ有(あ)らじ、是(か)くの若(ごと)きの其(それ)明(あき)らかにして、且(また)盡(つく)せる者(もの)。

D: 아직 없었다, 이[중용]와 같이 분명하고 자세한 것은.

A: 自[レ, 32ㄴ]是[12ㄴ]而又再[음합부]傳[32ㄴ, 31]以[31]得[ニ, 13\]孟[음합부]氏[一, 13]。爲[下]能推[ニ, 훈합부, 32ㄴ]明[ア, 32ㄴ]是書[一, 13, 31]以[31]承[中, ウクル, 13一]先[음합부]聖之統[上,

11, 거]。

B: 是れ自し又再傳して以て孟氏を得たり。能是書を推し明(ア)して以て先聖統に承(ウクル)ことを爲。

C: 是(これ)よりして又(また)再傳(さいてん)して、以(も)ちて孟氏(まうし)を得(え)たり。能(よ)く是(こ)の書(しょ)を推(お)し明(あ)かして、以(も)ちて先聖(せんせい)の統(とう)に承(う)くることを爲(な)す。

D: 이로부터 또 다시 전해져서 맹자를 얻었다. (맹자가) 이 책을 잘 미루어 밝혀서 옛 성인들의 도통을 이어받았다.

A: 及[゠]其没[̄, 음독부, 31一, 11, 31, 입탁]而遂[11]失[゠, フ]其[22]傳[̄, 음독부, 13]焉。則、吾[21]道[ミチ, 22]之所[レ]寄[ヨスル]、不[レ]越[゠, ヘ]乎言[음합부]語、文[음합부]字[22]之間[̄, タ, 11]。

B: 其没するに及て遂に其の傳を失(フ)。則、吾が道(ミチ)の寄(ヨスル)所、言語、文字の間(タ)に越(ヘ)不。

C: 其(そ)の没(ぼっ)するに及(およ)びて、遂(つひ)に其(そ)の傳(てん)を失(うしな)ふ。則(すなは)ち吾(わ)が道(みち)の寄(よ)する所(ところ)、言語(げんぎょ)文字(ぶんし)の間(あひだ)に越(こ)えず。

D: (그러나) 그가 죽음에 이르러 결국 그 전승을 잃었다. 즉 우리의 도가 의탁하는 바가 언어와 문자 사이를 넘지 못했다.

A: 而[シ, 31]異[음합부]端[22]之說[음독부]、日[ヒ ヽ, 11]新[アラ

夕, 11]、月[ツキだ자반복부, 11]盛[サカリ, 11, 32ㄴ, 31]以[31]
至[二, 31, 33]於老[음합부]佛之徒[음독부, 22, 평]出[一, 33ㄴ,
11]、則、彌[イヨ다자반복부]近[ㄴ, 32ㄴ]理[음독부, 11, 31]而
大[11]亂[ㄴ, 33ㄴ]眞[음독부, 13]矣。

B: 而(シ)て異端の說、日(ヒヒ)に新(アラタ)に、月(ツキツキ)に
盛(サカリ)にして以て老佛徒の出るに至ては、則、彌(イヨイ
ヨ)理に近して大に眞を亂る。

C: 而(しかう)して異端(いたん)の說(せつ)、日(ひび)に新(あら)た
に月(つきづき)に盛(さか)りにして、以(も)ちて老佛(らうふ
つ)の徒(と)の出(い)づるに至(いた)りては、則(すなは)ち彌(い
よいよ)理(り)に近(ちか)くして大(おほ)いに眞(しん)を亂(み
だ)る。

D: 그러는 동안 이단의 설이 나날이 새로워지고 다달이 융성하여 노
불[도가와 불가]의 무리가 나오기에 이르러서는, (이들의 설은) 점
점 이치에 가까워져서 진리를 크게 어지럽혔다.

A: 然[과단[第三段], シカレトモ]而、尚[ナヲ]幸[サイハイ, 11]此
[22]書之不[ㄴ, 13ㄴ]泯[ホロヒ]{音閔}。

B: 然(シカレトモ)、尚(ナヲ)幸(サイハイ)に此の書泯(ホロヒ)不
ず。

C: 然(しか)れども尙(なほ)幸(さいは)ひに此(こ)の書(しょ)泯(ほ
ろ)びず。

D: 그러나 다행스럽게도 이 책이 없어지지 않았다.

A: 故[11]程[음합부, 평]夫[음합부]子[인명부]兄[음합부]弟[22]者[モ, 22]出[31]得[三, 13 ＼]有[ㇾ]所[ㇾ]考[カンカフル, 31]以[31]續[二, ツク, 13~23, 13]夫[カ, 22, 평]千[음합부]載[거]不[음합부]傳[22]之緒[一, 음독부, 13]{音序}。

B: 故に程夫子兄弟の者(モ)の出て考(カンカフル)所有て以て夫(カ)の千載不傳の緒を續(ツク)ことを得たり。

C: 故(ゆゑ)に程夫子(ていふうし)兄弟(くゑいてい)の者(もの)出(い)でて、考(かんが)ふる所(ところ)有(あ)りて、以(も)ちて夫(か)の千載(せんさい)不傳(ふてん)の緒(しょ)を續(つ)ぐことを得(え)たり。

D: 그러므로 정부자 형제[정호(程顥)·정이(程頤)]가 나와서 고찰한 바가 있어서, 천 년 동안 전해지지 않았던 저(도통의) 실마리를 이을 수 있었다.

A: 得[下, 13 ＼]有[ㇾ]所[ㇾ]据[ヨル, 31]以[31]斥[中, シリソクル, 13~23, 13]夫[カ, 22, 평]二[음합부]家[22]似[ㇾ, ニ, 13 ／]是[シ, 11]之非[上, 음독부, 13]。

B: 据(ヨル)所有て以て夫(カ)の二家の是(シ)に似(ニ)たる非を斥(シリソクル)ことを得たり。

C: 据(よ)る所(ところ)有(あ)りて、以(も)ちて夫(か)の二家(じか)の、是(し)に似(に)たる非(ひ)を斥(しりぞ)くることを得(え)たり。

D: 의거한 바가 있어서, 저 이가(二家)[도가와 불가]의 옳은 것처럼 보이는 그릇된 것을 물리칠 수 있었다.

A: 蓋、子[음합부]思[인명부, 21]之功、於是[コ丶, 11]爲[ﾚ, 32]大[ヲﾍイ, 12—, 23~33]。而[32ﾚ, 31]微[二, ナカセ, 33]程[음합부]夫[음합부]子[ﺍ]、則亦莫[下, ラン]能因[二, ヨ]其語[一, コト, 11, 31]而得[中, ウル, 13~23]其心[上, 훈독부, 13]也。

B: 蓋、子思が功、是(ココ)に大(ヲﾍイ)なりと爲す。而して程夫子微(ナカセ)ば、則亦能其語(コト)に因(ヨ)て其心を得(ウル)こと莫(ラン)。

C: 蓋(けだ)し子思(しし)が功(こう)、是(ここ)に大(おほ)いなりとす。而(しかう)して程夫子(ていふうし)微(な)かっせば、則(すなは)ち亦(また)能(よ)く其(そ)の語(こと)に因(よ)りて、其(そ)の心(こころ)を得(う)ること莫(な)からん。

D: 무릇 자사의 공이 이에 위대하게 되었다. 그리고 정부자가 없었다면 또한 그 말을 통하여 그 뜻[심법(心法)]을 얻지 못했을 것이다.[7]

A: 惜[ヲシイ]乎[21, 11ﾚ]其所[二, 훈합부]以爲[一, ﾚ, スル]說[음독부, 13]者[22]不[ﾚ, ル, 13~23]傳[ハラ]。

B: 惜(ヲシイ)乎かな其說を爲(スル)所以者の傳(ハラ)不(ル)こと。

C: 惜(を)しいかな、其(そ)の說(せつ)を爲(す)る所以(ゆゑん)の者(もの)、傳(つた)はらざること。

D: 애석하구나, (정부자 형제가) 설한 것이 전해지지 않음이.[8]

---

7 「而」를 역접으로 해석하면 '무릇 자사의 공은 이에 위대하다고 할 것이다. 그러나 ……'와 같이 번역할 수 있다.

8 해당 원문이 「所說」이 아니라 「所以爲說」임을 고려할 때 '(정부자 형제가 자신의) 설을 세운 근거가'와 같이 해석하는 것이 바람직할 것으로 생각된다.

A: 而[32ㄴ, 31]凡[ソ]石[음합부]氏[인명부, 21]之所[ᵌ]輯[음합부,
シフ, 입]{音集}録[ˉ, 31一, 입]、僅[ワツカニ, 11]出[ᵌ, 13﹨]
於其門[음합부]人之所[ˉ, ㇑, 11]記[음독부, 31一]。

B: 而して凡(ソ)石氏が輯(シフ)録する所、僅(ワツカニ)に其門人
記する所に出たり。

C: 而(しかう)して凡(およ)そ石氏(せきし)が輯録(しふろく)する
所(ところ)、僅(わづ)かに其(そ)の門人(もんじん)の記(き)する
所(ところ)に出(い)でたり。

D: 무릇 석씨[석돈(石巡)]가 모아 기록한 것[석돈이 지은 중용집해]
은 그[정부자의] 문인의 기록에서 적게나마 나왔다.

A: 是[훈합부]以[31]大[음합부]義、雖[㇑, ヘトモ]明[ア, 12一,
23~33]、而微[음합부, 평탁]言末[㇑, タ]{ス}析[ワカタ]。

B: 是以て大義、明(ア)なりと雖(ヘトモ)、微言未(タ)析(ワカタ)
未(ス)。

C: 是(これ)を以(も)ちて大義(たいぎ)明(あき)らかなりといへど
も、微言(びげん)未(いま)だ析(わ)かたず。

D: 이 때문에 대의는 명백하지만 자세한 말은 미처 밝혀져 있지 않다.

A: 至[ᵌ, 31, 33]其門[음합부]人所[ᵌ, 11]自[ミ]爲[ˉ, ㇑, スル]說
[음독부, 13]、則雖[ᵌ, ヘトモ]頗詳[ツマヒラカ, 11]盡[32ㄴ,
31]而多[㇑, シ, 23~33]所[ᵌ]發[음합부]明[ˉ, 31一]、然[モ]、
倍[ᵌ, ソムイ]{音佩}其[22]師說[ˉ, 음독부, 13, 31]{二합점}而
淫[ᵌ, 31一, 평]於老[음합부]佛[ˉ, 11]者[22]亦有[㇑, リ]之矣。

B: 其門人自(ミ)說を爲(スル)所に至ては、則頗詳(ツマヒラカ)に
盡して發明する所多(シ)と雖(ヘトモ)、然(モ)、其の師說(ニ)
倍(ソムイ)て老佛に淫する者の亦之有(リ)。

C: 其(そ)の門人(もんじん)、自(みづか)ら說(せつ)を爲(す)る所
(ところ)に至(いた)りては、則(すなは)ち頗(すこぶ)る詳(つま
び)らかに盡(つく)して、發明(はつめい)する所(ところ)多(お
ほ)しといへども、然(しか)も其(そ)の師說(しせつ)に倍(そむ)
いて、老佛(らうふつ)に淫(いむ)する者(もの)、亦(また)之(こ
れ)有(あ)り。

D: 그 문인들 스스로 설을 편 바에 이르러서는, 자못 자세하고 극진하
여 밝히는 바도 많지만 스승의 말을 저버리고 노불[도가와 불가]
에 빠진 자 또한 있게 되었다.

A: 熹[인명부]自[ニ]蚤[음합부, サウ, 상]歲[一, セイ]、即嘗[カツ,
31]受[훈합부, ウケ]讀[31]而竊[ヒソカ, 11]疑[レ, フ]之。

B: 熹蚤歲(サウセイ)自、即嘗(カツ)て受(ウケ)讀て竊(ヒソカ)に
之疑(フ)。

C: 熹(き)、蚤歲(さうせい)より卽(すなは)ち嘗(かつ)て受(う)け讀
(よ)みて、竊(ひそ)かに之(これ)を疑(うたが)ふ。

D: 나는 어려서부터 일찍이 (중용을) 받아 읽으면서 속으로 의문이
드는 바가 있었다.

A: 沈[음합부, チン, 평]潛[セン, 평]、反[음합부]復[31一, 입]{芳服
反}、蓋亦有[レ, リ]年[トシ]。一[음합부]且[음합부]恍[음합부, クワウ,

상]{キヤウ합점[9]}然[23~33, 32ㄴ, 31]似[ㆍ, 13 \]有[ㆍ, ル, 11]
以[31]得[ㆍ, ウ, 33ㄴ, 13~23]其要[음합부]領[ㆍ, 13]者。

B: 沈潛(チンセン)、反復する、蓋亦年(トシ)有(リ)。一旦恍(キヤ
ウ)然として以て其要領を得(ウ)ること有(ル)に似たり。

C: 沈潛(ちむせむ)反復(はんぷく)する、蓋(けだ)し亦(また)年(と
し)有(あ)り。一旦(いったん)恍然(きゃうぜん)として、以(も)
ちて其(そ)の要領(えうれい)を得(う)ること有(あ)るに似(に)た
り。

D: 깊이 잠겨 반복하기를 여러 해가 되었다. 어느 날 새벽 홀연히 그
요체를 얻은 듯하였다.

A: 然[훈합부, 31]後[11]乃[イマシ]敢[31]會[ㆍ, 음독부, 32ㄴ]衆[음
합부]說[ㆍ, 13, 31]而折[ㆍ, ワカツ]其中[10][ㆍ, 13]。

B: 然て後に乃(イマシ)敢て衆說を會して其中を折(ワカツ)。

C: 然(しかう)して後(のち)に乃(いま)し敢(あ)へて衆說(しうせつ)
を會(くゎい)して、其(そ)の中(ちう)を折(わ)かつ。

D: 그런 후에야 감히 여러 설을 모아서 그 중(中)[타당하고 적절한 것]
을 가렸다.

A: 旣[11]爲[タメ, 11, 거]定[メ]著[ㆍ, アラハシ]章[음합부]句一[음
합부]篇[ㆍ, 13, 31]以[31]竢[ㆍ, マツ]後[22]之君[음합부]子[ㆍ,

---

9 「恍」의 한음은 「くゎう」이다. 좌훈 「きゃう」에 합점이 달려 있어서 B 이하에서
는 이에 따른다.
10 「衷」으로 된 이본도 있다.

13]。

B: 既に爲(タメ)に定(メ)章句一篇を著(アラハシ)て以て後の君子を竢(マツ)。

C: 既(すで)に爲(ため)に定(さだ)め章句(しゃうく)一篇(いっぺん)を著(あらは)して、以(も)ちて後(のち)の君子(くんし)を竢(ま)つ。

D: (이로써) 먼저 장구 일편을 정하여 짓고 나서, 후대의 군자를 기다리기로 하였다.

A: 而[シ, 31]一[음합부]二[22]同[음합부]志、復[マタ]取[゠]石[음합부]氏[21]書[̄, 13, 31]刪[゠ , ケツリ]其繁[음합부]亂[̄, 13, 31]名[ナツクル, 11]以[゠ , 32]輯[음합부, 입]略[̄, 13]。

B: 而(シ)て一二の同志、復(マタ)石氏が書を取て其繁亂を刪(ケツリ)て名(ナツクル)に輯略を以す。

C: 而(しかう)して一二(いつじ)の同志(とうし)、復(また)石氏(せきし)が書(しょ)を取(と)りて、其(そ)の繁亂(はんらん)を刪(けづ)りて、名(な)づくるに輯略(しふりゃく)を以(も)ってす。

D: 그리고는 한두 명의 동지와 함께 다시 석씨[석돈(石㽦)]의 책을 가져다가 번잡한 것은 쳐내고 이름 붙이기를 집략이라고 하였다.

A: 且、記[̄下, シル, 32ㄴ]所[゠]嘗[カツ]論[음합부]辯取[음합부]舍[̄, 31一, 상]之意[̄上, コ丶ロ, 13, 31]別[コト, 11]爲[゠ , シ]或[음합부, コク]問[̄, フン, 23~33, 31]以[31]附[゠ , ツク]其[22]後[̄, 11]。

B: 且、甞(カツ)論辯取舎する所意(ココロ)を記(シル)して別(コト)に或問(コクフン)と爲(シ)て以て其の後に附(ツク)。

C: 且(かつ)甞(かつ)て論辯(ろんへん)取舎(しゅしゃ)する所(ところ)の意(こころ)を記(しる)して、別(こと)に或問(こくぶん)として、以(も)ちて其(そ)の後(しりへ)に附(つ)く。

D: 그 위에 그때까지 (여러 선배들의 설을) 논변하고 취사한 대의를 기록하여 별도로 혹문(或問)이라고 이름하여 집략 뒤에 붙였다.

A: 然[훈합부, 31]後[11]此[22]書之旨[ムネ]、支[음합부]分、節[음합부]解[カイ, 32ㄴ, 31]、脉[음합부, ハク, 입탁]絡[ラク, 입]、貫[음합부]通[シ]、詳[음합부, シヤウ]略[リヤク]相[훈합부]因[ヨリ, 31]巨[음합부, キヨ]細[セイ]畢[コト다자반복부ク, 11]舉[음독부, 32]。

B: 然て後に此の書旨(ムネ)、支分、節解(カイ)して、脉絡(ハクラク)、貫通(シ)、詳略(シヤウリヤク)相因(ヨリ)て巨細(キヨセイ)畢(コトコトク)に舉す。

C: 然(しかう)して後(のち)に此(こ)の書(しょ)の旨(むね)、支分(しふん)節解(せっかい)して、脈絡(ばくらく)貫通(くゎんとう)し、詳略(しゃうりゃく)相(あ)ひ因(よ)りて、巨細(きょせい)畢(ことごと)く舉(きょ)す。

D: 그리고 나서 이 책의 종지(宗旨)는 가지가 나누어지고 마디가 풀려서 맥락이 관통하게 되었으며, 상세한 것과 대략적인 것이 서로 연관되고 거대한 것과 세세한 것이 모두 드러나게 되었다.

A: 而[シ, 31]凡[ソ]、諸[음합부]說[22]之同[음합부]異、得[음합부]
失、亦得[ᇹ, 13 ＼]以[31]曲[ツマヒラカ, 11]暢[ノヘ]、旁[カタ
다자반복부]通[음독부, 32ㄴ, 31]而各極[ᇹ, ムル, 13~23, 13]其
趣[ᅳ, 13]。

B: 而(シ)て凡(ソ)、諸説の同異、得失、亦以て曲(ツマヒラカ)に
暢(ノヘ)、旁(カタカタ)通して各其趣を極(ムル)ことを得た
り。

C: 而(しかう)して凡(およ)そ諸說(しょせつ)の同異(とうい)得失
(とくしつ)、亦(また)以(も)ちて曲(つまび)らかに暢(の)べ、旁
(かたがた)通(とう)して、各(おのおの)其(そ)の趣(おもむ)きを
極(きは)むることを得(え)たり。

D: 그리하여 무릇 여러 설들의 같고 다름과 득실이 또한 자세하게 서
술되고 두루두루 통하여 제각기 본래의 취지를 최대한 발휘할 수
있게 되었다.

A: 雖[ᇹ, ヘトモ]於道[음합부]統之傳[33, 평]不[ᇹ]敢[31]妄[リ]議
[ᅳ, 음독부, 23ㄴ]、然[13ㄱ]、初[음합부]學之士、或[モシク,
33]有[ﾚ, ラン]取[トル, 13~23]焉。則亦、庶[ᇹ, コヒネカフ,
23~33]乎行[ﾚ, キ]遠[トホキ, 11]升[ﾚ, ル]高[キ, 11]之一[ヒト
ツ, 22]助[ᅳ, タスケ, 13]云[イフコト]{イフ}爾[シカリ]{シ
カ}。

B: 道統傳は敢て妄(リ)議せ不雖(ヘトモ)、然も、初學士、或(モ
シク)は取(トル)こと有(ラン)。則亦、遠(トホキ)に行(キ)高
(キ)に升(ル)一(ヒトツ)の助(タスケ)を庶(コヒネカフ)と云(イ

フコト)爾(シカリ)。

C: 道統(たうとう)の傳(てん)は、敢(あ)へて妄(みだ)りに議(ぎ)せずといへども、然(しか)も初學(しょかく)の士(し)、或(も)しくは取(と)ること有(あ)らん。則(すなは)ち亦(また)遠(とほ)きに行(ゆ)き、高(たか)きに升(のぼ)る一(ひと)つの助(たす)けを庶(こひねが)ふと云(い)ふこと爾(しか)り。

D: 도통의 전승에 대해서는 감히 망령되이 논의할 수 없지만 초학의 선비들이 혹 (나의 작업에서) 취할 바가 있을 것이다. 그렇다면 먼 곳을 향해 가고 높은 곳을 오르는 데 하나의 도움이 되기를 바랄 따름이다.

A: 淳[음합부]熙巳[음합부]酉、春[훈독부]、三[음합부]月、戊[음합부]申、新[음합부]安[22]朱[음합부]熹[인명부]序[음독부, 32]

B: 淳熙巳酉、春、三月、戊申、新安の朱熹序す

C: 淳熙(しゅんき)巳酉(きいう)、春(はる)三月(さむぐゑつ)戊申(ぼしん)、新安(しんあん)の朱熹(しゅき)序(しょ)す。

D: 순희 기유년[1189] 춘삼월 무신일 신안 사람 주희 서(序)하다.

중용

A: 中[음합부]庸

B: 中庸

C: 中庸(ちうよう)

D: 중용

a: 中[33, 평]者、不[ㇾ, 13ㄴ]偏[ナラ, 평]、不[ㇾ, 13ㄴ]倚[ナラ, 평]、無[ニ, キ]過[음합부]不[음합부]及[一]之名[12一]{ナ}。庸[33, 평]平[음합부]常也

b: 中は、偏(ナラ)不ず、倚(ナラ)不ず、過不及無(キ)名なり。庸は平常

c: 中(ちう)は、偏(へん)ならず、倚(い)ならず、過不及(くわふきふ)無(な)き名(めい)なり。庸(よう)は平常(へいしゃう)。

d: 중(中)은 치우치지 않고 기울어지지 않으며 지나치거나 모자람이 없음을 이른다. 용(庸)은 평범하고 항상된 것이다.

A: 朱[음합부]熹章[음합부]句

B: 朱熹章句

C: 朱熹(しゅき)章句(しゃうく)

D: 주희 장구

A〉 子[음합부]程[음합부]子[인명부, 21]曰、不[ㇾ, ル]偏[ナラ, 평]、之[コレ, 13]謂[ㇾ]中[음독부, 23~33, 평]。不[ㇾ, ル]易[カハラ, 입]之[13]謂[ㇾ]庸[23~33, 평]。

B〉 子程子が曰、偏(ナラ)不(ル)、之(コレ)を中と謂。易(カハラ)不(ル)之を庸と謂。

C〉 子程子(していし)が曰(い)はく、偏(へん)ならざる、之(これ)を中(ちう)と謂(い)ふ。易(か)はらざる、之(これ)を庸(よう)と謂(い)ふ。

D〉 정자(程子)가 말하기를, 치우치지 않음을 중이라고 한다. 변치 않음을 용이라고 한다.

A〉 中[33]者天[음합부]下[22]之正[음합부]道、庸[33]者、天[음합부]下之定[훈합부, マレル]理[12—]。

B〉 中は天下の正道、庸は、天下定(マレル)理なり。

C〉 中(ちう)は天下(てんか)の正道(せいたう)、庸(よう)は天下(てんか)の定(さだ)まれる理(り)なり。

D〉 중은 천하의 바른 도이고, 용은 천하의 정해진 이치이다.

A〉 此[22]篇[33]乃[ス]、孔[음합부]門[22]傳[ニ, 음합부]授[31—]心[ー, 훈독부, 13]、法[음독부, 12—]。

B〉 此の篇は乃(ス)、孔門の心を傳授する、法なり。

C〉 此(こ)の篇(へん)は、乃(すなは)ち孔門(こうもん)の心(こころ)を傳授(てんしう)する法(はふ)なり。[11]

11 「傳授心法」을 寛文本에서는 「傳[음합부]授[ノ]心[음합부]法[ナリ]。→ 傳授(て

D〉 이 책[중용]은 공자의 문하에서 가르침의 핵심을 전수한 법이다.

A〉 子[음합부]思[인명부]恐[ニ, 33ㄴ]其[22]久[32ㄴ]而[31]差[ー, タ
　　カハン, 13~23, 13]也。

B〉 子思其の久して差(タカハン)ことを恐る。

C〉 子思(しし)、其(そ)の久(ひさ)しくして差(たが)はんことを恐
　　(おそ)る。

D〉 자사는 (시간이) 오래 지나서 (본래의 취지와) 차이가 생길 것을 걱
　　정하였다.

A〉 故[11]筆[ニ, 음독부, 32ㄴ, 입]之於書[ー, 음독부, 11, 31]以[31]
　　授[ニ, 32 /]孟[음합부]子[ー, 11]。

B〉 故に書に筆して以て孟子に授く。

C〉 故(ゆゑ)に書(しょ)に筆(ひっ)して、以(も)ちて孟子(まうし)に
　　授(さづ)く。

D〉 그래서 (이 법을) 책에 기록하여 맹자에게 주었다.

A〉 其[22]書、始[メ, 33]言[ニ, イヒ]一[음합부]理[ー, 13]。中[ナカ,
　　33]散[음독부, 32ㄴ, 31]爲[ニ, ナリ]萬[음합부]事[ー, 23~33]。末
　　[スエ합점, 33]{ノチ}復合[アフ, 31]爲[ニ, ナル]一[음합부]理
　　[ー, 23~33]。

B〉 其の書、始(メ)は一理を言(イヒ)。中(ナカ)は散して萬事と爲
　　(ナリ)。末(スエ)は復合(アフ)て一理と爲(ナル)。

──────────────

　　んしう)の心法(しんはふ)なり。」와 같이 파악하였다.

C〉 其(そ)の書(しょ)、始(はじ)めは一理(いつり)を言(い)ひ、中(なか)は散(さん)じて萬事(ばんじ)と爲(な)り、末(すゑ)は復(また)合(あ)うて一理(いつり)と爲(な)る。

D〉 그 책은 처음에는 하나의 이치를 말하였고, 중간에는 흩어져 만 가지 일이 되었고, 끝에는 다시 합하여 하나의 이치가 되었다.

A〉 放[ㇾ, ホシイマヽニ, 31—, 33—]之[13]、則彌[ニ, ワタリ]六[음합부]合[一, 11]、卷[ㇾ, マク, 33—, 상]之[13]、則退[シリソイ, 31]藏[ニ, オサマル, 평]{カクル}於密[음독부, 11, 입탁]。

B〉 之を放(ホシイママニ)するときは、則六合に彌(ワタリ)、之を卷(マク)ときは、則退(シリソイ)て密に藏(オサマル)。

C〉 之(これ)を放(ほしいまま)にするときは、則(すなは)ち六合(りくかふ)に彌(わた)り、之(これ)を卷(ま)くときは、則(すなは)ち退(しりぞ)いて密(びつ)に藏(をさ)まる。

D〉 이것을 풀어 놓으면[12] 육합[우주]에 가득하고, 이것을 거두어들이면 물러가 은밀한 곳[마음의 본체]에 담긴다.

A〉 其味[アチハイ]無[ㇾ]窮[マル, 13~23]。皆實[음합부]學[12—]也。

B〉 其味(アチハイ)窮(マル)こと無。皆實學なり。

C〉 其(そ)の味(あぢ)はひ窮(きは)まること無(な)し。皆(みな)實學(じつかく)なり。

---

12 한문훈독문을 직역하면 '이것을 하고자 하는 대로 하면'과 같이 번역될 것이나 여기서는 의역하였다.

D〉 그 의미가 무궁하다. 모두 실질적인 학설이다.

A〉 善[ヨク]讀[훈합부, ヨマン]者[モ, 22]玩[훈합부, モテアソヒ]索[モトメ]{色窄反}而[31]有[ㇾ, ラ, 33]得[ウル, [13]]焉、則終[ㇾ, 11]{ルマテニ합점}身[13]、用[ㇾ, ウルトモ]之[13]、有[ㇾ, ラン]不[ㇾ]能[ㇾ]盡[ツクル, 13~23]者[モノ, 12—]矣

B〉 善(ヨク)讀(ヨマン)者(モ)の玩(モテアソヒ)索(モトメ)て得(ウル)有(ラ)ば、則身を終(ルマテニ)に、之を用(ウルトモ)、盡(ツクル)こと能不有(ラン)者(モノ)なり

C〉 善(よ)く讀(よ)まん者(もの)、玩(もてあそ)び索(もと)めて得(う)ること有(あ)らば、則(すなは)ち身(み)を終(を)ふるまでに之(これ)を用(もち)ふるとも、盡(つ)くること能(あた)はざること有(あ)らん者(もの)なり。

D〉 잘 읽는 자가 손에서 놓지 않고 (참뜻을) 구하여 얻음이 있으면 죽을 때까지 쓰더라도 다함이 없는 책이다.

---

13 13~23 위치에 다른 단점과 구별되는 큰 점이 찍혀 있다.

제1장

A: 天[22]命[セル, 13, 거]之謂[ㇾ, フ]性[23~33, 거]。率[ㇾ, シタカ
フ, 13]性[11]之謂[ㇾ, フ]道[ミチ, 23~33]。脩[ㇾ, ヲサムル, 13]
道[ミチ, 13]之謂[ㇾ, フ]教[음독부, 23~33, 거]

B: 天の命(セル)を性と謂(フ)。性に率(シタカフ)を道(ミチ)と謂
(フ)。道(ミチ)を脩(ヲサムル)を教と謂(フ)

C: 天(てん)の命(めい)ぜるを性(せい)と謂(い)ふ。性(せい)に率
(したが)ふを道(みち)と謂(い)ふ。道(みち)を修(をさ)むるを教
(かう)と謂(い)ふ。

D: 하늘이 명한 것을 성(性)이라고 한다. 성에 따르는 것을 도(道)라고
한다. 도를 닦는 것을 교(教)라고 한다.

a: 命[33, 거]猶[ㇾ, ヲ]{シ}令[22, 거]也。性[33]即理[12—]也。

b: 命は猶(ヲ)令の猶(シ)。性は即理なり。

c: 命(めい)は猶(なほ)令(れい)のごとし。性(せい)は卽(すなは)ち
理(り)なり。

d: 명(命)은 명령과 같다. 성은 곧 이치이다.

a: 天、以[二]陰[음합부]陽、五[음합부]行[一, 13, 31]化[二, 음합
부]生[32]萬[음합부]物[一, 13]。

b: 天、陰陽、五行を以て萬物を化生す。

c: 天(てん)、陰陽(いむやう)五行(ごかう)を以(も)ちて、萬物(ばんぶつ)を化生(くゎせい)す。

d: 하늘은 음양과 오행으로 만물을 만든다.

a: 氣、以[コレ, 13, 31]成[ㇾ]形[훈독부, 13]。而[31]理、亦賦[シク]焉。

b: 氣、以(コレ)をて形を成。而て理、亦賦(シク)。

c: 氣(き)、これを以(も)ちて形(かたち)を成(な)す。而(しかう)して理(り)、亦(また)賦(し)く。

d: 기(氣), 이것으로써 형체를 이루고, 이(理) 또한 (만물에게) 부여된다.

a: 猶[二, ヲ]{シ}命[음합부]令[一, 22, 거]也。

b: 猶(ヲ)命令の猶(シ)。

c: 猶(なほ)命令(めいれい)のごとし。

d: (하늘의 이러한 작용은) 마치 명령과 같다.

a: 於是[11]、人[음합부]物之生[음독부, 평]、因[三]各得[二, 11]其所[ㇾ, 22]賦[シク]之理[一, 13, 31]以[31]爲[二, 32]健[음합부, 거]順[거]五[음합부]常[22]之德[一, 23~33]。所[훈합부]謂性[12一, 거]也。

b: 是に、人物生、各其賦(シク)所の理を得に因て以て健順五常の德と爲す。所謂性なり。

c: 是(ここ)に人物(じんぶつ)の生(せい)、各(おのおの)其(そ)の賦

(し)く所(ところ)の理(り)を得(う)るに因(よ)りて、以(も)ちて
健順(けんしゅん)五常(ごしゃう)の德(とく)とす。所謂(いはゆ
る)性(せい)なり。

d: 여기서 사람과 사물이 태어날 때 각각 부여받은 이(理)에 따라, 이
것을 가지고 건순[양의 덕·음의 덕]과 오상[인·의·예·지·신]의 덕
으로 삼는다. 이른바 본성이다.

a: 率[ソツ, 33]{シユツ합점}[14]循[シユン, 평]也。道[33]猶[ㇾ, ヲ]
{シ}路[22]也。

b: 率(シユツ)は循(シユン)。道は猶(ヲ)路の猶(シ)。

c: 率(しゅつ)は循(しゅん)。道(みち)は猶(なほ)路(ろ)のごとし。

d: 솔(率)은 따르는 것이다. 도는 길과 같다.

a: 人[음합부]物、各、循[ニ, シタカ, 33—]其性之自[음합부]然[一,
11, 31[15]]則其日[음합부]用事[음합부]物[22]之間[アヒタ]、莫
[ㇾ, 32ㄴ]不[ニ, 云]各有[ニ]當[ㇾ, 11]{ヘキ}行[ヲ]之路[一]。

b: 人物、各、其性自然に循(シタカ)ときは則其日用事物の間(ア
ヒタ)、各當に行(ヲ)當(ヘキ)路有不(イフ)莫し。

c: 人物(じんぶつ)、各(おのおの)其(そ)の性(せい)の自然(しぜん)
に循(したが)ふときは、則(すなは)ち其(そ)の日用(じつよう)事
物(しぶつ)の間(あひだ)、各(おのおの)當(まさ)に行(おこな)ふ

14 「率」은 두 가지 한자음이 있다. 하나는 한음「スイ・シュツ」, 오음「ソチ・ソツ」
이고, 또 하나는 한음「リツ」가 있다. B 이하에서는 합점이 붙은 좌훈에 따랐다.
15 다른 훈점과 호응하지 않으므로 이하 취하지 않았다.

べき路(みち)有(あ)らずといふこと莫(な)し。

d: 사람과 사물이 각각 그 자연스러운 본성을 따르면, 일상의 생활을
　하는 사이에 각각 마땅히 행해야 할 길이 항상 있다.

a: 是[12ㄴ]則、所[훈합부]謂道[12一]也。

b: 是れ則、所謂道なり。

c: 是(これ)則(すなは)ち、所謂(いはゆる)道(たう)なり。

d: 이것이 이른바 도이다.

a: 脩[ヲ, 云, 23~33, 33]品[゠, 음합부, ヒン]節[31一, 12一, 입]之[一,
　13]也。

b: 脩(ヲ)と(イフ)は之を品(ヒン)節するなり。

c: 修(をさ)むといふは、之(これ)を品節(ひむせつ)するなり。

d: 닦는다는 것은, 품절(品節)[등급을 나누어 다스림]하는 것이다.

a: 性[음독부]、道[음독부]、雖[ㄴ]同[32ㄴ, 23~33]、而氣[음합부,
　거]稟[ヒン, 상]、或[33]異[12一]。

b: 性、道、同じと雖、氣稟(ヒン)、或は異なり。

c: 性(せい)、道(たう)、同(おな)じといへども、氣稟(きひむ)、或
　(ある)いは異(こと)なり。

d: 성과 도가 같다고 할지라도 타고난 기질은 다를 수 있다.

a: 故[11]不[ㄴ]能[ㄴ]無[゠, 13~23]過[음합부]不[음합부]及[22]之差
　[一, タカヒ]。

b: 故に過不及の差(タカヒ)無こと能不。

c: 故(ゆゑ)に過不及(くゎふきふ)の差(たが)ひ無(な)きこと能(あた)はず。

d: 그러므로 지나치거나 모자라는 차이가 없을 수 없다.

a: 聖[음합부]人、因[二]人[음합부]物[22]之所[レ, 22]當[レ, 11]{ヘキ}行[ヲ]者[一, 11]而[31]品[二, 음합부]節[32ㄴ, 입]之[一, 13, 31]以[31]爲[レ]法[二, 음독부, 23~33]於天[음합부]下[一, 11]、則、謂[二]之[13]教[一, 23~33, 거]。

b: 聖人、人物の當に行(ヲ)當(ヘキ)所の者に因て之を品節して以て天下に法と爲、則、之を教と謂。

c: 聖人(せいじん)、人物(じんぶつ)の當(まさ)に行(おこな)ふべき所(ところ)の者(もの)に因(よ)りて、之(これ)を品節(ひむせつ)して以(も)ちて天下(てんか)に法(はふ)と爲(す)れば、則(すなは)ち之(これ)を教(かう)と謂(い)ふ。

d: 성인이 사람과 사물의 마땅히 행해야 할 바에 따라 이를 품절하여 천하의 법으로 삼았으니, 이것을 교라고 한다.

a: 若[二, 13ㄱ]禮[음합부]樂刑[음합부]政[22]之屬[一, タクヒ, 22]、是[12一]也。

b: 禮樂刑政の屬(タクヒ)の若も、是なり。

c: 禮樂(れいがく)刑政(けいせい)の屬(たぐひ)の若(ごと)きも、是(これ)なり。

d: 예악과 형정[형벌에 관핸 행정] 같은 것도 이것이다.

a: 蓋人[16]之所[二, 훈합부]以爲[一, レ, 13 /]人、道[훈독부, ノ, 22]
之所[二, 훈합부]以爲[一, レ, 13 /]道、聖[음합부]人[ノ]之所
[二, 훈합부]以爲[一, レ, 31一]教[13]、

b: 蓋人人爲たる所以、道(ノ)の道爲たる所以、聖人(ノ)教を爲す
る所以、

c: 蓋(けだ)し人(ひと)の人(ひと)たる所以(ゆゑん)、道(みち)の道
(みち)たる所以(ゆゑん)、聖人(せいじん)の教(かう)を爲(す)る
所以(ゆゑん)、

d: 무릇 사람이 사람인 까닭, 도가 도인 까닭, 성인이 가르치는 내용은,

a: 原[二, モトツクル, 11]其所[一, レ, 13]自[ヨレル]、無[下, シ]一
[32ㄴ, 31]不[中, ト云, 13~23]本[二, モトツケ]於天[一, 11]而[31]
備[中, ヘ]於我[上, 11]。

b: 其自(ヨレル)所を原(モトツクル)に、一して天に本(モトツケ)
て我に備(ヘ)不(トイフ)こと無(シ)。

c: 其(そ)の自(よ)れる所(ところ)を原(もと)づくるに、一(ひと)つ
にして天(てん)に本(もと)づけて我(われ)に備(そな)へずといふ
こと無(な)し。

d: 그 유래한 바의 근원을 찾아보면, 하늘에 근본하고 자신에게 갖추
어지지 않은 것이 하나도 없다.

---

16 「蓋人……而自不能已矣」부분이 <성백효>에는 「蓋人이 知己之有性而不知其
出於天하고 知事之有道而不知其由於性하고 知聖人之有教而不知其因吾之所
固有者裁之也라(사람들이 자기 몸에 性이 있음은 아나 하늘에서 나온 것은 알지
못하고, 일에 道가 있음은 아나 性에서 말미암음은 알지 못하고, 聖人이 사람과
물건이 마땅히 행하여야 할 것을 인하여 만들었음은 알지 못한다.)」(p.82)라고 되
어 있다.

a: 學[음합부]者、知[ㇾ, ヌルトキ, 33]之[13]、則其[12ㄴ]、於[ㇾ]
學[11, 31]知[ㇾ, リ]所[ㇾ, 13]用[ㇾ]力[13, 31]而自[ヲ¹⁷ラ]不[ㇾ,
32]能[ㇾ]已[ヤム, 13~23]矣。

b: 學者、之を知(ヌルトキ)は、則其れ、學に於て力を用所を知
(リ)て自(ヲラ)已(ヤム)こと能不ず。

c: 學者(かくしゃ)、之(これ)を知(し)りぬるときは、則(すなは)ち
其(それ)學(かく)に於(お)いて、力(ちから)を用(もち)ゐる所(と
ころ)を知(し)りて、自(おの)づから已(や)むこと能(あた)は
ず。

d: 배우는 자가 이것을 알면 학문을 함에 있어서 힘쓸 바를 알아서 자
연스럽게 그만두지 못하게 된다.

a: 故[11]子[음합부]思[인명부]於[ㇾ]此[11, 31]首[ハシメニ, 11]發
[゠, 음합부]明[32]之[￢, 13]。

b: 故に子思此に於て首(ハシメニ)に之を發明す。

c: 故(ゆゑ)に子思(しし)、此(ここ)に於(お)いて、首(はじ)めに之
(これ)を發明(はつめい)す。

d: 그러므로 자사가 여기, (이 책의) 서두에서 이것을 명확히 하였다.

a: 讀[훈합부, 12]者、所[ㇾ, 12—]宜[゠, ク]深[32／]體[サト, 31]而
默[モタ, 32ㄴ, 31]識[￢, シル]也¹⁸

17 「ヲ」와 「ラ」 사이에 공백이 있다. b에서는 붙여서 나타내었다.
18 「讀者所宜深體而默識也」는 <성백효>에는 「而董子所謂道之大原出於天이 亦
此意也니라(董子(董仲舒)의 이른바 '道의 큰 근원이 하늘에서 나왔다.'라는 것도
또한 이러한 뜻이다.)」(p.82)라고 되어 있다.

b: 讀む者、宜(ク)深く體(サト)て黙(モタ)して識(シル)宜所なり

c: 讀(よ)む者(もの)、宜(よろ)しく深(ふか)く體(さと)りて黙(もだ)して識(し)るべき所(ところ)なり。

d: 읽는 자는 마땅히 깊이 체득하여 묵묵히 알아야 할 바이다.

A: 道[ミチ, 33]也者、不[レ, 13ㄴ]可[ニ]須[훈합부, シハラクモ]臾[13ㄱ]離[一, ハナル]也。可[レ, キ, 33]離[33ㄴ]非[レ, 13ㄴ]道[ミチ, 11]也。

B: 道(ミチ)は、須臾(シハラクモ)も離(ハナル)可不ず。離る可(キ)は道(ミチ)に非ず。

C:　道(みち)は、須臾(しばらく)も離(はな)るべからず。離(はな)るべきは、道(みち)にあらず。

D: 도는 잠시도 떠날 수 없다. 떠날 수 있는 것은 도가 아니다.

A: 是[훈합부, 22]故[11]君[음합부]子[33]戒[ニ, 훈합부, イマシメ]愼[ツヽシミ]乎其[22]所[一, レ, 13]不[レ, ル]睹[ミヘ, 31]恐[ニ, 훈합부, オチ]懼[オツ]{オソル}乎其所[一, レ, 13]不[レ, ル]聞[キコヘ]

B: 是の故に君子は其の睹(ミヘ)不(ル)所を戒(イマシメ)愼(ツツシミ)て其聞(キコヘ)不(ル)所を恐(オチ)懼(オツ)

C: 是(こ)の故(ゆゑ)に、君子(くんし)は其(そ)の睹(み)えざる所(ところ)を戒(いまし)め愼(つつし)みて、其(そ)の聞(きこ)えざる所(ところ)を恐(お)ぢ懼(お)づ。

D: 이런 까닭에 군자는 보이지 않는 것까지도 경계하고 삼가며, 들리

지 않는 것까지도 두려워한다.

a: 離去[음합부]聲

b: 離去聲

c: 離(り)は去聲(きょせい)。

d: 이(離)는 거성[떠나다]이다.

a: 道[33]者、日[ヒヽ]用[キル]事[음합부]物、當[음합부]行[22]之
理[12―]。

b: 道は、日(ヒヒ)用(キル)事物、當行の理なり。

c: 道(たう)は、日(ひび)用(もち)ゐる事物(しぶつ)、當行(たうか
う)の理(り)なり。

d: 도는 매일 일상적인 사물[일과 물건]에 마땅히 행해져야 할 이치이
다.

a: 皆性[22]之德[11, 32ㄴ]而[31]具[゠, ソナヘ, 13＼]於心[￢, 11]。

b: 皆性の德にして心に具(ソナヘ)たり。

c: 皆(みな)性(せい)の德(とく)にして心(こころ)に具(そな)へた
り。

d: 모두 성(性)의 덕으로서 마음에 갖추어져 있다.

a: 無[゠, 32ㄴ]物[23~33, 32ㄴ, 31]不[￢, ㇾ, 云]有、無[゠, 32ㄴ]時
[23~33, 32ㄴ, 31]不[￢, ㇾ, 云, 23~33]然、所[゠, 훈합부]以[12
―]不[ㇾ]可[゠]須[훈합부]臾[13ㄱ]離[￢, 33ㄴ]也。

b: 物として有不(イフ)無し、時として然不と(イフ)無し、須臾も
　 離る可不所以なり。

c: 物(もの)として有(あ)らずといふこと無(な)し、時(とき)として
　 然(しか)らずといふこと無(な)し、須臾(しばらく)も離(はな)る
　 べからざる所以(ゆゑん)なり。

d: 사물마다 (도를) 가지고 있지 않은 것이 없고 때마다 그렇지 않은
　 때가 없으니, 잠시도 떠날 수 없는 이유이다.

a: 若[32ㄴ, 13ㄱ]其、可[ヶ, キ, 33]離[33ㄴ]、則[19]爲[゠, シ]外[음합
　 부]物[一, 31]而非[ヶ]道[11]矣。

b: 若しも其、離る可(キ)は、則外物爲(シ)て道に非。

c: 若(も)しも其(それ)離(はな)るべきは、則(すなは)ち外物(ぐゎ
　 いぶつ)にして道(たう)にあらず。

d: 만일 떠날 수 있다면 외물(外物)이지 도가 아니다.

a: 是[훈합부, 13]以[31]君[음합부]子之心、常存[゠, 32ㄴ]敬[훈합
　 부, シミ]畏[一, ルヽ, 13一, 31]雖[ヶ]不[゠, 23~33]見[훈합부]聞
　 [一, ヘ]、亦不[゠]敢[31]忽[一, イルカセ, 11, 23ㄴ]。

b: 是を以て君子心、常敬(シミ)畏(ルル)ことを存して見聞(ヘ)不
　 と雖、亦敢て忽(イルカセ)にせ不。

c: 是(これ)を以(も)ちて君子(くんし)の心(こころ)、常(つね)に敬
　 (つつし)み畏(おそ)るることを存(そん)して、見(み)え聞(きこ)

---

19 「則爲外物而非道矣」는 <성백효>에는 「則豈率性之謂哉아(어찌 率性이라 말할
　 수 있겠는가.)」(p.83)라고 되어 있다.

えずといへども、亦(また)敢(あ)へて忽(いるがせ)にせず。

d: 이 때문에 군자의 마음은 항상 공경하고 두려워함을 가지고 있어서 보이거나 들리지 않는다 해도 감히 소홀히 하지 않는다.

a: 所[下, 훈합부]以[12一]存[二, 32ㄴ]天[음합부]理之本[음합부]然[一, 13, 31]而[31]不[ㇾ, ル]使[ㇾ, シメ]離[中]於須[훈합부]臾[22]之頃[上, アヒタモ]也

b: 天理本然を存して而て須臾の頃(アヒタモ)離使(シメ)不(ル)所以なり

c: 天理(てんり)の本然(ほんぜん)を存(そん)して、而(しかう)して須臾(しばらく)の頃(あひだ)も離(はな)れしめざる所以(ゆゑん)なり。

d: (이것이) 천리(天理)의 본연의 모습을 보존하여 잠시라도 (도를) 떠나게 하지 않는 이유이다.

A: 莫[ㇾ, 32ㄴ]見[二, アラハナル, 33]乎隱[一, 음독부, 11 ｜]。莫[ㇾ, 32ㄴ]顯[二, アキラカナル, 33]乎微[一, 11 ｜]。

B: 隱より見(アラハナル)は莫し。微より顯(アキラカナル)は莫し。

C: 隱(いん)より見(あらは)なるは莫(な)し。微(び)より顯(あき)らかなるは莫(な)し。

D: 은(隱)[어두운 곳]보다 더 잘 드러나는 것은 없다. 미(微)[작은 일]보다 더 명백히 드러나는 것은 없다.

A: 故[11]君[음합부]子[33]愼[ニ, シム]其獨[一, ヒトリアル, 13~23, 13]也

B: 故に君子は其獨(ヒトリアル)ことを愼(シム)

C: 故(ゆゑ)に君子(くんし)は其(そ)の獨(ひと)りあることを愼(つつし)む。

D: 그러므로 군자는 홀로 있음을 삼간다.

a: 見[21]音[33]現

b: 見が音は現

c: 見(けん)が音(いむ)は現(けん)。

d: 현(見)의 음은 현(現)[드러나다]이다.

a: 隱[음독부, 33]暗[음합부]處也。微[33, 평탁]細[음합부]事也。

b: 隱は暗處。微は細事。

c: 隱(いん)は暗處(あむしょ)。微(び)は細事(せいし)。

d: 은(隱)은 어두운 곳이다. 미(微)는 작은 일이다.

a: 獨[23~33, 33]者、人[22]所[ㇾ, 11, 32ㄴ]不[ㇾ]知[ラ]而[31]巳[オノレ, 21]所[ニ, 22]獨[リ]知[一, レル]之地[12—]也。

b: 獨とは、人の知(ラ)不所にして巳(オノレ)が獨(リ)知(レル)所の地なり。

c: 獨(ひと)りとは、人(ひと)の知(し)らざる所(ところ)にして、己(おのれ)が獨(ひと)り知(し)れる所(ところ)の地(ち)なり。

d: 독(獨)이란 다른 사람은 알지 못하고 자기만 홀로 아는 상황이다.

a: 言[33]幽[음합부]暗[22]之中[훈독부]、細[음합부]微[22]之事[훈독부]、跡[33]雖[レ]末[ヒ, タ, 23~33]形[アラハレ]、而[モ]、幾[33, 평]則已[ステ, 11]動[32／]。

b: 言は幽暗の中、細微の事、跡は末(タ)形(アラハレ)末と雖、而(モ)、幾は則已(ステ)に動く。

c: 言(いふこころ)は、幽暗(いうあむ)の中(なか)、細微(せいび)の事(こと)、跡(せき)は末(いま)だ形(あらは)れずといへども、而(しか)も幾(き)は則(すなは)ち已(すで)に動(うご)く。

d: 말하는 뜻은 이러하다. 어두운 가운데 있는 것과 작은 일은, 자취는·아직 드러나지 않았다 하더라도 조짐은 이미 시작된 것이다.

a: 人、雖[レ]不[ヒ, 23~33]知、而已[オノレ]獨[リ]知[ヒ, レ, 33]之[13]、則、是、天[음합부]下[22]之事、無[レ, 32ㄴ]有[下, 13~23]著[음합부, 거]見、明[음합부]顯[ナル, 13~23]、而[13ㄱ]過[二, スキ, 13／]於此[一, 11]者[上, 22]。

b: 人、知不と雖、已(オノレ)獨(リ)之を知(レ)ば、則、是、天下の事、著見、明顯(ナル)こと、而も此に過(スキ)たる者の有こと無し。

c: 人(ひと)知(し)らずといへども、已(おのれ)獨(ひと)り之(これ)を知(し)れば、則(すなは)ち是(これ)天下(てんか)の事(こと)、著見(ちょけん)明顯(めいけん)なること、而(しか)も此(これ)に過(す)ぎたる者(もの)有(あ)ること無(な)し。

d: 남은 알지 못한다 할지라도 자신만은 홀로 이것을 알고 있으니, 천하의 일 가운데 드러나고 명백하기가 이보다 더한 것이 없다.

a: 是[훈합부, 13]以[31]君[음합부]子、既[11]常[11]戒[훈합부, メ]
懼[ヲチ]而[31]於[レ]此[コヽ, 11, 31]尤、加[レ]謹[ツヽシム, 13
一]焉。

b: 是を以て君子、既に常に戒(メ)懼(ヲチ)て此(ココ)に於て尤、
謹(ツツシム)ことを加。

c: 是(これ)を以(も)ちて君子(くんし)、既(すで)に常(つね)に戒(い
まし)め懼(お)ぢて、此(ここ)に於(お)いて尤(もっと)も謹(つつ
し)むことを加(くは)ふ。

d: 그러므로 군자는 미리 항상 경계하고 두려워하면서 이에 더욱 삼
감을 더한다.

a: 所[下, 훈합부]以[12一]遏[二, トヽメ]人[음합부]欲[13]於將[ー,
レ, 11]{スル}萌[キサヽン, 23~33]而[31]不[レ, ル]使[中]{シメ}
其[13, 31]滋[二, 훈합부, シケリ]長[32ㄴ, 거]於隱[음합부, 상]微
[평탁]之中[ー, 11, 31]以[31]至[中, ラ]離[レ, ルヽ]道[13]之遠[上,
11]也

b: 人欲を將に萌(キササン)と將(スル)遏(トトメ)て其を使て隱微
中に滋(シケリ)長して以て道を離(ルル)遠に至(ラ)使(シメ)不
(ル)所以なり

c: 人欲(じんよく)を將(まさ)に萌(きざ)さんとするに遏(とど)め
て、其(それ)をして隱微(いんび)の中(なか)に滋(しげ)り長
(ちゃう)じて、以(も)ちて道(たう)を離(はな)るるの遠(とほ)き
に至(いた)らしめざる所以(ゆゑん)なり。

d: 이렇게 함으로써 장차 인욕이 싹트려고 하는 것을 막아서, 그것

[인욕]이 은미한 가운데 자라나 도에서 멀어지게 하지 않을 수 있다.

A: 喜[キ, 상]、怒[ト, 거탁]、哀[アイ, 평]、樂[ラク, 입]之未[ㇾ,
   夕]{ル}發[オコラ]、謂[ᵗ, イウ]之[13]中[̄, 음독부, 23~33]。

B: 喜(キ)、怒(ト)、哀(アイ)、樂(ラク)未(夕)發(オコラ)未(ル)、
   之を中と謂(イウ)。

C: 喜(き)怒(ど)哀(あい)樂(らく)、未(いま)だ發(おこ)らざる、之
   (これ)を中(ちう)と謂(い)ふ。

D: 희로애락이 아직 발현되지 않은 것을 중(中)이라고 한다.

A: 發[オコ, 31]而皆中[ㇾ, アタル, 거]節[음독부, 11]、謂[ᵗ]之[ㇾ,
   13]和[̄, 음독부, 23~33]。

B: 發(オコ)て皆節に中(アタル)、之(ㇾ)を和と謂。

C: 發(おこ)りて皆(みな)節(せつ)に中(あた)る、之(これ)を和
   (くゎ)と謂(い)ふ。

D: (희로애락이) 발현되어 모두 절도에 맞는 것을 화(和)라고 한다.

A: 中[33, 평]者、天[음합부]下之大[음합부, タイ]本[12一]也。

B: 中は、天下大(タイ)本なり。

C: 中(ちう)は、天下(てんか)の大本(たいほん)なり。

D: 중은 천하의 대본(大本)이다.

A: 和[음독부, 33, 평]者、天[음합부]下[ノ]之達[음합부]道[12一]
   也

B: 和は、天下(ノ)達道なり

C: 和(くゎ)は、天下(てんか)の達道(たつたう)なり。

D: 화는 천하의 달도(達道)이다.

a: 樂[ラク]音[33]洛。中[음합부]節[22]之中[33]、去聲

b: 樂(ラク)音は洛。中節の中は、去聲

c: 樂(らく)の音(いむ)は洛(らく)。中節(ちうせつ)の中(ちう)は去
聲(きょせい)。

d: 락(樂)의 음은 락(洛)[즐겁다]이다. 중절의 중은 거성[맞다]이다.

a: 喜、怒、哀、樂[33]、情[음독부, 12—]也。

b: 喜、怒、哀、樂は、情なり。

c: 喜(き)怒(ど)哀(あい)樂(らく)は、情(せい)なり。

d: 희로애락은 정(情)이다.

a: 其[ノ]未[ㇾ, 33]{ル}發[ラ]、則性[음독부, 12—]也。

b: 其(ノ)未發(ラ)未(ル)は、則性なり。

c: 其(そ)の未(いま)だ發(おこ)らざるは、則(すなは)ち性(せい)な
り。

d: 아직 발현되지 않은 것은 성(性)이다.

a: 無[ㇾ, シ]所[゠]偏[음합부]倚[̄, 31—]、故[11]謂[゠]之[13]中
[̄, 23~33]。

b: 偏倚する所無(シ)、故に之を中と謂。

c: 偏倚(へんい)する所(ところ)無(な)し。故(ゆゑ)に之(これ)を中(ちう)と謂(い)ふ。

d: 치우친 바가 없다. 그러므로 이것을 중(中)이라고 한다.

a: 發[オコ, 31]皆中[ㇾ, アタル, 거]節[11]、情[22, 평]之正[12─, 거]也。無[ㇾ]所[二]乖[훈합부, ソムキ]戻[一, モトル]、故[11]謂[二]之[13]和[一, 23~33]。

b: 發(オコ)て皆節に中(アタル)、情の正なり。乖(ソムキ)戻(モトル)所無、故に之を和と謂。

c: 發(おこ)りて皆(みな)節(せつ)に中(あた)る、情(せい)の正(せい)なり。乖(そむ)き戻(もど)る所(ところ)無(な)し。故(ゆゑ)に之(これ)を和(くゎ)と謂(い)ふ。

d: (희로애락이) 발현되어 모두 절도에 맞는 것이 정(情)의 올바름이다. 어그러지는 바가 없다. 그러므로 이것을 화(和)라고 한다.

a: 大[음합부]本[33]者、天[22]命[セル]之性[12─]、天[음합부]下之理、皆由[ㇾ, ヨ]此[11, 31]出[ツ]。道[22]之體[12─]也。

b: 大本は、天の命(セル)性なり、天下理、皆此に由(ヨ)て出(ツ)。道の體なり。

c: 大本(たいほん)は、天(てん)の命(めい)ぜる性(せい)なり。天下(てんか)の理(り)、皆(みな)此(これ)に由(よ)りて出(い)づ。道(たう)の體(てい)なり。

d: 대본은 하늘이 명한 성이다. 천하의 이치가 모두 이것으로부터 나온다. 도의 체(體)이다.

a: 達[음합부]道[33]者循[レ, シタカフ]性[11]之謂[イヒ]、天[음합부]下古[음합부]今之所[²]共[11]由[¯, ヨル]、道之用[음독부, 12―, 거]也。

b: 達道は性に循(シタカフ)謂(イヒ)、天下古今共に由(ヨル)所、道用なり。

c: 達道(たつたう)は性(せい)に循(したが)ふ謂(い)ひ、天下(てんか)古今(こきむ)、共(とも)に由(よ)る所(ところ)、道(たう)の用(よう)なり。

d: 달도는 성에 따르는 것을 말하며, 천하 고금이 함께 말미암는 바이니 도의 용(用)이다.

a: 此[コレ, 33]言[²]性[음합부]情之德[¯, 13, 31]以[31]明[², アカ, 32]道不[レ, ル]可[レ]離[33ㄴ]之意[¯, 13]

b: 此(コレ)は性情德を言て以て道離る可不(ル)意を明(アカ)す

c: 此(これ)は性情(せいせい)の德(とく)を言(い)ひて、以(も)ちて道(たう)離(はな)るべからざる意(い)を明(あ)かす。

d: 이것은 성(性)과 정(情)의 덕을 말하여 도를 떠날 수 없다는 뜻을 밝힌 것이다.

A: 致[², イタ, 32ㄴ]中[음합부]和[¯, 11, 31]天[음합부]地位[タ丶シク]焉、萬[음합부]物育[음독부, 32]焉

B: 中和に致(イタ)して天地位(タタシク)、萬物育す

C: 中和(ちうくわ)に致(いた)して、天地(てんち)位(ただ)しく、萬物(ばんぶつ)育(いく)す。

D: 중과 화를 극진히 하여 천지가 바르고 만물이 생육된다.

a: 致[イタスト, 33, 상]推[ヲシ]而[31]極[レ, ムルソ]之[13]也。

b: 致(イタスト)は推(ヲシ)て之を極(ムルソ)。

c: 致(いた)すとは、推(お)して之(これ)を極(きは)むるぞ。

d: 극진히 한다는 것은 미루어 이것을 지극히 하는 것이다.

a: 位[33]者、安[゠, キ, 23ㄱ]其[22]所[￣, 11]也。

b: 位は、其の所に安(キ)ぞ。

c: 位(ゐ)は、其(そ)の所(ところ)に安(やす)きぞ。

d: 위(位)는 그 자리에서 편안하다는 것이다.

a: 育[33, 입]者、遂[゠, トクルソ]其生[￣, 음독부, 13]也。

b: 育は、其生を遂(トクルソ)。

c: 育(いく)は、其(そ)の生(せい)を遂(と)ぐるぞ。

d: 육(育)은 그 삶을 이루는 것이다.

a: 自戒[훈합부, メ]懼[チ]而[31]約[レ, 음독부, 32ㄴ, 입]之[13, 31]
   以[31]至[゠]於至[음합부]靜之中[￣, 음독부, 11, 31, 평]

b: 自戒(メ)懼(チ)て之を約して以て至靜中に至て

c: 自(みづか)ら戒(いまし)め懼(お)ぢて[20]、之(これ)を約(やく)し

---

20 寛文本의 경우「自[゠]戒[훈합부]懼[￣]」와 같이 가점되어 있어서「戒(いまし)
   め懼(お)ぢてより」와 같이 읽은 것으로 보인된다. <박완식>, <성백효> 모두 '~
   으로부터'와 같이 번역하였다. 여기서는 훈점에 따랐다.

て、以(も)ちて至靜(しせい)の中(うち)に至(いた)りて、

d: 스스로 경계하고 두려워하여 (마음을) 다잡아서 이로써 지극히 고요한 가운데 이르러,

a: 無[ニ, 32ㄴ]少²¹[スコシキ, 13ㄱ]偏[음합부]倚[ー, 31一, 13~23]而其守[33ㄴ, 13~23]不[ヒ, 33一]失[음독부, 23ㄴ, 입]、

b: 少(スコシキ)も偏倚すること無し其守ること失せ不ときは、

c: 少(すこ)しきも偏倚(へんい)すること無(な)くし、其(そ)の守(まも)ること失(しつ)せざるときは、

d: 조금도 치우침이 없이 지키는 바를 잃지 않으면,

a: 則極[ニ, メ]其中[ー, 13]而[31]天[음합부]地位[タ丶シ]矣。

b: 則其中を極(メ)て天地位(タ丶シ)。

c: 則(すなは)ち其(そ)の中(ちう)を極(きは)めて、天地(てんち)位(ただ)し。

d: 그 중을 지극히 하여 천지가 바르게 된다.

a: 自謹[ヒ]獨[アル, 13一]而[31]精[ヒ, 11, 32ㄴ, 평]之[13, 31]以[31]至[ニ]於應[ヒ, 31一]物[11]之處[11, 31]

b: 自獨(アル)ことを謹て之を精にして以て物に應ずる處に至て

c: 自(みづか)ら獨(ひと)りあることを謹(つつし)みて、之(これ)を精(せい)にして、以(も)ちて物(もの)に應(よう)する處(ところ)

21 한국에서 통용되는 중용장구에는 「少」가 「所」로 되어 있다. 寬文本도 「所」이다. 본 훈점본의 본문 서사 오류라고 판단된다. 여기서는 본 훈점본에 따랐다.

に至(いた)りて、

d: 스스로 혼자 있는 바를 삼가고 정(精)하게 하여 사물에 응하는 곳에 이르러,

a: 無[ニ, 32ㄴ]少[スコシ, 13ㄱ]差[훈합부, タカヒ]謬[一, アヤマル, 13~23]而[31]無[ニ, 33一]適[ユク, 23~33, 32ㄴ, 31]不[一, レ, ト云, 13~23]然[ラ]、則極[ニ, メ]其[22]和[一, 13, 평]而[31]萬[음합부]物、育[セラル, 입]矣。

b: 少(スコシ)も差(タカヒ)謬(アヤマル)こと無して適(ユク)として然(ラ)不(トイフ)こと無ときは、則其の和を極(メ)て萬物、育(セラル)。

c: 少(すこ)しきも差(たが)ひ謬(あやま)ること無(な)くして、適(ゆ)くとして然(しか)らずといふこと無(な)きときは、則(すなは)ち其(そ)の和(くゎ)を極(きは)めて、萬物(ばんぶつ)育(いく)せらる。

d: 조금이라도 틀리거나 잘못되는 일이 없이 가는 곳마다 그러하면, 그 화를 지극히 하여 만물이 생육된다.

a: 蓋天[음합부]地萬[음합부]物、本吾一[음합부]體[12一]。

b: 蓋天地萬物、本吾一體なり。

c: 蓋(けだ)し天地(てんち)萬物(ばんぶつ)、本(もと)吾(われ)一體(いってい)なり。

d: 무릇 천지 만물은 본래 나와 하나이다.

a: 吾之心、正[タヽシキ, 33一]則天[음합부]地之心[13ㄱ]亦正[32ㄴ]矣。

b: 吾心、正(タタシキ)ときは則天地心も亦正し。

c: 吾(わ)が心(こころ)正(ただ)しきときは、則(すなは)ち天地(てんち)の心(こころ)も、亦(また)正(ただ)し。

d: 내 마음이 바르면 천지의 마음도 또한 바르게 된다.

a: 吾之氣、順[12丨, 33一, 거]、則天[음합부]地之氣[13ㄱ]、亦順[12一]矣。

b: 吾氣、順なるときは、則天地氣も、亦順なり。

c: 吾(わ)が氣(き)順(しゅん)なるときは、則(すなは)ち天地(てんち)の氣(き)も、亦(また)順(しゅん)なり。

d: 내 기운이 순하면 천지의 기운 또한 순하게 된다.

a: 故其[22]效[음합부, 상]驗[거탁]、至[二, 33ㄴ]於如[二, ㄴ, ナル, 11]此[22]。

b: 故其の效驗、此の如(ナル)に至る。

c: 故(ゆゑ)に其(そ)の效驗(かうげむ)、此(か)くの如(ごと)くなるに至(いた)る。

d: 그러므로 그 효험이 이와 같음에 이른다.

a: 此[レ]學[음합부]問[22]之極[음합부, 입]功、聖[음합부]人之能[음합부]事[12一]。[22]

---

22 주점으로 찍은 구점 위에 묵점을 덧찍은 것으로 보인다.

b: 此(レ)學問の極功、聖人能事なり。

c: 此(これ)學問(かくぶん)の極功(きょくこう)、聖人(せいじん)の
能事(のうし)なり。

d: 이것이 학문의 지극한 공효(功效)이며, 성인의 능사(能事)이다.

a: 初[11丨]非[レ]有[レ, 11]待[二, 13~23]於外[一, 11]而[31]脩[レ,
ムル]道[13]之教[음독부]、亦在[二]其[22]中[一, ナ, 11]矣。

b: 初より外に待こと有に非て道を脩(ムル)教、亦其の中(ナ)に
在。

c: 初(はじ)めより外(ほか)に待(ま)つこと有(あ)るにあらずして、
道(たう)を修(をさ)むる教(かう)、亦(また)其(そ)の中(なか)に
在(あ)り。

d: 애당초 외물을 필요로 하지 않으며 도를 닦는 가르침 또한 그 가운
데 있다.

a: 是[レ]其[22]一[ツ, 33]體[음독부, 상]、一[ツ, 33]用[음독부,
거]、雖[レ]有[二, 23~33]動[음합부]靜之殊[一, コトナル]、

b: 是(レ)其の一(ツ)は體、一(ツ)は用、動靜殊(コトナル)有と雖、

c: 是(これ)其(そ)の一(ひと)つは體(てい)、一(ひと)つは用(よ
う)、動靜(とうせい)殊(こと)なること有(あ)りといへども、

d: 하나는 체, 하나는 용으로 동정(動靜)의 다름이 있기는 하지만,

a: 然[13ㄱ]、必、其體[음독부, 상]、立[タ, 31]而後[11]用[음독부,
거]有[二]以行[一, オコナハル, 13~23]、則其[22]實[음독부, 33,

입]亦非[二, レ, 삽입부[有[11]]]兩[음합부]事[一]也。

b: 然も、必、其體、立(タ)て後に用以行(オコナハル)こと有、則
其の實は亦兩事有に非。

c: 然(しか)も必(かなら)ず其(そ)の體(てい)、立(た)ちて後(のち)
に、用(よう)以(も)ちて行(おこな)はるること有(あ)らば、則
(すなは)ち其(そ)の實(しつ)は亦(また)兩事(りゃうじ)有(あ)る
にあらず。

d: 반드시 그 체가 선 후에 용이 행해질 수 있으니, 그 실상은 또한 두
가지 일이 있는 것이 아니다.

a: 故[11]於[レ, シ]此[11, 31]合[セ]而[31]言[レ]之[13, 31]以[31]結
[二, 32, 입]上[22]文[22]之意[一, 13]

b: 故に此に於(シ)て合(セ)て之を言て以て上の文の意を結す

c: 故(ゆゑ)に此(ここ)にして合(あ)はせて之(これ)を言(い)ひて、
以(も)ちて上(かみ)の文(ぶん)の意(い)を結(けつ)す。

d: 그러므로 여기에서 합하여 이것을 말하면서 위 글의 뜻을 맺은 것
이다.

A〉 右第[음합부]一[22]章。

B〉 右第一の章。

C〉 右(みぎ)第一(ていいつ)の章(しゃう)。

D〉 이상은 제1장이다.

A〉 子[음합부]思[인명부, 21]述[二]所[レ, 22²³]傳[フル]之意[一, 13,

31]以[31]立[ㇾ, ツ]言[13]。

B〉 子思が傳(フル)所の意を述て以て言を立(ツ)。

C〉 子思(しし)が傳(つた)ふる所(ところ)の意(い)を述(の)べて、以(も)ちて言(こと)を立(た)つ。

D〉 자사가 전수한 바의 뜻을 기술하여 이로써 입론으로 삼았다.

A〉 首[ハシメ, 11, 33]明[下, アカ, 32]道[22]之本[음합부]原、出[二]於天[一, 11丨]而[31]不[ㇾ, 13ㄴ]可[ㇾ]易[カフ]{カハル}、其[22]實[음합부]體備[二, ソナヘ]於已[一, ヲノレ, 11]而[31]不[上, ㇾ, サル, 13—]可[ㇾ]離[ハナル]。

B〉 首(ハシメ)には道の本原、天より出て易(カフ)可不ず、其の實體已(ヲノレ)に備(ソナヘ)て離(ハナル)可不(サル)ことを明(アカ)す。

C〉 首(はじ)めには道(たう)の本原(ほんぐゑん)、天(てん)より出(い)でて易(か)ふべからず、其(そ)の實體(しつてい)己(おのれ)に備(そな)へて離(はな)るべからざることを明(あ)かす。

D〉 첫머리에는 도의 본원이 하늘에서 나와서 바꿀 수 없다는 것과 그 실체가 자신에게 갖추어져 있어서 떠날 수 없다는 것을 밝혔다.

A〉 次[ツキ, 11, 33]言[二, イヒ]存[음합부, 평]養[상]、省[음합부, 상]察[입]之要[一, 13]、

B〉 次(ツキ)には存養、省察要を言(イヒ)、

C〉 次(つぎ)には存養(そんやう)、省察(せいさつ)の要(えう)を言

---

23 12위치에 주점으로 된 단점 같은 것이 보이지만 문맥상 반영할 수 없다.

(い)ひ、

D〉다음에는 존양(存養)·성찰(省察)의 요점을 말하였고,

A〉終[ヲハリ, 11]言[二, フ]聖[음합부]神、功[음합부]化[22]之極
[一, 음독부, 13, 입]。

B〉終(ヲハリ)に聖神、功化の極を言(フ)。

C〉終(を)はりに聖神(せいしん)、功化(こうくゎ)の極(きょく)を
言(い)ふ。

D〉마지막으로 성신(聖神)과 공화[공효와 감화]의 지극함을 말하
였다.

A〉蓋[シ]、欲[レ, セン]學[ヒン, 13—]者[22]於[レ, オイ]此[11, 31]
反[二, 훈합부, カヘシ]求[メ]諸身[一, 11]而[31]自[ラ]得[レ]之
[13, 31]以[31]去[二, サケ]夫[カ, 22]外[음합부]誘[ユウノ]之私
[一, ワタクシ, 13]而[31]充[二, ミテヨ]其[22]本[음합부]然[22]之
善[一, 13]。

B〉蓋(シ)、學(ヒン)ことを欲(セン)者の此に於(オイ)て身に反(カ
ヘシ)求(メ)て自(ラ)之を得て以て夫(カ)の外誘(ユウノ)私(ワタ
クシ)を去(サケ)て其の本然の善を充(ミテヨ)。

C〉蓋(けだ)し學(まな)びんことを欲(ほっ)せん者(もの)、此(ここ)
に於(お)いて身(み)に反(かへ)し求(もと)めて自(みづか)ら之
(これ)を得(え)て、以(も)ちて夫(か)の外誘(ぐゎいいう)の私
(わたくし)を去(さ)けて、其(そ)の本然(ほんぜん)の善(せん)を
充(み)てよ。

D〉무릇 배우고자 하는 자는 이에 대하여 자기 몸에 돌이켜 구하여 스스로 터득하여, 외물의 유혹의 사사로움을 버리고 본연의 선을 충만하게 하라.

A〉楊[음합부]氏[인명부, 21]所[훈합부]謂、一[음합부]篇[22]之體[음합부, 상]要[거]、是[コレ, 12—]也。

B〉楊氏が所謂、一篇の體要、是(コレ)なり。

C〉楊氏(やうし)が所謂(いはゆる)、一篇(いっぺん)の體要(ていえう)、是(これ)なり。

D〉양씨[양시(楊時): 정이천(程伊川)의 문인]의 이른바 '한 편의 체요(體要)'가 이것이다.

A〉其[22]下[シモ, 22]十[음합부]章[33]蓋、子[음합부]思引[゠]夫[음합부]子[22]之言[ー, コト, 13, 31]以[31]終[゠, フ]此[22]章之義[ー, 13]

B〉其の下(シモ)の十章は蓋、子思夫子の言(コト)を引て以て此の章義を終(フ)

C〉其(そ)の下(しも)の十章(しふしゃう)は、蓋(けだ)し子思(しし)、夫子(ふうし)の言(こと)を引(ひ)きて、以(も)ちて此(こ)の章(しゃう)の義(ぎ)を終(を)ふ。

D〉이 뒤 열 개의 장[제2장-제11장]은 자사가 공자의 말을 인용하여 이 장의 뜻을 맺은 것이다.

제2장

A: 仲[음합부]尼[22]曰[ノ]、君[음합부]子[33]中[음합부]庸[13, 32]。小[음합부]人[33]反[ニ, 음독부, 32, 상]中[음합부]庸[一, 11]

B: 仲尼の曰(ノ)、君子は中庸をす。小人は中庸に反す

C: 仲尼(ちうぢ)の曰(のたう)ばく、君子(くんし)は中庸(ちうよう)をす。小人(せうじん)は中庸(ちうよう)に反(はん)す。

D: 중니께서 말씀하시기를, 군자는 중용을 행한다. 소인은 중용에 반하여 행동한다.

a: 中[음합부]庸[33]者、不[음합부]偏、不[음합부]倚、無[ニ, クシ]過[음합부]不[음합부]及[一]而[31]平[음합부]常[22]之理。

b: 中庸は、不偏、不倚、過不及無(クシ)て、平常の理。

c: 中庸(ちうよう)は、不偏(ふへん)、不倚(ふい)、過不及(くゎふきふ)無(な)くして、平常(へいしゃう)の理(り)。

d: 중용은 편벽되지 않고 치우치지 않고 과불급이 없어 평상(平常)의 이치이다.

a: 乃、天[음합부]命[22]所[レ]當[レ, 11]{ヘキ}然[ル]、精[음합부, 평]微[평탁]之極[음합부]致[12一]也。

b: 乃、天命の當に然(ル)當(ヘキ)所、精微極致なり。

c: 乃(すなは)ち天命(てんめい)の當(まさ)に然(しか)るべき所(ところ)、精微(せいび)の極致(きょくち)なり。

d: 즉 천명에 따라 당연히 그러해야 하는 바로서, 정미함의 극치이다.

a: 唯[タヽ]、君[음합부]子[ノミ]爲[ニ, 32]能體[一, ㇚, 31一, 13一, 상]之[11]。小[음합부]人[33]反[㇚, 32, 상²⁴]是[11]

b: 唯(タタ)、君子(ノミ)能之に體することを爲す。小人は是に反す

c: 唯(ただ)君子(くんし)のみ、能(よ)く之(これ)に體(てい)することを爲(す)。小人(せうじん)は之(これ)に反(はん)す。

d: 오직 군자만이 이를 체득할 수 있다. 소인은 이와 반대이다.

A: 君[음합부]子[22]之中[음합부]庸[33]也、君[음합부]子[11, 32ㄴ, 31]而時[㇚, トキナフ]中[13]。

B: 君子の中庸は、君子にして中を時(トキナフ)。

C: 君子(くんし)の中庸(ちうよう)は、君子(くんし)にして中(ちう)を時(とき)なふ。

D: 군자의 중용은, 군자로서[군자의 덕을 지니고서] 때에 따라 중(中)에 맞게 한다.

A: 小[음합부]人[22]之中[음합부]庸[33]也、小[음합부]人[11, 32ㄴ, 31]而無[ニ, 32ㄴ]忌[훈합부, イミ]憚[一, ハヽカル, 13~23]也。

---

24 「小人反」의 「反」에는 상성점, 다음 대문 뒤의 세주에 나오는 「反中庸」의 「反」에는 평성점이 각각 달려 있다. 상성의 경우는 동사, 형용사, 부사 등으로 쓰이며, 평성의 경우는 동사로서 '되돌리다'라는 의미와 함께 '뒤엎다'라는 의미도 갖는다.

B: 小人の中庸は、小人にして忌(イミ)憚(ハバカル)こと無し。

C: 小人(せうじん)の中庸(ちうよう)は、小人(せうじん)にして忌(い)み憚(はばか)ること無(な)し。

D: 소인의 중용은, 소인으로서[소인의 마음을 지니고서] 조심하고 꺼리는 것이 없다.

a: 王[음합부]肅[21]本[33]作[二, ル]小[음합부]人[22]之反[음합부]中[음합부]庸[一, 23~33]也。程[음합부]子、亦、以[31]爲[レ, 32]然[23~33]。今、從[レ, フ]之[11]

b: 王肅が本は小人の反中庸と作(ル)。程子、亦、以て然と爲す。今、之に從(フ)

c: 王肅(わうしく)が本(ほん)は、小人(せうじん)の反中庸(はんちうよう)と作(つく)る。程子(ていし)、亦(また)以(も)ちて然(しか)りとす。今(いま)之(これ)に從(したが)ふ。

d: 왕숙본에는 '소인이 중용에 반하는 것은'이라고 되어 있다. 정자(程子)도 역시 그렇게 보았다. 여기서도 이에 따른다.

a: 君[음합부]子[22]之所[三, 훈합부]以[33]爲[二, スル]中[음합부]庸[一, 13]者、以[三]其[22]有[二, 13]君[음합부]子[22]之德[一]而[31]又能、隨[レ]時[11, 31]以[レ, 12一]處[レ, レル, 13]中[11, 평]也。

b: 君子の中庸を爲(スル)所以は、其の君子の德有を以て又能、時に隨て中に處(レル)を以なり。

c: 君子(くんし)の中庸(ちうよう)を爲(す)る所以(ゆゑん)は、其

(そ)の君子(くんし)の德(とく)有(あ)るを以(も)ちて、又(また)能(よ)く時(とき)に隨(したが)ひて、中(ちう)に處(を)れるを以(も)ってなり。

d: 군자가 중용을 행하는 이유는, 그가 군자의 덕을 가지고 있고, 또한 때에 따라 중(中)에 처할 수 있기 때문이다.

a: 小[음합부]人[22]之所[ˉ, 훈합부]以[33]反[ˉ, 31一, 평]中[음합부]庸[ˉ, 11]者、以[ˉ]其[22]有[ˉ, 13]小[음합부]人[22]之心[ˉ, 31]而又、無[ㇾ, 33, 12一]所[ˉ]忌[훈합부]憚[ˉ, 13~23²⁵]也。

b: 小人の中庸に反する所以は、其の小人の心有を以て又、忌憚所無ばなり。

c: 小人(せうじん)の中庸(ちうよう)に反(はん)する所以(ゆゑん)は、其(そ)の小人(せうじん)の心(こころ)有(あ)るを以(も)ちて、又(また)忌(い)み憚(はばか)る所(ところ)無(な)ければなり。

d: 소인이 중용에 반하여 행동하는 이유는, 그가 소인의 마음을 가지고 있고 또한 조심하고 꺼리는 바가 없기 때문이다.

a: 蓋、中[33]無[ˉ]定[レル]體[ˉ, 음독부, 상]。隨[ㇾ]時[11, 31]而在[リ]。是[12ㄴ]乃平[음합부]常[22]之理[12一]也。

b: 蓋、中は定(レル)體無。時に隨て在(リ)。是れ乃平常の理なり。

c: 蓋(けだ)し中(ちう)は定(さだ)まれる體(てい)無(な)し。時(とき)に隨(したが)ひて在(あ)り。是(これ)乃(すなは)ち平常(へい

---

25 훈독문에 반영할 수 없는 점이다.

しゃう)の理(り)なり。

d: 무릇 중(中)은 정해진 체(體)가 없다. 때에 따라 있을 따름이다. 이것이 곧 평상의 이치이다.

a: 君[음합부]子、知[二, ル]其在[一, レ, 13—]我[11]。故[11]能、戒[二, 훈합부, シメ]謹[シミ]不[一, レ, 13]睹[ミヘ]、恐[二, 훈합부, チ]懼[ヲソレ]不[一, レ, 13]聞[キコヘ]而[31]無[二, 32ㄴ]時[23~33, 32ㄴ, 31]不[一, レ, ト云, 13~23]中[음독부, ナラ]。

b: 君子、其我に在ことを知(ル)。故に能、睹(ミヘ)不を戒(シメ)謹(シミ)、聞(キコヘ)不を恐(チ)懼(ヲソレ)て時として中(ナラ)不(トイフ)こと無し。

c: 君子(くんし)、其(そ)の我(われ)に在(あ)ることを知(し)る。故(ゆゑ)に能(よ)く睹(み)えざるを戒(いまし)め謹(つつし)み、聞(きこ)えざるを恐(お)ぢ懼(おそ)れて、時(とき)として中(ちう)ならずといふこと無(な)し。

d: 군자는 그것이 자기에게 있음을 안다. 그러므로 능히 보이지 않는 것까지도 조심하고 들리지 않는 것까지도 두려워하여, 중(中)에 맞지 않는 때가 없다.

a: 小[음합부]人[33]不[レ, 33]知[レ]有[レ, 13—]此[コレ]、則肆[レ, ホシイマヽ, 11, 32ㄴ]欲[13~23, 13, 31]妄[11]行[オコナ]而[31]無[レ, シ]所[二]忌[훈합부]憚[一]矣

b: 小人は此(コレ)有ことを知不ば、則欲ことを肆(ホシイママ)にして妄に行(オコナ)て忌憚所無(シ)

c: 小人(せうじん)は、此(これ)有(あ)ることを知(し)らざれば、則(すなは)ち欲(ほっ)することを肆(ほしいまま)にして妄(みだ)りに行(おこな)ひて、忌(い)み憚(はばか)る所(ところ)無(な)し。

d: 소인은 이것[중용]을 가지고 있음을 알지 못하여, 욕심을 마음껏 부리고 망령되이 행하여, 조심하고 꺼리는 바가 없다.

A〉 右第二[22]章

B〉 右第二の章

C〉 右(みぎ)第二(ていじ)の章(しゃう)。

D〉 이상은 제2장이다.

a〉 此[11丨]下[22]十章[33]、皆論[二, 32ㄴ]中[음합부]庸[一, 13, 31]以[31]釋[二, セキ, 32]首[22]章[22]之義[一, 13]。文雖[レ]不[レ, 23~33]屬[ショク, 23ㄴ]、而意、實[マ, 11]相[훈합부]承[ウケ, 13＼]也。

b〉 此より下の十章は、皆中庸を論じて以て首の章の義を釋(セキ)す。文屬(ショク)せ不と雖、意、實(マ)に相承(ウケ)たり。

c〉 此(これ)より下(しも)の十章(しふしゃう)は、皆(みな)中庸(ちうよう)を論(ろん)じて以(も)ちて首(はじめ)の章(しゃう)の義(ぎ)を釋(せき)す。文(ぶん)屬(しょく)せずといへども、意(い)實(まこと)に相(あ)ひ承(う)けたり。

d〉 이 뒤 열 개의 장[제2장-제11장]은 모두 중용을 논하여 첫 장의 뜻을 풀이하였다. 글은 비록 연결되어 있지 않으나, 뜻은 실제로는 (앞 장의 내용을) 차례로 이어받고 있다.

a〉變[ㄴ, 32ㄴ, 거]和[13, 31]言[ㄴ, 13~23, 33]庸[23~33, 평]者、游[음합부]氏[21]曰、以[二]性[음합부]情[一, 13, 31]言[ㄴ, 33─]之[13]、則曰[二]中[음합부]和[一]、以[二]德[음합부]行[一, 13, 31]言[ㄴ, 33─]之[13]、則曰[二, ヘル, 33]中[음합부]庸[一, 23~33]、是[12─]也。

b〉和を變じて庸と言ことは、游氏が曰、性情を以て之を言ときは、則中和曰、德行を以て之を言ときは、則中庸と曰(ヘル)は、是なり。

c〉和(くゎ)を變(へん)じて庸(よう)と言(い)ふことは、游氏(いうし)が曰(い)はく、性情(せいせい)を以(も)ちて之(これ)を言(い)ふときは、則(すなは)ち中和(ちうくゎ)と曰(い)ひ、德行(とくかう)を以(も)ちて之(これ)を言(い)ふときは、則(すなは)ち中庸(ちうよう)と曰(い)へるは、是(これ)なり。

d〉화(和)를 용(庸)이라고 바꾸어 말한 것은, 유씨[유초(游酢)]가 '성정으로써 말하자면 중화(中和)라고 하고 덕행으로써 말하자면 중용이라고 한다.'라고 말한 것이 바로 그것이다.

a〉然[レ, 33]中[음합부]庸[22]之中[33]、實[11]兼[二, 13 \]中[음합부]和[22]之義[一, 13]

b〉然(レ)ば中庸の中は、實に中和の義を兼たり

c〉然(しか)れば中庸(ちうよう)の中(ちう)は、實(まこと)に中和(ちうくゎ)の義(ぎ)を兼(か)ねたり。

d〉그러므로 중용의 중은 실은 중화(中和)의 뜻을 겸하고 있다.

제3장

A: 子曰中[음합부]庸、其[12ㄴ]至[レル]矣乎[21, 11ㄴ]。民、鮮
   [ㆍ, スクナイ, 13~23]能[ヨク, 31一, 13~23]、久[32ㄴ]矣

B: 子曰中庸、其れ至(レル)乎かな。民、能(ヨク)すること鮮(ス
   クナイ)こと久し

C: 子(し)の曰(のたう)ばく、中庸(ちうよう)、其(それ)至(いた)れ
   るかな。民(たみ)、能(よ)くすること鮮(すく)ないこと久(ひ
   さ)し。

D: 선생님께서 말씀하시기를, 중용(의 덕)은 지극하지 않겠는가?[26]
   (그런데) 사람들이 제대로 행하는 일이 드물어진 지 오래되었다.

a: 鮮[33]上[음합부]聲、下同

b: 鮮は上聲、下同

c: 鮮(せん)は上聲(しゃうせい)、下(しも)同(おな)じ。

d: 선(鮮)은 상성[드물다]이며 이하 같다.

a: 過[スクレ, 33]則、失[ㆍ]中[13]。不[ㆍ, 12ㄴ, 33]及、則、未[ㆍ,
   タ]{ス}至[ラ]。故[11]惟[タ丶]中[음합부]庸之德[13]、爲[ㆍ]至

---

26 「其」는 진술에 가능이나 추정의 특성을 부여하며 「其……與」 또는 「其……乎」
   의 형식으로 쓰이면 청자의 동의를 예상하는 수사 의문(~지 않겠는가?)을 나타
   낸다.

[レリ, 23~33]。

b: 過(スクレ)ば則、中を失。及不れば、則、未(タ)至(ラ)未(ス)。
　　故に惟(タタ)中庸德を、至(レリ)と爲。

c: 過(す)ぐれば則(すなは)ち中(ちう)を失(うしな)ふ。及(およ)ば
　　ざれば則(すなは)ち未(いま)だ至(いた)らず。故(ゆゑ)に惟(た
　　だ)中庸(ちうよう)の德(とく)を、至(いた)れりとす。

d: 지나치면 중(中)을 잃는다. 미치지 못하면 아직 지극하지 못한 것
　　이다. 그러므로 오직 중용의 덕을 지극하다고 한 것이다.

a: 然[13ㄱ]、亦、人[22]所[ニ, 11, 32ㄴ]同得[一, 13／, 31]初[11丨]
　　無[ニ]難[음합부, 평]事[一]。但、世[음합부]教[거]、衰[才, 31]
　　民、不[ニ]興[ヲコ, 31, 평]行[一, オコナハ]。

b: 然も、亦、人の同得たる所にして初より難事無。但、世教、
　　衰(オ)て民、興(ヲコ)て行(オコナハ)不。

c: 然(しか)も、亦(また)、人(ひと)の同(おな)じく得(え)たる所(と
　　ころ)にして、初(はじ)めより難事(なんし)無(な)し。但(ただ)
　　し、世敎(せいかう)衰(おとろ)へて、民(たみ)興(おこ)りて行
　　(おこな)はず。

d: 그러나 또한 (중은) 사람들이 똑같이 얻은 바이므로 애당초 어려운
　　일이 아니다. 그러나 세상의 가르침이 쇠퇴하여 사람들이 자발적
　　으로 행하지 않게 되었다.

a: 故[11]鮮[ㇾ, 13~23]能[ㇾ, ヨク, 31一, 13~23]之[13]、今已[11]久
　　[32ㄴ]耳。

b: 故に之を能(ヨク)すること鮮こと、今已に久し。

c: 故(ゆゑ)に之(これ)を能(よ)くすること鮮(すく)なきこと、今(いま)已(すで)に久(ひさ)し。

d: 그러므로 이것을 제대로 행하는 일이 드물어진 지가 이미 오래되었다는 것이다.

a: 論[음합부]語[11, 33]無[二]能[음독부, 22]字[一]

b: 論語には能の字無

c: 論語(ろんご)には能(のう)の字(し)無(な)し。

d: 논어에는 '능(能)' 자가 없다.

A〉 右第三[22]章

B〉 右第三の章

C〉 右(みぎ)第三(ていさむ)の章(しゃう)。

D〉 이상은 제3장이다.

제4장

A: 子曰道[훈독부]之不[ㇾ, 13~23, 33]行[オコナハレ]也、我[12ㄴ]、知[ㇾ, 32一]之矣。

B: 子曰道行(オコナハレ)不ことは、我れ、之知れり。

C: 子(し)の曰(のたう)ばく、道(みち)の行(おこな)はれざることは、我(われ)、之(これ)を知(し)れり。

D: 선생님께서 말씀하시기를, 도가 (세상에서) 행해지지 못하는 것을 내가 알겠다.

A: 知[음합부, 거]者[33]過[スコ, 32]之。愚[음합부]者[33]不[ㇾ, 13ㄴ]及[ハ]也。

B: 知者は過(スコ)す。愚者は及(ハ)不ず。

C: 知者(ちしゃ)は過(す)ごす。愚者(ぐしゃ)は及(およ)ばず。

D: 지혜로운 자는 지나치며, 어리석은 자는 미치지 못한다.

A: 道[22]之不[ㇾ, 13~23, 33]明[ナラ]也、我、知[ㇾ, 32一]之[13]矣。

B: 道の明(ナラ)不ことは、我、之を知れり。

C: 道(みち)の明(あき)らかならざることは、我(われ)、之(これ)を知(し)れり。

D: 도가 (세상에서) 밝아지지 못하는 것을 내가 알겠다.

A: 賢[음합부]者[33]過[スコ, 32]之。不[음합부]肖[음합부, 상]者
[33]不[ヒ, 13ㄴ]及[ハ]也

B: 賢者は過(スコ)す。不肖者は及(ハ)ず

C: 賢者(けんしゃ)は過(す)ごす。不肖者(ふせうしゃ)は及(およ)
ばず。

D: 현자(賢者)는 지나치며, 불초자[어리석은 자]는 미치지 못한다.

a: 知[음합부]者[22]之知[33]去[음합부]聲

b: 知者の知は去聲

c: 知者(ちしゃ)の知(ち)は去聲(きょせい)。

d: 지자의 지(知)는 거성[지혜롭다]이다.

a: 道[33]者、天[음합부]理[22]之當[음합부]然、中[음독부, 평]而
[훈합부, ノミ]已[12—]矣。

b: 道は、天理の當然、中而已(ノミ)なり。

c: 道(みち)は、天理(てんり)の當然(たうぜん)、中(ちう)たるのみ
なり。

d: 도(道)는 천리의 당연함이며, 바로 (다름 아니라) 중(中)이다.

a: 知[거]、愚[평탁]、賢[평]、不[음합부]肖[상]之過[음합부]不[음
합부]及[33]則、生[음합부, 평]稟[ヒン, 22, 상]之異[음독부, 11,
32ㄴ, 31, 거]而失[二, 31\]其[22]中[ー, 13, 평]也。

b: 知、愚、賢、不肖過不及は則、生稟(ヒン)の異にして其の中を
失へり。

c: 知(ち)、愚(ぐ)、賢(けん)、不肖(ふせう)の過不及(くゎふきふ)
は、則(すなは)ち、生稟(せいひむ)の異(い)にして其(そ)の中
(ちう)を失(うしな)へり。

d: 지혜로운 자, 어리석은 자, 현자, 불초자의 과불급은 타고난 기질
이 달라서 그 중(中)을 잃은 것이다.

a: 知[음합부, 거]者[33]知[음독부, 거]之過[スキ, 31]既[11]以[ㆍ]道
[13, 31]爲[ㆍ, 32]不[ㆍ, 23~33]足[ㆍ]行[フ, 11]。

b: 知者は知過(スキ)て既に道を以て行(フ)に足不と爲す。

c: 知者(ちしゃ)は知(ち)過(す)ぎて、既(すで)に道(みち)を以(も)
ちて行(おこな)ふに足(た)らずとす。

d: 지혜로운 자는 앎이 지나쳐서 이미 도(道)를 행할 만하지 않다고
여긴다.

a: 愚[음합부]者[33]不[ㆍ, シ]及[ㆍ]知[11, 31]又、不[ㆍ]知[二]所
[二, 훈합부]以[13]行[一, ナハン]。

b: 愚者は知に及不(シ)て又、行(ナハン)所以を知不。

c: 愚者(ぐしゃ)は知(ち)に及(およ)ばずして、又(また)行(おこな)
はん所以(ゆゑん)を知(し)らず。

d: 어리석은 자는 앎에 미치지 못하여, 또한 (도를) 행할 방도를 알지
못한다.

a: 此[12ㄴ]、道[22]之所[二, 훈합부]以[12一]常[ツ, 11]不[一, ㆍ,
ル]行[オコナハレ]也。

b: 此れ、道の常(ツ)に行(オコナハレ)不(ル)所以なり。

c: 此(これ)、道(みち)の常(つね)に行(おこな)はれざる所以(ゆゑ
ん)なり。

d: 이것이 도가 항상 행해지지 못하는 원인이다.

a: 賢[음합부]者[33]行[음독부, カ]之過[スキ, 31]既[11]以[レ]道[13,
31]爲[レ, 32]不[レ, 23~33²⁷]足[レ]知[シル, 11]。

b: 賢者は行過(スキ)て既に道を以て知(シル)に足不と爲す。

c: 賢者(けんしゃ)は行(かう)過(す)ぎて、既(すで)に道(みち)を以
(も)ちて知(し)るに足(た)らずとす。

d: 현자는 행함이 지나쳐서, 이미 도를 알 필요가 없다고 여긴다.

a: 不[음합부]肖[음합부]者[33]不[レ]及[レ]行[オ, 11]。又、不[レ]求
[ᵌ, メ]所[ᵌ, 훈합부]以[13]知[ᵊ, シレラン]。

b: 不肖者は行(オ)に及不。又、知(シレラン)所以を求(メ)不。

c: 不肖者(ふせうしゃ)は行(おこな)ふに及(およ)ばず。又(また)、
知(し)れらん所以(ゆゑん)を求(もと)めず。

d: 불초자는 행함에 미치지 못하여, 또한 (도를) 알 방도를 구하지 않
는다.

a: 此[12ㄴ]道[22]之所[ᵌ, 훈합부]以[12—]常[ツ, 11]不[ᵊ, レ, ル]
明[ナラ]也

---

27 육안으로는 13~23위치에 찍힌 것으로 보이지만 문맥상 23~33점, 즉「と」로 파악
하였다.

b: 此れ道の常(ツ)に明(ナラ)不(ル)所以なり

c: 此(これ)、道(みち)の常(つね)に明(あき)らかならざる所以(ゆゑん)なり。

d: 이것이 도가 (세상에서) 항상 밝아지지 못하는 원인이다.

A: 人、莫[レ, 32ㄴ]不[二, スト云, 13~23]飲[음합부]食[一, 23ㄴ, 입]也。鮮[二, 32ㄴ]能[ク]知[一, レ, シル, 13~23[28]]味[アチハイ, 13]也

B: 人、飲食せ不(ストイフ)こと莫し。能(ク)味(アチハイ)を知(シル)こと鮮し

C: 人(ひと)、飲食(いむしょく)せずといふこと莫(な)し。能(よ)く味(あぢはひ)を知(し)ること鮮(すく)なし。

D: 사람들 가운데 먹고 마시지 않는 이는 없다. (그러나) 능히 맛을 아는 이는 드물다.

a: 道[33]不[レ]可[レ]離[33ㄴ]。人、自[ラ]、不[レ]察[음독부, 23ㄴ, 입]。是[훈합부, 13]以[31]有[二]過[음합부]不[음합부]及[22]之弊[一, ヘイ, 거]

b: 道は離る可不。人、自(ラ)、察せ不。是を以て過不及の弊(ヘイ)有

c: 道(みち)は離(はな)るべからず。人(ひと)、自(みづか)ら察(さつ)せず。是(これ)を以(も)ちて過不及(くゎふきふ)の弊(へい)有(あ)り。

---

29 통상의 위치보다 낮게 찍혀 있으나 문맥상 13~23점, 즉 「こと」로 파악하였다.

d: 도는 떠날 수 없다. (그런데) 사람들이 스스로 살피지 않는다. 이 때
문에 과불급의 폐해가 있다.

A〉 右第四章

B〉 右第四章

C〉 右(みぎ)第四(ていし)の章(しゃう)。

D〉 이상은 제4장이다.

제5장

A: 子曰、道、其[12ㄴ]不[ㆍ, ル]行[ナハレ]矣夫[21]

B: 子曰、道、其れ行(ナハレ)不(ル)夫か

C: 子(し)の曰(のたう)ばく、道(みち)、其(それ)行(おこな)はれざ
るか。

D: 선생님께서 말씀하시기를, 도가 행해지지 못하게 되었구나. 그렇
지 않은가?

a: 夫音[33]扶

b: 夫音は扶

c: 夫(ふ)の音(いむ)は扶(ふ)。

d: 부(夫)의 음은 부(扶)[어조사]이다.[29]

a: 由[ㆍ, ヨル]不[ㆍ, 33ㄴ, 11]明[ニセ]、故[11]不[ㆍ]行[ハレ]

b: 明(ニセ)不るに由(ヨル)、故に行(ハレ)不

c: 明(あき)らかにせざるに由(よ)る。故(ゆゑ)に行(おこな)はれ
ず。

d: 밝아지지 못하기 때문에 행해지지 못하는 것이다.

A〉 右第五[22]章

---

29 문말의 「夫」는 상대방의 동의를 구하는 수사 의문을 나타낸다.

B〉右第五の章

C〉右(みぎ)第五(ていご)の章(しゃう)。

D〉이상은 제5장이다.

a〉此[22]章[33]承[二]上[22]章[一, 11, 31]而舉[二, ケ]其不[レ, 33ㄴ]
行之端[一, ハシ, 13, 31]以起[二, 32]下[22]章[22]之意[一, 13]

b〉此の章は上の章に承て其行不る端(ハシ)を舉(ケ)て以下の章の
意を起す

c〉此(こ)の章(しゃう)は、上(かみ)の章(しゃう)に承(う)けて、其
(そ)の行(おこな)はれざる端(はし)を舉(あ)げて、以(も)ちて下
(しも)の章(しゃう)の意(い)を起(おこ)す。

d〉이 장은 앞 장을 이어받아 그것[도]이 행해지지 않는 실마리를 들
어서 뒤 장의 뜻을 일으킨 것이다.

제6장

A: 子曰、舜[33]其[12ㄴ]大[음합부]知[거]也與[21]。

B: 子曰、舜は其れ大知與か。

C: 子(し)の曰(のたう)ばく、舜(しゅん)は其(それ)大知(たいち)か。

D: 선생님께서 말씀하시기를, 순임금은 큰 지혜를 지닌 분이 아니겠는가?

A: 舜[33]好[ﾚ]問[トフ, 13~23, 13]而[31]好[コノン, 31]察[ﾆ, 음독부, 32]邇[음합부, 상탁]言[ﾏ, 13]。

B: 舜は問(トフ)ことを好て好(コノン)で邇言を察す。

C: 舜(しゅん)は問(と)ふことを好(この)んで、好(この)んで邇言(じげん)を察(さつ)す。

D: 순임금은 묻기를 좋아하여 즐겨 이언(邇言)[일반인들이 사용하는 비속한 말]을 살폈다.

A: 隱[ﾚ, カク, 32ㄴ]惡[음독부, 13, 입]而[31]揚[ﾚ, アク]善[음독부, 13, 거]。執[ﾆ, ﾄ]其[22]兩[음합부]端[ﾏ, 13, 31]用[ﾆ, 33ㄴ]其[22]中[음독부, 평]於民[ﾏ, 11]。其[12ㄴ]斯[コレ, 13]以[31]爲[ﾚ, 31―]舜[23~33]乎[21]

B: 惡を隱(カク)して善を揚(アク)。其の兩端を執(ﾄ)て其の中民

に用る。其れ斯(コレ)を以て舜と爲する乎か

C: 惡(あく)を隱(かく)して善(せん)を揚(あ)ぐ。其(そ)の兩端
(りゃうたん)を執(と)りて、其(そ)の中(ちう)を民(たみ)に用
(もち)ゐる。其(それ)斯(これ)を以(も)ちて舜(しゅん)と爲(す)
るか。

D: 악을 감추고 선을 드러냈다. 그 양 극단을 잡아 그 중(中)을 백성들
에게 썼다. 이것이 순임금답게 하는 것이구나.

a: 知[33]去[음합부]聲。與[33]平[음합부]聲。好[33]去[음합부]聲
b: 知は去聲。與は平聲。好は去聲
c: 知(ち)は去聲(きょせい)。與(よ)は平聲(へいせい)。好(かう)は
去聲(きょせい)。
d: 지(知)는 거성[지혜]이다. 여(與)는 평성[감탄 어조사]이다. 호(好)
는 거성[좋아하다]이다.

a: 舜[22]之所[ニ, 훈합부]以[33]爲[ニ, タル]大[음합부]知[ー, 거]
者、以[下, 12一]其[22]不[ニ, 32ㄴ]自[ラ]、用[ー]而[31]取[中,
13]諸人[上, 11]也。
b: 舜の大知爲(タル)所以は、其の自(ラ)、用不して人に取を以な
り。
c: 舜(しゅん)の大知(たいち)たる所以(ゆゑん)は、其(そ)の自(み
づか)ら用(もち)ゐずして人(ひと)に取(と)るを以(も)ちてな
り。
d: 순임금이 큰 지혜를 가진 분이라고 여겨지는 까닭은 자신(의 생각)

만을 쓰지 않고 사람들로부터 취하였기 때문이다.

a: 邇[음합부, 상탁]言[23~33, 33, 평탁]者、淺[음합부]近之言[ヲ
モ]、猶、必、察[음독부, 32, 입]焉。[30] 其[22]無[㇚, 13~23]遺[㇚,
ノコス, 13~23]善[13]、可[㇚]知[21ㄴ]。

b: 邇言とは、淺近言(ヲモ)、猶、必、察す。其の善を遺(ノコス)
こと無こと、知ぬ可。

c: 邇言(じげん)とは、淺近(せんきん)の言(こと)をも、猶(なほ)必
(かなら)ず察(さっ)す。其(そ)の善(せん)を遺(のこ)すこと無
(な)きこと、知(し)りぬべし。

d: 이언이란 백성들이 흔히 사용하는 비속한 말이다. 이런 것까지 살
폈다. 선(善)한 것을 내버려두는 일이 없었음을 알 수 있다.

a: 然[13ㄱ]、於[ニ, 31, 33]其[22]言[コト, 22]之末[㇚]{ル}善[음독
부ナラ, 거]者[ー, 11]、則、隱[カクシ, 32ㄴ]而[31]不[㇚]宣[ノ
ヘ]。其善[음독부, 12丨, 거]者[13, 33]、則播[ホトコ, 32ㄴ, 31]而
不[㇚]匿[カクサ]。

b: 然も、其の言(コト)の末善(ナラ)末(ル)者に於ては、則、隱(カ
クシ)して宣(ノヘ)不。其善なる者をば、則播(ホトコ)して匿
(カクサ)不。

---

30 이 부분의 훈점은 한문구문을 잘못 이해한 것으로 보인다. 寛文本의 경우, 「邇[음
합부]言[ハ]者、淺[음합부]近[ノ]之言、猶[を]必察[ス]焉。」라고 가점되어 있고,
이를 훈독하면 「邇言(じげん)は、淺近(せんきん)の言(こと)、猶(なほ)必(かな
ら)ず察(さっ)す。」가 된다. 이를 해석하면 '이언은 흔히 듣는 속된 말인데, 반드
시 살폈다.'가 될 것이다. 이것이 보다 바람직한 이해라고 판단된다. 여기서는 본
훈점본의 훈점에 따랐다.

c: 然(しか)も其(そ)の言(こと)の、未(いま)だ善(せん)ならざる者(もの)に於(お)いては、則(すなは)ち隱(かく)して宣(の)べず。其(そ)の善(せん)なる者(もの)をば、則(すなは)ち播(ほどこ)して匿(かく)さず。

d: 그러나 그 말이 아직 선하지 않은 것은 감춰두고 거론하지 않았다. 선한 것은 널리 퍼뜨리고 감춰두지 않았다.

a: 其[22]廣[음합부]大、光[음합부]明、又、如[ㇾ, ナレ, 33]此[22]、則、人、孰[タレ, 21]不[ㇾ, 12]樂[二, タノシハ합점, ネカハ]{音洛}告[ル, 11]以[一, ㇾ, セン, 13—]善[13]哉[12ㄱ]。

b: 其の廣大、光明、又、此の如(ナレ)ば、則、人、孰(タレ)か告(ル)に善を以(セン)ことを樂(タノシハ)不む哉や。

c: 其(そ)の廣大(くゎうたい)光明(くゎうめい)、又(また)此(か)くの如(ごと)くなれば、則(すなは)ち人(ひと)孰(たれ)か告(つ)ぐるに善(せん)を以(も)ってせんことを樂(たの)しばざらんや。

d: 광대하고 광명하기가 또한 이와 같으니, 사람들 중 누가 선한 것을 즐겨 고하지 않겠는가?

a: 兩[음합부]端[云, 23~33, 33]、如[삭제부]謂[二]衆[음합부]論不[ㇾ]同[カラ]、之極[음합부, 입]致[一, 13]。蓋、凡[23ㄱ]、物、[삽입부]皆有[二]兩[음합부]端[一]。如[二]小[음합부]大、厚[음합부, 상]薄[22]之類[一, 음독부, 22]。

b: 兩端と(イフ)は、衆論同(カラ)不、極致を謂。蓋、凡そ、物、皆兩端有。小大、厚薄の類の如。

c: 兩端(りゃうたん)といふは、衆論(しうろん)同(おな)じからざ
る極致(きょくち)を謂(い)ふ。蓋(けだ)し凡(およ)そ、物(も
の)、皆(みな)兩端(りゃうたん)有(あ)り。小大(せうたい)厚薄
(こうはく)の類(たぐひ)の如(ごと)し。

d: 양 극단이란 중론(衆論) 가운데 서로 다른(두) 극단을 말한다. 무릇
사물은 모두 양 극단을 갖고 있다. 작고 큰 것, 두텁고 얇은 것 따위
와 같다.

a: 於[゠]善[음독부, 22]之中[ー, ナ, 11, 31]又、執[゠, ト]其[22]兩
[음합부]端[ー, 13]而[31]量[훈합부, ハカリ]度[ハカ, 31]以[31]取
[ㇾ]中[13, 31, 평]然[31]後[11]用[ㇾ, 33—]之[13]、則其擇[エラ
フ, 13~23]之審[ツマヒラカ, 11, 32ㄴ]而[31]行[オコナフ, 13~23]
之至矣。

b: 善の中(ナ)に於て又、其の兩端を執(ト)て量(ハカリ)度(ハカ)て
以て中を取て然て後に之を用ときは、則其擇(エラフ)こと審
(ツマヒラカ)にして行(オコナフ)こと至。

c: 善(せん)の中(なか)に於(お)いて、又(また)其(そ)の兩端(りゃう
たん)を執(と)りて、量(はか)り度(はか)りて、以(も)ちて中(ち
う)を取(と)りて、然(しかう)して後(のち)に之(これ)を用(もち)
ゐるときは、則(すなは)ち其(そ)の擇(えら)ぶこと審(つまび)ら
かにして行(おこな)ふこと至(いた)れり。

d: 선(善)한 것 가운데에서 또한 양 극단을 잡아서 헤아림으로써 중
(中)을 취한 다음에 쓰면, 선택한 바가 자세하고 행한 바가 지극하
게 된다.

a: 然[13ㄱ]、非[ニ, 33]在[ﾚ, ル]我[11]之權[음합부, 평]度[상]、精
[음합부, 평]切[11, 32ㄴ, 31, 입]不[一, ﾚ, 11]差[タカハ]、何[훈
합부, 13]以[21]與[ﾚ, アツカラン]此[11]。

b: 然も、我に在(ル)權度、精切にして差(タカハ)不に非ば、何を
以か此に與(アツカラン)。

c: 然(しか)も我(われ)に在(あ)る權度(くゑんと)、精切(せいせつ)
にして差(たが)はざるにあらずんば、何(なに)を以(も)ってか
此(これ)に與(あづ)からん。

d: 그러나 자신에게 있는 권도[저울]가 정밀하고 적당하여 어긋나지
않는 자가 아니라면, 어찌 이와 같이 할 수 있겠는가?

a: 此[12ㄴ]、知[거]之所[ニ, 훈합부]以[11, 32ㄴ]無[二]過[음합부]
不[음합부]及[一]而[31]道[22]之所[ニ, 훈합부]以[12一]行[一, ハ
ルﾍ]也

b: 此れ、知過不及無所以にして道の行(ハルル)所以なり

c: 此(これ)、知(ち)の過不及(くゎふきふ)無(な)き所以(ゆゑん)に
して、道(みち)の行(おこな)はるる所以(ゆゑん)なり。

d: 이것은 지(知)가 과불급이 없는 원인이며 도(道)가 행해지는 원인
이다.

A〉右第六[22]章

B〉右第六の章

C〉右(みぎ)第六(ていりく)の章(しゃう)。

D〉이상은 제6장이다.

제7장

A: 子曰、人、皆、曰、予[ワレ]、知[음독부アリト, 거]。驅[カリ, 31]而納[二, イルヽトキ, 11, 32ㄴ]諸罟[음합부, コ, 상]{音古}擭[クワ, 거]{胡化反}、陷[음합부, カン, 상]阱[セイ, 22, 거탁³¹]{才性反}之中[一, ナカ, 11]而[31]莫[二, 32ㄴ]之知[一, ㇾ, 13~23]辟[サル, 13~23, 13]也。

B: 子曰、人、皆、曰、予(ワレ)、知アリト。驅(カリ)て罟擭(コクワ)、陷阱(カンセイ)の中(ナカ)に納(イルルトキ)にして辟(サル)ことを知こと莫し。

C: 子(し)の曰(のたう)ばく、人(ひと)皆(みな)曰(い)ふ、予(われ)知(ち)ありと。驅(か)りて罟擭(こくわ)陷阱(かむせい)の中(なか)に納(い)るるときにして、辟(さ)ることを知(し)ること莫(な)し。

D: 선생님께서 말씀하시기를, 사람들이 모두 말하기를, 자기가 지혜롭다고 한다. (하지만 사람들을) 몰아서 그물, 덫, 함정 속에 넣었을 때, 피할 줄 아는 사람이 아무도 없다.

A: 人、皆、曰、予知[음독부アリト, 거]。擇[二, エラン]乎中[음합부]庸[一, 13]而[31]不[ㇾ]能[二]期[음합부]月[13ㄱ]守[一, 13~23]也

B: 人、皆、曰、予知(アリト)。中庸を擇(エラン)で期月も守こと

能不

C: 人(ひと)皆(みな)曰(い)ふ、予(われ)知(ち)ありと。中庸(ちうよう)を擇(えら)んで、期月(きぐゑつ)も守(まも)ること能(あた)はず。

D: 사람들이 모두 말하기를, 자기가 지혜롭다고 한다. (하지만) 중용을 택했을 때[택했다고 해도], 한 달도 지키지 못한다.

a: 予[음합부]知[22]之知[33]去[음합부]聲。

b: 予知の知は去聲。

c: 予知(よち)の知(ち)は去聲(きょせい)。

d: 여지(予知)의 지(知)는 거성[지혜롭다]이다.

a: 咼[21]音[33]古。攨[33]胡[음합부]化[22]反。陞[33]才[음합부]性反。辟與[ㄴ]避同。

b: 咼が音は古。攨は胡化の反。陞は才性反。辟避與同。

c: 咼(こ)が音(いむ)は古(こ)。攨(くわ)は胡化(こくわ)の反(はん)。陞(せい)は才性(さいせい)の反(はん)。辟(ひ)は避(ひ)と同(おな)じ。

d: 고(咼)의 음은 고(古)이다. 화(攨)는 호화(胡化)의 반절이다. 정(陞)은 재성(才性)의 반절이다. 피(辟)는 피(避)와 같다.

a: 斯[32]居之反

b: 期居之反

---

32 「期」의 잘못이다.

c: 期(き)は居之(きょし)の反(はん)。

d: 기(期)는 거지(居之)의 반절[한 달]이다.

a: 罟[33]網[거]也。擭[クワ, 33]機[음합부, 평]檻[カン, 거]也。陷[음합부, 거]阱[33, 거]、坑[음합부, カウ, 평]坎[カン, 거]也。皆、所[三, 훈합부]以[22]揜[二, 훈합부, オホイ]取[33ㄴ]禽[음합부]獸[一, 13]者[22, 12一]也。

b: 罟は網。擭(クワ)は機檻(カン)。陷阱は、坑坎(カウカン)。皆、禽獸を揜(オホイ)取る所以の者のなり。

c: 罟(こ)は網(ばう)。擭(くゎ)は機檻(きかむ)。陷阱(かむせい)は坑坎(かうかむ)。皆(みな)禽獸(きむしう)を揜(おほ)ひ取(と)る所以(ゆゑん)の者(もの)なり。

d: 고(罟)는 그물이다. 화(擭)는 덫이다. 함정은 구덩이이다. 모두 금수를 덮어서 잡는 도구이다.

a: 擇[二, 23~33, 33]乎中[음합부]庸[一, 13]、辨[二, 음합부]別[32ㄴ, 입]{必別反}衆[음합부]理[一, 13, 31]以[31]求[二, ルソ, 12]所[훈합부, イハユル]謂中[음합부]庸[一, 13]、

b: 中庸を擇とは、衆理を辨別して以て所謂(イハユル)中庸を求む(ルソ)、

c: 中庸(ちうよう)を擇(えら)ぶとは、衆理(しうり)を辨別(へんへつ)して、以(も)ちて所謂(いはゆる)中庸(ちうよう)を求(もと)むるぞ。

d: 중용을 택한다는 것은, 여러 이치를 변별하여 이로써 이른바 중용

을 구하는 것이다.

a: 即上[22]章[11]好[ㄴ]問[コト, 13, 31]用[ㄴ, 33ㄴ]中[13, 평]之事[12—]也。

b: 即上の章に問(コト)を好て中を用る事なり。

c: 即(すなは)ち上(かみ)の章(しゃう)に問(と)ふことを好(この)みて、中(ちう)を用(もち)ゐる事(こと)なり。

d: 즉 앞 장[제6장]에서 (순임금이) 묻는 것을 좋아하고 중(中)을 쓴 일을 가리킨다.

a: 期[음합부]月[33]、匝[ニ, メクル]一[음합부]月[ー, 13]也。

b: 期月は、一月を匝(メクル)。

c: 期月(きぐゑつ)は一月(いつぐゑつ)を匝(めぐ)る。

d: 기월(期月)은 한 달을 돈 것이다.

a: 言[33]知[ㄴ]禍[ワザハイ, 13]而[31]不[ㄴ]知[ㄴ]辟[サル, 13~23, 13]而[以[31합점]][33]況、能、擇而[31]不[ㄴ, 11]能[ㄴ]守[33ㄴ, 13~23]。皆不[ㄴ]得[ㄴ]爲[ㄴ, 13—]知[23~33, 거]也

b: 言は禍(ワザハイ)を知て辟(サル)ことを知不以て況、能、擇で守ること能不に。皆知と爲ことを得不

c: 言(いふこころ)は、禍(わざはひ)を知(し)りて辟(さ)ることを知(し)らず。以(も)ちて況(たと)ふ、能(よ)く擇(えら)んで守(ま

─────────────

33 寛文本과 <성백효>의 본문은 「以」이다. 「而」를 「以」로 수정하고 훈독할 것을 지시한 것이다.

も)ること能(あた)はざるに。皆(みな)知(し)ると爲(す)ることを
得(え)ず。

d: 말하는 뜻은 이러하다. 화를 알고도 피할 줄을 모른다. (중용을) 택
하고도 지키지 못함을 비유한 것이다. (이것은) 모두 지혜롭다고
할 수 없는 것이다.

A〉 右第七[22]章

B〉 右第七の章

C〉 右(みぎ)第七(ていしつ)の章(しゃう)。

D〉 이상은 제7장이다.

a〉 承[二]上[22]章[22]大[음합부]知[一, 11]而[31]言、又、擧[二]不
[ㇾ, ル]明[ア, 23ㄴ]之端[一, 13, 31]以[31]起[二, 32]下[22]章[一,
13]也

b〉 上の章の大知に承て言、又、明(ア)せ不(ル)端を擧て以て下の
章を起す

c〉 上(かみ)の章(しゃう)の、大知(たいち)を承(う)けて言(い)ひ、
又(また)明(あき)らかにせざる端(はし)を擧(あ)げて、以(も)ち
て下(しも)の章(しゃう)を起(おこ)す。

d〉 앞 장의 큰 지혜[대지(大知)]를 이어받아 말하면서, 또한 (도가) 밝
아지지 못한 단서를 들어서 뒤 장을 일으킨 것이다.

제8장

A: 子曰、回[인명부, 평]之爲[ㇾ, ナリ]人[23~33]也、擇[二, エラ
ム]乎中[음합부]庸[一, 13, 31]得[二, ウル, 33一]一[음합부]善[一,
13]、則拳[음합부, ケン]拳[23~33, 32ㄴ, 31]服[음합부, 입]膺[キ
ヨウ, 32ㄴ, 31]而弗[ㇾ, 13ㄴ]失[음독부, 23ㄴ]之矣

B: 子曰、回人と爲(ナリ)、中庸を擇(エラム)で一善を得(ウル)と
きは、則拳(ケン)拳として服膺(キヨウ)して失せ弗ず

C: 子(し)の曰(のたう)ばく、回(くゎい)、人(ひと)と爲(な)り、中
庸(ちうよう)を擇(えら)んで、一善(いつせん)を得(う)るとき
は、則(すなは)ち拳拳(くゑんくゑん)として服膺(ふくよう)し
て失(しっ)せず。

D: 선생님께서 말씀하시기를, 안회는 사람됨이, 중용을 택하여 한
가지 선을 얻으면 정성스럽게 품에 지녀, 잃지 않는다.

a: 回[인명부, 33]孔[음합부]子[22]弟[음합부]子、顔[음합부]淵[21]
名。

b: 回は孔子の弟子、顔淵が名。

c: 回(くゎい)は、孔子(こうし)の弟子(ていし)、顔淵(がんゑん)が
名(な)。

d: 회는 공자의 제자, 안연의 이름이다.

a: 拳[음합부, 평]拳[33]奉[음합부]持[31—]之貌。服[33]猶[ㇾ, ヲ]
{シ}著[22]{陟略反}也。膺[33]胷也。

b: 拳拳は奉持する貌。服は猶(ヲ)著の猶(シ)。膺は胷。

c: 拳拳(くゑんくゑん)は、奉持(ほうち)する貌(かたち)。服(ふく)
は猶(なほ)著(ちゃく)のごとし。膺(よう)は胸(きょう)。

d: 권권(拳拳)은 받들어 지니는 모습이다. 복(服)은 착(著)[붙이다]과
같다. 응(膺)은 흉(胸)[가슴]이다.

a: 奉[음합부]持[32ㄴ]而[31]著[ニ, ツク]之[13]心[음합부]胷之間
[一, 11]。言[33]能[32／丁]守[33ㄴ, ソ]也。

b: 奉持して之を心胷間に著(ツク)。言は能く守る(ソ)。

c: 奉持(ほうち)して之(これ)を心胸(しむきょう)の間(あひだ)に著
(つ)く。言(いふこころ)は、能(よ)く守(まも)るぞ。

d: 받들어 지녀 그것을 흉중에 간직한다. 말하는 뜻은 이러하다. 잘 지
킨다.

a: 顔[음합부]子、蓋、眞[マ, 11]知[32—]之。

b: 顔子、蓋、眞(マ)に知れり。

c: 顔子(がんし)、蓋(けだ)し眞(まこと)に知(し)れり。

d: 안연은 생각건대 진실로 지혜롭다.

a: 故[11]能[훈합부, ク]擇[ヒ]、能[훈합부, 32／丁]守[33ㄴ, 13~23]如
[ㇾ]此[22]。

b: 故に能(ク)擇(ヒ)、能く守ること此の如。

c: 故(ゆゑ)に能(よ)く擇(えら)び、能(よ)く守(まも)ること、此(か)くの如(ごと)し。

d: 그러므로 능히 (중용을) 택하여 능히 (중용을) 지키는 것이 이와 같았다.

a: 此[12ㄴ]行之所[゠, 훈합부]以[11, 32ㄴ]無[゠, キ]過[음합부]不[음합부]及[¯]而[31]道[22]之所[゠, 훈합부]以[12─]明[¯ , ナル]也

b: 此れ行過不及無(キ)所以にして道の明(ナル)所以なり

c: 此(これ)行(かう)の過不及(くゎふきふ)無(な)き所以(ゆゑん)にして、道(みち)の明(あき)らかなる所以(ゆゑん)なり。

d: 이는 행(行)이 과불급이 없는 원인이며 도(道)가 밝아지는 원인이다.

A〉 右第八[22]章

B〉 右第八の章

C〉 右(みぎ)第八(ていはつ)の章(しゃう)。

D〉 이상은 제8장이다.

제9장

A: 子曰、天[음합부]下、國[음합부]家[13, 33]可[レ, 32ㄴ]均[ヒト
シメツ]也。爵[음합부, 입]禄[13, 33, 입]可[レ, 32ㄴ]辭[シヽツ,
평]也。白[음합부]刃[13, 33, 거탁]不[삭제부]可[レ, 32ㄴ]蹈[フ
ンツ]也。中[음합부]庸[13, 33]不[レ, 13ㄴ]可[レ]能[ヨクス]也

B: 子曰、天下、國家をば均(ヒトシメツ)可し。爵禄をば辭(シシ
ツ)可し。白刃をば蹈(フンツ)可し。中庸をば能(ヨクス)可不
ず

C: 子(し)の曰(のたう)ばく、天下(てんか)國家(こっか)をば均(ひ
と)しめつべし。爵禄(しゃくろく)をば辭(し)しつべし。白刃
(はくじん)をば蹈(ふ)んづべし。中庸(ちうよう)をば能(よ)く
すべからず。

D: 선생님께서 말씀하시기를, 천하와 국가를 고루 다스릴 수 있으며,
벼슬과 녹도 사양할 수 있으며, 날이 선 칼날도 밟을 수 있다.(그러
나) 중용은 능히 할 수 없다.

a: 均[33, 평]平[음합부]治也。[34]

---

34 이 이하 제9장의 세주가 寬文本 및 <성백효>의 본문과 차이가 있다. 「均平治也,
三者亦知仁勇之事, 天下之至難也」과 「然非義精…」 이후는 동일하지만 그 사이
본문이 다르다. 본 훈점본에는 「然不必其合於中庸則質之, 近似者皆能以力爲之,
若中庸則雖不必皆如三者之難」이라고 되어 있고, 寬文本 및 <성백효>에는 「然
皆倚於一偏, 故資之近而力能勉者, 皆足以能之, 至於中庸, 雖若易能」라고 되어
있다.

b: 均は平治。

c: 均(くゐん)は平治(へいち)。

d: 균(均)은 고루 다스리는 것이다.

a: 三[훈합부, ツ, 22]者[33]亦、知[거]、仁[평탁]、勇[22, 거³⁵]之事 [33]天[음합부]下[22]之至[음합부]難[12—]也。

b: 三(ツ)の者は亦、知、仁、勇の事は天下の至難なり。

c: 三(み)つの者(もの)は、亦(また)、知(ち)、仁(じん)、勇(よう) の事(こと)は、天下(てんか)の至難(しなん)なり。

d: (이) 세 가지는 또한 (각각) 지(智), 인(仁), 용(勇)의 일[사례]로서, 천하에서 지극히 어려운 일들이다.

a: 然[13ㄱ]、不[二, レ, 33]必、其、合[二, カナハ]於中[음합부]庸 [一, 11]、則質[レ, タヽ, 32]之[13]。

b: 然も、必、其、中庸に合(カナハ)不(レ)は、則之を質(タタ)す。

c: 然(しか)も必(かなら)ず其(それ)中庸(ちうよう)に合(かな)はざ れば、則(すなは)ち之(これ)を質(ただ)す。

d: 그러나 그것이 꼭 중용에 부합되는 것은 아니니, 그렇다면 그것을 바로잡는다.

a: 近[음합부]似[ナル]者[33]皆、能[32/]、以力[ツトメ, 31]爲[レ] 之[13]。

b: 近似(ナル)者は皆、能く、以力(ツトメ)て之を爲。

---

35 「勇」은 상성자인데 거성점이 달려있다.

c: 近似(きんし)なる者(もの)は、皆(みな)能(よ)く、以(も)ちて力(つと)めて之(これ)を爲(す)。

d: (지(智), 인(仁), 용(勇)에) 가까운 사람은 모두 능히 힘으로 그것을 할 수 있다.

a: 若[ニ, 33]中[음합부]庸[ー, 22]、則雖[ㄴ]不[ニ, 23~33]必[32ㄴ, 13ㄱ]皆如[ニ, クナラ]三[훈합부, 22]者[22]之難[ー, キ, 21]、然[13ㄱ]非[ニ]義精[クハシ, 32／]、仁熟[32ㄴ]而[31]無[ニ, 11]一[음합부]毫[22]人[음합부]欲[22]之私[ー]者[22, 33]、不[ㄴ, シ]能[ㄴ]及[13~23]也。

b: 中庸の若は、則必しも皆三の者の難(キ)が如(クナラ)不と雖、然も義精(クハシ)く、仁熟して一毫の人欲の私無に非者のは、及こと能不(シ)。

c: 中庸(ちうよう)の若(ごと)きは、則(すなは)ち必(かなら)ずしも、皆(みな)三(み)つの者(もの)の難(かた)きが如(ごと)くならずといへども、然(しか)も義(ぎ)精(くは)しく、仁(じん)熟(しゅく)して一毫(いつかう)の人欲(じんよく)の私(わたくし)無(な)きにあらざる者(もの)は、及(およ)ぶこと能(あた)はじ。

d: (그러나) 중용과 같은 것은 반드시 모두 세 가지[지, 인, 용]의 어려움과 같지는 않을지라도,[36] 의가 정밀하고 인이 성숙하고 한 치의 인욕

---

36 「則質之近似者」를 본 훈점본에서는 「則質之。近似者、」와 같이 이해하였다. 그러나 하나의 구로 파악하여서 '즉 바탕이 근사한 사람은'과 같이 이해할 수도 있을 것이다. 이 경우 '그러나 반드시 그것이 중용에 부합하는 것이 아니다. 즉, 바탕이 근사한 사람은 모두 능히 힘써서 이것[위의 세 가지]을 할 수 있다. (그러나) 중용과 같은 것은 반드시 모두 세 가지[지, 인, 용]의 어려움과 같지 않을지라도'와 같이 번역할 수 있을 것이다.

의 사사로움도 없는 자가 아니라면, (중용에) 미칠 수 없을 것이다.

a: 三[훈합부, 22]者[33]難[カタウ, 32ㄴ, 31]而易[ヤス, 32ㄴ]。中
[음합부]庸[33]易[32ㄴ]而[31]難[32ㄴ]。此民[22]之所[゠, 훈합
부]以[12―]鮮[¯, ㇄, キ]能[31―, 13~23]也

b: 三の者は難(カタウ)して易(ヤス)し。中庸は易して難し。此民
の能すること鮮(キ)所以なり

c: 三(み)つの者(もの)は難(かた)うして易(やす)し。中庸(ちうよ
う)は易(やす)うして難(かた)し。此(これ)民(たみ)の能(よ)くす
ること鮮(すく)なき所以(ゆゑん)なり。

d: 세 가지는 어려우면서도 쉽다. 중용은 쉬우면서도 어렵다. 이것이
백성 중에 (중용을) 능히 할 수 있는 자가 드문 이유이다.

A〉右第九[22]章

B〉右第九の章

C〉右(みぎ)第九(ていきう)の章(しゃう)。

D〉이상은 제9장이다.

a〉亦、承[゠]上[22]章[¯, 11]、以[31]起[゠, 32]下[22]章[¯, 13]

b〉亦、上の章に承、以て下の章を起す

c〉亦(また)上(かみ)の章(しゃう)に承(う)けて、以(も)ちて下(し
も)の章(しゃう)を起(おこ)す。

d〉역시 앞 장을 이어받아 이로써 뒤 장을 일으킨 것이다.

제10장

A: 子[음합부]路[인명부]問[ㄴ]强[음독부, 13, 평]

B: 子路强を問

C: 子路(しろ)、强(きゃう)を問(と)ふ。

D: 자로가 강함에 대해서 물었다.

a: 子[음합부]路[인명부, 33]孔[음합부]子[22]弟[음합부]子、仲[음합부]由[평]也。

b: 子路は孔子の弟子、仲由。

c: 子路(しろ)は孔子(こうし)の弟子(ていし)、仲由(ちういう)。

d: 자로는 공자의 제자 중유이다.

a: 子[음합부]路好[ㄴ, 12]勇[13]。故[11]問[ㄴ]强[13, 평]

b: 子路勇を好む。故に强を問

c: 子路(しろ)、勇(よう)を好(この)む。故(ゆゑ)に强(きゃう)を問(と)ふ。

d: 자로는 용맹을 좋아하였다. 그러므로 강함에 대해서 물은 것이다.

A: 子曰南[음합부]方[22]之强[음독부, 평]與[21]。北[음합부]方[22]之强[음독부, 평]與[21]。抑[ソモ다자반복부]而[ナンチ, 21]强[음독부]與[21]

B: 子曰南方の強與か。北方の強與か。抑(ソモソモ)而(ナンチ)が
強與か

C: 子(し)の曰(のたう)ばく、南方(なむぱう)の強(きゃう)か。北
方(ほくはう)の強(きゃう)か。抑(そもそも)而(なんぢ)が強
(きゃう)か。

D: 선생님께서 말씀하시기를, 남방의 강함이냐? 북방의 강함이냐?
아니면 너의 강함이냐?

a: 與[33]平聲

b: 與は平聲

c: 與(よ)は平聲(へいせい)。

d: 여(與)는 평성[의문 어조사]이다.

a: 抑[ヨク, 33, 입]語[22]辭。而[シ, 33, 평탁]汝[シヨ]也

b: 抑(ヨク)は語の辭。而(シ)は汝(シヨ)

c: 抑(よく)は語(ぎょ)の辭(し)。而(じ)は汝(じょ)。

d: 억(抑)은 어조사이다. 이(而)는 여(汝)[너]이다.

A: 寬[평]柔[11, 32ㄴ, 31, 평탁]以[31]教[ヲシヘ, 31]不[ㆍ, ル, 33]報
[二, ムクヒ]無[음합부]道[一, 13]、南[음합부]方[22]之強[12一,
평]也。君[음합부]子、居[ヲリ]之

B: 寬柔にして以て教(ヲシヘ)て無道を報(ムクヒ)不(ル)は、南方
の強なり。君子、居(ヲリ)

C: 寬柔(くゎんじう)にして以(も)ちて教(をし)へて、無道(ぶた

う)を報(むく)いざるは、南方(なむぱう)の強(きゃう)なり。君子(くんし)、居(を)り。

D: 너그러움과 부드러움으로써 가르치고 무도함을 되갚지 않는 것이 남방의 강함이다. 군자는 (여기에) 거한다.

a: 寛[음합부]柔[11, 32ㄴ, 31]以[31]教[云, 23~33, 33]、謂[ᄅ]含[음합부, カン[37], 평탁]容[평]、巽[음합부, ソン, 상]順[11, 31, 거]以[31]誨[ᄅ, ヲシフル, 13]人[22]之不[ᄀ, ㄴ, 13]及也。

b: 寛柔にして以て教と(イフ)は、含(ガン)容、巽(ソン)順にて以て人の及不を誨(ヲシフル)を謂。

c: 寛柔(くゎんじう)にして以(も)ちて教(をし)ふるといふは、含容(かむよう)巽順(そんしゅん)にして、以(も)ちて人(ひと)の及(およ)ばざるを誨(をし)ふるを謂(い)ふ。

d: 너그러움과 부드러움으로써 가르친다는 것은, 관용과 유순함으로써 남이 미치지 못한 것을 가르치는 것을 말한다.

a: 不[ㄴ, 云, 23~33, 33]報[ᄅ]無[음합부]道[ᄀ, 13, 평탁]、謂[ᄅ]横[음합부, 평]逆[22, 입탁]之來[ルヲハ]、直[タ丶, 11]受[ㄴ, ウケ]之[13]而[31]不[ᄀ, ㄴ, 13]報[ムクイ]也。

b: 無道を報不と(イフ)は、横逆の來(ルヲハ)、直(タタ)に之を受(ウケ)て報(ムクイ)不を謂。

c: 無道(ぶたう)を報(むく)いずといふは、横逆(くゎうげき)の來

37 「含」의 한음은 「カム」이고 오음은 「ガム, ゴム」이다. 평탁점이 달려 있으므로 이에 따라 「がむ」로 읽었다.

(きた)るをば、直(ただ)に之(これ)を受(う)けて報(むく)いざる
を謂(い)ふ。

d: 무도함을 되갚지 않는다는 것은, 횡역[난폭하게 굴며 이치에 거스르는 것]이 오는 것을 단지 받을 뿐 되갚지 않는 것을 말한다.

a: 南[음합부]方[33]風[음합부]氣、柔[음합부]弱[12一, 입탁]。故
[11]以[ニ]含[음합부, 평]忍[22, 평탁]之力[훈독부]勝[一, レ, マサ
レル, 13]人[11, 31]爲[レ, 32]強[23~33, 평]。君[음합부]子之道
[12一]也

b: 南方は風氣、柔弱なり。故に含忍の力人に勝(マサレル)を以て
強と爲す。君子道なり

c: 南方(なむぱう)は、風氣(ふうき)柔弱(じうじゃく)なり。故(ゆ
ゑ)に含忍(かむじん)の力(ちから)、人(ひと)に勝(まさ)れるを
以(も)ちて強(きゃう)とす。君子(くんし)の道(たう)なり。

d: 남방은 풍기가 유약하다. 그러므로 받아들이고 참는 힘이 남보다
뛰어난 것을 강하다고 여긴다. 군자의 도이다.

A: 衽[ニ, シキヰ, 11, 32ㄴ]{而審反}金[음합부]革[一, カク, 13, 31,
입]死[음독부シ, 31]{スレトモ}而不[レ, ル, 33]厭[イトハ]、北
[음합부]方之強[12一, 평]也。而[32ㄴ, 31]強[음합부]者、居[ヲ
リ]之

B: 金革(カク)を衽(シキヰ)にして死(シ)て厭(イトハ)不(ル)は、北
方強なり。而して強者、居(ヲリ)

C: 金革(きむかく)を衽(しきゐ)にして、死(し)して厭(いと)はざ

るは、北方(ほくはう)の強(きゃう)なり。而(しかう)して強者(きゃうしゃ)、居(を)り。

D: 병기와 갑옷을 자리로 삼고서 죽어도 마다하지 않는 것은 북방의 강함이다. 그래서 강자는 (여기에) 거한다.

a: 衽[シン, 33, 거탁]席[입]也。金[33]戈[음합부]兵[ノ]之屬[タクヒ]。革[33, 입]甲[음합부, カウ]冑[チウ, 22, 거]之屬[タクヒ, 12 一]。

b: 衽(ジン)は席。金は戈兵(ノ)屬(タクヒ)。革は甲冑(カウチウ)の屬(タクヒ)なり。

c: 衽(じむ)は席(せき)。金(きむ)は戈兵(くゎへい)の屬(たぐひ)。革(かく)は甲冑(かふちう)の屬(たぐひ)なり。

d: 임(衽)은 자리[자리로 삼다]이다. 금(金)은 병기의 종류이다. 혁(革)은 갑주[갑옷과 투구]의 종류이다.

a: 北[음합부]方[33]風[음합부]氣、剛[훈합부, コハ, 32 /]勁[ツヨ, 32ㄴ]。故[11]以[二]果[음합부, 상]敢[22, 거]之力、勝[一, レ, タル, 13]人[11, 31]爲[レ]强[23~33, 평]。强[음합부]者[22]之事[12 一]也

b: 北方は風氣、剛(コハ)く勁(ツヨ)し。故に果敢の力、人に勝(タル)を以て强と爲。强者の事なり

c: 北方(ほくはう)は風氣(ふうき)、剛(こは)く勁(つよ)し。故(ゆゑ)に果敢(くゎかむ)の力(ちから)、人(ひと)に勝(か)ちたるを以(も)ちて强(きゃう)とす。强者(きゃうしゃ)の事(こと)なり。

d: 북방은 풍기가 꿋꿋하고 굳세다. 그러므로 단호하고 용맹한 힘이 남보다 뛰어난 것을 강하다고 여긴다. 강자의 일이다.

A: 故[11]君[음합부]子[33]和[음독부, 32ㄴ]而[31]不[ᄂ, 13ㄴ]流[음독부, 23ㄴ, 평]。強[음합부, 평]哉[23~33, 32ㄴ, 31]矯[ケウ, 12ㅡ, 상]。中[음합부, 평]立[32ㄴ]而[31]不[ᄂ, 13ㄴ]倚[음독부, 23ㄴ]。強[음합부]哉[23~33, 32ㄴ, 31]矯[12ㅡ, 상]。

B: 故に君子は和して流せ不ず。強哉として矯(ケウ)なり。中立して倚せ不ず。強哉として矯なり。

C: 故(ゆゑ)に君子(くんし)は和(くゎ)して流(りう)せず。強哉(きゃうさい)として矯(けう)なり。中立(ちうりふ)して倚(い)せず。強哉(きゃうさい)として矯(けう)なり。

D: 그러므로 군자는 조화롭되 휩쓸리지 않는다. 강하고 꿋꿋하다. 중립하여 치우치지 않는다. 강하고 꿋꿋하다.

A: 國、有[ᄂ, 33ㅡ]道、不[ᄂ, 32ㄴ]變[23ㄴ, 31]塞[ソク, 32, 입]焉。強[음합부]哉[23~33, 32ㄴ, 31]矯[12ㅡ, 상]。國無[ᄂ, 33ㅡ]道、至[ᄂ, マ, 11, 31]死[11]、不[ᄂ, 13ㄴ]變[23ㄴ]。強[음합부]哉[23~33, 32ㄴ, 31]矯[12ㅡ, 상]

B: 國、道有ときは、變せ不して塞(ソク)す。強哉として矯なり。國道無ときは、死に至(マ)でに、變せ不ず。強哉として矯なり

C: 國(くに)、道(たう)有(あ)るときは、變(へん)せずして塞(そく)す。強哉(きゃうさい)として矯(けう)なり。國(くに)、道(た

う)無(な)きときは、死(し)に至(いた)るまでに、變(へん)せ
ず。强哉(きゃうさい)として矯(けう)なり。

D: 나라에 도가 있으면 변치 않고 (평소에 지녔던 절개를) 지킨다.[38]
강하고 꿋꿋하다. 나라에 도가 없으면 죽음에 이르기까지 변하지
않는다. 강하고 꿋꿋하다.

a: 此[22]四[ツ, 22]者[33]、汝[22]之所[ㇾ, ナリ]當[ㇾ, 11]{ヘキ}强
[コハク, 32]也。

b: 此の四(ツ)の者は、汝の當に强(コハク)す當(ヘキ)所(ナリ)。

c: 此(こ)の四(よ)つの者(もの)は、汝(なんぢ)の當(まさ)に强(こ
は)くすべき所(ところ)なり。

d: 이 네 가지는 네[자로]가 마땅히 강하게 해야 할 일이다.

a: 矯[33, 상]强[コハキ]貌。詩[11]曰、矯[음합부, 상]矯[13／]虎[음
합부]臣[トイヘル, 33]是[12—]也。

b: 矯は强(コハキ)貌。詩に曰、矯矯たる虎臣(トイヘル)は是な
り。

c: 矯(けう)は强(こは)き貌(かたち)。詩(し)に曰(い)はく、矯矯(け
うけう)たる虎臣(こしん)といへるは是(これ)なり。

---

38 「塞」에 「ソクス」라는 훈점이 달려있으므로 동사로 읽어서 '지킨다'로 번역하였
다. 세주에 「未達也」라는 주석이 있는데 훈점과는 일치하지 않는다. <성백효>에
서는 '塞'에 대해 대문에서는 '궁할 적의 意志를 변치 않으니', 세주에서는 '榮達
하지 못했을 때에 지키던 바를 변치 않고'와 같이 번역하였다. <박완식>의 경우,
대문에서는 '벼슬하지 않아 어려웠던 때의 지조를 지킨다', 세주에서는 '벼슬하
지 않아 어려웠을 때의 지조를 변하지 않으니'와 같이 번역하였다. 두 책 모두 세
주의 의미를 반영하여 번역하였다.

d: 교(矯)는 꿋꿋한 모습이다. 시경에 이르기를, '교교(矯矯)한 호신(虎臣)'이라고 한 것이 이것이다.

a: 倚[33]偏[음독부, 11]著[ツクソ]也。塞[33, 입]未[ㇾ, タ]{サルソ}達[음독부セ, 입]也。

b: 倚は偏に著(ツクソ)。塞は未(タ)達(セ)未(サルソ)。

c: 倚(い)は偏(へん)に著(つ)くぞ。塞(そく)は未(いま)だ達(たつ)せざるぞ。

d: 의(倚)는 한쪽에 치우친 것이다. 색(塞)은 아직 영달하지 못한 것이다.

a: 國、有[ㇾ, トキ, 11]道、不[ㇾ, 33]變[23ㄴ]、未[음합부]達[22]之所[ㇾ, 12—]守[33ㄴ]。

b: 國、道有(トキ)に、變せ不は、未達の守る所なり。

c: 國(くに)、道(たう)有(あ)るときに變(へん)せざるは、未達(びたつ)の守(まも)る所(ところ)なり。

d: 나라에 도가 있을 때 변치 않(고 지키)는 것은, 영달하지 못했을 때 지키던 것이다.

a: 國、無[ㇾ, トキ, 11]道、不[ㇾ, 33]變[23ㄴ]、平[음합부]生[22]之所[ㇾ, 12—]守[33ㄴ]也。

b: 國、道無(トキ)に、變せ不は、平生の守る所なり。

c: 國(くに)、道(たう)無(な)きときに變(へん)せずは、平生(へいせい)の守(まも)る所(ところ)なり。

d: 나라에 도가 없을 때에 변치 않(고 지키)는 것은, 평소에 지키던 것이다.

a: 此、則、所[훈합부]謂、中[음합부]庸之不[ㇾ, 33ㄴ]可[ㇾ]能[ヨク, 32]者[12—]。

b: 此、則、所謂、中庸能(ヨク)す可不る者なり。

c: 此(これ)、則(すなは)ち、所謂(いはゆる)、中庸(ちうよう)能(よ)くすべからざる者(もの)なり。

d: 이것은 곧, 이른바 중용은 능히 할 수 없다는 것이다.

a: 非[ㇾ, 33]有[ᵗ, ル, 11]以[31]自[ラ]勝[ᵗ, 13~23]其[22]人[음합부]欲[22]之私[ᵗ, 11]、不[ㇾ, シ]能[ᵗ]擇而[31]守[ᵗ, 13~23]也。

b: 以て自(ラ)其の人欲の私に勝こと有(ル)に非は、擇て守こと能不(シ)。

c: 以(も)ちて自(みづか)ら、其(そ)の人欲(じんよく)の私(わたくし)に勝(か)つこと有(あ)るにあらざるは、擇(えら)びて守(まも)ること能(あた)はじ。

d: 스스로 자기 인욕의 사사로움을 이기지 못한다면, (중용을) 택하여 지킬 수가 없다.

a: 君[음합부]子[22]之強、孰[イツレ, 21]大[ᵗ, ナラン]於是[ᵗ, コレ, 11|]。

b: 君子の強、孰(イツレ)か是(コレ)より大(ナラン)。

c: 君子(くんし)の強(きやう)、孰(いづ)れか是(これ)より大(たい)
  ならん。

d: 군자의 강함, 무엇이 이보다 크겠는가?

a: 夫[음합부]子、以[^レ]是[13, 31]告[^ニ , 13~23, 33]子[음합부]路
  [^一 , 11]者、所[^下 , 훈합부]以[12—]抑[^ニ , ヲサヘ]其[22]血[음합
  부]氣之剛[^一 , 13, 평]而[31]進[^レ , ムル, 11]之[13]以[^中 , 31—]德
  [음합부]義[22]之勇[^上 , 13]也

b: 夫子、是を以て子路に告ことは、其の血氣剛を抑(ヲサヘ)て之
  を進(ムル)に德義の勇を以する所以なり

c: 夫子(ふうし)、是(これ)を以(も)ちて子路(しろ)に告(つ)ぐるこ
  とは、其(そ)の血氣(くゑっき)の剛(かう)を抑(おさ)へて、之
  (これ)を進(すす)むるに德義(とくぎ)の勇(よう)を以(も)ってす
  る所以(ゆゑん)なり。

d: 공자가 이로써 자로에게 말씀하신 것은, 자로의 혈기가 강한 것을
  누르고 덕과 의리의 용기로써 나아가게 한 것이다.

A〉 右第十[22]章

B〉 右第十の章

C〉 右(みぎ)第十(ていしふ)の章(しやう)。

D〉 이상은 제10장이다.

제11장

A: 子曰素[ㄴ, モトメ]隱[カクレタル, 13]、行[ㄴ, オコナ]怪[アヤ
シキ, 13, 31]後[음합부]世[11]有[ㄴ, 13~23, 33]述[ノヘラル丶,
13~23]焉、吾[レ]弗[ㄴ, ス]爲[ㄴ, セ]之[コレ, 13]矣

B: 子曰隱(カクレタル)を素(モトメ)、怪(アヤシキ)を行(オコナ)
て後世に述(ノヘラルル)こと有ことは、吾(レ)之(コレ)を爲
(セ)弗(ス)

C: 子(し)の曰(のたう)ばく、隱(かく)れたるを素(もと)め、怪(あ
や)しきを行(おこな)ひて、後世(こうせい)に述(の)べらるるこ
と有(あ)ることは、吾(われ)之(これ)を爲(せ)ず。

D: 선생님께서 말씀하시기를, 숨겨진 이치를 구하고 괴이한 것을 행
하여 후세에 칭술되는 것, 나는 그런 일을 하지 않겠다.

a: 素[33]按[二, 31一, 11]漢[음합부]書[一, 13]、當[ㄴ, 11]作[ㄴ, ツ]
索[サク, 11, 입]。蓋、字[22]之誤[ナラン]也。

b: 素は漢書を按するに、當に索(サク)に作(ツ)當。蓋、字の誤(ナ
ラン)。

c: 素(そ)は、漢書(かんしょ)を按(あん)ずるに、當(まさ)に索(さ
く)に作(つく)るべし。蓋(けだ)し字(し)の誤(あやま)ちなら
ん。

d: 소(素)는 한서를 상고하건대, 마땅히 색(索)이어야 한다. 아마도

오자일 것이다.

a: 素[ㇾ, モトメ]隱[13, 31]行[ㇾ, フト云, 33]怪[13]、言[心, 33]深
[32／]、求[二]隱[음합부, イン, 상]僻[ヘキ, 22, 입]之理[一 , 13]
而[31]過[スコシ, 31]爲[二 , ナス]詭[음합부, クヰ]{古委反}異之
行[一 , 음독부, 13, 거]也。

b: 隱を素(モトメ)て怪を行(フトイフ)は、言(ココロ)は深く、隱
僻(インヘキ)の理を求て過(スコシ)て詭(クヰ)異行を爲(ナス)。

c: 隱(かく)れたるを索(もと)めて怪(あや)しきを行(おこな)ふとい
ふは、言(いふこころ)は、深(ふか)く隱僻(いんへき)の理(り)を
求(もと)めて、過(す)ごして詭異(くゐい)の行(かう)を爲(な)
す。

d: 숨겨진 것을 구하고 괴이한 것을 행한다는 것은, 말하는 뜻은 이러
하다. 은벽한 이치를 깊이 구하고 기이한 행동을 지나치게 한다.

a: 然[13ㄱ]、以[二 , 22]其足[二 , レル, 13]以[31]欺[ㇾ, アサムイ]世
[13]而[31]盜[一 , ㇾ, ヌスム, 11]名[13]故[11]、後[음합부]世、或
[33]有[下]稱[二 , 음합부, 거]述[31一, 입탁[39]]之[[40]13]者[上 , 22]。

b: 然も、其以て世を欺(アサムイ)て名を盜(ヌスム)に足(レル)を
以の故に、後世、或は之を稱述する者の有。

c: 然(しか)も其(それ)、以(も)ちて世(よ)を欺(あざむ)いて、名

---

39 「述」의 한음은 「シュツ」이고, 오음은 「ジュツ」이다. 여기에서는 가점되어 있는
입탁점 성점을 반영하여 「じゅつ」로 읽었다.
40 어순지시부호 「 一 」이 필요한 자리이다.

(な)を盗(ぬす)むに足(た)れるを以(も)っての故(ゆゑ)に、後世
(こうせい)、或(ある)いは之(これ)を稱述(しょうじゅつ)する者
(もの)有(あ)り。

d: 그러나 그것은 세상을 속이고 이름을 훔치기에 족하기 때문에, 후
세에 이를 칭술하는 자가 있을 수 있다.

a: 此知[음독부, 22, 거]之過[アヤマ, 31]而不[ㇾ]擇[二]乎善[一, 음
독부, 13, 거]、行[22, 거]之過[アヤマ, 31]而不[ㇾ]用[二]其[22]中
[一, 13, 평]、不[ㇾ, スシ]當[ㇾ, マ, 11]{ヘカラ}強[ツトム]而
[31]強[ツトメ, 13／]者[22, 12—]也。聖[음합부]人、豈爲[ㇾ, セ
ン]之[13]哉[12ㄱ]

b: 此知の過(アヤマ)て善を擇不、行の過(アヤマ)て其の中を用
不、當(マ)に強(ツトム)當(ヘカラ)不(スシ)て強(ツトメ)たる者
のなり。聖人、豈之を爲(セン)哉や

c: 此(これ)、知(ち)の過(あやま)ちて善(せん)を擇(えら)ばず、行
(かう)の過(あやま)ちて其(そ)の中(ちう)を用(もち)ゐず、當(ま
さ)に強(つと)むべからずして強(つと)めたる者(もの)なり。聖
人(せいじん)、豈(あに)之(これ)を爲(せ)んや。

d: 이는 앎이 잘못되어 선(善)을 택하지 못하고, 행이 잘못되어 중(中)
을 사용하지 못하여, 마땅히 힘쓰지 말아야 할 데 힘쓰는 것이다.
성인이 어찌 이것을 하겠는가?

A: 君子[33]遵[ㇾ, シタカ]道[11]而[31]行[フ, 11ㄱ]。半[음합부]塗
[11, 32ㄴ]而[31]廢[ヤ, 12]。吾[33]弗[ㇾ, 13ㄴ]能[ㇾ]已[ヤム,

13~23]矣

B: 君子は道に遵(シタカ)て行お(フ)。半塗にして廢(ヤ)む。吾は
已(ヤム)こと能弗ず

C: 君子(くんし)は道(たう)に遵(したが)ひて行(おこな)ふ。半塗
(はんと)にして廢(や)む。吾(われ)は已(や)むこと能(あた)は
ず。

D: 군자는 도에 따라 행한다. (일부는) 도중에 그만둔다. 나는 그만두
지 못하겠다.

a: 遵[ㇾ]道[11, 31]而行[云, 23~33, 33]則、能、擇[゠]乎善[一, 13]
矣。半[음합부]塗[11, 32ㄴ, 31]而廢[23~33, 33]、則力[22]之不
[ㇾ, 12一]足[ラ]也。

b: 道に遵て行と(イフ)は則、能、善を擇。半塗にして廢とは、則
力の足(ラ)不なり。

c: 道(たう)に遵(したが)ひて行(おこな)ふといふは、則(すなは)ち
能(よ)く善(せん)を擇(えら)ぶ。半塗(はんと)にして廢(や)むと
は、則(すなは)ち力(ちから)の足(た)らざるなり。

d: 도에 따라 행한다는 것은 선(善)을 택할 수 있는 것이다. 도중에 그
만둔다는 것은 힘이 부족한 것이다.

a: 此其[22]知[음독부, 거]、雖[ㇾ]足[゠, ㇾリ, 23~33]以[31]及[一,
フ, 11]之、而[モ]行[거]有[ㇾ]不[ㇾ, 13~23]逮[オヨハ]、當[ㇾ,
11]{ヘクシ}強[ツトム]而[31]不[ㇾ, ル]強[ツトメ]者[22, 12一]
也。

b: 此其の知、以て及(フ)に足(レリ)と雖、而(モ)行逮(オヨハ)不こと有、當に強(ツトム)當(ヘクシ)て強(ツトメ)不(ル)者のなり。

c: 此(これ)、其(そ)の知(ち)、以(も)ちて及(およ)ぶに足(た)れりといへども、而(しか)も行(かう)逮(およ)ばざること有(あ)りて、當(まさ)に強(つと)むべくして強(つと)めざる者(もの)なり。

d: 이는 자신의 앎이 미치기에 족하다고 할지라도 행실이 미치지 않는 것이다. 마땅히 힘써야 하는데 힘쓰지 않는 것이다.

a: 已[シ[41], 33]止[거]也。

b: 已は止(シ)。

c: 已(い)は止(し)。

d: 이(已)는 지(止)[그만두다]이다.

a: 聖[음합부]人、於[レ]此[11, 31]非[レ]勉[ツトムル, 11]焉。而[31]不[゠]敢[31]廢[｢, ヤマ]{ステ}。[42]

b: 聖人、此に於て勉(ツトムル)に非。而て敢て廢(ヤマ)不。

c: 聖人(せいじん)、此(ここ)に於(お)いて勉(つと)むるにあらず。而(しかう)して敢(あ)へて廢(や)まず。

---

41 「止」에 가점되어야 할 가나점이 「已」에 가점된 것으로 보인다.

42 이 부분은 '성인이 이에 대하여 억지로 힘써서 감히 폐하지 못하는 것이 아니다'와 같이 하나의 구문으로 파악하는 것이 옳다. 그렇게 되면 훈점도 다르게 달려야 한다. 寬文本의 경우는 「聖人於[レ, テ]此[11, 31]非[゠]勉[レ, テ]焉而不[゠, 二]敢廢[｢, セ]」와 같이 가점되어 있으며, 이에 따르면「聖人(せいじん)、此(ここ)에 於(おい)て 勉(つと)めて敢(あ)へて廢(はい)せざるにあらず。」와 같이 하나의 구문으로 파악하고 있음을 알 수 있다. 여기서는 본 훈점본의 훈점에 따랐다.

d: 성인은 이에 대해서 억지로 힘써서 하는 것이 아니다. 그래서 감히 그만두지 못한다.

a: 蓋、至[음합부]誠、無[ㇾ, ㇾ, 33]息[13~23]、自、有[ㇾ, リ]所[ㇾ]不[ㇾ]能[ㇾ]止[13~23]也

b: 蓋、至誠、息こと無(レ)ば、自、止こと能不所有(リ)

c: 蓋(けだ)し至誠(しせい)息(や)むこと無(な)ければ、自(みづか)ら止(や)むこと能(あた)はざる所(ところ)有(あ)り。

d: 무릇 지성(至誠)은 쉼이 없으므로, 스스로 그만둘 수가 없는 것이다.

A: 君[음합부]子[33]依[二, ヨル]乎中[음합부]庸[一, 11]。遯[ㇾ, ノカレ]世[11, 31]不[ㇾ, サレトモ]見[ㇾ, ㇾ]知[シラ]、而不[ㇾ, 13ㄴ]悔。唯[タヽ]、聖[음합부]者、能[ヨク, 32]之

B: 君子は中庸に依(ヨル)。世に遯(ノカレ)て知(シラ)見(レ)不(サレトモ)、悔不ず。唯(タタ)、聖者、能(ヨク)す

C: 君子(くんし)は中庸(ちうよう)に依(よ)る。世(よ)に遯(のが)れて知(し)られざれども悔(く)いず。唯(ただ)聖者(せいしゃ)能(よ)くす。

D: 군자는 중용을 따른다. 세상으로부터 은둔하여 (사람들이) 알아주지 않아도 후회하지 않는다. 오직 성자만이 (이것을) 할 수 있다.

a: 不[ㇾ]爲[二, セ]索[ㇾ, モトメ]隱[タル, 13, 31]行[一, ㇾ, 13─]怪[アヤシキ, 13]、則依[二, 33ㄴ]乎中[음합부]庸[一, 11]而[훈합

부]已。不[ㇾ]能[＝]半[음합부]塗[11, 32ㄴ, 31]而廢[￣, ヤム, 13~23]。

b: 隱(タル)を索(モトメ)て怪(アヤシキ)を行ことを爲(セ)不、則中庸に依る而已。半塗にして廢(ヤム)こと能不。

c: 隱(かく)れたるを索(もと)めて怪(あや)しきを行(おこな)ふことを爲(せ)ず、則(すなは)ち中庸(ちうよう)に依(よ)るのみ。半塗(はんと)にして廢(や)むこと能(あた)はず。

d: 숨겨진 이치를 구하고 괴이한 것을 행하지 않고 중용을 따를 뿐이다. 중도에 그만둘 수 없다.

a: 是[훈합부, 13]以[31]遯[ㇾ, ノカレ]世[11, 31]不[ㇾ, トモ]見[ㇾ]知、而不[ㇾ, 32]悔也。

b: 是を以て世に遯(ノカレ)て知見不(トモ)、悔不ず。

c: 是(これ)を以(も)ちて世(よ)に遯(のが)れて知(し)られざれども、悔(く)いず。

d: 이 때문에 세상으로부터 은둔하여 (사람들이) 알아주지 않아도 후회하지 않는다(고 한 것이다).

a: 此[ㇾ]、中[음합부]庸[22]之成[음합부]德、知[거]之盡[ツキ]、仁[ノ]之至[レル, 12ー]。不[ㇾ, 32ㄴ]賴[ㇾ, ヨラ]勇[11]而[31]裕[음합부, ユウ, 상]如[12ǀ, 평탁]者[12ー]。

b: 此(レ)、中庸の成德、知盡(ツキ)、仁(ノ)至(レル)なり。勇に賴(ヨラ)不して裕(ユウ)如なる者なり。

c: 此(これ)、中庸(ちうよう)の成德(せいとく)、知(ち)の盡(つ)

き、仁(じん)の至(いた)れるなり。勇(よう)に頼(よ)らずして、

裕如(いうじょ)なる者(もの)なり。

d: 이것은 중용의 성덕(成德)이며, 지(智)가 다하고 인(仁)이 지극한

것이다. 용(勇)에 의지하지 않고도 충분한 것이다.

a: 正[マサ, 11]吾[21]夫[음합부]子[ノ, 22]之事[12一]。而[13]、

猶、不[二]自[ミ]居[一, ヲラ]也。

b: 正(マサ)に吾が夫子(ノ)の事なり。而を、猶、自(ミ)居(ヲラ)

不。

c: 正(まさ)に吾(わ)が夫子(ふうし)の事(こと)なり。而(しか)るを

猶(なほ)自(みづか)ら居(を)らず。

d: 실로 우리 선생님의 일이다. 그런데 오히려 자처하지 않으셨다.

a: 故[11]曰[二]、[43] 唯、聖者、能[一, レ, 31一]之[13]而[훈합부]已

[ノミ]

b: 故に唯、聖者、之を能する曰而已(ノミ)

c: 故(ゆゑ)に唯(ただ)聖者(せいしゃ)、之(これ)を能(よ)くするを

曰(い)ふのみ。

d: 그러므로 오직 성자만이 이것을 할 수 있다고 한 것이다.

A〉 右第十一[22]章

B〉 右第十一の章

C〉 右(みぎ)第十一(ていしふいつ)の章(しゃう)。

---

43 朱點 위에 墨點이 찍혀 있다. 朱點을 지우기 위한 것으로 생각된다.

D〉 이상은 제11장이다.

a〉 子[음합부]思[인명부, 21]所[ㇾ, 22]引、夫[음합부]子[22]之言[12
一]、以[31]明[二, 13~23⁴⁴]首[22]章[22]之義[一, 13]者[22]止[ㇾ,
卜, 33ㄴ]此[コ﹀, 11]。

b〉 子思が引所の、夫子の言なり。以て首の章の義を明者の此(コ
コ)に止(卜)る。

c〉 子思(しし)が引(ひ)く所(ところ)の、夫子(ふうし)の言(げん)な
り。以(も)ちて首(はじめ)の章(しゃう)の義(ぎ)を明(あ)かす者
(もの)、此(ここ)に止(とど)まる。

d〉 자사가 인용한 바는 공자님의 말씀이다. 이로써 첫 장의 뜻을 밝히
는 것이 여기에서 끝났다.⁴⁵

a〉 蓋、此[22]篇[22]大[음합부]旨、以[二]知[거]、仁、勇[22]、三
[一, 13, 31]達[ㇾ, 음독부, 32ㄴ]德[11, 31]⁴⁶爲[二, 32]入[ㇾ, 33ㄴ]
道[11]之門[一, 23~33]。

b〉 蓋、此の篇の大旨、知、仁、勇の、三を以て德に達して道に

---

44 이「こと」점은 문맥상 반영할 수 없다.

45 「所」가 걸리는 부분을 본 훈점본에서는 「引夫子之言」까지라고 파악하였으나
「引夫子之言以明首章之義者」까지로 보는 것이 옳다고 생각된다. 이에 따르면
'공자님의 말씀을 인용하여 첫 장의 뜻을 밝힌 것은'과 같이 번역된다. 여기서는
본 훈점본에 따랐다.

46 「以知仁勇三達德」은 하나의 구절로 파악하는 것이 옳다. 寛文本의 경우 「以[二,
テ]知仁勇[ノ]三[음합부]達[음합부]德[一, キ]」와 같이 가점되어 있고, 이에 따르
면 「知(ち)仁(じん)勇(よう)의 三達德(さむたつとく)을 以(も)ちて」와 같이 훈독
할 수 있다. <성백효>도 '智·仁·勇의 三達德의 道에 ……'라고 번역하였고, <박
완식>도 '知, 仁, 勇 三達德으로 도에 ……'와 같이 번역하였다. 여기서는 본 훈점
본에 따랐다.

入る門と爲す。

c〉蓋(けだ)し此(こ)の篇(へん)の大旨(たいし)、知(ち)仁(じん)勇(よう)の三(み)つを以(も)ちて、德(とく)に達(たつ)して道(たう)に入(い)る門(もん)とす。

d〉대개 이 책의 큰 뜻은, 지(智)·인(仁)·용(勇) 셋으로써 덕(德)에 달하여 도(道)에 들어가는 문으로 삼는다는 것이다.

a〉故[11]於[゠]篇[22]首[一, ハシメ, 11, 31]即、以[゠]大[음합부]舜[인명부]顔[음합부]淵[인명부]子[음합부]路[인명부]之事[一, 13, 31]明[レ, 32]之[13]。

b〉故に篇の首(ハシメ)に於て即、大舜顔淵子路事を以て之を明す。

c〉故(ゆゑ)に篇(へん)の首(はじめ)に於(お)いて即(すなは)ち、大舜(たいしゅん)顔淵(がんゑん)子路(しろ)の事(こと)を以(も)ちて、之(これ)を明(あ)かす。

d〉그러므로 이 책의 앞부분에 순임금·안연·자로의 일을 들어서 이것을 밝힌 것이다.

a〉舜[33]知[거]也。顔[음합부]淵[33]、仁也。子[음합부]路[33]、勇也。

b〉舜は知。顔淵は、仁。子路は、勇。

c〉舜(しゅん)は知(ち)。顔淵(がんゑん)は仁(じん)。子路(しろ)は勇(よう)。

d〉순은 지(智)이다. 안연은 인(仁)이다. 자로는 용(勇)이다.

a〉 三[22]者[22][삽입부[廢[^ニ, スツル, 33—]]]其[22]一[^一, 13]、則
　　無[^ニ]以[31]造[^ﾚ, イタリ]{七到反}道[11]而[31]成[^一, ^ﾚ, 32,
　　13~23]德[13]矣。

b〉 三の者の其の一を廢(スツル)ときは、則以て道に造(イタリ)て
　　德を成すこと無。

c〉 三(み)つの者(もの)、其(そ)の一(いつ)を廢(す)つるときは、則
　　(すなは)ち以(も)ちて道(たう)に造(いた)りて德(とく)を成(な)
　　すこと無(な)し。

d〉 이 세 가지 중에 한 가지라도 버리면 도(道)에 나아가 덕(德)을 이룰
　　수 없다.

a〉 餘[33]見[^ニ, 13 ＼]第二[음합부]十[22]章[^一, 11]

b〉 餘は第二十の章に見たり

c〉 餘(よ)は第二十(ていじしふ)の章(しゃう)に見(み)えたり。

d〉 나머지는 제20장에 보인다.

제12장

A: 君[음합부]子[22]之道[33]費[음독부, 11, 32ㄴ, 상]而[31]隱[음독
부, 12―, 상]

B: 君子の道は費にして隱なり

C: 君子(くんし)の道(たう)は、費(ひ)にして隱(いん)なり。

D: 군자의 도(道)는 비(費)[작용의 광범함]하면서도 은(隱)[감추어져
잘 드러나지 않음]하다.

a: 費[33]符[음합부]味[22]反

b: 費は符味の反

c: 費(ひ)は符味(ふび)の反(はん)。

d: 비(費)는 부미(符味)의 반절이다.

a: 費[33, 상]用[음독부, 22, 거]之廣[キ, 12―]也。隱[33, 상]躰[22]
之微[ナル, 12―, 평탁]也

b: 費は用の廣(キ)なり。隱は躰の微(ナル)なり

c: 費(ひ)は用(よう)の廣(ひろ)きなり。隱(いん)は體(てい)の微
(び)なるなり。

d: 비(費)는 용(用)이 넓은 것이다. 은(隱)은 체(體)가 은미한 것이다.

A: 夫[음합부]婦[22]之愚[13ㄱ, 평탁]、可[゠, 32ㄴ]以[31]與[̄, ㇚,

アツカル]知[33ㄴ, 11]焉。

B: 夫婦の愚も、以て知るに與(アツカル)可し。

C: 夫婦(ふふ)の愚(ぐ)も、以(も)ちて知(し)るに與(あづか)るべ
し。

D: (보통의) 부부의 어리석음으로도 (군자의 도를 어느 정도는) 알 수
있다.

A: 及[二, 31, 33]其[22]至[一, イタ, 32ㅣ, 11]也、雖[二, ヘ]聖[음합
부]人[一, 23~33]、亦、有[ㄴ, リ]所[ㄴ]不[ㄴ]知[シラ]焉。

B: 其の至(イタ)れるに及ては、聖人と雖(ヘ)、亦、知(シラ)不所
有(リ)。

C: 其(そ)の至(いた)れるに及(およ)びては、聖人(せいじん)とい
へども、亦(また)知(し)らざる所(ところ)有(あ)り。

D: 그 (도의) 지극함에 대해서는 성인이라고 할지라도 또한 알지 못
하는 바가 있다.

A: 夫[음합부]婦[22]之不[음합부]肖[13ㄱ]、可[二, 32ㄴ]以[31]能行
[一, 11ㄱ]焉。

B: 夫婦の不肖も、以て能行お可し。

C: 夫婦(ふうふ)の不肖(ふせう)も、以(も)ちて能(よ)く行(おこな)
ふべし。

D: (보통의) 부부의 불초함[어질지 못함]으로도 (군자의 도를 어느 정
도는) 행할 수 있다.

A: 及[=, 31, 33]其至[⁻, レル, 11]也、雖[=, ヘ]聖[음합부]人[⁻, 23~33]、亦、有[ㇾ]所[ㇾ]不[ㇾ]能[ヨクセ]焉。

B: 其至(レル)に及ては、聖人と雖(ヘ)、亦、能(ヨクセ)不所有。

C: 其(そ)の至(いた)れるに及(およ)びては、聖人(せいじん)といへども、亦(また)能(よ)くせざる所(ところ)有(あ)り。

D: 그 (도의) 지극함에 대해서는 성인이라고 할지라도 또한 알지 못하는 바가 있다.

A: 天[음합부]地[22]之大[음독부, ヲモ]也、人、猶、有[ㇾ]所[ㇾ]憾[ウラムル]。

B: 天地の大(ヲモ)、人、猶、憾(ウラムル)所有。

C: 天地(てんち)の大(たい)なるをも、人(ひと)、猶(なほ)憾(うら)むる所(ところ)有(あ)り。

D: 천지의 크나큼에 대해서도 사람들은 오히려 유감스러워하는 바가 있다.

A: 故[11]君[음합부]子語[ㇾ, カタル, 33一]大[음독부, 13]、天[음합부]下[モ]、莫[=, 32ㄴ]能[32／]載[⁻, ノスル, 13~23]焉。

B: 故に君子大を語(カタル)ときは、天下(モ)、能く載(ノスル)こと莫し。

C: 故(ゆゑ)に君子(くんし)、大(たい)を語(かた)るときは、天下(てんか)も能(よ)く載(の)すること莫(な)し。

D: 그러므로 군자가 큰 것을 말할 때는, 천하에 (그것을) 실을 수 있는

것이 없다.[47]

A: 語[ㄴ, 33一]小[음독부, 13]天[음합부]下[モ]莫[=, 32ㄴ]能[32／] 破[ˉ, ヤフル, 13~23]焉

B: 小を語ときは天下(モ)能く破(ヤフル)こと莫し

C: 小(せう)を語(かた)るときは、天下(てんか)も能(よ)く破(やぶ) ること莫(な)し。

D: (군자가) 작은 것을 말할 때는, 천하에 (그것을) 깨뜨릴 수 있는 것 이 없다.

a: 與[卜[48], 33]去[음합부]聲

b: 與(卜)は去聲

c: 與(よ)は去聲(きょせい)。

d: 여(與)는 거성[참여하다]이다.

a: 君[음합부]子之道[33]近[32／]、自[=]夫[음합부]婦、居[음합 부]室[22]之間[ˉ]、遠[クシ, 31]而至[=, ル]於聖[음합부]人、天 [음합부]地[22]之所[ˉ, ㄴ, 11]不[ㄴ, ル]能[ㄴ]盡[ツクス, 13~23]。

---

47 'NP莫VP' 구문은 "NP 가운데 VP한 것은 아무것도 없다."라는 뜻이므로 「天[음 합부]下[モ]」라는 훈점은 이 구문의 성격을 잘못 파악한 것이다. D에서는 올바른 이해에 따랐다. 이는 바로 아래 문장도 동일하다.

48 「卜」는 '與'의 훈이다. 이런 경우 해당 한자의 음을 기입하는 경우는 있으나 훈을 기입하는 일은 이 예 외에 보지 못했다. 혹은 「與(よ)とは去聲(きょせい)」라고 읽 은 것일까? 그러나 다른 동일 구문에서는 「とは」라고 읽은 예는 보지 못했다. 오 류일 가능성도 있다. 통상의 경우에 따라 한자음으로 읽었다.

b: 君子道は近く、夫婦、居室の間自、遠(クシ)て聖人、天地の盡(ツクス)こと能不(ル)所に至(ル)。

c: 君子(くんし)の道(たう)は、近(ちか)くして夫婦(ふふ)居室(きょしつ)の間(あひだ)より、遠(とほ)くして聖人(せいじん)天地(てんち)の盡(つく)すこと能(あた)はざる所(ところ)に至(いた)る。

d: 군자의 도(道)는 가깝게는 부부의 거처로부터, 멀게는 성인이나 천지로서도 다할 수 없는 곳에 이른다.

a: 其[22]大[음독부, 거]、無[〵, ク]外、其小[음독부]、無[〵, 32ㄴ]内。可[〵]謂[〵]費[12―, 23~33, 상]矣。

b: 其の大、外無(ク)、其小、内無し。費なりと謂可。

c: 其(そ)の大(たい)、外(そと)無(な)く、其(そ)の小(せう)、内(うち)無(な)し。費(ひ)なりと謂(い)ふべし。

d: 그 큼은 밖이 없고, 그 작음은 안이 없다. 비(費)[용이 광범하다]라고 할 만하다.

a: 然[13ㄱ]、其[22]理[22]之所[〓, 훈합부]以[33]然[￣, 33ㄴ]、則隱[11, 32ㄴ, 상]而[31]莫[〓, 32ㄴ]之[13]見[￣, 33ㄴ, 13~23]也。

b: 然も、其の理の然る所以は、則隱にして之を見ること莫し。

c: 然(しか)も其(そ)の理(り)の然(しか)る所以(ゆゑん)は、則(すなは)ち隱(いん)にして之(これ)を見(み)ること莫(な)し。

d: 그러나 그 이치가 그러한 까닭은 은미하여 아무도 볼 수 없다.

a: 蓋、可[ㇾ]知[33ㄴ]、可[ㇾ, キ]能[ク, 32]者[22, 33]道[음합부]中之一[음합부]事[12ー]。

b: 蓋、知る可、能(ク)す可(キ)者のは道中一事なり。

c: 蓋(けだ)し知(し)るべく、能(よ)くすべき者(もの)は、道中(たうちう)の一事(いつし)なり。

d: (어리석은 부부로서도) 알 수 있고 능히 할수 있는 것은 도(道) 가운데 일부분이다.

a: 及[ニ, 31, 33]其至[ー, 32丨, 11]而聖[음합부]人[13ㄱ]、不[ㇾ]知、不[ㇾ, ト云, 33]能[23ㄴ]、則舉[ニ, アケ]全[음합부]體[ー, 13]而[31]言[33ー]、[49] 聖[음합부]人[13ㄱ]、固[マコト, 11]有[ㇾ, リ]所[ㇾ]不[ㇾ]能[ㇾ]盡[13~23]也。

b: 其至れるに及ては聖人も、知不、能せ不(トイフ)は、則全體を舉(アケ)て言ときは、聖人も、固(マコト)に盡こと能不所有(リ)。

c: 其(そ)の至(いた)れるに及(およ)びては、聖人(せいじん)も知(し)らず、能(よ)くせざるといふは、則(すなは)ち全體(せんてい)を舉(あ)げて言(い)ふときは、聖人(せいじん)も固(まこと)に盡(つく)すこと能(あた)はざる所(ところ)有(あ)り。

d: 그 지극함에 대해서는 성인도 모르고 능히 할 수 없다고 한 것은, 전체를 들어 말한 것이다. 성인도 진실로 다할 수 없는 것이 있다.

---

49 「則(すなは)ち全體(せんてい)を舉(あ)げて言(い)ふときは」와 같이 문장을 연결하였는데, 이 부분은 「言」에서 문장을 종지하는 것이 옳다. b, c는 본 훈점본에 따랐으나 d는 바른 이해에 따랐다.

a: 侯[음합부]氏[21]曰、聖[음합부]人[22]所[ㇾ, 卜云, 33]不[ㇾ]知、如[二, 23ㄱ]孔[음합부]子[22]問[ㇾ]禮[13]、問[ㇾ]官[13]之類[一, 22]。

b: 侯氏が曰、聖人の知不所(トイフ)は、孔子の禮を問、官を問類の如ぞ。

c: 侯氏(こうし)が曰(い)はく、聖人(せいじん)の知(し)らざる所(ところ)といふは、孔子(こうし)の禮(れい)を問(と)ひ、官(くゎん)を問(と)ふ類(たぐひ)の如(ごと)きぞ。

d: 후씨[후중량(侯仲良)]가 말하기를, 성인이 알지 못하는 것은 공자께서 (노자에게) 예를 묻고 (담자(郯子)에게) 관제(官制)를 물은 것과 같은 부류이다.

a: 所[ㇾ, 卜云, 33]不[ㇾ]能[ヨクセ]、如[下, 23ㄱ]孔[음합부]子[22]不[ㇾ]得[ㇾ]位[13]、堯[인명부]舜[인명부, 13ㄱ]病[二, ヤムト云]博[32／]施[一, 32, 13—]之類[上, 22]。

b: 能(ヨクセ)不所(トイフ)は、孔子の位を得不、堯舜も博く施すことを病(ヤムトイフ)類の如ぞ。

c: 能(よ)くせざる所(ところ)といふは、孔子(こうし)の位(ゐ)を得(え)ず、堯(げう)舜(しゅん)も博(ひろ)く施(ほどこ)すことを病(や)むといふ類(たぐひ)の如(ごと)きぞ。

d: 능히 할 수 없다고 한 것은 공자가 관직을 얻지 못하고 요임금과 순임금도 널리 베푸는 것을 근심한 것과 같은 부류이다.

a: 愚[평탁]、謂[オモヘラク]、人[22]所[ㇾ, 云, 23~33, 33]憾[二, ウ

ラムル]於天[음합부]地[ー, 13]、如[ミ, キ, 22]覆[음합부, フ]載[거]生[음합부, 평]成[22, 평]之偏[음독부, 평]、及、寒[음합부]暑災[음합부, 거]祥[22, 평]之不[ㇾ, 21]得[ニ]其[22]正[ー, 13, 거]、者[モ, 12ー]

b: 愚、謂(オモヘラク)、人の天地を憾(ウラムル)所と(イフ)は、覆(フ)載生成の偏、及、寒暑災祥の其の正を得不が如(キ)の、者(モ)なり

c: 愚(ぐ)、謂(おも)へらく、人(ひと)の天地(てんち)を憾(うら)むる所(ところ)といふは、覆載(ふさい)生成(せいせい)の偏(へん)、及(およ)び寒暑(かんしょ)災祥(さいしゃう)の其(そ)の正(せい)を得(え)ざるが如(ごと)きの者(もの)なり。

d: 나[주자]의 생각으로는, 사람들이 천지에 대해 유감스러워하는 바가 있다는 것은, 덮어주고 실어주고 낳아주고 성장시키는 데 치우침이 있는 것, 그리고 추위, 더위, 재앙, 상서가 적절하지 못함과 같은 것이다.

A: 詩[11]云[イハク]、鳶[エム, 평]、飛[31]戻[ㇾ, イタル]天[11]。魚[훈독부]、躍[ニ, ヲトル]于淵[ー, フチ, 11]。[삽입부[言[33]]]其[12ㄴ]、上[음합부]下、察[アキラカ, 12ー]也

B: 詩に云(イハク)、鳶(エム)、飛て天に戻(イタル)。魚、淵(フチ)に躍(ヲトル)。言は其れ、上下、察(アキラカ)なり

C: 詩(し)に云(い)はく、鳶(えん)飛(と)びて天(てん)に戻(いた)る。魚(うを)淵(ふち)に躍(をど)る。言(いふこころ)は、其(それ)、上下(しゃうか)、察(あき)らかなり。

D: 시경에 이르기를, 솔개는 날아서 하늘에 이른다. 물고기는 연못에
서 뛰논다. 말하는 뜻은 이러하다. 위아래가 분명하다.

a: 鳶[33]余[음합부]專[22]反

b: 鳶は余專の反

c: 鳶(えん)は余專(よせん)の反(はん)

d: 연(鳶)은 여전(余專)의 반절이다.

a: 詩、大[음합부]雅、旱[음합부, カン, 거]麓[ロク, 22, 입]之篇[12
一]。

b: 詩、大雅、旱麓(カンロク)の篇なり。

c: 詩(し)、大雅(たいが)、旱麓(かんろく)の篇(へん)なり。

d: (위에 인용된 시는) 시경 대아(大雅) 한록(旱麓)편이다.

a: 鳶[33, 평]鴟[22, 평]類。戾[レイ, 33]至[거]也。察[33, 입]著[チ
ョ, 상]也。

b: 鳶は鴟の類。戾(レイ)は至。察は著(チョ)。

c: 鳶(えん)は鴟(し)の類(たぐひ)。戾(れい)は至(し)。察(さつ)は
著(ちょ)。

d: 연(鳶)은 솔개 종류이다. 여(戾)는 지(至)[이르다]이다. 찰(察)은 저
(著)[분명하다]이다.

a: 子[음합부]思、引[ー]此[22]詩[ー, 13, 31]以[31]明[二, 32]化[음
합부]育[입]、流[음합부, 평]行[평]、上[음합부]下昭[음합부, 평]

著[チヨ, 11, 31, 상]莫[ㇾ, 13一]非[ニ, 云, 13~23]此[22]理[22]之
用[一, 11]。所[훈합부]謂、費[12一, 상]也。

b: 子思、此の詩を引て以て化育、流行、上下昭著(チヨ)にて此の
理の用に非(イフ)こと莫ことを明す。所謂、費なり。

c: 子思(しし)、此(こ)の詩(し)を引(ひ)きて、以(も)ちて化育(くゎ
いく)流行(りうかう)、上下(しゃうか)昭著(せうちょ)にして、
此(こ)の理(り)の用(よう)にあらずといふこと莫(な)きことを明
(あ)かす。所謂(いはゆる)費(ひ)なり。

d: 자사는 이 시를 인용하여 (천지의 만물이) 화육하고 유행하며 위아
래가 밝고 분명하여 이 이치의 작용이 아닌 것이 없음을 밝혔다. 이
른바 비(費)[용이 광범하다]이다.

a: 然[13ㄱ]、其[22]所[ニ, 훈합부]以[22]然[一, 33ㄴ]者[22, 33]、則
非[ニ]見[음합부]聞[22]所[一, ㇾ, 11]及、所[훈합부]謂、隱[12
一, 상]也。

b: 然も、其の然る所以の者のは、則見聞の及所に非、所謂、隱
なり。

c: 然(しか)も其(そ)の然(しか)る所以(ゆゑん)の者(もの)は、則(す
なは)ち見聞(けんぶん)の及(およ)ぶ所(ところ)にあらず。所謂
(いはゆる)隱(いん)なり。

d: 그러나 그렇게 되는 이유는 보고 들음이 미칠 수 있는[보거나 들어
서 알 수 있는] 바가 아니다. 이른바 은(隱)하다[체가 은미하다]는
것이다.

a: 故[11]程[음합부]子[인명부, 21]曰、此[22]一[음합부]節[33]子
[음합부]思[인명부]喫[음합부, キツ, 입]緊[キン, 11, 상]爲[ㇾ, タ
メニスル]人[22]、處、活[음합부, クワツ]潑[음합부, ハツ]潑[음
합부]地[12—]。

b: 故に程子が曰、此の一節は子思喫緊(キツキン)に人の爲(タメ
ニスル)、處、活潑(クワツハツ)潑地なり。

c: 故(ゆゑ)に程子(ていし)が曰(い)はく、此(こ)の一節(いっせつ)
は子思(しし)喫緊(きつきん)に人(ひと)の爲(ため)にする處(と
ころ)にして、活潑潑地(くゎつはつはつち)なり。

d: 그러므로 정자(程子)가 말하기를, 이 한 구절은 자사가 요긴하게
사람을 위하여 말한 바이며 활기차고 생동감이 넘친다.

a: 讀[훈합부, マン]者[22]宜[ㇾ, ク]致[ㇾ]思[13]焉

b: 讀(マン)者の宜(ク)思を致宜

c: 讀(よ)まん者(もの)、宜(よろ)しく思(おも)ひを致(いた)すべ
し。

d: 읽는 사람은 마땅히 (이에 대해) 깊이 생각해야 할 것이다.

A: 君[음합부]子[22]之道[33]、造[ニ, ナス합점]{イタス}端[ハシ,
13]乎夫[음합부]婦[一, 11]。及[ニ, 31, 33]其至[一, 32|, 11]也、
察[ニ, アキラカ, 12—, 입]乎天[음합부]地[一, 11]

B: 君子の道は、端(ハシ)を夫婦に造(ナス)。其至れるに及ては、
天地に察(アキラカ)なり

C: 君子(くんし)の道(たう)は、端(はし)を夫婦(ふふ)に造(な)す。

其(そ)の至(いた)れるに及(およ)びては、天地(てんち)に察(あき)らかなり。

D: 군자의 도는 부부에서 발단된다. 그 지극함에 이르러서는 천지에 분명하다.

a: 結[ニ, 32]上[22]文[一, 13]

b: 上の文を結す

c: 上(かみ)の文(ぶん)を結(けつ)す。

d: 앞의 글을 맺었다.

A〉右第[음합부]十[음합부]二[22]章。

B〉右第十二の章。

C〉右(みぎ)第十二(ていしふじ)の章(しゃう)。

D〉이상은 제12장이다.

A〉子[음합부]思[21]之言。

B〉子思が言。

C〉子思(しし)が言(げん)。

D〉자사의 말이다.

A〉蓋、以[31]申[ニ, 훈합부, カサネ]明[アカ, 32]首[ハシメ, 22]章[22]道[33]不[レ, ト云]可[レ]離[33ㄴ]之意[一, 13]也。

B〉蓋、以て首(ハシメ)の章の道は離る可不(トイフ)意を申(カサネ)明(アカ)す。

C〉 蓋(けだ)し以(も)ちて首(はじめ)の章(しゃう)の、道(たう)は離(はな)るべからずといふ意(い)を申(かさ)ね明(あ)かす。

D〉 대저 이로써 첫 장의 '도(道)는 떠날 수 없다.'라는 말의 뜻을 다시 밝혔다.

A〉 其[22]下八[음합부]章[33]雜[マシヘ, 31]引[二]孔[음합부]子[22]之言[一, 13, 31]以[31]明[アカ, 32]之

B〉 其の下八章は雜(マシヘ)て孔子の言を引て以て明(アカ)す

C〉 其(そ)の下(しも)の八章(はっしゃう)は、雜(まじ)へて孔子(こうし)の言(げん)を引(ひ)きて以(も)ちて明(あ)かす。

D〉 이하 여덟 장[제13장-제20장]은 공자의 말을 섞어서 인용하여 이를 밝힌 것이다.

제13장

A: 子曰道[훈독부, 33]不[ㄴ, 13ㄴ]遠[ㄴ, トヲカラ]人[11]。人[22]
之爲[ㄴ, シ]道[ミチ, 13]而[31]遠[ㄴ, キ, 33]人[11]、不[ㄴ, 13ㄴ]
可[ㄷ]以[31]爲[ㄱ, ㄴ, 32]道[23~33]

B: 子曰道は人に遠(トヲカラ)不ず。人の道(ミチ)を爲(シ)て人に
遠(キ)は、以て道と爲す可不ず

C: 子(し)の曰(のたう)ばく、道(みち)は人(ひと)に遠(とほ)か
ず。人(ひと)の道(みち)をして人(ひと)に遠(とほ)きは、以(も)
ちて道(みち)と爲(す)べからず。

D: 선생님께서 말씀하시기를, 도(道)는 사람에게서 멀리 있지 않다.
사람이 도를 행하는데 사람에게서 멀리 있다면 도라고 할 수 없다.

a: 道[33]者、率[ㄴ, シタカフ]性[11]而[훈합부]已。固[マ, 11]衆[음
합부]人[22]之所[ㄷ, 22]能[32 /]知[リ]、能[32 /]行[ㄱ, フ]者
[22, 12—]也。故[11]常[11]不[ㄴ]遠[ㄷ, カラ]於人[ㄱ, 11]。

b: 道は、性に率(シタカフ)而已。固(マ)に衆人の能く知(リ)、能
く行(フ)所の者のなり。故に常に人に遠(カラ)不。

c: 道(みち)は性(せい)に率(したが)ふのみ。固(まこと)に衆人(し
うじん)の能(よ)く知(し)り、能(よ)く行(おこな)ふ所(ところ)の
者(もの)なり。故(ゆゑ)に常(つね)に人(ひと)に遠(とほ)から
ず。

d: 도(道)는 성(性)을 따를 뿐이다. 진실로 뭇사람이 알 수 있고 행할 수 있는 것이다. 그러므로 항상 사람에게서 멀리 있지 않다.

a: 若[モシ]爲[ㇾ, スル]道[13]者[22]厭[二, イトフ]其[22]卑[음합부]近[一, ナル, 13~23, 13, 31]以[31]爲[ㇾ, 32ㄴ]不[ㇾ, 23~33]足[ㇾ]爲[スル, 11]而[31]反[カヘ, 31]務[ツトメ, 31]爲[二, セ, 33]高[음합부]遠[11, 32ㄴ, 31]難[ㇾ, 13ㅣ]行[ヒ]之事[一, 13]、則非[二, 32ㄴ]所[二, 훈합부]以[11]爲[一, ㇾ, 31—]道[23~33⁵⁰]矣

b: 若(モシ)道を爲(スル)者の其の卑近(ナル)ことを厭(イトフ)て以て爲(スル)に足不と爲して反(カヘ)て務(ツトメ)て高遠にして行(ヒ)難き事を爲(セ)ば、則道と爲する所以に非じ

c: 若(も)し道(みち)を爲(す)る者(もの)、其(そ)の卑近(ひきん)なることを厭(いと)うて、以(も)ちて爲(す)るに足(た)らずとして、反(かへ)りて務(つと)めて高遠(かうゑん)にして行(おこな)ひ難(がた)き事(こと)を爲(せ)ば、則(すなは)ち道(みち)とする所以(ゆゑん)にあらじ。

d: 만일 도(道)를 행하는 자가 비근(卑近)한 것을 싫어하여 할 만하지 않다고 여겨 도리어 멀고 높아 행하기 어려운 일에 힘쓴다면, 이는 도를 행하는 방법이 아닐 것이다.

A: 詩[11]云、伐[ㇾ, キリ]柯[カラ, 13]、伐[ㇾ, キル]柯[13]。其[22]

---

50 寛文本도「道(たう)と爲(す)る」와 같이 읽고 있으나 문맥상으로는「道(たう)を爲(す)る」즉 '도를 행하는'이라고 보는 것이 타당해 보인다. b, c는 훈점에 따랐으나 d는 바른 이해에 따랐다.

則[ノリ]、不[ㇾ, 13ㄴ]遠[カラ]。

B: 詩に云、柯(カラ)を伐(キリ)、柯を伐(キル)。其の則(ノリ)、遠(カラ)不ず。

C: 詩(し)に云(い)はく、柯(から)を伐(き)り、柯(から)を伐(き)る。其(そ)の則(のり)遠(とほ)からず。

D: 시경에 이르기를, 도끼자루를 베고 도끼자루를 벰이여. 그 본보기가 멀리 있지 않다.

A: 執[ㇾ]柯[13, 31]以[31]伐[ㇾ, キル]柯[13]。睨[ミ]而[31]視[ル]之。猶以[31]爲[ㇾ, 32]遠[トホシ, 23~33]。

B: 柯を執て以て柯を伐(キル)。睨(ミ)て視(ル)。猶以て遠(トホシ)と爲す。

C: 柯(から)を執(と)りて以(も)ちて柯(から)を伐(き)る。睨(み)て視(み)る。猶(なほ)以(も)ちて遠(とほ)しとす。

D: 도끼자루를 잡고서 도끼자루를 벤다. 비스듬히 본다. 오히려 멀리 있다고 여긴다.

A: 故[11]君[음합부]子[33]、以[ㇾ]人[13, 31]治[ㇾ, 12]人[13]。改[ルトキ, 11, 32ㄴ, 31]而止[ヤム]

B: 故に君子は、人を以て人を治む。改(ルトキ)にして止(ヤム)

C: 故(ゆゑ)に君子(くんし)は人(ひと)を以(も)ちて人(ひと)を治(をさ)む。改(あらた)むるときにして止(や)む。

D: 그러므로 군자는 사람의 도로써 사람을 다스린다. (사람이 잘못을) 고치면 (군자는 거기서) 그친다.

a: 睨[33]研[음합부]計[22]反

b: 睨は研計の反

c: 睨(げい)は研計(げんけい)の反(はん)。

d: 예(睨)는 연계(研計)의 반절이다.

a: 詩、豳[음합부, ヒン, 평]風、伐[음합부, 입]柯[22, 평]之篇。

b: 詩、豳(ヒン)風、伐柯の篇。

c: 詩(し)、豳風(ひんぷう)、伐柯(はつか)の篇(へん)。

d: (위에 인용된 시는) 시경 빈풍(豳風) 벌가(伐柯)편이다.

a: 柯[カラ, 33, 평]斧[ヲノ, 22]柄[エ]、則[33, 입]法也。睨[ケイ, 33, 평탁51]、邪[훈합부, ナヽメ, 11, 평]視[ミルソ]也。

b: 柯(カラ)は斧(ヲノ)の柄(エ)、則は法。睨(ゲイ)は、邪(ナナメ)に視(ミルソ)。

c: 柯(から)は斧(をの)の柄(え)。則(そく)は法(はふ)。睨(げい)は邪(ななめ)に視(み)るぞ。

d: 가(柯)는 도끼자루이다. 칙(則)은 본보기이다. 예(睨)는 비스듬히 보는 것이다.

a: 言[33]人、執[レ]柯[カラ, 13, 31]伐[レ, キリ]木[13, 31]以[31]爲[レ, ツクル]柯[11]者[22]、彼[22]柯[22]長[음합부]短[22]之法、在[゠]此[22]柯[‐, 11]耳。

b: 言は人、柯(カラ)を執て木を伐(キリ)て以て柯に爲(ツクル)者

---

51 「睨」는 거성자인데 평탁점이 찍혀 있다.

の、彼の柯の長短の法、此の柯に在耳。

c: 言(いふこころ)は、人(ひと)柯(から)を執(と)りて木(き)を伐(き)りて、以(も)ちて柯(から)に爲(つく)る者(もの)、彼(か)の柯(から)の長短(ちゃうたん)の法(はふ)、此(こ)の柯(から)に在(あ)るのみ。

d: 말하는 뜻은 이러하다. 사람이 도끼자루를 잡고서 나무를 베어 도끼자루를 만들 때, 저 도끼자루[만들려는 도끼자루]를 길게 할지 짧게 할지의 본보기는 (다름 아닌) 바로 이 도끼자루[도구로 쓰고 있는 도끼자루]에 달려 있다.

a: 然[13ㄱ]、猶、有[二]彼[음합부]此[22]之別[一 , 음독부]。故[11]伐[훈합부, キル]者[22]視[ㇾ , ミ]之[13, 31]猶以[31]爲[ㇾ , 32]遠[32ㄴ, 23~33]也。

b: 然も、猶、彼此の別有。故に伐(キル)者の之を視(ミ)て猶以て遠しと爲す。

c: 然(しか)も、猶(なほ)彼此(ひし)の別(へつ)有(あ)り。故(ゆゑ)に伐(き)る者(もの)之(これ)を視(み)て、猶(なほ)以(も)ちて遠(とほ)しとす。

d: 그러나 피차의 구별이 있으므로 (나무를) 베는 자가 이것을 보면서도 오히려 멀리 있다고 여기는 것이다.

a: 若[32ㄴ, 13ㄱ]、以[ㇾ]人[13, 31]治[ㇾ , 33]人[13]、則所[二 , 훈합부]以[12一]爲[二 , 31一]人[22]之道[一 , 23~33]、各、在[二]當[음합부]人[22]之身[一 , 11, 31]初[11 ＼ 52]無[二 , 32ㄴ]彼[음합부]此

[22]之別[一]。

b: 若しも、人を以て人を治ば、則人の道と爲する所以なり、
各、當人の身に在て初より彼此の別無し。

c: 若(も)しも人(ひと)を以(も)ちて人(ひと)を治(をさ)めば、則(す
なは)ち人(ひと)の道(みち)とする所以(ゆゑん)なり。各(おのお
の)當人(たうじん)の身(み)に在(あ)りて、初(はじ)めより彼此
(ひし)の別(へつ)無(な)し。

d: 만약 사람의 도로써 사람을 다스리면, 그것이 사람의 도로 삼는 연
유이다.[53] (이 도가) 각각 자신의 몸에 있으므로 처음부터 피차의
구별이 없다.

a: 故[11]君[음합부]子[22]之治[ㇾ, 13~23]人[13]也、即、以[二]其
人[22]之道[一, 13, 31]還[カへ, 31]治[二, 12]其[22]人[22]之身[一,
13]。

b: 故に君子の人を治こと、即、其人の道を以て還(カへ)て其の人
の身を治む。

c: 故(ゆゑ)に君子(くんし)の人(ひと)を治(をさ)むること、即(す
なは)ち其(そ)の人(ひと)の道(みち)を以(も)ちて、還(かへ)りて
其(そ)の人(ひと)の身(み)を治(をさ)む。

d: 그러므로 군자가 사람을 다스리는 일은, 그 사람의 도로써 도리어

---

52 「より」가 필요한 자리이므로 「11|」이 기대되는 자리이다. 잘못 기입한 것으로
판단된다.

53 맥락상 「所以爲人之道」는 '사람이 된 까닭의 도'라는 명사로 풀이하고 뒤에 오
는 「各在當人之身」의 주어로 보는 것이 타당하다고 생각된다. <성백효>에서는
'사람이 된 소이(所以)의 도(道)가'로 번역하였다.

그 사람 자신을 다스린다.

a: 其[22]人、能[ク]、改[12ㄴ, 33]、即止[ヤ, 31]不[ㇾ]治[メ]。

b: 其の人、能(ク)、改れば、即止(ヤ)て治(メ)不。

c: 其(そ)の人(ひと)、能(よ)く改(あらた)むれば、即(すなは)ち止
(や)みて治(をさ)めず。

d: 그 사람이 능히 고치면 그만두고 다스리지 않는다.

a: 蓋、責[ㇾ, セムル, 11]之[13]以[ニ, 32]其[22]所[ニ, 13]能知[
リ]、能行[ー, フ]。非[ㇾ, 32]欲[ニ, 31一, 11]其[22]遠[ㇾ, 32ㄴ]
人[11]以[31]爲[ー, ㇾ, スル, 13一]道[23~33]也。

b: 蓋、之を責(セムル)に其の能知(リ)、能行(フ)所を以す。其の
人に遠し以て道と爲(スル)ことを欲するに非ず。

c: 蓋(けだ)し之(これ)を責(せ)むるに其(そ)の能(よ)く知(し)り、
能(よ)く行(おこな)ふ所(ところ)を以(も)ってす。其(そ)の人(ひ
と)に遠(とほ)くして、以(も)ちて道(みち)を爲(す)ることを欲
(ほっ)するにあらず。

d: 그를 꾸짖을 때는 그가 알 수 있고 행할 수 있는 바를 가지고 한다.
사람에게서 동떨어져 도를 행하고자 하는 것이 아니다.

a: 張[음합부]子[21]所[훈합부]謂、以[ニ]衆[음합부]人[ー, 13, 31]
望[ㇾ, ノソメ, 33]人[11]則易[ㇾ, シトイヘル, 거]從[カヒ]、是
[12一]也

b: 張子が所謂、衆人を以て人に望(ノソメ)ば則從(カヒ)易(シトイ

ヘル)、是なり

c: 張子(ちゃうし)が所謂(いはゆる)、衆人(しうじん)を以(も)ちて
人(ひと)に望(のぞ)めば、則(すなは)ち從(したが)ひ易(やす)し
といへる、是(これ)なり。

d: 장자(張子)[장재(張載)]가 말한, 뭇 사람들(이 행할 수 있는 것)을
남에게 바란다면 따르기 쉽다고 한 것이 바로 이것이다.

A: 忠[평]恕[22, 상탁]違[ㇾ, サレル, 13~23]道[훈독부, 13]、不[ㇾ,
13ㄴ]遠[カラ]。施[二, 32ㄴ]諸己[一, ヲノレ, 11, 31]而[31]不[ㇾ,
13, 33]願[ハ]、亦、勿[ㇾ, 12ㄴ]施[二, 13~23]於人[一, 11]

B: 忠恕の道を違(サレル)こと、遠(カラ)不ず。己(ヲノレ)に施し
て而て願(ハ)不をば、亦、人に施こと勿れ

C: 忠恕(ちうじょ)の道(みち)を違(さ)れること遠(とほ)からず。
己(おのれ)に施(ほどこ)して而(しかう)して願(ねが)はざるを
ば、亦(また)人(ひと)に施(ほどこ)すこと勿(な)かれ。

D: 충서(忠恕)는 도에서 멀리 떨어져 있지 않다. 자신에게 행하여 보
고 (자신이) 원하지 않는 것은 또한 남에게 행하지 말라.

a: 盡[二, 13]己[21]之心[一, 13]、爲[ㇾ, 32]忠[23~33]。推[ㇾ, 32ㄴ]
己[13, 31]及[ㇾ, 13]人[11]爲[ㇾ, 32]恕[23~33, 상탁]。

b: 己が心を盡を、忠と爲す。己を推して人に及を恕と爲す。

c: 己(おの)が心(こころ)を盡(つく)すを忠(ちう)とす。己(おの
れ)を推(お)して人(ひと)に及(およ)ぼすを恕(じょ)とす。

d: 자기의 마음을 다함을 충(忠)이라고 한다. 자기(마음)를 미루어 남

에게 미치는 것을 서(恕)라고 한다.

a: 違[33, 평]去也。如[ニ, シ]春[음합부]秋[음합부]傳[11]齊[22]師
[イクサ]違[ㇾ, サレル, 13~23]穀[13, 입]、七[음합부]里[トイヘ
ル]之違[ー, 음독부, 22]。

b: 違は去。春秋傳に齊の師(イクサ)穀を違(サレル)こと、七里(ト
イヘル)違の如(シ)。

c: 違(ゐ)は去(きょ)。春秋傳(しゅんじうでん)に、齊(せい)の師
(いくさ)穀(こく)を違(さ)れること七里(しつり)といへる違(ゐ)
の如(ごと)し。

d: 위(違)는 거(去)[떨어지다]이다. 춘추전에 '제나라 군사가 곡(穀)
에서 떨어져 있는 것[違]이 7리이다.'라고 한 것의 '위(違)' 자와
같다.

a: 言[33]自[ㇾ]此[12ㄴ]、至[ㇾ]彼[カシコ, 11, 31]相[훈합부]去
[13~23]、不[ㇾ]遠[カラ]。非[ニ, 32]背[ソムイ]{音佩}而去[ㇾ,
サル]之[13]之謂[ー, イヒ, 11, 33]也。

b: 言は此れ自、彼(カシコ)に至て相去こと、遠(カラ)不。背(ソム
イ)之を去(サル)謂(イヒ)には非ず。

c: 言(いふこころ)は、此(これ)より彼(かしこ)に至(いた)りて、相
(あ)ひ去(さ)ること遠(とほ)からず。背(そむ)いて之(これ)を去
(さ)る謂(いひ)にはあらず。

d: 말하는 뜻은 이러하다. 여기에서 저기까지 이르는 데 서로 떨어져
있는 것이 멀지 않다. 등지고 떠나감을 말하는 것이 아니다.

a: 道[33]即其[22]不[レ, ストイヘル]遠[レ, カラ]人[11]者[22]是[12
一]也。

b: 道は即其の人に遠(カラ)不(ストイヘル)者の是なり。

c: 道(みち)は即(すなは)ち其(そ)の人(ひと)に遠(とほ)からずとい
へる者(もの)、是(これ)なり。

d: 도는 사람에게서 멀지 않다고 한 것이 이것이다.

a: 施[ニ, 32ㄴ]諸己[一, 11, 31]而不[レ, 33ㄴ, 13]願[ハ]、亦、勿[レ,
キ, 33]施[ニ, 13~23]於人[一, 11]、忠[음합부]恕[22]之事[12一]
也。

b: 己に施して願(ハ)不るを、亦、人に施こと勿(キ)は、忠恕の事
なり。

c: 己(おのれ)に施(ほどこ)して願(ねが)はざるを、亦(また)人(ひ
と)に施(ほどこ)すこと勿(な)きは、忠恕(ちうじょ)の事(こと)
なり。

d: 자신에게 행하여 보고 (자신이) 원하지 않는 것을 또한 남에게 행
하지 않는 것은 충서의 일이다.

a: 以[ニ]己[21]之心[一, 13, 31]度[ニ, ハカル, 11]人[22]之心[一,
13]、未[ニ]嘗[カツ, 31]不[一, レ, ハアラ]同[カラ]。則道[22]之
不[レ, 13~23, 33]遠[ニ]於人[一, 11]者可[レ, 32ㄴ]見[ツ]。

b: 己が心を以て人の心を度(ハカル)に、未嘗(カツ)て同(カラ)不
(ハアラ)未、則道の人に遠不ことは見(ツ)可し。

c: 己(おの)が心(こころ)を以(も)ちて人(ひと)の心(こころ)を度(は

か)るに、未(いま)だ嘗(かつ)て同(おな)じからずんばあらず、則(すなは)ち道(みち)の人(ひと)に遠(とほ)からざることは見(み)つべし。

d: 나의 마음으로 남의 마음을 헤아림에 일찍이 똑같지 않은 바가 없으니, 도가 사람에게 멀지 않다는 것을 볼 수 있다.

a: 故[11]己[21]之所[ㇾ, 13, 33]不[ㇾ]欲[23ㄴ]、則勿[゠, 12ㄴ]以[31]施[゠, 13~23]之[13]於人[￣, 11]。亦、不[ㇾ, 32ㄴ]遠[ㇾ]人[11, 31]以[31]爲[ㇾ, 31一]道[13]之事[12一]。

b: 故に己が欲せ不所をば、則以て之を人に施こと勿れ。亦、人に遠不して以て道を爲する事なり。

c: 故(ゆゑ)に己(おのれ)が欲(ほっ)せざる所(ところ)をば、則(すなは)ち以(も)ちて之(これ)を人(ひと)に施(ほどこ)すこと勿(な)かれ。亦(また)人(ひと)に遠(とほ)からずして以(も)ちて道(みち)を爲(す)る事(こと)なり。

d: 그러므로 내가 원하지 않는 바를 남에게 행하지 말라. (이는) 또한 사람에게서 멀리 있지 않으면서 도를 행하는 것이다.

a: 張[음합부]子[21]所[훈합부]謂、以[゠]愛[ㇾ, 31一]己[13]之心[￣, 13, 31]愛[ㇾ, 음독부, セ, 33]人[13]、則盡[ㇾ, サント云]仁[13]、是[12一]也

b: 張子が所謂、己を愛する心を以て人を愛(セ)ば、則仁を盡(サントイフ)、是なり

c: 張子(ちゃうし)が所謂(いはゆる)己(おのれ)を愛(あい)する心

(こころ)を以(も)ちて人(ひと)を愛(あい)せば、則(すなは)ち仁
(じん)を盡(つく)さんといふ、是(これ)なり。

d: 장자(張子)[장재(張載)]가 말한 '나를 사랑하는 마음으로 남을 사
랑하면 인을 다할 것이다.'라고 한 것이 이것이다.

A: 君[음합부]子[22]之道、四[ツ]。丘[인명부]未[ㇾ, タ]{ス}能[ㇾ,
23ㄴ]一[ヲモ]焉。

B: 君子の道、四(ツ)。丘未(タ)一(ヲモ)能せ未(ス)。

C: 君子(くんし)の道(みち)、四(よ)つ。丘(きう)未(いま)だ一(い
つ)をも能(よ)くせず。

D: 군자의 도는 네 가지이다. 내[공자]는 아직 한 가지도 잘하지 못한다.

A: 所[ㇾ]求[ニ, ムル]乎子[ー, コ, 11]、以[コレ, 13, 31]事[ㇾ,
13~23]父[11]、未[ㇾ, タ]{ス}能[アタハ]也。

B: 子(コ)に求(ムル)所、以(コレ)をて父に事こと、未(タ)能(アタ
ハ)未(ス)。

C: 子(こ)に求(もと)むる所(ところ)、以(これをも)ちて父(ちち)に
事(つか)ふること、未(いま)だ能(あた)はず。

D: 자식에게 바라는 바로써 아버지를 섬기는 일, (이것을 나는) 아직
잘하지 못한다.

A: 所[ㇾ]求[ニ]乎臣[ー, 11]、以[コレ, 13, 31]事[ㇾ, 13~23]君[11]未
[ㇾ, タ]{ス}能[アタハ]也。

B: 臣に求所、以(コレ)をて君に事こと未(タ)能(アタハ)未(ス)。

C: 臣(しん)に求(もと)むる所(ところ)、以(これをも)ちて君(きみ)に事(つか)ふること、未(いま)だ能(あた)はず。

D: 신하에게 바라는 바로써 임금을 섬기는 일, (이것을 나는) 아직 잘하지 못한다.

A: 所[レ]求[＝]乎弟[一, ヲトヽ, 11]、以[コレ, 13, 31]事[レ, 13~23]兄[11]、未[レ, タ]{ス}能[ハ]也。

B: 弟(ヲトト)に求所、以(コレ)をて兄に事こと、未(タ)能(ハ)未(ス)。

C: 弟(おとと)に求(もと)むる所(ところ)、以(これをも)ちて兄(あに)に事(つか)ふる事(こと)、未(いま)だ能(あた)はず。

D: 아우에게 바라는 바로써 형을 섬기는 일, (이것을 나는) 아직 잘하지 못한다.

A: 所[レ]求[＝]乎朋[음합부]友[一, 11]、先[ツ]、施[レ, 13~23]之[13]未[レ, タ]{ス}能[ハ]也。

B: 朋友に求所、先(ツ)、之を施こと未(タ)能(ハ)未(ス)。

C: 朋友(ほういう)に求(もと)むる所(ところ)、先(ま)づ之(これ)を施(ほどこ)すこと、未(いま)だ能(あた)はず。

D: 벗에게 바라는 바로써 (내가) 먼저 행하는 일, (이것을 나는) 아직 잘하지 못한다.

A: 庸[レ, ツネ[54]シ합점, 11]{ツネニ}德[13]{ヲ}之[31]行[オコナ

---

54 「ネ」와 「シ」 사이에 약간의 공백이 있다.

ヒ]、庸[ㇾ, ツネ⁵⁵シ合点, 11]{ツネニ}言[コト, 13]{コトヲ}⁵⁶
之[31]謹[ツヽシム]。有[ㇾ, 33─]所[ㇾ]不[ㇾ]足[タラ]、不[二,
13ㄴ]敢[31]不[二, ㇾ, スハアラ]勉[メ]。有[ㇾ, 33─]餘[アマ
リ]、不[二, 13ㄴ]敢[31]盡[一, サ]。

B: 德を庸(ツネ)に(シ)て行(オコナヒ)、言(コト)を庸(ツネ)に(シ)
て謹(ツツシム)。足(タラ)不所有ときは、敢て勉(メ)不(スハア
ラ)不ず。餘(アマリ)有ときは、敢て盡(サ)不ず。

C: 德(とく)を庸(つね)にして行(おこな)ひ、言(こと)を庸(つね)に
して謹(つつし)む。足(た)らざる所(ところ)有(あ)るときは、
敢(あ)へて勉(つと)めずんばあらず。餘(あま)り有(あ)るとき
は敢(あ)へて盡(つく)さず。

D: 덕을 항상되게 하여 행하고 말을 항상되게 하여 삼간다. (행함에)
부족한 바가 있으면 감히 힘쓰지 않음이 없다. (말에) 남음이 있으
면 감히 다하지 않는다.

A: 言[コト, 33]顧[ㇾ, カヘリミ]行[음독부, 13]、行[음독부, 33]顧
[ㇾ, ル]言[13]。君[음합부]子、胡[ナ⁵⁷ソ]、不[二, サラン]慥[음
합부, サウ, 상⁵⁸]{七到反}慥[음합부]爾[一, 11, 23ㄴ]

B: 言(コト)は行を顧(カヘリミ)、行は言を顧(ル)。君子、胡(ナ
ソ)、慥(サウ)慥爾にせ不(サラン)

C: 言(こと)は行(かう)を顧(かへり)み、行(かう)は言(こと)を顧(かへり)みる。君子(くんし)胡(なん)ぞ慥慥爾(さうさうじ)にせざらん。

D: (그래서) 말은 행실을 돌아보고 행실은 말을 돌아본다. (그러하니) 군자가 어찌 독실하지 않겠는가?

a: 子、臣、弟、友[22]、四字[33]絶[음합부]句

b: 子、臣、弟、友の、四字は絶句

c: 子(し)、臣(しん)、弟(てい)、友(いう)の四字(しし)は絶句(せっく)。

d: 자(子)·신(臣)·제(弟)·우(友)의 네 글자는 절구(絶句)[문구를 나누는 관건 단어]이다.

a: 求[33]猶[ㇾ, ヲ]{シ}責[セキ, 22]也。

b: 求は猶(ヲ)責(セキ)の猶(シ)。

c: 求(きう)は猶(なほ)責(せき)のごとし。

d: 구(求)는 책(責)[책임을 지우다, 요구하다]과 같다.

a: 道[22]不[ㇾ, ル, 23~33, 33]遠[ㇾ]人[11]、凡、巳[21]之所[二, 훈합부]以[22]責[一, ㇾ]人[11]者[22, 33]皆、道[22]之所[ㇾ]當[ㇾ, 11]{ヘキ}然[ル]也。故[11]反[ㇾ, カへ、32ㄴ]之[13, 31]以[31]自、責[セメ]而[31]自脩[ヲ59ム, 12]焉。

b: 道の人に遠不(ル)とは、凡、巳が人に責所以の者は皆、道の

---

59 「ヲ」와 「ム」 사이에 한 글자분의 공백이 있다.

當に然(ル)當(ヘキ)所。故に之を反(カヘ)して以て自、責(セメ)て自脩(ヲム)む。

c: 道(みち)の、人(ひと)に遠(とほ)からざるとは、凡(およ)そ己(おのれ)が人(ひと)に責(せ)むる所以(ゆゑん)の者(もの)は、皆(みな)道(みち)の當(まさ)に然(しか)るべき所(ところ)なり。故(ゆゑ)に之(これ)を反(かへ)して、以(も)ちて自(みづか)ら責(せ)めて自(みづか)ら修(をさ)む。

d: 도가 사람에게서 멀리 있지 않다는 것은, (이런 뜻이다.) 무릇 내가 남에게 요구하는 것은[60] 모두 도에 마땅히 그래야 하는 바이기 때문이다. 그러므로 이것을 돌이켜 자신에게 요구하고 스스로 닦는다.

a: 庸[33, 평]平[음합부]常也。

b: 庸は平常。

c: 庸(よう)は平常(へいしゃう)。

d: 용(庸)은 평상(平常)[항상되다]이다.

a: 行[フト云, 33, 거]者踐[ニ, フムソ]其[22]實[一, 13, 입]。

b: 行(フトイフ)は其の實を踐(フムソ)。

c: 行(おこな)ふといふは、其(そ)の實(しつ)を踐(ふ)むぞ。

d: 행한다는 것은 실제를 행하는 것이다.

a: 謹[33, 상]者、擇[ニ, フソ]其[22]可[一, 음독부ナル, 13]。

b: 謹は、其の可(ナル)を擇(フソ)。

---

60 <성백효>와 <박완식>에서는 '남에게 바라는 것은'이라고 번역하였다.

c: 謹(きん)は、其(そ)の可(か)なるを擇(えら)ぶぞ。

d: 근(謹)은 옳은 것을 택하는 것이다.

a: 德、不[ㇾ]足而[31]勉[ツトムル, 33―]、則、行[オコナフ, 13~23, 거]益[훈합부, マス다자반복부]力[ツトム]。

b: 德、足不て勉(ツトムル)ときは、則、行(オコナフ)こと益(マスマス)力(ツトム)。

c: 德(とく)足(た)らずして勉(つと)むるときは、則(すなは)ち行(おこな)ふこと益(ますます)力(つと)む。

d: 덕이 부족하여도 노력하면 행하는 것이 더욱 힘있게 된다.

a: 言[コト]、有[ㇾ]餘而[31]訒[カタウスル, 33―]則、謹[ツ, 13~23, 상]益[훈합부, マス다자반복부]至[ル]。

b: 言(コト)、餘有て訒(カタウスル)ときは則、謹(ツ)こと益(マスマス)至(ル)。

c: 言(こと)餘(あま)り有(あ)りて訒(かた)うするときは、則(すなは)ち謹(つつし)むこと益(ますます)至(いた)る。

d: 말은 더 할 말이 남았어도 신중하게 하면 삼가는 것이 더욱 지극하게 된다.

a: 謹[ツゝシム, 13~23]之至[33]、則言[33]顧[ㇾ, ル]行[13]矣。行[オコナフ, 13~23]之力[ツトムレ, 33]、則行、顧[ㇾ, ル]言[13]矣。

b: 謹(ツツシム)こと至ば、則言は行を顧(ル)。行(オコナフ)こと

力(ツトムレ)ば、則行、言を顧(ル)。

c: 謹(つつし)むこと至(いた)らば、則(すなは)ち言(こと)は行(かう)を顧(かへり)みる。行(おこな)ふこと力(つと)むれば、則(すなは)ち行(かう)は言(こと)を顧(かへり)みる。

d: 삼가는 것이 지극하면 말이 행실을 돌아보게 된다. 행하는 것이 힘 있으면 행실이 말을 돌아보게 된다.

a: 慥[음합부, サウ, 상]慥[33]、篤[음합부, 입]實[22, 입]貌。

b: 慥(サウ)慥は、篤實の貌。

c: 慥慥(さうさう)は、篤實(とくしつ)の貌(かたち)。

d: 조조(慥慥)는 독실한 모양이다.

a: 言[33]君[음합부]子[22]之言[음합부]行、如[ㇾ, 32ㄴ]此[22]。

b: 言は君子の言行、此の如し。

c: 言(いふこころ)は、君子(くんし)の言行(げんかう)此(か)くの如(ごと)し。

d: 말하는 뜻은 이러하다. 군자의 말과 행실은 이와 같다.

a: 豈、不[二, ラン]慥[음합부]慥[一, 11]乎[卜云ハ, 12ㄱ]、賛[二, 음합부]美[31一, 23ㄱ, 상탁]之[一, 13]也。

b: 豈、慥慥に不(ラン)乎(や)トイフハ、之を賛美するぞ。

c: 豈(あに)慥慥(さうさう)にせざらんやといふは、之(これ)を賛美(さんび)するぞ。

d: '어찌 독실하지 않겠는가?'라는 것은, 이것을 찬미한 것이다.

a: 凡此[33]皆、不[レ, 32ㄴ]遠[レ]人[11, 31]以[コレ, 13, 31]爲[レ、スル]道[13]之事[12—]。

b: 凡此は皆、人に遠不して以(コレ)をて道を爲(スル)事なり。

c: 凡(およ)そ此(これ)は皆(みな)人(ひと)に遠(とほ)からずして、以(これをも)ちて道(みち)を爲(す)る事(こと)なり。

d: 이는 모두 사람에게서 멀리 있지 않으면서 도를 행하는 것이다.

a: 張[음합부]子[21]所[훈합부]謂、以[二]責[レ、セムル]人[11]之心[一, 13, 31]責[レ、セメ, 33]已[13]、則盡[レ、ツクサント云]道[13]、是[12—]也

b: 張子が所謂、人に責(セムル)心を以て已を責(セメ)ば、則道を盡(ツクサントイフ)、是なり

c: 張子(ちゃうし)が所謂(いはゆる)人(ひと)に責(せ)むる心(こころ)を以(も)ちて己(おのれ)を責(せ)めば、則(すなは)ち道(みち)を盡(つく)さんといふ、是(これ)なり。

d: 장자(張子)[장재(張載)]가 말한 '남에게 요구하는 마음으로 자신에게 요구하면 도를 다할 것이다.'라는 것이 이것이다.

A〉 右第十三[22]章

B〉 右第十三の章

C〉 右(みぎ)第十三(ていしふさむ)の章(しゃう)。

D〉 이상은 제13장이다.

a〉 道[33]、不[レ、云, 23~33, 33]遠[レ]人[11]者、夫[음합부]婦[モ]

所[レ, 12—]能[ヨク, 31—]。

b〉 道は、人に遠不と(イフ)は、夫婦(モ)能(ヨク)する所なり。

c〉 道(みち)は、人(ひと)に遠(とほ)からずといふは、夫婦(ふふ)も
能(よ)くする所(ところ)なり。

d〉 도는 사람에게서 멀리 있지 않다는 것은, (보통의) 부부도 잘하는
바이다.

a〉 丘[인명부]未[レ]{スト云ハ}能[レ, 23ㄴ]一[ヲモ]者、聖[음합
부]人[13ㄱ]所[レ]不[レ, ル]能[ヨク, 23ㄴ]、

b〉 丘未一(ヲモ)能せ未(ストイフハ)、聖人も能(ヨク)せ不(ル)
所、

c〉 丘(きう)未(いま)だ一(いつ)をも能(よ)くせずといふは、聖人
(せいじん)も能(よ)くせざる所(ところ)、

d〉 나[공자]는 한 가지도 잘하는 것이 없다는 것은, 성인도 잘하지 못
하는 바이니,

a〉 皆、費[12—]也。

b〉 皆、費なり。

c〉 皆(みな)費(ひ)なり。

d〉 모두 비(費)하다[용이 광범하다].

a〉 而[31]其[22]所[二, 훈합부]以[22]然[一, 33ㄴ]者[22, 33]則至[음
합부]隱、存[32, 평]焉。

b〉 而て其の然る所以の者のは則至隱、存す。

c〉 而(しかう)して其(そ)の然(しか)る所以(ゆゑん)の者(もの)は、
　　則(すなは)ち至隱(しいん)、存(そん)す。
d〉 그러나 그러한 원인은 지극히 은미한 것이 (거기에) 있다.

a〉 下[22]章、放[レ, ナラヘ]此[11]
b〉 下の章、此に放(ナラヘ)
c〉 下(しも)の章(しゃう)、此(これ)に放(なら)へ。
d〉 뒤 장[제14장-제20장]도 이와 같다.

제14장

A: 君[음합부]子[33]素[ニ, ムカフ]其[22]位[一, 11]而[31]行[オコナフ]。不[レ, 13ㄴ]願[ニ, ハ]乎其[22]外[一, 13]

B: 君子は其の位に素(ムカフ)て行(オコナフ)。其の外を願(ハ)不ず

C: 君子(くんし)は其(そ)の位(くらゐ)に素(むか)うて行(おこな)ふ。其(そ)の外(ほか)を願(ねが)はず。

D: 군자는 (자기) 위치에 입각하여 행한다. 그 밖의 것은 바라지 않는다.

a: 素[33]猶[ニ, ヲ]{シ}見[음합부, 거]在[一, 22]也。

b: 素は猶(ヲ)見在の猶(シ)。

c: 素(そ)は猶(なほ)見在(けんさい)のごとし。

d: 소(素)는 현재와 같다.

a: 言[33]君[음합부]子但、因[ニ]見[음합부]在[22]所[レ, 22]居[ル]之位[一, 11]而[31]爲[ニ, シ]其[22]所[一, レ, 13]當[レ, マサ, 11]{ヘキ}爲[ス, 31]無[下, 32ㄴ]慕[ニ, ネカフ]乎其[22]外[一, 13]之心[上]也

b: 言は君子但、見在の居(ル)所の位に因て其の當(マサ)に爲(ス)當(ヘキ)所を爲(シ)其の外を慕(ネカフ)心無し

c: 言(いふこころ)は、君子(くんし)但(ただ)見在(けんさい)の居

(ゐ)る所(ところ)の位(くらゐ)に因(よ)りて、其(そ)の當(まさ)に爲(す)べき所(ところ)を爲(し)て、其(そ)の外(ほか)を慕(ね
が)ふ心(こころ)無(な)し。

d: 말하는 뜻은 이러하다. 군자는 다만 현재 처해 있는 위치에 따라 마땅히 해야 할 바를 하며 그 밖의 것을 바라는 마음이 없다.

A: 素[二, ムカ]冨[음합부]貴[一, 11, 31]行[二, フ, 11ㄱ]乎富[음합부]貴[一, 13]。素[二]貧[음합부]賤[一, 11, 31]行[二, フ, 11ㄱ]乎貧[음합부]賤[一, 13]。

B: 冨貴に素(ムカ)て富貴を行お(フ)。貧賤に素て貧賤を行お(フ)。

C: 富貴(ふくゐ)に素(むか)ひて富貴(ふくゐ)を行(おこな)ふ。貧賤(ひんせん)に素(むか)ひて貧賤(ひんせん)を行(おこな)ふ。

D: 부귀(한 위치)에 처하면 부귀(한 위치)에 맞게 행한다. 빈천(한 위치)에 처하면 빈천(한 위치)에 맞게 행한다.

A: 素[二]夷[음합부]狄[一, 11, 31]行[二, フ, 11ㄱ]乎夷[음합부]狄[一, 13]。素[二]患[음합부, クワン]難[一, 11, 31]行[二, フ, 11ㄱ]乎患[음합부]難[一, 13]。

B: 夷狄に素て夷狄を行お(フ)。患(クワン)難に素て患難を行お(フ)。

C: 夷狄(いてき)に素(むか)ひて夷狄(いてき)を行(おこな)ふ。患難(くゎんなん)に素(むか)ひて患難(くゎんなん)を行(おこな)ふ。

D: 오랑캐(의 위치)에 처하면 오랑캐(의 위치)에 맞게 행한다. 환난
(의 상황)에 처하면 환난(의 상황)에 맞게 행한다.

A: 君[음합부]子[33]無[゠, 32ㄴ]入[23~33, 32ㄴ, 31]而不[゠, スト
云, 13~23]自[음합부]得[⌐, 23ㄴ]焉

B: 君子は入として自得せ不(ストイフ)こと無し

C: 君子(くんし)は入(い)るとして自得(しとく)せずといふこと無
(な)し。

D: 군자는 (어떠한 처지에) 들어가서 자득[자신의 뜻을 성취함]하지
못하는 일이 없다.

a: 難[33]去[음합부]聲

b: 難は去聲

c: 難(なん)は去聲(きょせい)。

d: 난(難)은 거성[위기, 재앙]이다.

a: 此[33]言[⌄, フ]素[゠]其[22]位[⌐, 11]而[31]行[⌐, 13—]也。

b: 此は其の位に素て行ことを言(フ)。

c: 此(これ)は其(そ)の位(くらゐ)に素(むか)ひて行(おこな)ふこと
を言(い)ふ。

d: 이것은 자기 위치에 입각하여 행함을 말한다.

A: 在[゠]上[음합부]位[⌐, 11, 31]不[㇄, 13ㄴ]陵[㇄, シノカ]下[13]。
在[゠]下[음합부]位[⌐, 11, 31]不[㇄, 13ㄴ]援[㇄, ヒカ]上[13]。

B: 上位に在て下を陵(シノカ)不ず。下位に在て上を援(ヒカ)不
ず。

C: 上位(しゃうゐ)に在(あ)りて下(しも)を陵(しの)がず。下位(か
ゐ)に在(あ)りて上(かみ)を援(ひ)かず。

D: 높은 자리에 있으면서 아랫사람을 업신여기지 않는다. 낮은 자리
에 있으면서 윗사람을 끌어내리지 않는다.[61]

A: 正[レ, タ丶シウ, 32ㄴ]巳[ヲノレ, 13, 31]而不[レ, 33一]求[゠]於
人[一, 11]、則、無[レ, 32ㄴ]怨[ウラミ]。

B: 巳(ヲノレ)を正(タタシウ)して人に求不ときは、則、怨(ウラ
ミ)無し。

C: 己(おのれ)を正(ただ)しうして人(ひと)に求(もと)めざるとき
は、則(すなは)ち怨(うら)み無(な)し。

D: 자신을 바르게 하고 남에게 요구하지 않으면 원망이 없다.

A: 上、不[レ, 13ㄴ]怨[レ]天[ヲモ]。下[シモ]、不[レ, 13ㄴ]尤[レ,
トカメ]人[ヲモ]

B: 上、天(ヲモ)怨不ず。下(シモ)、人(ヲモ)尤(トカメ)不ず

C: 上(かみ)、天(てん)をも怨(うら)みず。下(しも)、人(ひと)をも
尤(とが)めず。

D: 위로는 하늘을 원망하지 않고 아래로는 남을 탓하지 않는다.[62]

---

61 「援」에 대해 '윗사람에게 빌붙어 올라가려고 하다.'라고 보는 설도 있다.

62 논어(論語) 헌문(憲問)편 37장에 동일한 구가 실려 있다. 「子曰, 莫我知也夫, 子貢
曰, 何爲其莫知也, 子曰, 不怨天, 不尤人, 下學而上達, 知我者其天乎 → 子(し)
の曰(のたう)ばく、我(われ)を知(し)ること莫(な)いかな。子貢(しこう)が曰

a: 援[33]平[음합부]聲

b: 援は平聲

c: 援(ゑん)は平聲(へいせい)。

d: 원(援)은 평성[끌어당기다]이다.

a: 此[33]言[ㇾ, フ]不[ㇾ, 13一]願[˭]乎其[22]外[ˉ , 13]也

b: 此は其の外を願不ことを言(フ)

c: 此(これ)は其(そ)の外(ほか)を願(ねが)はざることを言(い)ふ。

d: 이는 그 밖의 것을 바라지 않음을 말한다.

A: 故[11]君[음합부]子[33]居[ㇾ, ヰ]易[ヤスキ, 11, 31, 거]以[31]俟
  [ㇾ, マツ]命[13]。小[음합부]人[33]行[ㇾ, 11ㄱ]險[음독부, 13,
  31, 상]以[31]徼[ケウ, 음합부, 평탁]幸[32]

B: 故に君子は易(ヤスキ)に居(ヰ)て以て命を俟(マツ)。小人は險
  を行おて以て徼(ケウ)幸す

C: 故(ゆゑ)に君子(くんし)は易(やす)きに居(ゐ)て、以(も)ちて命
  (めい)を俟(ま)つ。小人(せうじん)は險(けむ)を行(おこな)ひ
  て、以(も)ちて徼幸(げうかう)す。

(い)はく、何(なん)すれぞ其(それ)、子(し)を知(し)ること莫(な)からん。子
(し)の日(のたう)ばく、天(てん)をも怨(うら)みず。人(ひと)をも尤(とが)め
ず。下學(かがく)して上達(しゃうたつ)す。我(われ)を知(し)れる者(もの)
は、其(それ)天(てん)か。(선생님께서 말씀하시기를, 나를 알아주는 이가 없구
나. 자공이 말하기를, 어찌 선생님을 알아주는 이가 없겠습니까? 선생님께서 말
씀하시기를, 하늘도 원망하지 않는다. 사람도 탓하지 않는다. 下學(하학)하고 上
達(상달)한다. 나를 알아주는 것은 하늘인가!)」(오미영 외 한문훈독연구회
(2015:314-316)『일본 논어 훈점본의 해독과 번역 하-일본 동양문고 소장『논어집
해』를 대상으로-』숭실대출판국)

D: 그러므로 군자는 평탄함[평이하고 간명한 도]에 거하여 그것으로
써 천명을 기다린다. 소인은 험악함[거짓된 술수]을 행하여 그것
으로써 요행을 바란다.

a: 易[イ, 33]去[음합부]聲

b: 易(イ)は去聲

c: 易(い)は去聲(きょせい)。

d: 이(易)는 거성[쉽다]이다.

a: 易[33, 거]平[음합부]地也。居[ㇾ, 23~33, 33]易[11, 거]、素[ㇾ]位[11]而[31]行[オコナフ]也。

b: 易は平地。易に居とは、位に素て行(オコナフ)。

c: 易(い)は平地(へいち)。易(い)に居(ゐ)るとは、位(くらゐ)に素(むか)ひて行(おこな)ふ。

d: 이(易)는 평지이다. 이(易)에 거한다는 것은, 자기 위치에 입각하여 행하는 것이다.

a: 俟[ㇾ, 云, 23~33, 33]命[13]、不[ㇾ, ルソ]願[ニ]乎外[ー, 13]也。

b: 命を俟と(イフ)は、外を願不(ルソ)。

c: 命(めい)を俟(ま)つといふは、外(ほか)を願(ねが)はざるぞ。

d: 천명을 기다린다는 것은 그 밖의 것을 바라지 않는 것이다.

a: 徼[33, 평탁]求[평]也。幸[33, 상]謂[ユル]、所[ㇾ, 11, 32ㄴ]不[ㇾ]當[ㇾ, 11]{ヘカラ}得[ウ]而[31]得[13／]者[モノ, 12ー]

b: 徽は求。幸は謂(ユル)、當に得(ウ)當(ヘカラ)不所にして得た
　　る者(モノ)なり

c: 徽(げう)は求(きう)。幸(かう)は謂(いはゆる)、當(まさ)に得
　　(う)べからざる所(ところ)にして得(え)たる者(もの)なり。

d: 요(徽)는 구(求)[구하다]이다. 행(幸)은 말하자면 얻어서는 안 되는
　　것인데 얻은 것이다.[63]

A: 子曰、射[シヤ, 33, 거]有[レ]似[゠, ノレル, 13~23]乎君[음합부]
　　子[￣, 11]。失[゠, 31一, 33一]諸正[음합부, 거]鵠[￣, 11, 입]、
　　反[31]求[゠, 12]諸其[22]身[￣, 11]

B: 子曰、射(シヤ)は君子に似(ノレル)こと有。正鵠に失するとき
　　は、反て其の身に求む

C: 子(し)の曰(のたう)ばく、射(しゃ)は君子(くんし)に似(の)れる
　　こと有(あ)り。正鵠(せいこく)に失(しっ)するときは、反(か
　　へ)りて其(そ)の身(み)に求(もと)む。

D: 선생님께서 말씀하시기를, 활쏘기는 군자와 닮은 점이 있다. 정곡
　　을 맞추지 못하면 (그 원인을) 돌이켜보아 자신에게서 찾는다.

a: 正音[33]征。鵠[33]工[음합부]毒[22]反

b: 正音は征。鵠は工毒の反

c: 正(せい)、音(いむ)は征(せい)。鵠(こく)は工毒(こうとく)の反

---

63 「幸謂所不當得而得者」에 대한 가점자의 구문 이해가 잘못된 것으로 판단된다.
　　이 구문은 「幸(かう)は、當(まさ)に得(う)べからずして得(え)たる所(ところ)
　　の者(もの)を謂(い)ふ。」즉 '행은 마땅히 얻어서는 안 되는데 얻은 것을 말한다.'
　　와 같이 읽는 것이 옳다. 寬文本에도 이렇게 되어 있다. 여기서는 훈점에 따랐다.

(はん)。

d: 정(正)의 음은 정(征)[표적의 중심]이다. 곡(鵠)은 공독(工毒)의 반
절이다.

a: 畫[ㇾ, カケル, 13]{胡卦反}布[11]、曰[ㇾ]正[23~33, 거]。棲[ㇾ,
スマシムル, 13]皮[11]曰[ㇾ]鵠[23~33, 입]。皆侯[64][음독부, 22,
평]之中[음독부]、射[22, 거]之的[テキ, 12一, 입]也。

b: 布に畫(カケル)を、正と曰。皮に棲(スマシムル)を鵠と曰。皆
侯の中、射の的(テキ)なり。

c: 布(ぬの)に畫(か)けるを、正(せい)と曰(い)ふ。皮(かは)に棲
(す)ましむるを鵠(こく)と曰(い)ふ。皆(みな)侯(こう)の中(ち
う)、射(しゃ)の的(てき)なり。

d: 헝겊에 그린 것을 정(正)이라고 한다. 가죽에 그린 것을 곡(鵠)이라
고 한다. 모두 표적의 중심, 활쏘기의 표적이다.

a: 子[음합부]思、引[二]此[22]孔[음합부]子[22]之言[一, 13, 31]以
[31]結[二, 32]上[22]文[22]之意[一, 13]

b: 子思、此の孔子の言を引て以て上の文の意を結す

c: 子思(しし)、此(こ)の孔子(こうし)の言(げん)を引(ひ)きて、以
(も)ちて上(かみ)の文(ぶん)の意(い)を結(けつ)す。

d: 자사는 공자의 말씀을 인용하여 그것으로써 앞선 문장의 의미를
맺었다.

---

64 본문이 「矦」라고 되어 있으나 「侯」가 맞다.

A〉 右第十四[22]章

B〉 右第十四の章

C〉 右(みぎ)第十四(ていしふし)の章(しゃう)。

D〉 이상은 제14장이다.

a〉 子[음합부]思[인명부, 21]之言也。凡、章[22]首[ハシメ, 11]無
[二, 33]子[음합부]曰[22]字[一]者、放[レ, ナラへ]此[11]

b〉 子思が言。凡、章の首(ハシメ)に子曰の字無は、此に放(ナラ
へ)

c〉 子思(しし)が言(げん)。凡(およ)そ章(しゃう)の首(はじめ)に子
曰(しゑつ)の字(し)無(な)きは、此(これ)に放(なら)へ。

d〉 자사의 말이다. 무릇 장의 첫머리에 '자왈(子曰)'이라는 글자가 없
는 것은 이와 같다.

제15장

A: 君[음합부]子[22]之道[33]、辟[タトヘ, 33]如[゠, 32ㄴ]行[ㇾ, ユ
ク, 21]遠[キ, 11]必自[゠, ㇾ, 31一, 21]邇[チカキ]。辟[タトヘ,
33]如[゠, 32ㄴ]登[ㇾ, ル, 21]高[キ, 11]必自[゠, ㇾ, 31一, 21]卑
[ミシカキ]{ヒキヽ}

B: 君子の道は、辟(タトヘ)ば遠(キ)に行(ユク)が必邇(チカキ)自
するが如し。辟(タトヘ)ば高(キ)に登(ル)が必卑(ミジカキ)自
するが如し

C: 君子(くんし)の道(みち)は、辟(たと)へば遠(とほ)きに行(ゆ)く
が必(かなら)ず邇(ちか)きよりするが如(ごと)し。辟(たと)へ
ば高(たか)きに登(のぼ)るが必(かなら)ず卑(みじか)きよりす
るが如(ごと)し。

D: 군자의 도는 비유하면 먼 곳에 가려면 반드시 가까운 곳에서부터
시작하는 것과 같다. 비유하면 높은 곳에 오르려면 반드시 낮은 곳
에서부터 시작하는 것과 같다.

a: 辟[33]、譬[23~33]、同[32ㄴ]

b: 辟は、譬と、同じ

c: 辟(ひ)は、譬(ひ)と同(おな)じ。

d: 비(辟)는 비(譬)[비유하다]와 같다.

A: 詩[11]曰、妻[음합부]子、好[음합부, 거]合[32]。如[ㇾ, 32ㄴ]鼓
[ニ, 음독부, 31一, 21]瑟[음합부]琴[ー, 13]。兄[음합부]弟、既
[11]翕[アフ, 31]和[음합부]樂[32ㄴ, 31]且[マタ]耽[タノシフ]。
宜[ニ, 32ㄴ]爾[22]室[음합부]家[ー, 11]。樂[ニ, ラク, 32, 입]爾
[22]妻[음합부]帑[ー, ト, 13]

B: 詩に曰、妻子、好合す。瑟琴を鼓するが如し。兄弟、既に翕
(アフ)て和樂して且(マタ)耽(タノシフ)。爾の室家に宜し。爾
の妻帑(ト)を樂(ラク)す

C: 詩(し)に曰(い)はく、妻子(せいし)、好合(かうかふ)す。瑟琴
(しつきむ)を鼓(こ)するが如(ごと)し。兄弟(くゑいてい)、既
(すで)に翕(あ)うて和樂(くゎらく)して且(また)耽(たの)しぶ。
爾(なんぢ)の室家(しっか)に宜(よろ)し。爾(なんぢ)の妻帑(せ
いど)を樂(らく)す。

D: 시경에 말하기를, 처자식이 화합한다. (이것은) 슬금을 타는 것과
같다. 형제들이 마음이 맞아 화락하고 또한 즐거워한다. 그대의 가
문에 마땅하게 한다. 그대의 처자식을 기쁘게 한다.

a: 好[33]去[음합부]聲。耽[タン, 33]詩[11, 33]作[ㇾ, ル]湛[タン,
11]。亦[22]音[33]耽[タン]。樂[22]音[33]洛

b: 好は去聲。耽(タン)は詩には湛(タン)に作(ル)。亦の音は耽(タ
ン)。樂の音は洛

c: 好(かう)は去聲(きょせい)。耽(たむ)は詩(し)には湛(たむ)に作
(つく)る。亦(また)の音(いむ)は耽(たむ)。樂(らく)の音(いむ)
は洛(らく)。

d: 호(好)는 거성[좋아하다]이다. 탐(耽)은 시경에는 담(湛)으로 되어
있다. (담(湛)의) 다른 음은 탐(耽)이다. 락(樂)의 음은 락(洛)[즐겁
다]이다.

a: 詩、小[음합부]雅、常[음합부, 평]棣[テイ, 22, 거]之篇。鼓[゠,
コスト云ハ합점, 31一, 33]瑟[음합부]琴[ー, 13]、和[12一, 평]
也。翕[キフ, 33, 입]亦、合也。耽[タン, 33, 평]亦樂[입]也。帑
[33, 평탁]子[음합부]孫也

b: 詩、小雅、常棣(テイ)の篇。瑟琴を鼓(コストイフハ)、和な
り。翕(キフ)は亦、合。耽(タン)は亦樂。帑は子孫

c: 詩(し)、小雅(せうが)、常棣(しゃうてい)の篇(へん)。瑟琴(し
つきむ)を鼓(こ)すといふは、和(くゎ)なり。翕(きふ)は亦(ま
た)合(かふ)。耽(たむ)は亦(また)樂(らく)。帑(ど)は子孫(しそ
ん)。

d: (위에 인용된 시는) 시경 소아(平常) 상체(常棣)편이다. 슬금을 탄
다는 것은 조화롭다는 것이다. 흡(翕)은 또한 합(合)[마음이 맞다]
이다. 탐(耽)도 역시 락(樂)[즐겁다]이다. 노(帑)는 자손이다.

A: 子曰、父[음합부]母[33]其[12ㄴ]順[음독부ナラン, 거]矣乎[21]

B: 子曰、父母は其れ順(ナラン)乎か

C: 子(し)の曰(のたう)ばく、父母(ふぼ)は其(それ)順(しゅん)なら
んか。

D: 선생님께서 말씀하시기를, (그렇게 하면) 부모님은 아마도 편안
해지지 않겠는가?

a: 夫子、誦[二, 32ㄴ]此[22]詩[一, 13]而[31]贊[ホメ]之[31]曰、
　　人、能、和[二, ヤハラケ합점, 32ㄴ⁶⁵]於妻[음합부]子[一, 13]、
　　宜[二, ヨロシキコト합점, 32ㄴ]於兄[음합부]弟[一, 11]、⁶⁶ 如
　　[ㇾ, クナレ, 33]此[22]、則、父[음합부]母、其、安[二, 음합부]
　　樂[セン]之[一, 13]矣。

b: 夫子、此の詩を誦して贊(ホメ)て曰、人、能、妻子を和(ヤハ
　　ラケ)、兄弟に宜(ヨロシキコト)、此の如(クナレ)ば、則、父
　　母、其、之を安樂(セン)。

c: 夫子(ふし)、此(こ)の詩(し)を誦(しょう)して贊(ほ)めて曰(のた
　　う)ばく、人(ひと)、能(よ)く妻子(せいし)を和(やは)らげ、兄
　　弟(くゑいてい)に宜(よろ)しきこと、此(か)くの如(ごと)くなれ
　　ば、則(すなは)ち、父母(ふぼ)、其(それ)之(これ)を安樂(あん
　　らく)せん。

d: 선생님께서는 이 시를 읊어 칭송하여 말씀하시기를, 사람은 능히
　　처자식을 화목하게 하고, 형제에게 마땅하게 함이 이와 같으면 부
　　모가 아마도 이것을 편안하고 즐겁게 여길 것이다.

a: 子[음합부]思[인명부]、引[ㇾ]詩[13, 31]及[二]此[22]語[一, 11,
　　31]以[31]明[二, 32]行[ㇾ, ユク, 13~23]遠[トホキ, 11]自[ㇾ, ヨリ,
　　32ㄴ]邇[キ]、登[ㇾ, 13~23]高[キ, 11]自[ㇾ, 31一]卑[ヒキ丶]之
　　意[一, 13]

---

65 가나점과 오코토점이 대립된다. 가나점에 합점이 달려 있으므로 이를 취하였다.
66 句讀點이 모두 찍혀 있다. 句點은「ヨロシ」와, 讀點은「ヨロシキコト」와 호응한
　　다.「ヨロシキコト」에 합점이 달려 있으므로 b 이하에서는 그것만을 취하였다.

b: 子思、詩を引て此の語に及て以て遠(トホキ)に行(ユク)こと邇(キ)自(ヨリ)し、高(キ)に登こと卑(ヒキキ)自する意を明す

c: 子思(しし)、詩(し)を引(ひ)きて此(こ)の語(ぎょ)に及(およ)びて、以(も)ちて遠(とほ)きに行(ゆ)くこと邇(ちか)きよりし、高(たか)きに登(のぼ)ること卑(ひき)きよりする意(い)を明(あ)かす。

d: 자사는 시경을 인용하고 (공자의) 이 말씀을 언급하여, 먼 곳에 가려면 가까운 곳에서부터 시작하고, 높은 곳에 오르려면 낮은 곳에서부터 시작한다는 말의 뜻을 밝힌 것이다.

A〉右第十五[22]章

B〉右第十五の章

C〉右(みぎ)第十五(ていしふご)の章(しゃう)。

D〉이상은 제15장이다.

제16장

A: 子曰、鬼[음합부]神[22]之爲[ㇾ, タル, 13~23]德[음독부]、其[12
   ㄴ]盛[ナル]矣乎[21, 11ㄴ]

B: 子曰、鬼神の德爲(タル)こと、其れ盛(ナル)乎かな

C: 子(し)の曰(のたう)ばく、鬼神(くゐしん)の德(とく)たるこ
   と、其(それ)盛(さか)んなるかな。

D: 선생님께서 말씀하시기를, 귀신의 덕스러움이 성하구나.

a: 程[음합부]子[21]曰、鬼[음합부]神[33]、天[음합부]地[22]之功
   [음합부]用[11, 32ㄴ]而[31]造[음합부]化[22]之迹[12一]也。

b: 程子が曰、鬼神は、天地の功用にして造化の迹なり。

c: 程子(ていし)が曰(い)はく、鬼神(くゐしん)は、天地(てんち)の
   功用(こうよう)にして造化(さうくゎ)の迹(あと)なり。

d: 정자(程子)가 말하기를, 귀신은 천지의 작용이고 조화의 자취이다.

a: 張[음합부]子[21]曰、鬼[음합부]神[33]者、二[음합부]氣[22]之
   良[음합부]能[12一]也。

b: 張子が曰、鬼神は、二氣の良能なり。

c: 張子(ちゃうし)が曰(い)はく、鬼神(くゐしん)は、二氣(じき)の
   良能(りゃうのう)なり。

d: 장자가 말하기를, 귀신은 (음양) 두 기운의 양능(良能)[천부적인

능력]이다.

a: 愚[평탁]、謂[オモンミル, 11]以[⸗]二[음합부]氣[⸀, 13, 31]言
[33]則、鬼[33]者、陰[22]之靈[12一, 평]也。神[33]者、陽[22,
평]之靈[12一]也。

b: 愚、謂(オモンミル)に二氣を以て言ば則、鬼は、陰の靈なり。
神は、陽の靈なり。

c: 愚(ぐ)、謂(おも)んみるに二氣(じき)を以(も)ちて言(い)へば、
則(すなは)ち鬼(くゐ)は陰(いむ)の靈(れい)なり。神(しん)は陽
(やう)の靈(れい)なり。

d: 내[주자]가 생각하기에, (음양) 두 기운으로써 말하면, 귀(鬼)는 음
의 영이고 신(神)은 양의 영이다.

a: 以[⸗]一[음합부]氣[⸀, 13, 31]言[へ]、則至[31]而[31]伸[ノフル]
者[22, 13]爲[ㇾ, 32]神[23~33]。反[カへ, 31]而歸[キ, 31一, 평]者
[22, 13]爲[ㇾ, 32]鬼[23~33]。

b: 一氣を以て言(へ)、則至て而て伸(ノフル)者のを神と爲す。反
(カへ)て歸(キ)する者のを鬼と爲す。

c: 一氣(いっき)を以(も)ちて言(い)へば、則(すなは)ち至(いた)り
て而(しかう)して伸(の)ぶる者(もの)を神(しん)とす。反(かへ)
りて歸(くゐ)する者(もの)を鬼(くゐ)とす。

d: 한 기운으로써 말하면, 와서 펼쳐지는 것[신(伸)]을 신(神)이라고
한다. 돌이켜 돌아가는 것[귀(歸)]을 귀(鬼)라고 한다.

a: 其[22]實[33]一[음합부]物[ナル]而[훈합부]已。

b: 其の實は一物(ナル)而已。

c: 其(そ)の實(じつ)は一物(いつぶつ)なるのみ。

d: (그렇지만) 그 실체는 하나일 따름이다.

a: 爲[ㇾ, タリト云, 33]德、猶[ㇾ, ヲ]{シ}言[ニ, イハン, 21]性[음
합부]情、功[음합부]效[ー, 23~33]

b: 德爲(タリトイフ)は、猶(ヲ)性情、功效と言(イハン)が猶(シ)

c: 德(とく)たりといふは、猶(なほ)性情(せいせい)、功效(こうか
う)と言(い)はんがごとし。

d: 덕스럽다는 것은 성정(性情)과 공효(功效)라는 말과 같다.

A: 視[ミレ, 23~33, 13ㄱ]之而、弗[ㇾ, 13ㄴ]見[ミエ]。聽[キケ,
23~33, 13ㄱ]之而弗[ㇾ, 13ㄴ]聞[キコヘ]。體[ㇾ, 32ㄴ]物[モノ,
11]而不[ㇾ, 13ㄴ]可[ㇾ, ヘカラ]遺[ノコ, 32]

B: 視(ミレ)とも、見(ミエ)弗ず。聽(キケ)とも聞(キコヘ)弗ず。
物(モノ)に體し遺(ノコ)す可(ヘカラ)不ず

C: 視(み)れども見(み)えず。聽(き)けども聞(きこ)えず。物(もの)
に體(てい)し、遺(のこ)すべからず。

D: 봐도 보이지 않는다. 들어도 들리지 않는다. (그러나 귀신은) 사물
의 체(體)[근간]가 되어 빼놓을 수 없다.

a: 鬼[음합부]神[33]、無[ニ, 32ㄴ]形與[ー, ㇾ, 23~33]聲[31]然[リ][67]。

---

67 「然」은 뒤쪽 구문 앞에 와서 접속사로 기능하는 것인데 가점자가 잘못 이해하고

b: 鬼神は、形聲與と無して然(リ)。

c: 鬼神(くゐしん)は、形(けい)と聲(せい)と無(な)くして然(しか)り。

d: 귀신은 형체와 소리가 없는 것이 이와 같다.

a: 物[22]之終[음합부]始、莫[ㄴ, 32ㄴ]非[二, 云, 13~23]陰[음합부]陽合[음합부]散[22]之所[一, ㄴ, 11]爲[スル]。

b: 物の終始、陰陽合散の爲(スル)所に非(イフ)こと莫し。

c: 物(もの)の終始(しうし)、陰陽(いむやう)合散(かふさん)の爲(す)る所(ところ)にあらずといふこと莫(な)し。

d: 만물의 시작과 끝은 음양이 모이고 흩어짐이 만든 바가 아닌 것이 없다.

a: 是其[22]爲[二, シ]物[22]之體[一, 23~33]而[31]物、所[ㄴ, 12—]不[ㄴ]能[ㄴ]遺[ノコス, 13~23]也。

b: 是其の物の體と爲(シ)て物、遺(ノコス)こと能不所なり。

c: 是(これ)其(そ)の物(もの)の體(てい)として、物(もの)遺(のこ)すこと能(あた)はざる所(ところ)なり。

d: 이것은 물(物)의 체(體)가 되어 만물이 빼놓을 수 없는 바이다.

a: 其[22]言[ㄴ, イフ, 33]體[ㄴ, 32, 23~33]物[11]、猶[二, ヲ]{シ}易[22, 입]所[훈합부]謂幹[一, ㄴ, ナスト云, 21]事[13]

b: 其の物に體すと言(イフ)は、猶(ヲ)易の所謂事を幹(ナストイ

가점하였다. 여기서는 훈점에 따랐다.

フ)が猶(シ)

c: 其(そ)の物(もの)に體(てい)すと言(い)ふは、猶(なほ)易(えき)の所謂(いはゆる)事(こと)を幹(な)すといふがごとし。

d: 물(物)의 체(體)가 된다는 것은, 역경에서 말한 '일의 근간이 된다.'라는 것과 같다.

A: 使[ニ, シ]{シム}天[음합부]下[22]之人[13, 31]齊[음합부, サイ[68], 평]明、盛[음합부]服[32ㄴ, 31]以[31]承[ニ, ツカウマツラ]祭[음합부]祀[一, 11]。

B: 天下の人を使(シ)て齊(サイ)明、盛服して以て祭祀に承(ツカウマツラ)使(シム)。

C: 天下(てんか)の人(ひと)をして齊明(さいめい)盛服(せいふく)して、以(も)ちて祭祀(せいし)に承(つかうまつ)らしむ。

D: 천하의 사람들로 하여금 정돈하고 정결하게 하고 의복을 정제하여 제사를 받들게 한다.

A: 洋[음합부, ヤウ, 평]洋[음합부]乎[23~33, 32ㄴ, 31]如[ヒ, 32ㄴ]在[ニ, 21]其[22]上[一, カミ, 11]。如[ヒ, 32ㄴ]在[ニ, 21]其[22]左[음합부]右[一, 11]

B: 洋(ヤウ)洋乎として其の上(カミ)に在が如し。其の左右に在が如し

C: 洋洋乎(やうやうこ)として、其(そ)の上(かみ)に在(あ)るが如

68 「齊」의 한음은 「セイ」이고 오음이 「サイ」이다. 여기서는 훈점에 따랐다. 아래의 세주에서도 훈점에 따랐다.

(ごと)し。其(そ)の左右(さいう)に在(あ)るが如(ごと)し。

D: (귀신이) 넘실넘실하여 그 위에 있는 것과 같다. 그 좌우에 있는 것과 같다.

a: 齊[サイ, 33]側[음합부]皆反

b: 齊(サイ)は側皆反

c: 齊(さい)は側皆(しょくかい)の反(はん)。

d: 재(齊)는 측개(側皆)의 반절이다.

a: 齊[サイ, 21, 평]之爲[ㇾ, 13~23]言、齊[음독부, 평]也。所[下, 훈합부]以[12—]齊[二, トゝノヘ]不[음합부]齊[一, セイ, 13]而[31]致[中, 32]其齊[上, 13, 평]也。

b: 齊(サイ)が言爲こと、齊。不齊(セイ)を齊(トゝノヘ)て其齊を致す所以なり。

c: 齊(さい)が言(こと)とすること、齊(せい)。不齊(ふせい)を齊(ととの)へて其(そ)の齊(せい)を致(いた)す所以(ゆゑん)なり。

d: 재(齊)가 말하는 것은 제(齊)[가지런하게 하다]이다. 가지런하지 않은 것을 정돈하여 가지런함을 이루는 것이다.

a: 明[33]猶[ㇾ, ヲ]{シ}潔[22, 입]也。

b: 明は猶(ヲ)潔の猶(シ)。

c: 明(めい)は猶(なほ)潔(けつ)のごとし。

d: 명(明)은 결(潔)[정결하다]과 같다.

a: 洋[음합부, 평]洋[33]、流[음합부]動、充[음합부]滿[22]之意[12
 一]。

b: 洋洋は、流動、充滿の意なり。

c: 洋洋(やうやう)は、流動(りうとう)、充滿(しうまん)の意(い)な
 り。

d: 양양(洋洋)은, 흘러 움직이며 충만하다는 뜻이다.

a: 能[32／]、使[ˉ, ㇑]{シムルㄱ}人[13, 31]畏[훈합부, ヲソリ]敬
 [ツヽシン, 31]奉[음합부, 거]承[32ㄴ, 31, 평]而發[음합부]見、昭
 [음합부]著[ˉ, ナラ]、如[㇑, 32ㄴ]此[22]。

b: 能く、人を使て畏(ヲソリ)敬(ツツシン)で奉承して發見、昭著
 (ナラ)使(シムルコト)、此の如し。

c: 能(よ)く人(ひと)をして畏(おそ)り敬(つつし)んで奉承(ほう
 しょう)して、發見(はっけん)、昭著(せうちょ)ならしむるこ
 と、此(か)くの如(ごと)し。

d: 능히 사람들로 하여금 (귀신을) 두려워하고 삼가며 받들어, (귀신
 이) 발현되고 뚜렷이 드러나도록 하는 것이 이와 같다.

a: 乃、其[22]體[㇑, 32ㄴ, 상]物[11]而[31]不[㇑, 33ㄴ]可[㇑]遺[ノ
 コ, 32]之驗[シルシ, 12一, 거탁]也。

b: 乃、其の物に體して遺(ノコ)す可不る驗(シルシ)なり。

c: 乃(すなは)ち其(そ)の物(もの)に體(てい)して、遺(のこ)すべか
 らざる驗(しるし)なり。

d: 이것이 곧 물(物)의 체(體)가 되어 빼놓을 수 없다는 증거이다.

a: 孔[음합부]子[22]曰、其[22]氣、發[二, 음합부, 입]揚[32ㄴ]于上
   [一, 11, 31]爲[二, 32]昭[음합부]明[一, 13]。焄[음합부, クン,
   평]{許云反}蒿[カウ]{許羔反}、悽[음합부, セイ, 평]愴[サウ, 13
   /, 33]、此百[음합부]物[22]之精[12一, 평]也。神[22]之著[アラ
   ハル乀]也。正[マサ, 11]謂[レ, フ]此[13]爾

b: 孔子の曰、其の氣、上に發揚して昭明を爲す。焄(クン)蒿(カ
   ウ)、悽(セイ)愴(サウ)たるは、此百物の精なり。神の著(アラ
   ハルル)。正(マサ)に此を謂(フ)爾

c: 孔子(こうし)の曰(のたう)ばく、其(そ)の氣(き)、上(かみ)に發
   揚(はつやう)して昭明(せうめい)を爲(す)。焄蒿(くんかう)、悽
   愴(せいさう)たるは、此(これ)百物(はくぶつ)の精(せい)なり。
   神(しん)の著(あらは)るるなり。正(まさ)に此(これ)を謂(い)ふ
   のみ。

d: 공자께서 말씀하시기를, '그 기운이 위로 올라가 빛나고 밝다. 향
   기가 피어올라 숙연하게 되는 것은, 만물의 정(精)이다. 신(神)의
   드러남이다.'라고 하신 것은, 실로 이것을 말한 것이다.

A: 詩[11]曰、神之格[キタル, 13, 33]思[69]、不[レ, 13ㄴ]可[レ]度[ハ
   カル]思[70]。矧[イハン, 12ㄱ]可[レ, ケン, 12ㄱ]射[イトフ]思[71]

B: 詩に曰、神格(キタル)をば、度(ハカル)可不ず。矧(イハン)や
   射(イトフ)可(ケン)や

69 「思」좌측에 「不讀」이라고 적혀 있다.
70 「思」좌측에 「不讀」이라고 적혀 있다.
71 「思」좌측에 「不讀」이라고 적혀 있다.

C: 詩(し)に曰(い)はく、神(しん)格(きた)るをば、度(はか)るべからず。矧(いは)んや射(いと)ふべけんや。

D: 시경에 이르기를, 신(神)이 오는 것을 예측할 수 없다. 하물며 (신을) 싫어할 수 있겠는가?

a: 度[33]待[음합부]洛[ノ]反。

b: 度は待洛(ノ)反。

c: 度(たく)は待洛(たいらく)の反(はん)。

d: 탁(度)은 대락(待洛)의 반절이다.

a: 射[21]音亦。詩[11, 33]作[ヒ, ツクル]斁[エキ, 11]

b: 射が音亦。詩には斁(エキ)に作(ツクル)

c: 射(えき)が音(いむ)は亦(えき)。詩(し)には斁(えき)に作(つく)る。

d: 역(射)의 음은 역(亦)이다. 시경에는 역(斁)으로 되어 있다.

a: 詩、大[음합부]雅、抑[ヨク, 22, 입]之篇。格[カク, 33, 입]來也。矧[シン, 33, 상]況[キヤウ]也。射[エキ, 33]厭也。

b: 詩、大雅、抑(ヨク)の篇。格(カク)は來。矧(シン)は況(キヤウ)。射(エキ)は厭。

c: 詩(し)、大雅(たいが)、抑(よく)の篇(へん)。格(かく)は來(らい)。矧(しん)は況(きゃう)。射(えき)は厭(えむ)。

d: (위에 인용된 시는) 시경 대아(大雅) 억(抑)편이다. 격(格)은 래(來)[오다]이다. 신(矧)은 황(況)[하물며]이다. 역(射)은 염(厭)[싫

어하다]이다.

a: 言[33]厭[훈합부, イトヒ]怠[オコタ]而[31]不[レ, ンヤ]敬[음독부
セ]也。

b: 言は厭(イトヒ)怠(オコタ)て敬(セ)不(ンヤ)。

c: 言(いふこころ)は、厭(いと)ひ怠(おこた)りて敬(けい)せざらん
や。

d: 말하는 뜻은 이러하다. 싫어하고 게을리 하여 공경하지 않는다.

a: 思[33]語[22]辭[コトハ]

b: 思は語の辭(コトハ)

c: 思(し)は語(ぎょ)の辭(ことば)。

d: 사(思)는 어조사이다.

A: 夫[12ㄴ]微[11ㅣ, 평탁]之[レ, ユク]顯[음독부, 11, 상]。誠[22]之
不[レ, 33ㄴ, 13~23]可[レ]揜[オホフ]、如[レ, キ]此[22]夫[21]

B: 夫れ微より顯に之(ユク)。誠の揜(オホフ)可不ること、此の如
(キ)夫か

C: 夫(それ)微(び)より顯(けん)に之(ゆ)く。誠(せい)の揜(おほ)ふ
べからざること、此(か)くの如(ごと)きか。

D: 무릇 은미함에서 뚜렷함으로 간다. 성(誠)을 가릴 수 없는 것이 이
와 같다. 그렇지 않은가?

a: 夫音[33]扶

b: 夫音は扶

c: 夫(ふ)の音(いむ)は扶(ふ)。

d: 부(夫)의 음은 부(扶)[발어사]이다.

a: 誠[33]者、眞[음합부]實無[음합부]妄[평탁]之謂[イヒ, 12一]。

b: 誠は、眞實無妄謂(イヒ)なり。

c: 誠(せい)は、眞實(しんしつ)無妄(ぶばう)の謂(い)ひなり。

d: 성(誠)이란 진실하고 망령됨이 없음을 말한다.

a: 陰[음합부]陽[22]合[음합부]散、無[゙, シ]非[レ, ル]實[11]者[ー, 22]。故[11]其[22]發[훈합부, アラハレ]見[ミヘ]之[31]不[レ, ル, 13~23]可[レ]揜[オホフ]、如[レ, シ]此[22]

b: 陰陽の合散、實に非(ル)者の無(シ)。故に其の發(アラハレ)見(ミヘ)て揜(オホフ)可不(ル)こと、此の如(シ)

c: 陰陽(いむやう)の合散(かふさん)、實(しつ)にあらざる者(もの)無(な)し。故(ゆゑ)に其(そ)の發(あらは)れ見(み)えて揜(おほ)ふべからざること、此(か)くの如(ごと)し。

d: 음양의 모이고 흩어짐은 진실이 아닌 것이 없다. 그러므로 나타나고 보여서 가릴 수 없음이 이와 같다.

A〉右第十六[22]章

B〉右第十六の章

C〉右(みぎ)第十六(ていしふりく)の章(しゃう)。

D〉이상은 제16장이다.

a〉 不[レ]見[ヘ]、不[レ, 33]聞[ヘ]、隱[음독부, 12—, 상]也。體[レ, 32ㄴ]物[11, 31]如[レ, ナル, 33]在[アル, 21]{マス}、則亦費[음독부, 12—]矣。

b〉 見(ヘ)不、聞(ヘ)不は、隱なり。物に體して在(アル)が如(ナル)は、則亦費なり。

c〉 見(み)えず、聞(きこ)えざるは、隱(いん)なり。物(もの)に體(てい)して在(あ)るが如(ごと)くなるは、則(すなは)ち亦(また)費(ひ)なり。

d〉 보이지 않고 들리지 않는 것은 은(隱)한[체가 은미한] 것이다. 물(物)의 체(體)가 되어 존재함과 같은 것은 또한 비(費)한[용이 광범한] 것이다.

a〉 此[22]前[22]三[음합부]章[33]、以[二]其[22]費[22, 상]之小[スコシキ, 12丨]者[一, 13]而[31]言[フ]。

b〉 此の前の三章は、其の費の小(スコシキ)なる者を以て言(フ)。

c〉 此(こ)の前(まへ)の三章(さむしゃう)は、其(そ)の費(ひ)の小(すこ)しきなる者(もの)を以(も)ちて言(い)ふ。

d〉 이 앞의 세 장[제13장-제15장]은 비(費)의 작음을 말하였다.

a〉 此[22]一[음합부]章[33]兼[二]費[음합부]隱[一, 13]、包[二, カネ]大[음합부]小[一, 13]而[31]言[イフ]

b〉 此の一章は費隱を兼、大小を包(カネ)て言(イフ)

c〉 此(こ)の一章(いっしゃう)は費隱(ひいん)を兼(か)ね、大小(たいせう)を包(か)ねて言(い)ふ。

d〉 이 한 장은 비(費)와 은(隱)을 겸하고, 대소를 포괄하여 말하였다.

제17장

A: 子曰、舜[33]其[12ㄴ]大[음합부]孝也與[21, 평]。

B: 子曰、舜は其れ大孝與か。

C: 子(し)の曰(のたう)ばく、舜(しゅん)は其(それ)大孝(たいかう)なるか。

D: 선생님께서 말씀하시기를, 순임금은 대효(大孝)가 아니겠는가?

A: 德、爲[゠, 13＼]聖[음합부]人[￣]。尊[음독부]爲[゠, 13＼]天[음합부]子[￣]。冨[トミ]、有[゠, タモツ]四[음합부]海[22]之内[￣, ウ, 13]。宗[음합부]廟、饗[ウケ]之、子[음합부]孫保[ヤスン, 32]之

B: 德、聖人爲たり。尊天子爲たり。冨(トミ)、四海の内(ウ)を有(タモツ)。宗廟、饗(ウケ)、子孫保(ヤスン)ず

C: 德(とく)、聖人(せいじん)たり。尊(そん)、天子(てんし)たり。富(とみ)、四海(しかい)の内(うち)を有(たも)つ。宗廟(そうべう)饗(う)け、子孫(しそん)保(やす)んず。

D: (순임금은) 덕은[덕으로 말하자면] 성인이시다. 존귀함은[존귀함으로 말하자면] 천자이시다. 부유함은[부유함으로 말하자면] 사해 안을 소유하셨다. 종묘에서는 (순임금이 제사를) 흠향하시고, [72] 자손은 (순임금 덕분에) 편안하게 되었다.[73]

---

72 이 문맥에서 「饗」은 '종묘에서 순임금을 제사지내다' 또는 '순임금이 종묘에서

a: 與[33]平[음합부]聲

b: 與は平聲

c: 與(よ)は平聲(へいせい)。

d: 여(與)는 평성[감탄 어조사]이다.

a: 子[음합부]孫[云, 23~33, 33]謂[゠]虞[22, 평탁]思[인명부]、陳
   [22]胡[음합부]公[인명부]之屬[ㆍ , タクヒ, 13]

b: 子孫と(イフ)は虞の思、陳の胡公屬(タクヒ)を謂

c: 子孫(しそん)といふは、虞(ぐ)の思(し)、陳(ちん)の胡公(ここ
   う)の屬(たぐひ)を謂(い)ふ。

d: 자손이란, 우(虞)의 사(思), 진(陳)의 호공(胡公) 등을 말한다.

A: 故[11]大[음합부]德[33]必、得[゠ , ウ]其位[ㆍ , クライ, 13]。必
   得[゠ , ウ]其[22]禄[ㆍ , 13]。必得[゠ , ウ]其[22]名[ㆍ , ナ, 13]。必
   得[゠ , ウ]其壽[ㆍ , シユウ, 13]

B: 故に大德は必、其位(クライ)を得(ウ)。必其の禄を得(う)。必
   其の名(ナ)を得(ウ)。必其壽(シユウ)を得(ウ)

C: 故(ゆゑ)に大德(たいとく)は必(かなら)ず其(そ)の位(くらゐ)を
   得(う)。必(かなら)ず其(そ)の禄(ろく)を得(う)。必(かなら)ず其
   (そ)の名(な)を得(う)。必(かなら)ず其(そ)の壽(しう)を得(う)。

D: 그러므로 대덕(大德)은 반드시 그 지위를 얻는다. 반드시 그 녹을

선조들에게 제사지내다'로 해석할 수도 있다.
73 「保」에 대해 寬文本에서도 「やすんず」라고 읽고 있다. 그러나 이 문맥에서는 '자
   손들이 순임금의 유업을 보전하였다.'라고 이해하는 것이 일반적이다.

얻는다. 반드시 그 이름을 얻는다. 반드시 그 천수를 얻는다.

a: 舜[22]年、百[음합부]有[음합부]十[음합부]歳

b: 舜の年、百有十歳

c: 舜(しゅん)の年(とし)、百有十歳(はくいうしふせい)。

d: 순임금의 향년은 110세였다.

A: 故[11]天[22]之生[ヒ, 음독부, 31一, 13~23]物[13]、必、因[゠]其
   [22]材[一, 11]而[31]篤[アツク, 32]焉。故[11]栽[ウフル]者[22,
   13, 33]培[ハイス, 32]之。傾[훈합부, フク]者[22, 13, 33]覆[음독
   부, 32, 입]之

B: 故に天の物を生すること、必、其の材に因て篤(アツク)す。
   故に栽(ウフル)者のをば培(ハイス)す。傾(フク)者のをば覆す

C: 故(ゆゑ)に天(てん)の物(もの)を生(せい)すること、必(かなら)
   ず其(そ)の材(さい)に因(よ)りて篤(あつ)くす。故(ゆゑ)に栽
   (う)うる者(もの)をば培(はい)す。傾(かたぶ)く者(もの)をば覆
   (ふく)す。

D: 그러므로 하늘이 만물을 생성함에 반드시 그 재질에 따라 두텁게
   한다. 따라서 심은 것은 북돋아 주고 기울어진 것은 엎어 버린다.

a: 材[33]質[입]也。篤[33, 입]厚也。栽[サイ, 33, 평]植[ショク, 입]
   也。

b: 材は質。篤は厚。栽(サイ)は植(ショク)。

c: 材(さい)は質(しつ)。篤(とく)は厚(こう)。栽(さい)は植(しょ

く)。

d: 재(材)는 질(質)[자질]이다. 독(篤)은 후(厚)[두텁다]이다. 재(栽)는
식(植)[심다]이다.

a: 氣、至而[31]滋[음합부, 평]息[31一, 13, 입]爲[ㇾ]培[23~33, 평
탁]。氣反[カヘ]而[31]游[음합부]散[31一, 33一]則覆[フク, 32, 입]

b: 氣、至て滋息するを培と爲。氣反(カヘ)て游散するときは則覆
(フク)す

c: 氣(き)至(いた)りて滋息(ししょく)するを培(はい)とす。氣(き)
反(かへ)りて游散(いうさん)するときは則(すなは)ち覆(ふく)
す。

d: 기(氣)가 지극히 불어나는 것을 배(培)라고 한다. 기(氣)가 도리어
이리저리 흩어지면 곧 엎어진다.

A: 詩[11]曰、嘉[二, 음합부, 거]樂[ラク, 32, 입]君[음합부]子[一,
13]。憲[음합부, 상]憲[13／]令[음합부, 거]德{アリ합점}、[74] 宜
[ㇾ, 32／]民[11]宜[ㇾ, 32ㄴ]人[11]。受[二, 32／]禄[13]于天[一,
11]。保[음합부]佑[32ㄴ, 31]命[32]之。自[ㇾ]天、申[カサヌ]之

B: 詩に曰、君子を嘉樂(ラク)す。憲憲たる令德(アリ)、民に宜く
人に宜し。禄を天に受く。保佑して命す。天自申(カサヌ)

C: 詩(し)に曰(い)はく、君子(くんし)を嘉樂(からく)す。憲憲(け

74 讀點과 좌훈의 가나점 「アリ」는 대립된다. 「嘉樂君子、憲憲令德。」 혹은 「嘉樂
君子。憲憲令德。」와 같이 句讀點이 기입되어야 하는 부분이므로 「德」 뒤에 讀
點은 맞지 않다. 그런 의미에서 좌훈의 「アリ」에 합점이 기입된 것으로 보인다.
여기서도 가나점에 따랐다.

んけん)たる令德(れいとく)あり。民(たみ)に宜(よろ)しく人(ひと)に宜(よろ)し。祿(ろく)を天(てん)に受(う)く。保佑(ほういう)して命(めい)ず。天(てん)より申(かさ)ぬ。

D: 시경에 이르기를, 군자를 기쁘게 한다.[75] 두드러진 훌륭한 덕이 있다. 백성에게 마땅하고 사람에게 마땅하다. 녹(祿)을 하늘로부터 받는다. (하늘이) 보우하여[76] 명한다. 하늘로부터 거듭한다.

a: 詩、大[음합부]雅、假[음합부, 평]樂[22, 입]之篇。假[33, 평]當[ニ, 11]依[ㆍ]此[11, 31]作[一, ㆍ, ル]嘉[11]。

b: 詩、大雅、假樂の篇。假は當に此に依て嘉に作(ル)當。

c: 詩(し)、大雅(たいが)假樂(からく)の篇(へん)。假(か)は當(まさ)に此(これ)に依(よ)りて嘉(か)に作(つく)るべし。

d: (위에 인용된 시는) 시경 대아(大雅) 가락(假樂)편이다. 가(假)는 이[중용]에 따르면 가(嘉)로 되어 있다.

a: 憲[33]當[ニ, 11]依[ㆍ]詩[11, 31]作[一, ㆍ]顯[11]。

b: 憲は當に詩に依て顯に作當。

c: 憲(けん)は當(まさ)に詩(し)に依(よ)りて顯(けん)に作(つく)るべし。

d: 헌(憲)은 시경에 따르면 현(顯)으로 되어 있다。

---

75 寛文本에서「嘉樂の君子」라고 읽은 것처럼「嘉樂」이「君子」를 수식하는 구조로 보는 것이 자연스럽다. 이에 따르면 '아름답고 화락한 군자는'이라고 해석할 수 있다.

76「佑」에 대해 '신탁을 전하는 신관'이라고 보는 설도 있다. 즉 보(保)[신관]이 도와서 명을 전한다고 보는 것이다.

a: 申[33, 평]重[평]也

b: 申は重

c: 申(しん)は重(ちょう)。

d: 신(申)은 중(重)[거듭하다]이다.

A: 故[11]大[음합부]德[33]者、必受[ㇾ, 32／]命[13]

B: 故に大德は、必命を受く

C: 故(ゆゑ)に大德(たいとく)は必(かなら)ず命(めい)を受(う)く。

D: 그러므로 대덕(大德)은 반드시 명(命)을 받는다.

a: 受[ㇾ, 23~33, 33]命[13]者、受[二]天[음합부]命[一, 13, 31]爲[二, タル, 23ㄱ]天[음합부]子[一]也

b: 命を受とは、天命を受て天子爲(タル)ぞ

c: 命(めい)を受(う)くとは、天命(てんめい)を受(う)けて天子(てんし)たるぞ。

d: 명을 받는다는 것은, 천명을 받아서 천자가 되는 것이다.

A〉 右第十七[22]章

B〉 右第十七の章

C〉 右(みぎ)第十七(ていしふしつ)の章(しゃう)。

D〉 이상은 제17장이다.

a〉 此[33]由[二, ヨ]庸[음합부]行[22]之常[一, 11, 31]推[ㇾ]之[13, 31] 以[31]極[二]其[22]至[一, 13]。見[二, アラハ, 32]道[22]之用[22]

廣[一, 13—]也。

b〉此は庸行の常に由(ヨ)て之を推て以て其の至を極。道の用の
廣ことを見(アラハ)す。

c〉此(これ)は庸行(ようかう)の常(つね)に由(よ)りて、之(これ)を
推(お)して以(も)ちて其(そ)の至(いた)りを極(きは)む。道(み
ち)の用(よう)の廣(ひろ)きことを見(あらは)す。

d〉이것은 용행(庸行)의 일상적인 데서 비롯하고 이를 넓혀 지극함을
다하였다. 도의 용(用)이 넓음을 드러낸 것이다.

a〉而[31]其所[二, 훈합부]以然[一, ル]者[13]則爲[二]體[음합부]微
[一, 23~33]矣。[77]

b〉而て其然(ル)所以者を則體微と爲。

c〉而(しかう)して其(そ)の然(しか)る所以(ゆゑん)の者(もの)を則
(すなは)ち體微(ていび)とす。

d〉그래서 그것이 그러한[용이 넓은] 까닭을, 체(體)가 은미하기 때문
이라고 여긴다.

a〉後[22]二章、亦、此[22]意[12—]

b〉後の二章、亦、此の意なり

c〉後(のち)の二章(じしゃう)、亦(また)此(こ)の意(い)なり。

d〉이 뒤의 두 장[제18장-제19장]도 또한 이러한 뜻이다.

---

77 「爲體微矣」의 가점은 寬文本에 「爲[レ, コ]體微[ナリ]矣」 → 「體たること、微
なり」, 즉 '체(體)됨이 은미하다'와 같이 되어 있다. 여기서는 훈점에 따랐다.

제18장

A: 子曰、無[ㇾ, キ]憂[フレへ]者[モ, 22, 33]、其惟[タ丶]文[음합 부]王乎[21]。

B: 子曰、憂(フレへ)無(キ)者(モ)のは、其惟(タタ)文王乎か。

C: 子(し)の曰(のたう)ばく、憂(うれ)へ無(な)き者(もの)は其(そ れ)惟(ただ)文王(ぶんわう)か。

D: 선생님께서 말씀하시기를, 근심이 없는 사람은 바로 문왕이 아니 겠는가?

A: 以[二]王[음합부]季[一, 13, 31]爲[ㇾ, シ]父[23~33]、以[二]武[음 합부]王[一, 13, 31]爲[ㇾ, 32]子[23~33]。父作[ナシ]之、[78] 子[コ] 述[ノフ]之

B: 王季を以て父と爲(シ)、武王を以て子と爲す。父作(ナシ)、子 (コ)述(ノフ)

C: 王季(わうき)を以(も)ちて父(ちち)とし、武王(ぶわう)を以(も) ちて子(こ)とす。父(ちち)作(な)し、子(こ)述(の)ぶ。

D: 왕계를 아버지로 하고 무왕을 아들로 하였다. 아버지가 창업하고 아들이 계승하였다.

---

78 句點과 讀點 두 가지가 찍혀 있으나 가나점과의 호응과 문맥상 讀點을 취하였다. 讀點에 먹이 겹쳐져 찍혀 있는 것처럼 보인다.

a: 此[33]言[゠]文[음합부]王[22]之事[⁻, 13]。書[33]言[゠, イヘリ]王[음합부]季其[12ㄴ]勤[゠, ツトメタル/タリト, 13—79]王[음합부]家[⁻, 11]。蓋、其所[ㆍ, 33]作[ナス]、亦、積[ㆍ, ツミ]功[13]累[ㆍ, カサ80ヌル]仁[13]之事[12—]也

b: 此は文王の事を言。書は王季其れ王家に勤(タリト)言(イヘリ)。蓋、其作(ナス)所は、亦、功を積(ツミ)仁を累(カサヌル)事なり

c: 此(これ)は文王(ぶんわう)の事(こと)を言(い)ふ。書(しょ)は王季(わうき)其(それ)王家(わうか)に勤(つと)めたりと言(い)へり。蓋(けだ)し、其(それ)作(な)す所(ところ)は、亦(また)功(こう)を積(つ)み、仁(じん)を累(かさ)ぬる事(こと)なり。

d: 이것은 문왕의 일을 말한다. 서경에서는 왕계가 왕가의 일에 힘썼다고 하였다. 대개 그 행한 바는 또한 공을 쌓고 인을 거듭한 일이다.

A: 武[음합부]王、纘[゠, ツイ]大[음합부]王、王[음합부]季、文[음합부]王[22]之緒[⁻, 음독부, 11, 31]、壹[タヒ]、戎[음합부, 평탁]衣[32ㄴ, 평]而[31]有[゠, タモツ]天[음합부]下[⁻, 13]。

B: 武王、大王、王季、文王の緒に纘(ツイ)で、壹(タヒ)、戎衣して天下を有(タモツ)。

C: 武王(ぶわう)、大王(たいわう)、王季(わうき)、文王(ぶんわ

79 「勤」에 찍힌 훈점은 두 가지로 읽힌다. 즉「つとめたることを」와「つとめたりと」이다. 오코토점이 먼저 가점되었을 것인데 이에 따른 독법「~たることを」보다는「~たりと」가 위쪽의 동사「いへり」와의 연결이 더 매끄러움을 감안하여「タリト」를 다시 가점한 것으로 보인다. 여기서도 후자에 따랐다.
80 「カサ」와「ヌル」사이에 한 글자 분 이상의 공백이 있다.

う)の緒(しょ)に纘(つ)いで、壹(ひと)たび戎衣(じうい)して天下(てんか)を有(たも)つ。

D: 무왕은 태왕[고공단보(古公亶父)], 왕계, 문왕의 실마리를 계승하여 한번 갑옷을 입고서 천하를 차지하였다.

A: 身、不[ㇾ, 13ㄴ]失[ニ, ウシナハ]天[음합부]下[22]之顯[음합부]名[ー, 13]。尊[음독부]爲[ニ, 13﹨]天[음합부]子[ー]。[81] 富[トミ]、有[ニ, ツ]四[음합부]海之內[ー, ウチ, 13]。宗[음합부]廟饗[ウケ]之、子[음합부]孫保[ヤスン, 32]之

B: 身、天下の顯名を失(ウシナハ)不ず。尊天子爲たり。富(トミ)、四海內(ウチ)を有(ツ)。宗廟饗(ウケ)、子孫保(ヤスン)ず

C: 身(み)、天下(てんか)の顯名(けんめい)を失(うしな)はず。尊(そん)、天子(てんし)たり。富(とみ)、四海(しかい)の內(うち)を有(たも)つ。宗廟(そうべう)饗(う)け、子孫(しそん)保(やす)んず。

D: 몸은 천하의 훌륭한 이름을 잃지 않았다. 존귀함은[존귀함으로 말하자면] 천자이시다. 부유함은[부유함으로 말하자면] 사해 안을 소유하셨다. 종묘에서는 (무왕이 제사를) 흠향하시고, 자손은 (무왕 덕분에) 편안하게 되었다.

a: 大音[33]泰。下同

b: 大音は泰。下同

c: 大(たい)の音(いむ)は泰(たい)。下(しも)同(おな)じ。

---

81 句點과 讀點이 모두 찍혀 있다. 句點이 오코토점과 호응하므로 이를 취하였다.

d: 대(大)의 음은 태(泰)[크다]이다. 이하 같다.

a: 此[33]言[二]武[음합부]王[22]之事[一, 13]。績[サン, 33, 거]繼
也。

b: 此は武王の事を言。績(サン)は繼。

c: 此(これ)は武王(ぶわう)の事(こと)を言(い)ふ。績(さん)は繼(け
い)。

d: 이것은 무왕의 일을 말하였다. 찬(績)은 계(繼)[잇다]이다.

a: 大[음합부]王[33]、王[음합부]季[22]之父也。書[11]云、大[음합
부]王、肇[ハシメ, 31]基[二, ハシム]王[음합부]迹[一, 13]。

b: 大王は、王季の父。書に云、大王、肇(ハシメ)て王迹を基(ハ
シム)。

c: 大王(たいわう)は、王季(わうき)の父(ちち)。書(しょ)に云(い)
はく、大王(たいわう)、肇(はじ)めて王迹(わうせき)を基(はじ)
む。

d: 태왕은 왕계의 아버지이다. 서경에 이르기를, '태왕이 처음으로
왕업의 기틀을 시작하였다.'

a: 詩[11]云、至[二]于大[음합부]王[一, 11, 31]實[11]始[31]翦[二,
タツ82/タツト云リ]{卜丶ノフ83}商[22]緒[음합부]業[一, 13]

82 붉은 글씨로 기입되어 가타카나 「ケ」로 보이는 것은 시경의 주석서인 모시정전
(毛詩鄭箋)을 의미한다. 즉 「箋」의 대죽머리 한 쪽만을 적은 것이다. 모시정전에
는 「箋云, 翦斷也. 大王自豳徙居岐陽. 四方之民咸歸往之. 於時而有王迹. 故云是
始斷商」라고 되어 있는데 이것에 의거한 훈임을 나타낸 것이다.

也。[84]

b: 詩に云、大王に至て實に始て商の緒業を翦(タツトイヘリ[85])。

c: 詩(し)に云(い)はく、大王(たいわう)に至(いた)りて、實(しつ)に始(はじ)めて商(しゃう)の緒業(しょげふ)を翦(た)つといへり。

d: 시경에 이르기를, '태왕에 이르러 실로 처음으로 상(商)의 서업(緒業)을 끊었다.'라고 하였다.

a: 戎[음합부]衣[33]甲[음합부]冑[チウ, 22, コ]之屬[タクヒ]。壹[タヒ]、戎[음합부]衣[云, 23~33, 33]、武[음합부]成[22]文[12―]。

b: 戎衣は甲冑(チウ)の屬(タクヒ)。壹(タヒ)、戎衣と(イフ)は、武成の文なり。

c: 戎衣(じうい)は甲冑(かふちう)の屬(たぐひ)。壹(ひと)たび、戎衣(じうい)といふは、武成(ぶせい)の文(ぶん)なり。

d: 융의는 갑옷과 투구 따위이다. 한번 융의를 입었다는 것은 (서경) 무성(武成)편의 글이다.

---

83 붉은 글씨로 기입되어 가타카나「イ」로 보이는 것은 시경의 또 다른 주석서인 모전(毛傳)을 의미한다. 즉「傳」의 부수인 인변을 적은 것이다. 모전의「翦齊也」라는 주석에 의거한 훈임을 나타낸 것이다.

84 시경의 인용부분은 노송(魯頌) 비궁(閟宮)편의「后稷之孫, 實維大王. 居岐之陽, 實始翦商」에 대응한다.「緒業也」는 포함되지 않는다. 그런데 여기서는「緒業也」까지를 인용 부분으로 잘못 파악하고 훈점을 달았다. 寬文本은「詩[ニ]云、至[ニ、テ]于大王[ー、ニ]、實[ニ]始[テ]翦[レ、キル]商[ヲ]。緒[ハ]業也。」와 같이 훈점을 달고 있어서 인용부분을 바르게 파악하고 있다.

85 문맥상「たつ」,「たつといへり」모두 가능하지만 인용이라는 점에서 후자를 취하였다.

a: 言[33]一[タヒ]著[ニ, キ]戎[음합부]衣[ー, 13, 31]以[31]伐[ㄴ]紂
[인명부, 13]也

b: 言は一(タヒ)戎衣を著(キ)て以て紂を伐

c: 言(いふこころ)は、一(ひと)たび戎衣(じうい)を著(き)て以(も)
ちて紂(ちう)を伐(う)つ。

d: 말하는 뜻은 이러하다. 한번 융의를 입고서 주(紂)를 정벌하였다.

A: 武[음합부]王末[ヲヒ, 31]受[ㄴ]命[13]。

B: 武王末(ヲヒ)て命を受。

C: 武王(ぶわう)、末(お)いて命(めい)を受(う)く。

D: 무왕이 말년에 천명을 받았다.

A: 周[음합부]公、成[ニ, シ]文[인명부]武[인명부, 22]之德[ー, 13,
31]追[ニ, 음합부]王[32ㄴ]大[음합부]王、王[음합부]季[ー, 13,
31]上[カミ]、祀[ニ, 11]先[음합부]公[ー, 13]、以[ニ, 32]天[음합
부]子[22]之禮[ー, 13]。

B: 周公、文武の德を成(シ)て大王、王季を追王して上(カミ)、先
公を祀に、天子の禮を以す。

C: 周公(しうこう)、文(ぶん)武(ぶ)の德(とく)を成(な)して、大王
(たいわう)王季(わうき)を追王(ついわう)して、上(かみ)先公
(せんこう)を祀(まつ)るに、天子(てんし)の禮(れい)を以(も)つ
てす。

D: 주공이 문왕, 무왕의 덕을 이루어 태왕, 왕계를 왕으로 추존하고
위로는 선조를 제사지냄에 천자의 예로써 하였다.

A: 斯[훈합부, 22]禮[음독부]也、達[ニ, 음독부, 32]乎諸[음합부]侯、大[음합부]夫、及、士、庶[음합부]人[一, 11]。

B: 斯の禮、諸侯、大夫、及、士、庶人に達す。

C: 斯(こ)の禮(れい)、諸侯(しょこう)、大夫(たいふ)、及(およ)び、士(し)、庶人(しょじん)に達(たっ)す。

D: 이 예는 제후·대부 및 사(士)·서인(庶人)에 이른다.

A: 父[チ丶]爲[ニ, 13丶]大[음합부]夫[一]。子[훈독부]爲[レ, タル, 33一]士、葬[フル, 11]以[ニ, 32ㄴ]大[음합부]夫[一, 13]、祭[ル, 11]以[レ, 32]士[13]。

B: 父(チチ)大夫爲たり。子士爲(タル)ときは、葬(フル)に大夫を以し、祭(ル)に士を以す。

C: 父(ちち)大夫(たいふ)たり、子(こ)士(し)たるときは、葬(はうぶ)るに大夫(たいふ)を以(も)ってし、祭(まつ)るに士(し)を以(も)ってす。

D: 아버지가 대부이고 아들이 사일 때에는, 장례에는 대부(의 예)로써 하고, 제사에는 사(의 예)로써 한다.

A: 父爲[レ, 13丶]士、子、爲[ニ, 33一]大[음합부]夫[一]、葬[フル, 11]以[レ, 32ㄴ]士[13]、祭[ル, 11]以[ニ, 32]大[음합부]夫[一, 13]。

B: 父士爲たり、子、大夫爲ときは、葬(フル)に士を以し、祭(ル)に大夫を以す。

C: 父(ちち)士(し)たり、子(こ)大夫(たいふ)たるときは、葬(はう

ぶ)るに士(し)を以(も)ってし、祭(まつ)るに大夫(たいふ)を以(も)ってす。

D: 아버지가 사이고 아들이 대부일 때에는, 장례에는 사(의 예)로써 하고, 제사에는 대부(의 예)로써 한다.

A: 期[22, 평]之喪[33]達[二 , 음독부, 32]乎大[음합부]夫[一 , 11]。三[음합부]年[22]之喪[33]、達[二 , 음독부, 32]乎天[음합부]子[一 , 11]。父[음합부]母[22]之喪[33]、無[二 , 32 ／]貴[음합부]賤[一 , 23~33]、一[ヒトツ, 12—]也

B: 期の喪は大夫に達す。三年の喪は、天子に達す。父母の喪は、貴賤と無く、一(ヒトツ)なり

C: 期(き)の喪(さう)は大夫(たいふ)に達(たっ)す。三年(さむねん)の喪(さう)は、天子(てんし)に達(たっ)す。父母(ふぼ)の喪(さう)は、貴賤(くゐせん)と無(な)く、一(ひと)つなり。

D: 기년상[86]은 대부에 이른다. 삼년상은 천자에 이른다. 부모상은 귀천에 관계없이 한가지이다.

a: 追[음합부]王[ノ, 22]之王[33]、去[음합부]聲

b: 追王(ノ)の王は、去聲

c: 追王(ついわう)の王(わう)は去聲(きょせい)。

d: 추왕(追王)의 왕(王)은 거성이다.

---

86 「期」는 1년간, 「喪」은 상복을 입는 것을 말한다. 기년상, 즉 1년상은 처, 조부모, 백부모, 숙부모, 형제, 손자 등의 경우에 치른다.

a: 此[33]言[ᆖ]周[음합부]公[22]之事[ᆖ, 13]。

b: 此は周公の事を言。

c: 此(これ)は周公(しうこう)の事(こと)を言(い)ふ。

d: 이것은 주공의 일을 말하였다.

a: 末[33, 입탁]猶[ㇷ, ヲ]{シ}老[22, 상]也。

b: 末は猶(ヲ)老の猶(シ)。

c: 末(ばつ)は猶(なほ)老(らう)のごとし。

d: 말(末)[끝]은 노(老)[늙다]와 같다.

a: 追[음합부]王[33]、蓋、推[ᆖ]文[인명부]武[인명부]之意[ᆖ, 13, 31]以[31]及[ᆖ]乎王[음합부]迹[22]之所[ᆖ, ㇷ, 11]起[オコル]也。

b: 追王は、蓋、文武意を推て以て王迹の起(オコル)所に及。

c: 追王(ついわう)は、蓋(けだ)し、文武(ぶんぶ)の意(い)を推(お)して、以(も)ちて王迹(わうせき)の起(おこ)る所(ところ)に及(およ)ぶ。

d: 추왕(追王)[태왕, 왕계까지 왕으로 추존한 것]은, 대개 문왕·무왕의 뜻을 미루어 (처음) 왕업의 기틀이 일어난 바에까지 미친 것이다.

a: 先[음합부]公[卜云, 33]、組[음합부, ソ, 상]{音祖}紺[인명부, カン]{古暗反}以[음합부]上、至[ᆖ, ルマテソ]后[음합부]稷[ᆖ, 인명부, 11]也。

b: 先公(トイフ)は、組紺(ソカン)以上、后稷に至(ルマテソ)。

c: 先公(せんこう)といふは、組紺(そかむ)以上(いしゃう)、后稷(こうしょく)に至(いた)るまでぞ。

d: 선공(先公)이라는 것은, 조감(組紺) 이상 후직(后稷)까지이다.

a: 上、祀[ニ, 11]先[음합부]公[一, 13]、以[ニ, 32]天[음합부]子[22]之禮[一, 13]。又推[ニ, オシ]大[음합부]王、王[음합부]季[22]之意[一, 13, 31]以[31]及[ニ, ホ, 32]於無[음합부]窮[一, 11]也。

b: 上、先公を祀に、天子の禮を以す。又大王、王季の意を推(オシ)て以て無窮に及(ホ)す。

c: 上(かみ)、先公(せんこう)を祀(まつ)るに、天子(てんし)の禮(れい)を以(も)ってす。又(また)大王(たいわう)王季(わうき)の意(い)を推(お)して、以(も)ちて無窮(ぶきう)に及(およ)ぼす。

d: 위로 선공을 제사 지냄에 천자의 예로써 하였다. (이것은) 또한 태왕, 왕계의 뜻을 미루어 무궁(한 선대)에 미치게 한 것이다.

a: 制[32ㄴ, 31]爲[ニ]禮[음합부]法[一, 23~33, 31]以[31]及[ニ]天[음합부]下[一, 11, 31]使[下]{シム[87]}葬[ル, 11]用[ニ, ヰ]死[음합부]者[22]之爵[一, 13]、祭[ル, 11]用[中, ヰ]生[음합부]者[22]之禄[上, 13]。

b: 制して禮法と爲て以て天下に及て葬(ル)に死者の爵を用(ヰ)、祭(ル)に生者の禄を用(ヰ)使(シム)。

---

87 일반적으로 「使」가 사역으로 쓰이면서 해당 구에 사역의 대상이 있는 경우에는 「使」 우측에는 「シテ」가 좌측에는 「シム」가 기입된다. 그러나 여기에서처럼 사역의 대상이 드러나 있지 않은 경우, 「シム」는 우측에 기입되는 것이 보통이다.

c: 制(せい)して禮法(れいはふ)として、以(も)ちて天下(てんか)に及(およ)ぼして、葬(はうぶ)るに死者(ししゃ)の爵(しゃく)を用(もち)ゐ、祭(まつ)るに生者(せいしゃ)の祿(ろく)を用(もち)ゐしむ。

d: 예법을 제정하여 천하에 미치게 하여, 장례에는 죽은 자의 관작을 쓰고 제사에는 산 자의 봉록을 쓰게 하였다.

a: 喪[음합부]服[33]、自[ㇾ]期[평]、以[음합부]下、諸[음합부]侯、絶[タツ]。大[음합부]夫降[クタ, 32]。而[シ, 31]父[음합부]母[22]之喪[33]上[음합부]下、同[オナシク, 32]之。推[ㇾ]已[13, 31]以[31]及[ㇾ, 32]人[11]也

b: 喪服は、期自、以下、諸侯、絶(タツ)。大夫降(クタ)す。而(シ)て父母の喪は上下、同(オナシク)す。已を推て以て人に及す

c: 喪服(さうふく)は、期(き)より以下(いか)、諸侯(しょこう)、絶(た)つ。大夫(たいふ)降(くだ)す。而(しかう)して父母(ふぼ)の喪(さう)は上下(しゃうか)、同(おな)じくす。己(おのれ)を推(お)して以(も)ちて人(ひと)に及(およ)ぼす。

d: 상복은 기년상 이하의 경우 제후는 입지 않았다. 대부는(복상 기간을) 줄였다. 부모상은 위아래[천자로부터 서인에 이르기까지]가 (복상 기간이) 같게 하였다. 자신(의 마음)을 미루어 남에게 미치게 한 것이다.

A〉右第十八[22]章

B〉右第十八の章

C〉右(みぎ)第十八(ていしふはつ)の章(しゃう)。

D〉이상은 제18장이다.

제19장

A: 子曰、武[음합부]王、周[음합부]公[33]、其[12ㄴ]達[음합부]孝
矣乎[21]

B: 子曰、武王、周公は、其れ達孝乎か

C: 子(し)の曰(のたう)ばく、武王(ぶわう)周公(しうこう)は、其
(それ)達孝(たつかう)なるか。

D: 선생님께서 말씀하시기를, 무왕과 주공은 달효(達孝)[모두가 칭
찬하는 효][88]가 아니겠는가?

a: 達[33]通也。

b: 達は通也。

c: 達(たつ)は通(とう)。

d: 달(達)은 통(通)[공통되다]이다.

a: 承[ニ, ウケ]上[22]章[一, 11]而[31]言[ニ]武[음합부]王、周[음합
부]公[22]之孝[一, 13]。

b: 上の章に承(ウケ)て武王、周公の孝を言。

c: 上(かみ)の章(しゃう)に承(う)けて、武王(ぶわう)周公(しうこ
う)の孝(かう)を言(い)ふ。

---

88 「達孝」에 대해 '모든 사람이 칭찬하는 효'라는 주자의 해석 외에 '천하에 통하는
효', '고금에 통하는 효'라고 보는 설이 있다.

d: 앞 장[제18장]을 이어받아서 무왕과 주공의 효를 말하였다.

a: 乃[ス]、天[음합부]下[22]之人、通[음독부シ, 31]謂[ニ]之[13]孝[ー, 23~33]。猶[ニ, ヲ]{シ}孟[음합부]子[22]之言[ニ, 21]達[음합부]尊[ー, 23~33]也

b: 乃(ス)、天下の人、通(シ)て之を孝と謂。猶(ヲ)孟子の達尊と言が猶(シ)

c: 乃(すなは)ち天下(てんか)の人(ひと)、通(とう)して之(これ)を孝(かう)と謂(い)ふ。猶(なほ)孟子(まうし)の達尊(たつそん)と言(い)ふがごとし。

d: 즉 천하의 사람들이 공통적으로 이를 효라고 말한다. 또한 맹자가 달존(達尊)[모두의 존경을 받을 만한 사람]이라고 말한 것과 같다.

A: 夫[ソ, 12ㄴ, 평]、孝[음독부, 33]者、善[ヨク]、繼[ニ, ツキ]人[22]之志[ー, 훈독부, 13]、善[ク]述[ニ, ル]人[22]之事[ー, 13]者[22, 12一]也

B: 夫(ソ)れ、孝は、善(ヨク)、人の志を繼(ツキ)、善(ク)人の事を述(ル)者のなり

C: 夫(それ)孝(かう)は、善(よ)く人(ひと)の志(こころざし)を繼(つ)ぎ、善(よ)く人(ひと)の事(こと)を述(の)ぶる者(もの)なり。

D: 무릇 효는 사람의 뜻을 잘 잇고 사람의 일을 잘 계승하는 것이다.

a: 上[22]章[11, 33]言[下, イフ]武[음합부]王、纘[ニ, ツイ]大[음합

부]王、王[음합부]季、文[음합부]王[22]之緒[ㅡ, 11, 31]以[31]有[ㅡ, タモ]天[음합부]下[ㅡ, 13]而[31]周[음합부]公成[ㅡ, ナシ]文[인명부]武[인명부, 22]之德[ㅡ, 13, 31]以[31]追[31]崇[ㅡ, アカメタル, 13—]其先[음합부]祖[ㅡ, 13]。

b: 上の章には武王、大王、王季、文王の緒に纘(ツイ)て以て天下を有(タモ)て周公文武の德を成(ナシ)て以て追て其先祖を崇(アカメタル)ことを言(イフ)。

c: 上(かみ)の章(しゃう)には、武王(ぶわう)、大王(たいわう)王季(わうき)文王(ぶんわう)の緒(しょ)に纘(つ)いで、以(も)ちて天下(てんか)を有(たも)ちて、周公(しうこう)、文(ぶん)武(ぶ)の德(とく)を成(な)して、以(も)ちて追(お)ひて其(そ)の先祖(せんそ)を崇(あが)めたることを言(い)ふ。

d: 앞 장[제18장]에서는 무왕이 태왕·왕계·문왕의 실마리를 이어서 천하를 소유하고, 주공이 문왕·무왕의 덕을 이루어 선조를 추숭(追崇)한 일을 말했다.

a: 此[レ]繼[㆑, ツキ]志[13]、述[㆑, コトノ]事[13]之大[ナル]者[22, 12—]也。

b: 此(レ)志を繼(ツキ)、事を述(コトノ)大(ナル)者のなり。

c: 此(これ)志(こころざし)を繼(つ)ぎ、事(こと)を述(の)ぶることの大(たい)なる者(もの)なり。

d: 이것은 뜻을 잇고 일을 계승한 것 가운데 큰 일이다.

a: 下文、又、以[ㅜ]其[22]所[㆑, 22]制[31—]、祭[음합부]祀[22]之

禮[22]、通[ニ, 31一]于上[음합부]下[一, 11]者[上, 13, 31]言之

b: 下文、又、其の制する所の、祭祀の禮の、上下に通する者を
以て言

c: 下(しも)の文(ぶん)は、又(また)其(そ)の制(せい)する所(とこ
ろ)の祭祀(せいし)の禮(れい)の、上下(しゃうか)に通(とう)す
る者(もの)を以(も)ちて言(い)ふ。

d: 다음 문장에서는 또 그[주공]가 제정한 제사의 예가 상하에 통용되
는 것을 가지고 말했다.

A: 春[음합부]秋[11]脩[ニ, ヲサメ]其[22]祖[음합부]廟[一, 13]、陳
[ニ, 음독부, 평]其[22]宗[음합부]器[一, 13]、設[ニ, マウケ]其
[22]裳[음합부]衣[一, 13]、薦[ニ, スヽム]其[22]時[음합부]食[一,
13]

B: 春秋に其の祖廟を脩(ヲサメ)、其の宗器を陳、其の裳衣を設
(マウケ)、其の時食を薦(ススム)

C: 春秋(しゅんじう)に其(そ)の祖廟(そべう)を修(をさ)め、其(そ)
の宗器(そうき)を陳(ちん)し、其(そ)の裳衣(しゃうい)を設(ま
う)け、其(そ)の時食(ししょく)を薦(すす)む。

D: 봄가을로 선조들의 사당을 수리하고 종묘의 기물들을 진열하고
(선조들이 입었던) 의복을 펼쳐 놓고 제철 음식을 올린다.

a: 祖[음합부]廟[33]、天[음합부]子[33]七。諸[음합부]侯[33]五。
大[음합부]夫[33]三。適[음합부, テキ, 입]士[33]二。官[음합부]
師[33]一。

b: 祖廟は、天子は七。諸侯は五。大夫は三。適(テキ)士は二。官
師は一。

c: 祖廟(そべう)は、天子(てんし)は七(しつ)。諸侯(しょこう)は五
(ご)。大夫(たいふ)は三(さむ)。適士(てきし)は二(じ)。官師
(くゎんし)は一(いつ)。

d: 조상의 사당은, 천자는 7묘(廟), 제후는 5묘, 대부는 3묘, 적사(適
士)[89]는 2묘, 관사(官師)[90]는 1묘이다.[91]

a: 宗[음합부]器[33]、先[음합부]世[22]所[ㇾ, ノ]藏[ヲサメタル]之
重[음합부]器。若[二, 23ㄱ]周[22]之赤[음합부, 입]刀[평]、大[음
합부, 거]訓[クヰン, 거]、天[음합부, 평]球[キウ, 평]、河[음합
부, 평]圖[22, 평]之屬[一, タクヒ, 22]也。

b: 宗器は、先世の藏(ヲサメタル)所(ノ)重器。周の赤刀、大訓(ク
ヰン)、天球(キウ)、河圖の屬(タクヒ)の若ぞ。

c: 宗器(そうき)は、先世(せんせい)の藏(をさ)めたる所(ところ)の
重器(ちょうき)。周(しう)の赤刀(せきたう)大訓(たいくゐん)天
球(てんきう)河圖(かと)の屬(たぐひ)の若(ごと)きぞ。

d: 종묘의 기물은, 선조가 소장하던 중요한 기물이다. 주나라의 적도
(赤刀)[92], 대훈(大訓)[93], 천구(天球)[94], 하도(河圖)[95] 따위와 같은

---

89 「士」에는 상사, 중사, 하사가 있다. 적사, 원사는 상사와 같은 말이며, 하대부 바로
아래이다.

90 「官師」는 직급이 비교적 낮은 관리를 말한다. 세주에 적혀 있는 대로 「有司」를 가
리킨다.

91 「廟」는 조상의 신위를 말한다.

92 무왕이 은나라 주왕을 정벌할 때 쓰던 붉은색을 칠한 칼.

93 문왕·무왕의 교훈을 적은 책.

94 옥의 일종.

것이다.

a: 裳[음합부, 평]衣[33, 평]先[음합부]祖[22]之遺[ノコセル]、衣[음합부]服[12—]。祭[33—]則設[ㇾ, ケ]之[13, 31]以[31]授[ㇾ, ク]尸[음독부, 11]也。

b: 裳衣は先祖の遺(ノコセル)、衣服なり。祭ときは則之を設(ケ)て以て尸に授(ク)。

c: 裳衣(しゃうい)は、先祖(せんそ)の遺(のこ)せる衣服(いふく)なり。祭(まつ)るときは、則(すなは)ち之(これ)を設(まう)けて以(も)ちて尸(し)に授(さづ)く。

d: 상의(裳衣)는 선조가 남긴 의복이다. 제사 지낼 때 이것을 펼쳐서 시동(尸童)[96]에게 준다.

a: 時[음합부]食[33]、四[음합부]時[22]之食、各、有[二]其[22]物[一]。如[下, キ]春[33]行[二, ヒ]羔[음합부, カウ, 평]豚[一, トン, 13, 평]、膳[二, 음독부, 11, 31—, 거]膏[음합부]香[一, 13]之類[上, 22]、是也

b: 時食は、四時の食、各、其の物有。春は羔豚(カウトン)を行(ヒ)、膏香を膳にする類の如(キ)、是

c: 時食(ししょく)は、四時(しし)の食(しょく)、各(おのおの)其(そ)の物(もの)有(あ)り。春(はる)は羔豚(かうとん)を行(おこ

---

95 복희씨(伏羲氏) 때에 황하에서 나온 용마(龍馬)의 등에 그려진 그림으로 복희씨가 이것을 보고 팔괘(八卦)를 그렸다고 한다.
96 예전에, 제사를 지낼 때 신위(神位) 대신으로 앉히던 어린아이.

な)ひ、膏香(かうきゃう)を膳(せん)にする類(たぐひ)の如(ご
と)き、是(これ)なり。

d: 시식(時食)은 사계절의 음식으로 각각 딱 맞는 것이 있다. 봄에는
염소, 돼지를 쓰고 쇠기름으로 요리하는 따위와 같은 것이 이것
이다.

A: 宗[음합부]廟[22]之禮[33]、所[二, 훈합부]以[12—]序[二, ツイ
ツル]昭穆[一, 13]也。

B: 宗廟の禮は、昭穆を序(ツイツル)所以なり。

C: 宗廟(そうべう)の禮(れい)は、昭穆(せうぼく)を序(つい)づる
所以(ゆゑん)なり。

D: 종묘의 예는 소목(昭穆)[97]의 순서를 정하는 근거이다.

A: 序[レ, ツイツル, 33]爵[13]、所[三, 훈합부]以[12—]辨[二, ワキ
マフル]貴[음합부]賤[一, 13]也。

B: 爵を序(ツイツル)は、貴賤を辨(ワキマフル)所以なり。

C: 爵(しゃく)を序(つい)づるは、貴賤(くゐせん)を辨(わきま)ふ
る所以(ゆゑん)なり。

D: 벼슬의 순서대로 하는 것은 귀천을 분별하는 수단이다.

A: 序[レ, ル, 33]事[13]、所[二, 훈합부]以[12—]辨[一, レ, ワキマフ

---

97 종묘나 사당에 조상의 신주를 모시는 차례. 왼쪽 줄을 소(昭)라 하고, 오른쪽 줄을
목(穆)이라 하여 1세를 가운데에 모시고 2세, 4세, 6세는 소에 모시고, 3세, 5세, 7
세는 목에 모신다.

ル]賢[13]也。

B: 事を序(ル)は、賢を辨(ワキマフル)所以なり。

C: 事(し)を序(つい)づるは、賢(けん)を辨(わきま)ふる所以(ゆゑ
ん)なり。

D: 일의 순서를 정하는 것[제사에서 맡을 역할을 정하는 것]은 현명
한 이를 분별하는 수단이다.

A: 旅[음합부]酬[シウ, 11, 33, 평]下[シモ, 13]爲[ﾚ, スル, 13~23,
33]上[カミ, 23~33][98]、所[二, 훈합부]以[12—]逮[一, ﾚ, ヲヨホ,
32]賤[イヤシキ, 11]也。

B: 旅酬(シウ)には下(シモ)を上と爲(スル)ことは、賤(イヤシキ)
に逮(ヲヨホ)す所以なり。

C: 旅酬(りょしう)には下(しも)を上(かみ)とすることは、賤(い
や)しきに逮(およ)ぼす所以(ゆゑん)なり。

D: 여러 사람이 술을 권할 때 아랫사람이 윗사람을 위하여 하는 것[술
잔을 올리는 것]은 미천한 사람에게까지 미치게 하는 수단이다.

A: 燕[음독부, 11, 거]毛[음독부スル, 13~23, 33, 평탁]所[二, 훈합부]
以[12—]序[一, ﾚ, ツイツル]齒[ヨハイ, 13]也

B: 燕に毛(スル)ことは齒(ヨハイ)を序(ツイツル)所以なり

C: 燕(えん)に毛(ぼう)することは、齒(よはひ)を序(つい)づる所

---

98 세주에 「爲去聲」이라고 적혀 있으므로, 「下爲上」은 '아랫사람이 윗사람을 위하
여'라고 이해하는 것이 옳다. 寬文本도 이러한 이해에 따라 「下[シモ]爲[거, ﾚ,
メニスルハ]上[ノ]」와 같이 가점되어 있어서 「下(しも)上(かみ)のためにするは」
라고 읽은 것을 알 수 있다. B, C는 훈점에 따랐으나, D는 바른 이해에 따랐다.

以(ゆゑん)なり。

D: 연회에서 모발의 색깔로 차례를 정하는 것은 나이의 순서대로 하는 수단이다.

a: 昭[33]如字[22]。爲[33]去聲

b: 昭は字の如。爲は去聲

c: 昭(せう)は字(し)の如(ごと)し。爲(ゐ)は去聲(きょせい)。

d: 소(昭)는 본의[밝다]대로이다. 위(爲)는 거성[위하다]이다.

a: 宗[음합부]廟[ノ, 22]之次[ツイテ]、左[13]爲[ㇾ, シ]昭[23~33, 평]、右[13]爲[ㇾ]穆[23~33]。而[31]子[음합부]孫、亦、以[31]爲[ㇾ, 32]序[23~33]。

b: 宗廟(ノ)の次(ツイテ)、左を昭と爲(シ)、右を穆と爲。而て子孫、亦、以て序と爲す。

c: 宗廟(そうべう)の次(つい)で、左(さ)を昭(せう)とし、右(いう)を穆(ぼく)とす。而(しかう)して子孫(しそん)亦(また)以(も)ちて序(しょ)とす。

d: 종묘의 차례는 왼편을 소(昭)로 하고 오른편을 목(穆)으로 하며, 자손 또한 이로써 차례를 삼는다.

a: 有[ㇾ, トキハ]事[二]於太[음합부]廟[一, 11]、則子[음합부]姓、兄[음합부]弟、羣[음합부, 평]昭[평]、羣[음합부, 평]穆[입탁]、咸[コト다자반복부ク, 11]在[アリ, 31]而不[ㇾ]失[二]其[22]倫[一, 음독부, 13]焉。

b: 太廟に事有(トキハ)、則子姓、兄弟、羣昭、羣穆、咸(コトコ
トク)に在(アリ)て其の倫を失不。

c: 太廟(たいべう)に事(し)有(あ)るときは、則(すなは)ち子姓(し
せい)兄弟(くゑいてい)群昭(くんせう)群穆(くんぼく)、咸(こと
ごと)くに在(あ)りて其(そ)の倫(りん)を失(うしな)はず。

d: 태묘에 제사가 있을 때에는 자손과 형제의 여러 소와 여러 목이 모
두 있어 그 차례를 잃지 않는다.

a: 爵[33, 입]、公[평]、侯[평]、卿[음합부, 평]大[음합부, 거]夫[평]
也。

b: 爵は、公、侯、卿大夫也。

c: 爵(しゃく)は、公(こう)侯(こう)卿(けい)大夫(たいふ)⁹⁹なり。

d: 작(爵)은 공·후·경·대부이다.

a: 事[卜云, 33]宗[음합부, 평]祝[シク, 입]、有[음합부]司[22]之職
[음합부, 입]事[23ㄱ]也。

b: 事(トイフ)は宗祝(シク)、有司の職事ぞ。

c: 事(し)といふは、宗(そう)祝(しく)¹⁰⁰有司(いうし)の職事(しょ
くし)ぞ。

d: 사(事)란, 종백(宗伯)·태축(太祝) 등 (제사와 관련하여) 유사(有
司)가 맡은 일이다.

---

99 훈점에서는 「卿大夫」를 음합부로 연결하여 한 단어로 읽었으나 「卿」과 「大夫」
로 분리하여 읽는 것이 옳다.
100 「宗祝」의 경우도 음합부가 달려 있으나 종백과 태축을 가리키므로 분리하여 읽
어야 한다.

a: 旅[33]衆[평]也。酬[33, 평]導[음합부, 거]飲[상]也。

b: 旅は衆也。酬は導飲也。

c: 旅(りょ)は衆(しう)。酬(しう)は導飲(たういむ)。

d: 여(旅)는 중(衆)[여럿]이다. 수(酬)는 도음(導飲)[술을 마시도록 권
하는 것]이다.

a: 旅[음합부]酬[22]之禮、賓[ニ, 32ㄴ, 평]¹⁰¹弟[음합
부]子兄[음합부]弟[22]之子[ー, 13, 31]各、舉[ニ]觶[サカツキ, 13]於其[22]長
[ー, 음독부, 11, 상]而[31]衆[거]相[훈합부]酬[ムクフ]。

b: 旅酬の禮、弟子兄弟の子を賓して各、觶(サカツキ)を其の長に
舉て衆相酬(ムクフ)。

c: 旅酬(りょしう)の禮(れい)、弟子(ていし)兄弟(くゑいてい)の子
(こ)を賓(ひん)して、各(おのおの)觶(さかづき)を其(そ)の長
(ちゃう)に舉(あ)げて衆(しう)相(あ)ひ酬(むく)ふ。

d: 여수(旅酬)[여러 사람이 술을 권하는 예]에서, 아우, 아들, 조카들
을 빈(賓)으로 하여, 이들이 각각 술잔을 어른에게 들어 올리고 여
러 사람이 서로 술을 권한다.

a: 蓋、宗[음합부]廟[22]之中[ウ, 11, 33]、以[レ]有[レ, 13]事[31]爲
[レ]榮[음독부, 23~33, 평]。

b: 蓋、宗廟の中(ウ)には、事有を以て榮と爲。

c: 蓋(けだ)し宗廟(そうべう)の中(うち)には、事(し)有(あ)るを以

101 「賓」을 동사로 읽고 있으나 '손님의'로 이해할 수도 있다. 寬文本에서는 「賓ノ」라
고 가점되어 있다. 이하 훈점에 따랐다.

(も)ちて榮(ゑい)とす。

d: 대개 종묘에서는 맡은 일이 있는 것을 영광으로 여긴다.

a: 故[11]逮[ニ, 훈합부, ヲヨホ, 32ㄴ]及[シ]賤[음합부]者[ー, 11, 31]使[四, 12]亦、得[ニ, エ]以[31]申[ニ, ノフル, 13—]其[22]敬[ー, 음독부, 13]也。

b: 故に賤者に逮(ヲヨホ)し及(シ)て亦、以て其の敬を申(ノフル)ことを得(エ)使む。

c: 故(ゆゑ)に賤者(せんしゃ)に逮(およ)ぼし及(およ)ぼして、亦(また)以(も)ちて其(そ)の敬(けい)を申(の)ぶることを得(え)せしむ。

d: 그러므로 미천한 자에게까지 미치게 하여, 또 (미천한 자들도) 이로써 공경의 마음을 펼 수 있게 한다.

a: 燕[11, 거]毛[음독부スト云, 23~33, 33, 평탁]、祭[リ]畢[ヲハ, 31]而燕[음독부, 31—, 33—, 거]、則、以[ニ]毛[음합부]髮[22]之色[ー, 13, 31]別[ニ, ワイ]長[음합부]幼[ー, 13, 31]爲[ニ]坐[음독부, 22]次[ー, ツイテ, 23~33]也。

b: 燕に毛(ストイフ)とは、祭(リ)畢(ヲハ)て燕するときは、則、毛髮の色を以て長幼を別(ワイ)て坐の次(ツイテ)と爲。

c: 燕(えん)に毛(ぼう)すといふは、祭(まつ)り畢(をは)りて燕(えん)するときは、則(すなは)ち毛髮(ぼうはつ)の色(いろ)を以(も)ちて長幼(ちゃういう)を別(わ)いて、坐(さ)の次(つい)でとす。

d: 연회에서 모발로 한다는 것은, 제사를 마치고 연회를 할 때 모발의 색깔로 장유(長幼)를 분별하여 자리의 차례로 삼는다는 것이다.

a: 齒[33]年[음합부]數也

b: 齒は年數

c: 齒(よはひ)は年數(ねんすう)。

d: 치(齒)는 연수[나이]이다.

A: 踐[ニ, フミ]其[22]位[一, 13]、行[ニ, ナヒ]其[22]禮[一, 13]、奏[ニ, 음독부, 32ㄴ]其[22]樂[一, 13]、敬[ニ, 음독부, 32ㄴ]其[22]所[一, レ, 13]尊[33ㄴ]、愛[ニ, 32ㄴ]其[22]所[一, レ, 13]親[31一]、

B: 其の位を踐(フミ)、其の禮を行(ナヒ)、其の樂を奏し、其の尊る所を敬し、其の親する所を愛し、

C: 其(そ)の位(くらゐ)を踐(ふ)み、其(そ)の禮(れい)を行(おこな)ひ、其(そ)の樂(がく)を奏(そう)し、其(そ)の尊(たふと)ぶる所(ところ)を敬(けい)し、其(そ)の親(しん)する所(ところ)を愛(あい)し、

D: 그[선왕]의 자리를 밟아 그의 예를 행하고 그의 음악을 연주하며 그가 존경하던 바를 공경하고 그가 친애하던 바를 사랑하며

A: 事[レ, フル, 13~23]死[음독부, 11]、如[レ, 32／]事[レ, 21]生[11]、事[レ, 13~23]亡[음독부, 11, 평탁]、如[レ, 32]事[レ, 21]存

[음독부, 11]。

B: 死に事(フル)こと、生に事が如く、亡に事こと、存に事が如
す。

C: 死(し)に事(つか)ふること、生(せい)に事(つか)ふるが如(ごと)
く、亡(ばう)に事(つか)ふること、存(そん)に事(つか)ふるが
如(ごと)くす。

D: 죽은 사람을 섬기기를 산 사람을 섬기듯이 하고, 없는 사람을 섬기
기를 있는 사람을 섬기듯이 한다.

A: 孝[22]之至[レル, 12一]也

B: 孝の至(レル)なり

C: 孝(かう)の至(いた)れるなり。

D: (이것이) 효의 지극함이다.

a: 踐[33]猶[レ]履[リ, 22, 거]也。

b: 踐は猶履(リ)の猶。

c: 踐(せん)は猶(なほ)履(り)のごとし。

d: 천(踐)은 이(履)[밟다]와 같다.

a: 其[ソノト云, 33]、指[二, 32]先[음합부]王[一, 13]也。

b: 其(ソノトイフ)は、先王を指す。

c: 其(そ)のといふは、先王(せんわう)を指(さ)す。

d: 그라고 한 것은 선왕을 가리킨다.

a: 所[ㇾ]尊、所[ㇾ, ト云, 33]親[31一]、先[음합부]王[22]之祖[음합부]考、子[음합부]孫、臣[음합부]庶[23ㄱ]也。

b: 尊所、親する所(トイフ)は、先王の祖考、子孫、臣庶ぞ。

c: 尊(たふと)ぶる所(ところ)、親(しん)する所(ところ)といふは、先王(せんわう)の祖考(そかう)子孫(しそん)臣庶(しんしょ)ぞ。

d: 존경하던 바, 친애하던 바라는 것은 선왕의 선조·자손·신하와 백성들이다.

a: 始[31]死[음독부セル]、謂[゠]之[13]死[ー, 23~33]既[11]葬[ハ, 31, 33]則曰[゠, フ]反[カへ, 31]而亡[ー, 32, 23~33]焉。皆、指[゠]先王[ー, 13]也。

b: 始て死(セル)、之を死と謂既に葬(ハ)ては則反(カへ)て亡すと曰(フ)。皆、先王を指。

c: 始(はじ)めて死(し)せる、之(これ)を死(し)と謂(い)ひ、既(すで)に葬(はうむ)りては則(すなは)ち反(かへ)りて亡(ばう)すと曰(い)ふ。皆(みな)先王(せんわう)を指(さ)す。

d: 이제 막 죽었을 때를 사(死)라고 하고, 이미 장례를 치르고 나면(돌아가야 할 곳으로) 돌아가서 (이 곳에) 없다고 한다. 모두 선왕을 가리킨다.

a: 此[33]結[゠, 32]上[22]文[22]兩[음합부]節[ー, 13]。皆、繼[ㇾ, キ]志[13]、述[ㇾ, 33ㄴ]事[13]之意[훈독부, 12一]也

b: 此は上の文の兩節を結す。皆、志を繼(キ)、事を述る意なり

c: 此(これ)は上(かみ)の文(ぶん)の兩節(りゃうせつ)を結(けつ)

す。皆(みな)志(こころざし)を繼(つ)ぎ、事(こと)を述(の)ぶる
意(こころ)なり。

d: 이는 위 문장의 두 구절을 끝맺는 것이다. 모두 (선조의) 뜻을 잇고
일을 계승한다는 뜻이다.

A: 郊[음합부]社[22]之禮[33]所[ᵗ, 훈합부]以[12―]事[⁼, マツ, 33
ㄴ]上[음합부]帝[⁻, 11]也。宗[음합부]廟[22]之禮[33]、所[ᵗ,
훈합부]以[12―]祀[⁼]乎其[22]先[⁻, 음독부, 11]也。

B: 郊社の禮は上帝に事(マツ)る所以なり。宗廟の禮は、其の先
に祀所以なり。

C: 郊社(かうしゃ)の禮(れい)は、上帝(しゃうてい)に事(まつ)る
所以(ゆゑん)なり。宗廟(そうべう)の禮(れい)は、其(そ)の先
(せん)に祀(まつ)る所以(ゆゑん)なり。

D: 교(郊)와 사(社)의 예는 상제를 섬기는 수단이다. 종묘의 예는 선조
에게 제사를 올리는 수단이다.

A: 明[⁼, アキラカ, 11, 32ㄴ]乎郊[음합부]社[22]之禮、禘[음합부]
嘗[ノ]之義[⁻, 13, 31]治[ᵛ, 33―]國[13]、其、如[ᵛ, キ]示[⁼,
シメス¹⁰², 21]諸掌[⁻, タナコ丶ロ, 11]乎[21]

B: 郊社の禮、禘嘗(ノ)義を明(アキラカ)にして國を治ときは、
其、掌(タナココロ)に示(シメス)が如(キ)乎か

---

102 세주에서는「視掌」이라고 주석을 하였으므로 '보다'라는 의미이지만「シメス」
라는 가나점이 달려 있고「掌」에는 11점, 즉「に」가 기입되어 있어서 '손바닥에
나타내다'라고 이해한 것으로 보인다.

C: 郊社(かうしゃ)の禮(れい)、禘嘗(ていしゃう)の義(ぎ)を明(あき)らかにして國(くに)を治(をさ)むるときは、其(それ)掌(たなごころ)に示(しめ)すが如(ごと)きか。

D: 교제(郊祭)와 사제(社祭)의 예, 체제(禘祭)와 상제(嘗祭)의 뜻을 밝게 알고 나라를 다스리면, 손바닥에 나타내는 것과 같지 않겠는가?

a: 郊[33]祀[ㇾ]天[13]。社[33]祭[ㇾ, 33ㄴ]地[13]。不[ㇾ, ル, 13~23, 33]言[ニ]后[음합부]土[一, 13]者、省[ㇾ, ハフク]文[13]也。

b: 郊は天を祀。社は地を祭る。后土を言不(ル)ことは、文を省(ハフク)。

c: 郊(かう)は天(てん)を祀(まつ)る。社(しゃ)は地(ち)を祭(まつ)る。后土(こうと)を言(い)はざることは、文(ぶん)を省(はぶ)く。

d: 교(郊)는 하늘에 제사지내는 것이다. 사(社)는 땅에 제사지내는 것이다. 후토(后土)를 말하지 않은 것은 문장을 생략한 것이다.

a: 禘[33¹⁰³]天[음합부]子、宗[음합부]廟[22]之大[음합부]祭[ナリ云, 23~33, 33]¹⁰⁴追[31]祭[下]太[음합부]祖[ノ]之所[ニ, 13]自[シタカ, 31]出[一, イテタル]於太[음합부]廟[上, 11]而[31]以[ニ]太[음합부]祖[一, 13, 31]配[ㇾ, 음독부ス합점, 31一]¹⁰⁵之[11]也。

---

103 句點 자리에 주점 위에 묵점이 찍힌 단점이 있으나 문맥상 불필요한 점이다.

104 「禘天子、宗廟之大祭」에서 끊는 것이 옳다. 寛文本에는 그렇게 되어 있다. b, c는 훈점에 따랐으나, d는 바른 이해에 따랐다.

105 오코토점은 「配する」로 읽고 있고 가나점은 「配す」라고 읽고 있다. 가나점에 합

b: 禘は天子、宗廟の大祭(ナリ)と(イフ)は追て太祖(ノ)自(シタカ)
　て出(イテタル)所を太廟に祭て太祖を以て之に配(ス)。

c: 禘(てい)は、天子(てんし)宗廟(そうべう)の大祭(たいせい)なり
　といふは、追(お)ひて太祖(たいそ)の自(したが)ひて出(い)でた
　る所(ところ)を、太廟(たいべう)に祭(まつ)りて、太祖(たいそ)
　を以(も)ちて之(これ)に配(はい)す。

d: 체(禘)는 천자가 종묘에서 거행하는 큰 제사이다. 태조의 선조를
　추존하여 태묘에 제사지내고 태조를 (거기에) 배향하였다.

a: 嘗[33, 평]秋[22]祭也。四[음합부]時、皆祭[33ㄴ]、舉[ニ, ル]其
　[22]一[一, 13]耳[ノミ]。

b: 嘗は秋の祭。四時、皆祭る、其の一を舉(ル)耳(ノミ)。

c: 嘗(しゃう)は秋(あき)の祭(まつり)。四時(しし)、皆(みな)祭(ま
　つ)る、其(そ)の一(いつ)を舉(あ)ぐるのみ。

d: 상(嘗)은 가을 제사이다. 사계절 모두 제사를 지내는데, 그 중의 하
　나를 들었을 따름이다.

a: 禮[33]必、有[レ, リ]義。對[음독부シ, 31]舉[レ]之[13, 31]互[レ,
　タカヒス, 11]文[13]也。

b: 禮は必、義有(リ)。對(シ)て之を舉て文を互(タカヒ)に(ス)。

c: 禮(れい)は必(かなら)ず義(ぎ)有(あ)り。對(たい)して之(これ)
　を舉(あ)げて文(ぶん)を互(たが)ひにす。

d: 예는 반드시 의(義)가 있다. (예와 의를) 상대하여 들어 문장을 상호

점이 찍혀 있으므로 이것을 취했다.

의존적으로 하였다.[106]

a: 示[33, 상]與[ㇾ, 23~33]視[상]、同[32ㄴ]。視[二, 卜云, 33]諸掌[一, 11]、言[33]易[ㇾ, ヤスキ, 23ㄱ, 거]見也。

b: 示は視與と、同し。掌に視(トイフ)は、言は見易(ヤスキ)ぞ。

c: 示(し)は視(し)と同(おな)じ。掌(たなごころ)に視(み)るといふは、言(いふこころ)は見(み)易(やす)きぞ。

d: 시(示)는 시(視)[보다]와 같다. 손바닥에서 본다고 하는 것은, 말하는 뜻은 이러하다. 보기 쉽다.

a: 此與[二, 23~33]論[음합부]語[22]文[22]意[一]、大[11]同[32/]、小[スコシ]異[12一]。[삽입부記[11]、[107]]有[二]詳[음합부]略[一]耳

b: 此論語の文の意與と、大に同く、小(スコシ)異なり。記に、詳略有

c: 此(これ)論語(ろんご)の文(ぶん)の意(い)と大(おほ)いに同(おな)じく、小(すこ)し異(こと)なり。記(き)するに詳略(しゃうりゃく)有(あ)るのみ。

d: 이것은 논어에 나온 문장[108]의 뜻과 대동소이하다. 기록함에 상세

---

106 「호문(互文)」이란 짝을 이루는 두 문장에 대해서 한쪽에서 서술한 내용은 다른 한쪽에서 생략하여 적는 방식의 표현법이다. 가령 하늘과 땅이 장구(長久)하다는 것을 「天長地久」로 적는 것과 같은 것을 말한다. 따라서 짝을 이루는 두 문장의 서술은 상호의존적이며 양자를 합쳐야 의미가 완전해지는 것이다. 이 주석은 대문의 「郊社之禮」와 「禘嘗之義」를 실상 「郊社之禮義」와 「禘嘗之禮義」로 보아야 한다는 취지로 해석된다.

107 삽입된 글자에 찍혀 있는데 句點 위치에 가깝다고 판단되지만 문맥상 讀點으로 파악하였다.

함과 간략함이 있을 뿐이다.

A〉 右第十九章

B〉 右第十九章

C〉 右(みぎ)第十九(ていしふきう)の章(しやう)。

D〉 이상은 제19장이다.

---

108 논어(論語) 팔일(八佾)편 11장에 동일한 구가 실려 있다. 「或問禘之說. 子曰, 不知也. 知其說者之於天下也, 其如示諸斯乎, 指其掌 → 或(あ)るひと、禘(てい)の說(せつ)を問(と)ふ。子(し)の曰(のたう)ばく、知(し)らず。其(そ)の說(せつ)を知(し)ることの天下(てんか)に於(お)けること、其(それ)、斯(これ)を示(しめ)すが如(ごと)きかといひて、其(そ)の掌(たなごころ)を指(さ)す。(어떤 사람이 체제(禘祭)의 (본래의) 내용에 대해 물었다. 선생님께서 말씀하시기를, 알지 못한다. 그 내용을 아는 것이 천하에 대해 갖는 의미는, 이것을 보여주는 것과 같다고 하시며, 그 손바닥을 가리키셨다.)」(오미영 외 한문훈독연구회(2015: 152-153)『일본 논어 훈점본의 해독과 번역 하-일본 동양문고 소장『논어집해』를 대상으로-』숭실대출판국)

제20장

A: 哀[음합부]公、問[ㇾ]政[13]

B: 哀公、政を問

C: 哀公(あいこう)、政(まつりごと)を問(と)ふ。

D: 애공이 정사를 물었다.

a: 哀[음합부]公[33]魯[22]君。名[33]蔣[인명부]

b: 哀公は魯の君。名は蔣

c: 哀公(あいこう)は、魯(ろ)の君(きみ)。名(な)は蔣(しゃう)。

d: 애공은 노나라 임금이고, 이름은 장이다.

A: 子曰、文[인명부]武[인명부]之政[33]、布[シイ, 31]在[゠, リ]方
[음합부]策[゠, サク, 11, 입]。其[22]人、存[31一, 33一]、則其
政擧[음독부, 32]。其[22]人亡[31一, 33一, 평탁]、則其[22]政、
息[ヤム]{ホロフ}

B: 子曰、文武政は、布(シイ)て方策(サク)に在(リ)。其の人、存
するときは、則其政擧す。其の人亡するときは、則其の政、
息(ヤム)

C: 子(し)の曰(のたう)ばく、文(ぶん)武(ぶ)の政(まつりごと)は、
布(し)いて方策(はうさく)に在(あ)り。其(そ)の人(ひと)存(そ
ん)するときは、則(すなは)ち其(そ)の政(まつりごと)擧(きょ)

す。其(そ)の人(ひと)亡(ばう)するときは、則(すなは)ち其(そ)
の政(まつりごと)息(や)む。

D: 선생님께서 말씀하시기를, 문왕과 무왕의 정사는 방책[목간과 죽
간]에 펼쳐져 (기록되어) 있습니다. 그러한 사람이 있으면 그러한
정사가 거행됩니다. 그러한 사람이 없으면 그러한 정사가 종식됩
니다.

a: 方[33, 평]版[거]也。策[33, 입]簡[カン, 거]也。息[33]猶[ㇾ]滅
[22]也。

b: 方は版。策は簡(カン)。息は猶滅の猶。

c: 方(はう)は版(はん)。策(さく)は簡(かん)。息(しょく)は猶(な
ほ)滅(べつ)のごとし。

d: 방(方)은 목간이다. 책(策)은 죽간이다. 식(息)은 멸(滅)과 같다.

a: 有[二]是[22]君[一, 31]有[二, 33一]是臣[一]、則有[二]是[22]政
[一]矣

b: 是の君有て是臣有ときは、則是の政有

c: 是(こ)の君(きみ)有(あ)りて、是(こ)の臣(しん)有(あ)るとき
は、則(すなは)ち是(こ)の政(まつりごと)有(あ)り。

d: 이러한 임금이 있고 이러한 신하가 있으면 이러한 정사가 있다.[109]

<hr />

109 여기에서의 「是」는 상관적인 용법으로 볼 수 있다. 임금과 신하가 어떠한지에 따
라서 정사도 그렇게 된다는 뜻이다. 일반적인 지시사는 앞에 나온 무언가를 가리
키나, 이 문장에서는 「是」가 두 번 나오는데 앞의 「是」의 의미에 따라 뒤의 「是」의
의미가 결정된다. 대문의 「其」도 이러한 쓰임으로 파악할 수 있는 가능성이 있다.

A: 人[음합부]道[33]敏[ㄴ, トク, 32]政[훈독부, 13]。地[음합부]道
[33]敏[ㄴ, トク, 32]樹[음독부, 13]。夫[12ㄴ]政[33]也者蒲[음합
부, ホ, 평]盧[ロ, 12一, 평]也

B: 人道は政を敏(トク)す。地道は樹を敏(トク)す。夫れ政は蒲盧
(ホロ)なり

C: 人道(じんたう)は政(まつりごと)を敏(と)くす。地道(ちたう)
は樹(しう)を敏(と)くす。夫(それ)政(まつりごと)は蒲盧(ほろ)
なり。

D: 사람의 도는 정사에 빠르게 나타납니다. 땅의 도는 나무에 빠르게
나타납니다. 무릇 정사는 갈대와 같습니다.

a: 夫[21]音[33]扶

b: 夫が音は扶

c: 夫(ふ)が音(いむ)は扶(ふ)。

d: 부(夫)의 음은 부(扶)[발어사]이다.

a: 敏[33, 상탁]速[ソク, 입]也。蒲[음합부]盧[33, 평]沈[음합부, シ
ン, 상]括[인명부, クワツ, 입]以[31]爲[二, スル]蒲[음합부, ホ,
평]葦[一, イ, 23~33, 거]、是[12一]也。

b: 敏は速(ソク)。蒲盧は沈括(シンクワツ)以て蒲葦(ホイ)と爲(ス
ル)、是なり。

c: 敏(びん)は速(そく)。蒲盧(ほろ)は、沈括(しむくゎつ)以(も)ち
て蒲葦(ほゐ)と爲(す)るは、是(これ)なり。

d: 민(敏)은 속(速)이다. 포로(蒲盧)는 심괄(沈括)[110]이 갈대라고 한 것

이 이것이다.[111]

a: 以[レ]人[13, 31]立[レ, 33ㄴ, 13~23]政[13~23]、猶[下, ヲ]{シ}以[レ]地[13, 31]種[レ, ウフル, 11]樹[13]、其[22]成[ナル, 13~23]速[上, ナル, 21]矣。

b: 人を以て政こと立ること、猶(ヲ)地を以て樹を種(ウフル)に、其の成(ナル)こと速(ナル)が猶(シ)。

c: 人(ひと)を以(も)ちて政(まつりごと)を立(た)つること、猶(なほ)地(ち)を以(も)ちて樹(しう)を種(う)うるに、其(そ)の成(な)ること速(すみ)やかなるがごとし。

d: 사람으로써 정사를 세우는 일은, 땅에 나무를 심음에 그 성장이 빠른 것과 같다.[112]

a: 而蒲[음합부]葦[33]又易[レ, ヤスキ, 거]生[32ㄴ, 평]之物[11, 32ㄴ, 31]其[22]成[33ㄴ, 13~23]尤[13ㄱ]速[12—]也。

b: 蒲葦は又生し易(ヤスキ)物にして其の成ること尤も速なり。

c: 蒲葦(ほゐ)は又(また)生(せい)し易(やす)き物(もの)にして、其

---

110 심괄(沈括, 1031-1095)은 송나라 때 학자이다. 자는 존중(存中), 호는 몽계장인(夢溪丈人)이다. 『몽계필담(夢溪筆談)』,『양방(良方)』 등을 저술하였다.

111 『예기정의(禮記正義)』에 실린 정현의 주는 포로(蒲盧)를 나나니벌[蜾蠃]로 이해하였다. 시경 소아(小雅) 소완(小宛)편에 있는 「螟蛉有子, 蜾蠃負之(송충이가 있어 나나니벌이 업어 와서 아껴 기르면 나나니벌로 우화한다)」라는 구절에 대해서 모전(毛傳)이 「蜾蠃蒲盧也(나나니벌은 포로(蒲盧)이다)」라고 주석한 것에 바탕을 둔 것이다. 정현은 이에 따라 정치가 백성을 대하는 것이 나나니벌이 송충이를 아껴 기르는 것과 같아야 한다는 비유로 파악하였다.

112 '정사를 세우는 것이 사람에 달려 있는 것은, 나무를 심음에 성장이 빠른 것이 땅에 달려 있음과 같다.'라는 의미이다. 「猶」가 미치는 범위가 「其」 앞까지 걸린다고 파악할 수도 있다.

(そ)の成(な)ること尤(もっと)も速(すみ)やかなり。

d: 갈대는 또 쉽게 나는 것이고, 그 성장은 더욱 빠르다.

a: 言[33]人存[음독부, 32ㄴ, 31]政[22]擧[31一, 13~23, 거]、其[22]
易[ヤスイ, 13~23, 거]如[レ, 32ㄴ]此[22]

b: 言は人存して政の擧すること、其の易(ヤスイ)こと此の如し

c: 言(いふこころ)は、人(ひと)存(そん)して政(まつりごと)の擧
(きょ)すること、其(そ)の易(やす)いこと、此(か)くの如(ごと)
し。

d: 말하는 뜻은 이러하다. (어진) 사람이 있어서 정사가 거행되는 것
이, 그 쉬움이 이와 같다.

A: 故[11]爲[レ, 31一, 13~23]政[13]在[レ]人[11]。取[レ, 33ㄴ, 11]人
[13]以[レ, 32]身[13]。脩[レ, ムル, 11]身[13]以[レ, 32]道[13]。
脩[レ, 11]道[13]以[レ, 32]仁[13]

B: 故に政を爲すること人に在。人を取るに身を以す。身を脩(ム
ル)に道を以す。道を脩に仁を以す

C: 故(ゆゑ)に政(まつりごと)を爲(す)ること、人(ひと)に在(あ)
り。人(ひと)を取(と)るに、身(み)を以(も)ってす。身(み)を修
(をさ)むるに、道(たう)を以(も)ってす。道(たう)を修(をさ)む
るに、仁(じん)を以(も)ってす。

D: 그러므로 정사를 하는 것은 사람에게 달려 있습니다. 사람을 취함
에 (임금 자신의) 몸으로써 합니다. (자신의) 몸을 닦음에 도로써
합니다. 도를 닦음에 인으로써 합니다.

a: 此[33]承[ニ, ウケ]上[22]文[22]人[음합부]道[33]敏[一, レ, ト云, 11]政[13]而[31]言[イフ]也。

b: 此は上の文の人道は政を敏(トイフ)に承(ウケ)て言(イフ)。

c: 此(これ)は上(かみ)の文(ぶん)の、人道(じんたう)は政(まつりごと)を敏(と)くすといふに承(う)けて言(い)ふ。

d: 이는 앞 문장의 '사람의 도는 정사에 빠르게 나타난다.'라는 것을 받아서 말했다.

a: 爲[レ, スル, 13~23]政[13]在[レ, リト云ヲ]人[11]、家[음합부]語[11, 33]作[ニ, ナス]爲[レ, スル, 13~23]政[13]在[ニ, 23~33]於得[一, レ, ウル, 11]人[13]。

b: 政を爲(スル)こと人に在(リトイフヲ)、家語には政を爲(スル)こと人を得(ウル)に在と作(ナス)。

c: 政(まつりごと)を爲(す)ること人(ひと)に在(あ)りといふを、家語(けご)には政(まつりごと)を爲(す)ること人(ひと)を得(う)るに在(あ)りと作(な)す。

d: '정사를 함이 사람에게 있다.'라고 한 것이, 공자가어(孔子家語)에는 '정사를 함이 사람을 얻음에 있다.'라고 되어 있다.

a: 語[음합부]意、尤[13ㄱ]備[12一]。

b: 語意、尤も備なり。

c: 語意(ぎょい)、尤(もっと)も備(つぶさ)なり。

d: 말뜻이 더 상세하다.

a: 人[23~33, 33]謂[゠]賢[음합부]臣[⎺, 13]。身[23~33, 33]指[゠]君[22]身[⎺, 13]。道[33]者天[음합부]下[22]之達[음합부]道[12 ⎯]。

b: 人とは賢臣を謂。身とは君の身を指。道は天下の達道なり。

c: 人(ひと)とは、賢臣(けんしん)を謂(い)ふ。身(み)とは、君(き み)の身(み)を指(さ)す。道(たう)は、天下(てんか)の達道(たつ たう)なり。

d: 사람은 현명한 신하를 말한다. 몸은 임금의 몸을 가리킨다. 도는 천 하의 달도이다.

a: 仁[33]者天[음합부]地[22]生[ゝ, 31⎯]物[13]之心[12⎯]。而[31] 人[22]得[゠, 33ㄴ]以[31]生[⎺, 31⎯, 13⎯]者[12⎯]。所[훈합부] 謂、元[33, 평탁]者善[22, 거]之長[12⎯, 상]也。

b: 仁は天地の物を生する心なり。而て人の以て生することを得 る者なり。所謂、元は善の長なり。

c: 仁(じん)は、天地(てんち)の物(もの)を生(せい)する心(こころ) なり。而(しかう)して人(ひと)の、以(も)ちて生(せい)すること を得(う)る者(もの)なり。所謂(いはゆる)元(ぐゑん)は善(せん) の長(ちゃう)なり。

d: 인은 천지가 만물을 내는 마음이다. 사람이 태어날 수 있게 하는 것 이다. 이른바 원(元)은 선의 으뜸이다.[113]

---

113 주역(周易) 건괘(乾卦) 문언전(文言傳)에「元者善之長也(원은 선의 으뜸이다.)」
라는 말이 있다. 주석에서는「元者生物之始, 天地之德莫先於此. 故於時爲春, 於
人則爲仁而衆善之長也(원은 생물(生物)[물을 낳음]의 시작이니, 천지의 덕이 이
보다 먼저함이 없다. 그러므로 때[계절]에 있어서는 봄이 되고 사람에게 있어서

a: 言[33]人[음합부]君[22]爲[ㇾ, スル, 13~23]政[13]在[〓]於得[ー, ㇾ, 11]人[13]。而[31]取[ㇾ, 33ㄴ]人[13]之則[ノリ]、又、在[ㇾ]脩[ㇾ, ムル, 11]身[13]。

b: 言は人君の政を爲(スル)こと人を得に在。而て人を取る則(ノリ)、又、身を脩(ムル)に在。

c: 言(いふこころ)は、人君(じんくん)の政(まつりごと)を爲(す)ること、人(ひと)を得(う)るに在(あ)り。而(しかう)して人(ひと)を取(と)る則(のり)、又(また)身(み)を修(をさ)むるに在(あ)り。

d: 말하는 뜻은 이러하다. 임금이 정사를 하는 것은 사람을 얻음에 있다. 그리고 사람을 취하는 법은 또한 (임금이 자신의) 몸을 닦음에 있다.

a: 能仁[〓, 음독부, 31一, 33一]其[22]身[ー, 13]、則有[ㇾ]君、有[ㇾ]臣而[31]政、無[ㇾ, 32ㄴ]不[ㇾ, ト云, 13~23]擧[거]矣

b: 能其の身を仁するときは、則君有、臣有て政、擧不(トイフ)こと無し

c: 能(よ)く其(そ)の身(み)を仁(じん)するときは、則(すなは)ち君(きみ)有(あ)り、臣(しん)有(あ)りて、政(まつりごと)擧(きょ)せずといふこと無(な)し。

d: 그 몸을 인하게 하면 (훌륭한) 임금이 있고 신하가 있어서 정사가 거행되지 않음이 없게 된다.

는 인이 되어 모든 선의 으뜸이 된다.)」와 같이 풀었다.

A: 仁[33]者、人[음독부, 12—]也。親[ㇾ, 31—, 13, 평]親[13]爲[ㇾ, 32]大[ヲホイ, 12—, 23~33]。義[33]者宜[12—, 평탁]也。尊[ㇾ, タトフル, 13]賢[13]爲[ㇾ, 32]大[12—, 23~33, 거]。

B: 仁は、人なり。親を親するを大(ヲホイ)なりと爲す。義は宜なり。賢を尊(タトフル)を大なりと爲す。

C: 仁(じん)は人(じん)なり。親(しん)を親(しん)するを大(おほ)いなりとす。義(ぎ)は宜(ぎ)なり。賢(けん)を尊(たふと)ぶるを大(おほ)いなりとす。

D: 인(仁)은 인(人)[사람의 몸]입니다. (인을 실천하는 방법 가운데) 어버이·친척을 친애하는 것을 중요하게 여깁니다. 의(義)는 의(宜)[마땅함]입니다. (의를 실천하는 방법 가운데) 현명한 이를 높이는 것을 중요하게 여깁니다.

A: 親[ㇾ, 31—]親[13]之殺[サイ, 거]、尊[ㇾ, ル]賢[13]之等[シナ, 33]、禮[22]所[ㇾ, 12—]生[ナル]也

B: 親を親する殺(サイ)、賢を尊(ル)等(シナ)は、禮の生(ナル)所なり

C: 親(しん)を親(しん)する殺(さい)、賢(けん)を尊(たふと)ぶる等(しな)は、禮(れい)の生(な)る所(ところ)なり。

D: 어버이·친척을 친애하는 일이 (관계가 멀어짐에 따라 친애의 정도가) 줄어드는 것과 현명한 이를 높이는 일이 차등이 있는 것은 예가 생겨나는 근원입니다.

a: 殺[33]去[음합부]聲

b: 殺は去聲

c: 殺(さい)は去聲(きょせい)。

d: 쇄(殺)는 거성[감소하다]이다.

a: 人[23~33, 33]指[⁼]人[22]身[⁻ , 13]而[31]言。

b: 人とは人の身を指て言。

c: 人(じん)とは、人(ひと)の身(み)を指(さ)して言(い)ふ。

d: 인(人)은 사람의 몸을 가리켜 말하였다.

a: 具[⁼ , ソナヘ]此[22]生[음합부]理[⁻ , 13, 31]自[음합부]然[11]、
便、有[⁼]惻[음합부, ソク¹¹⁴, 입]怛[タン¹¹⁵, 상]慈[음합부, 평
탁¹¹⁶]愛[22, 거]之意[⁻]。深[32 ／]體[음독부, 32ㄴ, 31, 상]味[㇄ ,
アチハ丶, 33]之[13]可[㇄]見[ツ]。

b: 此の生理を具(ソナヘ)て自然に、便、惻怛(ソクタン)慈愛の意
有。深く體して之を味(アチハ丶)ば見(ツ)可。

c: 此(こ)の生理(せいり)を具(そな)へて、自然(しぜん)に便(すな
は)ち惻怛(そくたん)慈愛(しあい)の意(い)有(あ)り。深(ふか)く
體(てい)して之(これ)を味(あぢ)ははば見(み)つべし。

d: 이 생리를 갖추고 있어서 자연히 가엾이 여기고 자애하는 뜻이 있
다. 깊이 체득하여 음미하면 볼 수 있는 것이다.

---

114 「惻」의 한음(漢音)은 「ショク」이고 오음(吳音)은 「シク」이며 관용음은 「ソク」
이다. 여기서는 훈점에 따랐다.

115 「怛」의 한음은 「タツ」이고 관용음은 「ダツ」이며 입성자이다. 여기서는 훈점에
따랐다.

116 「慈」의 한음은 「シ」이고 오음은 「ジ」이다. 여기서는 훈점에 따랐다.

a: 宜[33, 평탁]者、分[三 , 음합부]別[ㅈ합점, 31—[117]]事[음합부]理
[22]各有[二 , 13—]所[음합부]宜[一 , 평탁]也。

b: 宜は、事理の各所宜有ことを分別(ㅈ)。

c: 宜(ぎ)は、事理(しり)の各(おのおの)所宜(そぎ)有(あ)ることを
分別(ふんへつ)す。

d: 의(宜)는 사리에 각각 마땅한 바가 있음을 분별하는 것이다.

a: 禮[33]則節[二 , 음합부, 입]文[31—, 평탁]斯[22]二[22]者[一 , 13]
而[훈합부, ノミ]已[12—]

b: 禮は則斯の二の者を節文する而已(ノミ)なり

c: 禮(れい)は、則(すなは)ち斯(こ)の二(ふた)つの者(もの)を節文
(せつぶん)するのみなり。

d: 예(禮)는 이 두 가지[인과 의]를 나누고 꾸미는 것이다.

A: 在[二]下[음합부]位[一 , 11, 31]不[ㄴ , 33—]獲[二 , エラレ]乎上
[一 , 11]、民、不[ㄴ , 13ㄴ]可[二]得[31]而治[一 , 상]矣

B: 下位に在て上に獲(エラレ)不ときは、民、得て治可不ず

C: 下位(かゐ)に在(あ)りて上(かみ)に獲(え)られざるときは、民
(たみ)、得(え)て治(をさ)むべからず。

D: 아랫자리에 있으면서 윗사람에게 (신임을) 얻지 못하면 백성은 다
스릴 수 없게 됩니다.

a: 鄭[음합부]氏[21]曰、此[22]句、在[ㄴ , リ]下[11]。誤[31]重[カ

サネ, 31]在[レ]此[コ丶, 11]

b: 鄭氏が曰、此の句、下に在(リ)。誤て重(カサネ)て此(ココ)に在

c: 鄭氏(ていし)が曰(い)はく、此(こ)の句(く)下(しも)に在(あ)り。誤(あやま)ちて重(かさ)ねて此(ここ)に在(あ)り。

d: 정씨[정현(鄭玄)]가 말하기를, 이 구는 뒤에 실려 있다. 착오로 중복해서 여기에 있다.

A: 故[11]君[음합부]子、不[レ, 13ㄴ]可[゠]以[31]不[一, レ, ハアル]脩[レ]身[13]。

B: 故に君子、以て身を脩不(ハアル)可不ず。

C: 故(ゆゑ)に君子(くんし)、以(も)ちて身(み)を修(をさ)めずんばあるべからず。

D: 그러므로 군자는 (자신의) 몸을 닦지 않을 수 없습니다.

A: 思[レ]脩[レ, 13一]身[13, 31]不[レ, 13ㄴ]可[゠]以[31]不[一, レ, ハアル]事[レ, ツカヘ]親[11]。

B: 身を脩ことを思て以て親に事(ツカヘ)不(ハアル)可不ず。

C: 身(み)を修(をさ)むることを思(おも)ひて、以(も)ちて親(しん)に事(つか)へずんばあるべからず。

D: (자신의) 몸을 닦고자 하면 어버이·친척을 섬기지 않을 수 없습니다.

A: 思[レ]事[レ]親[11, 31]不[レ, 13ㄴ]可[゠]以[31]不[一, レ, ハア

ル]知[ᴸ]人[13]。

B: 親に事思て以て人を知不(ハアル)可不ず。

C: 親(しん)に事(つか)ふることを思(おも)ひて、以(も)ちて人(ひ
と)を知(し)らずんばあるべからず。

D: 어버이·친척을 섬기고자 하면 사람을 알지 않을 수 없습니다.

A: 思[ᴸ]知[ᴸ, 13—]人[13, 31]不[一, ᴸ, 13ㄴ]可[二]以[31]不[一,
ᴸ, ハアル]知[ᴸ]天[13]

B: 人を知ことを思て以て天を知不(ハアル)可不ず

C: 人(ひと)を知(し)ることを思(おも)ひて、以(も)ちて天(てん)を
知(し)らずんばあるべからず。

D: 사람을 알고자 하면 하늘을 알지 않을 수 없습니다.

a: 爲[ᴸ, スル, 13~23]政[13]在[ᴸ]人[11]。取[ᴸ, 11]人[13]以[ᴸ,
32]身[13]。故[11]不[ᴸ]可[二]以[31]不[一, ᴸ, ハアル]脩[ᴸ]身
[13]。

b: 政を爲(スル)こと人に在。人を取に身を以す。故に以て身を脩
不(ハアル)可不。

c: 政(まつりごと)を爲(す)ること、人(ひと)に在(あ)り。人(ひと)
を取(と)るに身(み)を以(も)ってす。故(ゆゑ)に以(も)ちて身
(み)を修(をさ)めずんばあるべからず。

d: 정사를 하는 것은 사람에게 달려 있다. 사람을 얻음에 (자신의) 몸
으로써 한다. 그러므로 (자신의) 몸을 닦지 않을 수 없다.

a: 脩[ㆍ, ムル, 11]身[13]以[ㆍ, 32]道[13]。脩[ㆍ, 11]道[13]以[ㆍ, 32]仁[13]。故[11]思[ㆍ]脩[ㆍ, 13一]身[13, 31]不[ㆍ]可[゠]以[31]不[一, ㆍ, ハアル]事[ㆍ]親[11]。

b: 身を脩(ムル)に道を以す。道を脩に仁を以す。故に身を脩ことを思て以て親に事不(ハアル)可不。

c: 身(み)を修(をさ)むるに道(みち)を以(も)ってす。道(みち)を修(をさ)むるに仁(じん)を以(も)ってす。故(ゆゑ)に身(み)を修(をさ)むることを思(おも)ひて、以(も)ちて親(しん)に事(つか)へずんばあるべからず。

d: (자신의) 몸을 닦음에 도로써 한다. 도를 닦음에 인으로써 한다. 그러므로 (자신의) 몸을 닦고자 하면 어버이ㆍ친척을 섬기지 않을 수 없다.

a: 欲[ㆍ, セ, 33]盡[゠, サン, 23~33]親[ㆍ, 31一]親[13]之仁[一, 13]、必、由[゠, ヨル]尊[ㆍ]賢[13]之義[一, 11]。故[11]又、當[ㆍ, 11]知[ㆍ, 33ㄴ]人[13]。

b: 親を親する仁を盡(サン)と欲(セ)ば、必、賢を尊義に由(ヨル)。故に又、當に人を知る當。

c: 親(しん)を親(しん)する仁(じん)を盡(つく)さんと欲(ほっ)せば、必(かなら)ず賢(けん)を尊(たふと)ぶる義(ぎ)に由(よ)る。故(ゆゑ)に又(また)、當(まさ)に人(ひと)を知(し)るべし。

d: 어버이ㆍ친척을 친애하는 인을 다하려면 반드시 현명한 이를 높이는 의에 말미암아야 한다. 그러므로 또 사람을 알아야 한다.

a: 親[ㇾ, 31―]親[13]之殺[サイ, ㇾ]、尊[ㇾ, ル]賢[13]之等[シナ,
33]皆天[음합부]理[12―]也。故[11]又、當[ㇾ, 11]知[ㇾ]天[13]

b: 親を親する殺(サイ)、賢を尊(ル)等(シナ)は皆天理なり。故に
又、當に天を知當

c: 親(しん)を親(しん)する殺(さい)、賢(けん)を尊(たふと)ぶる等
(しな)は、皆(○○)天理(てんり)なり。故(ゆゑ)に又(また)、當
(まさ)に天(てん)を知(し○)るべし。

d: 어버이·친척을 친애하는 일(이 관계가 멀어짐에 따라 친애의 정도
가) 줄어드는 것과 현명한 이를 높이는 일이 차등이 있는 것은 모두
천리이다. 그러므로 또한 하늘을 알아야 한다.

A: 天[음합부]下[22]之達[음합부]道[○○ツ]。所[二, 훈합부]以[22]行
[一, ㇾ, フ]之[13]者[モ, 22]三[ツ]。

B: 天下の達道五(ツ)。之を行(フ)所以の者(モ)の三(ツ)。

C: 天下(てんか)の達道(たつたう)、五(いつ)つ。之(これ)を行(お
こな)ふ所以(ゆゑん)の者(もの)三(み)つ。

D: 천하의 달도가 다섯입니다. 이것을 행하는 수단은 셋입니다.

A: 曰[イ]、君[음합부]臣也。父[음합부]子也。夫[음합부]婦也。
昆[음합부]弟也。朋[음합부]友[22]之交[マシハリ, 12―]也。五
[훈합부, ツ丶, 22]者[22, 33]天[음합부]下[22]之達[음합부]道[12
―]也。

B: 曰(イ)、君臣。父子。夫婦。昆弟。朋友の交(マシハリ)なり。
五(ツツ)の者のは天下の達道なり。

C: 曰(い)はく、君臣(くんしん)、父子(ふし)、夫婦(ふふ)、昆弟
(こんてい)、朋友(ほういう)の交(まじ)はりなり。五(いつ)つ
の者(もの)は天下(てんか)の達道(たつたう)なり。

D: 말하기를, 군신·부자·부부·형제·벗의 사귐입니다. 이 다섯 가지
는 천하의 달도입니다.

A: 知[거]、仁、勇、三[22]者[22, 33]天[음합부]下[22]之達[음합부]
德[12―]也。所[ニ, 훈합부]以[22]行[一, レ, フ]之[13]者[33]一
[ツ, 12―]也

B: 知、仁、勇、三の者のは天下の達德なり。之を行(フ)所以の
者は一(ツ)なり

C: 知(ち)、仁(じん)、勇(よう)、三(み)つの者(もの)は天下(てん
か)の達德(たつとく)なり。之(これ)を行(おこな)ふ所以(ゆゑ
ん)の者(もの)は一(ひと)つなり。

D: 지·인·용 세 가지는 천하의 달덕입니다. 이것을 행하는 수단은 하
나[성(誠)]입니다.

a: 知[33]去[음합부]聲

b: 知は去聲

c: 知(ち)は去聲(きょせい)。

d: 지(知)는 거성[지혜]이다.

a: 達[음합부]道[33]者、天[음합부]下古[음합부]今[22]所[ニ]共[11]
由[一, ヨル]之路[12―]。

b: 達道は、天下古今の〿に由(ヨル)所路なり。

c: 達道(たつたう)は、天〿〿〿〿〿〿の共(とも)に由
　　(よ)る所(ところ)の路(みち)なり。

d: 달도는 천하 고금이 모두 따르는 길이다.

a: 即書[22]所[훈합부]謂、〿〿〿〿〿。

b: 即書の所謂、五典。

c: 即(すなは)ち書(しょ)の所謂(いはゆる)、五典(ごてん)。

d: 서경에서 말한 이른바 오전(五典)이다.

a: 孟[음합부]子[11]所[훈합부]謂、父[음합부]子、有[ㇾ]親。君[음
　　合부]臣、有[ㇾ]義。夫[음합부]婦、有[ㇾ]別。長[음합부]幼、
　　有[ㇾ]序[ツイテ]。朋[음합부]友、〿[ㇾ]〿〿〿ル]信。是[12一]
　　也。

b: 孟子に所謂、父子、親有。君臣、義有。夫婦、別有。長幼、
　　序(ツイテ)有。朋友、信有(トイヘル)。是なり。

c: 孟子(まうし)に所謂(いはゆる)、父子(ふし)親(しん)有(あ)り。
　　君臣(くんしん)義(ぎ)有(あ)り。夫婦(ふふ)別(へつ)有(あ)り。
　　長幼(ちゃういう)序(つい)で有(あ)り。朋友(ほういう)信(しん)
　　有(あ)りといへる、是(これ)なり。

d: 맹자에서 말한, 부자 간에 친함이 있고, 군신 간에 의리가 있고, 부
　　부 간에 분별이 있고, 장유 간에 차례가 있고, 벗 간에 믿음이 있다
　　고 한 것이 이것이다.

a: 知[33, 거]所[ニ, 훈합부]以知[一, ㇗, 33ㄴ]此[13]也。仁[33]所
   [ニ, 훈합부]以[12—]體[一, ㇗, 31—]此[13]也。勇[33, 거¹¹⁸]所
   [ニ, 훈합부]以強[一, ㇗, ツトムル]此[13]也。

b: 知は此を知る所以。仁は此を體する所以なり。勇は此を強(ツ
   トムル)所以。

c: 知(ち)は此(これ)を知(し)る所以(ゆゑん)なり。仁(じん)は此(こ
   れ)を體(てい)する所以(ゆゑん)なり。勇(よう)は此(これ)を強
   (つと)むる所以(ゆゑん)なり。

d: 지(知)는 이것을 아는 수단이다. 인(仁)은 이것을 실천하는 수단이
   다. 용(勇)은 이것에 힘쓰는 수단이다.

a: 謂[一, 13~23, 33]之[13]達[음합부]德[一, 23~33]者、天[음합부]
   下古[음합부]今[22]所[ニ, 22]同得[一, 33ㄴ]之理[12—]也。

b: 之を達德と謂ことは、天下古今の同得る所の理なり。

c: 之(これ)を達德(たつとく)と謂(い)ふことは、天下(てんか)古今
   (こきむ)の同(おな)じく得(う)る所(ところ)の理(り)なり。

d: 이것을 달덕이라고 하는 것은, 천하 고금이 똑같이 얻는 이치이기
   때문이다.

a: 一[33]則誠[훈독부]而[훈합부]已[12—]矣。

b: 一は則誠而已なり。

c: 一(いつ)は則(すなは)ち誠(まこと)のみなり。

d: (대문에서 말한) 하나는 성(誠)이다。

---

118 「勇」은 상성자인데 거성점이 찍혀 있다.

a: 達[음합부]道[33]雖[ﾆ]人[22]所[ﾆ, 12一, 23~33]共[11]由[ﾄ, ヨ
ル]、然[13ㄱ]無[ﾆ, 33一]是[22]三[22]德[ﾄ]、則無[ﾆ, 32ㄴ]以
[31]行[ﾄ, ﾚ, ﾌ, 13~23]之[13]。

b: 達道は人の共に由(ヨル)所なりと雖、然も是の三の德無とき
は、則以て之を行(ﾌ)こと無し。

c: 達道(たつたう)は人(ひと)の共(とも)に由(よ)る所(ところ)なり
といへども、然(しか)も是(こ)の三(み)つの德(とく)無(な)きと
きは、則(すなは)ち以(も)ちて之(これ)を行(おこな)ふこと無
(な)し。

d: 달도는 사람이 모두 따르는 바이지만 그러나 이 세 가지 덕이 없으
면 이것을 행할 수 없다.

a: 達[음합부]德[33]雖[ﾆ]人[22]所[ﾆ, ナリ, 23~33]同[32／]得[ﾄ,
33ㄴ]、然[13ㄱ]一[ヒトツ, 13ㄱ]、有[ﾚ, 33一]不[ﾚ, 13~23]
誠、則、人[음합부]欲、間[ﾚ, ヘタテ]之[13]而[31]德非[ﾆ]其
[22]德[ﾄ, 11]矣。

b: 達德は人の同く得る所(ナリ)と雖、然も一(ヒトツ)も、誠不こ
と有るときは、則、人欲、之を間(ヘタテ)て德其の德に非。

c: 達德(たつとく)は人(ひと)の同(おな)じく得(う)る所(ところ)な
りといへども、然(しか)も一(ひと)つも、誠(せい)ならざるこ
と有(あ)るときは、則(すなは)ち人欲(じんよく)、之(これ)を間
(へだ)てて、德(とく)其(そ)の德(とく)にあらず。

d: 달덕은 사람이 똑같이 얻는 바이지만, 그러나 하나라도 진실하지
못한 것이 있으면 사람의 욕심이 이를 가로막아 덕(德)이 (본연의)

덕이 아니게 된다.

a: 程[음합부]子[21]曰、所[훈합부]謂、誠[云, 23~33, 33]者、止[タヽ]是[12ㄴ]誠[ニ, 음합부]實[음독부, 31一, 12一, 입]此[22]三[22]者[一, 13]。三者[22]之外[11]、更[11]別[11]無[レ]誠

b: 程子が曰、所謂、誠と(イフ)は、止(タタ)是れ此の三の者を誠實するなり。三者の外に、更に別に誠無

c: 程子(ていし)が曰(い)はく、所謂(いはゆる)誠(せい)といふは、止(ただ)是(これ)此(こ)の三(み)つの者(もの)を誠實(せいしつ)するなり。三(み)つの者(もの)の外(ほか)に、更(さら)に別(へつ)に誠(せい)無(な)し。

d: 정자(程子)가 말하기를, 이른바 성(誠)이란 이 세 가지를 성실히 하는 것이다. 세 가지 외에 따로 성은 없다.

A: 或[33]生[ムマレナカラ, 11, 32ㄴ]而[31]知[33ㄴ]之。或[33]學[マナム]而[31]知[33ㄴ]之。或[33]困而[31]知[33ㄴ]之。及[ニ, 31, 33]其[22]知[一, シル, 11]之一[ヒトツ, 12一]也。

B: 或は生(ムマレナカラ)にして知る。或は學(マナム)で知る。或は困て知る。其の知(シル)に及ては一(ヒトツ)なり。

C: 或(ある)いは生(む)まれながらにして知(し)る。或(ある)いは學(まな)んで知(し)る。或(ある)いは困(くる)しみて知(し)る。其(そ)の知(し)るに及(およ)びては一(ひと)つなり。

D: 어떤 이는 나면서부터 압니다. 어떤 이는 배워서 압니다. 어떤 이는 애를 써서 압니다. (그렇지만) 앎에 이르러서는 한가지입니다.

A: 或[33]安[ヤスン, 32ㄴ]而[31]行[フ, 11ㄱ]之。或[33]利[23~33, 32ㄴ]而[31]行[フ]之。或[33]勉[음합부, 상탁]强[32ㄴ, 상]而[31]行[フ, 11ㄱ]之。及[ᄀ, 31, 33]其成[ᄀ, ㄴ, 11]功[13]、一[12—]也

B: 或は安(ヤスン)じて行お(フ)。或は利として行(フ)。或は勉强して行お(フ)。其功を成に及ては、一なり

C: 或(ある)いは安(やす)んじて行(おこな)ふ。或(ある)いは利(り)として行(おこな)ふ。或(ある)いは勉强(べんきゃう)して行(おこな)ふ。其(そ)の功(こう)を成(な)すに及(およ)びては一(ひと)つなり。

D: 어떤 이는 편안하게 행합니다. 어떤 이는 이롭게 여겨서 행합니다. 어떤 이는 애를 써서 행합니다. (그렇지만) 성과를 이룸에 이르러서는 한가지입니다.

a: 强[33]上[음합부]聲

b: 强は上聲

c: 强(きゃう)は上聲(しゃうせい)。

d: 강(强)은 상성[애쓰다]이다.

a: 知[ㇾ, 33ㄴ[119]]之[13]者[22]之所[ㇾ]知行[ㇾ, フ]之[ㇾ, 13]者[22]之所[ㇾ, 23~33, 33]行、謂[ル]、達[음합부]道[12—]也。

b: 之を知る者の知所之(レ)を行(フ)者の行所とは、謂(ル)、達道なり。

c: 之(これ)を知(し)る者(もの)の知(し)る所(ところ)、之(これ)を

---

119 23~33위치와 33위치에 朱點으로 단점을 찍었다가 지운 것으로 보인다.

行(おこな)ふ者(もの)の行(おこな)ふ所(ところ)とは、謂(いは
ゆる)達道(たつたう)なり。

d: 아는 자가 아는 바, 행하는 자가 행하는 바라는 것은 이른바 달도이다.

a: 以[゠]其[22]分[⁻ , 음독부, 13]而[31]言[33一]則、所[゠ , 훈합부]
以[22]知[⁻]者[22, 33]知[음독부, 12一]也。所[゠ , 훈합부]以[22]
行[⁻]者[22, 33]、仁[12一]也。所[훈합부, コノユヘ]以[11]、至
[゠]於知[22]之成[⁻ , ㇾ, 11]功[13]而[31]一[ナル]者[モノ, 33]、
勇[12一]也。[120]

b: 其の分を以て言ときは則、知所以の者のは知なり。行所以の
者のは、仁なり。所以(コノユヘ)に、知の功を成に至て一(ナ
ル)者(モノ)は、勇なり。

c: 其(そ)の分(ふん)を以(も)ちて言(い)ふときは、則(すなは)ち知
(し)る所以(ゆゑん)の者(もの)は知(ち)なり。行(おこな)ふ所以
(ゆゑん)の者(もの)は仁(じん)なり。所以(このゆゑ)に知(ち)の
功(こう)を成(な)すに至(いた)りて、一(ひと)つなる者(もの)は
勇(よう)なり。

d: (달덕을 지, 인, 용 세 가지로) 나눠서 말하자면, 아는 수단은 지이
다. 행하는 수단은 인이다. 그러므로 지가 성과를 이룸에 이르러 한
가지가 되는 것은 용이다.

---

120 「所以至於知之成功而一者勇也」의 훈독이 올바르지 않다. '지가 성과를 이룸에
이르러 한가지가 되는 수단은 용이다.'와 같이 이해하는 것이 옳다. 이를 훈독문
으로 나타내면 「知(ち)の功(こう)を成(な)すに至(いた)りて、一(ひと)つなる
所以(ゆゑん)の者(もの)は勇(よう)なり。」와 같이 읽어야 한다. 寬文本은 이렇
게 되어 있다. 여기서는 훈점에 따랐다.

a: 以[ᵈ]其[22]等[ᵃ, シナ, 13]而[31]言[33一]則生[ナカラ, 11, 32
ㄴ, 31]知[リ]、安[32ㄴ, 31]行[フ]者[22, 33]知[12一, 거]也。學
[マナン, 31]知[リ]、利[23~33, 32ㄴ, 31]行[フ]者[モノ, 33]、仁
[12一]也。困[クルシン, 31]知[リ]、勉[ツトメ, 31]行[フ]¹²¹者
[33]、勇[12一]也。

b: 其の等(シナ)を以て言ときは則生(ナカラ)にして知(リ)、安し
て行(フ)者のは知なり。學(マナン)で知(リ)、利として行(フ)者
(モノ)は、仁なり。困(クルシン)で知(リ)、勉(ツトメ)て行(フ)
者は、勇なり。

c: 其(そ)の等(しな)を以(も)ちて言(い)ふときは、則(すなは)ち生
(む)まれながらにして知(し)り、安(やす)んじて行(おこな)ふ者
(もの)は知(ち)なり。學(まな)んで知(し)り、利(り)として行(お
こな)ふ者(もの)は仁(じん)なり。困(くる)しんで知(し)り、勉
(つと)めて行(おこな)ふ者(もの)は勇(よう)なり。

d: 그 등급으로써 말한다면, 나면서부터 알고 편안하게 행하는 것은
지이다. 배워서 알고 이롭게 여겨 행하는 것은 인이다. 애써서 알고
애써서 행하는 것은 용이다.

a: 蓋人[22]性、雖[㇄]無[ᵈ, 23~33]不[음합부]善[ᵃ]、而氣[음합
부]稟有[ᵈ]不[㇄]同[カラ]者[ᵃ, モ, 22]

b: 蓋人の性、不善無と雖、氣稟同(カラ)不者(モ)の有

c: 蓋(けだ)し人(ひと)の性(せい)、不善(ふせん)無(な)しといへど
も、氣稟(きひむ)同(おな)じからざる者(もの)有(あ)り。

---

¹²¹ 11위치에 ㄱ과 같은 모양이 보이지만 반영할 수 없다.

d: 사람의 본성은 선하지 않은 것이 없지만 타고난 기질이 같지 않음 이 있다.

a: 故[11]聞[ㇾ, 11]道[13]有[＝]蚤[음합부]{音早}莫[￣, ホ, 거탁] {音暮}。行[ㇾ, フ, 11]道[13]有[＝]難[음합부]易[￣, 거]。

b: 故に道を聞に蚤莫(ホ)有。道を行(フ)に難易有。

c: 故(ゆゑ)に道(みち)を聞(き)くに蚤莫(さうぼ)有(あ)り。道(みち)を行(おこな)ふに難易(なんい)有(あ)り。

d: 그러므로 도를 들음[들어서 깨달음]에 빠르고 늦음이 있다. 도를 행함에 어렵고 쉬움이 있다.

a: 然[13ㄱ]能、自、強[ツトメ, 31]不[ㇾ, 33一]息[ヤマ]、則其[22] 至[ル, 13~23, 33]一[ツ, 12一]也。

b: 然も能、自、強(ツトメ)て息(ヤマ)不ときは、則其の至(ル)こ とは一(ツ)なり。

c: 然(しか)も能(よ)く自(みづか)ら強(つと)めて息(や)まざるとき は、則(すなは)ち其(そ)の至(いた)ることは一(ひと)つなり。

d: 그러나 스스로 애쓰고 쉬지 않는다면 다다르게 되는 것은 한가지 이다.

a: 呂[음합부]氏[21]曰、所[ㇾ, 22]入之塗[ミチ]、雖[ㇾ]異[コト, 12一, 23~33]、而所[ㇾ, 22]至[33ㄴ]之域[サカヒ, 33]則同[32 ㄴ]。此、所[＝, 훈합부]以[12一]爲[＝, スル]中[음합부]庸[￣, 13]。

b: 呂氏が曰、入所の塗(ミチ)、異(コト)なりと雖、至る所の域(サカヒ)は則同し。此、中庸を爲(スル)所以なり。

c: 呂氏(りょし)が曰(い)はく、入(い)る所(ところ)の塗(みち)異(こと)なりといへども、至(いた)る所(ところ)の域(さかひ)は則(すなは)ち同(おな)じ。此(これ)中庸(ちうよう)を爲(す)る所以(ゆゑん)なり。

d: 여씨[여대림(呂大臨)]가 말하기를, '들어가는 길은 다를지라도 다다른 곳은 같다. 이것이 중용을 행하는 수단이다.

a: 若[훈합부]乃、企[ニ, ネカフ]生[ナカラ, 11, 32ㄴ, 31]知[リ]、安[31]行[フ]之資[一, 음독부, 13, 31]爲[レ, シ]不[レ, 23~33]可[ニ]幾[ホトヽ]及[一, フ]、輕[ニ, カロン, 32ㄴ]困[31]知[リ]、勉[ツトメ, 31]行[一, フ, 13~23, 13, 31]謂[レ, イフ, 33]不[レ, 23~33]能[ㄴ]有[レ, 13~23]成[ナス, 13~23]、此[レ]道[22]之所[ニ, 훈합부]以[12一]不[レ]明[ナラ]不[一, レ, 33ㄴ]行也

b: 若乃、生(ナカラ)にして知(リ)、安て行(フ)資を企(ネカフ)て幾(ホトト)及(フ)可不と爲(シ)、困て知(リ)、勉(ツトメ)て行(フ)ことを輕(カロン)して成(ナス)こと有こと能不と謂(イフ)は、此(レ)道の明(ナラ)不行不る所以なり

c: 若乃(も)し生(む)まれながらにして知(し)り、安(やす)んじて行(おこな)ふ資(し)を企(ねが)うて、幾(ほとん)ど及(およ)ぶべからずとし、困(くる)しみて知(し)り、勉(つと)めて行(おこな)ふことを輕(かろ)んじて、成(な)すこと有(あ)ること能(あた)はずと謂(い)ふは、此(これ)道(みち)の明(あき)らかならず、行(お

こな)はれざる所以(ゆゑん)なり。

d: 만일 나면서부터 알고 편안하게 행할 자질을 바라면서도 다다를 수 없다고 여기고, 애써서 알고 애써서 행하는 것을 가볍게 여기면서도 이루는 바가 있을 수 없다고 여기는 것, 이것이 도가 밝아지지 못하고 행해지지 못하는 원인이다.'

A: 子曰好[コノン, 31]學[マナフル, 33]近[゠, 32ㄴ]乎知[¯, 음독부, 11, 거]。力[ツトメ, 31]行[フ, 33]近[゠, 32ㄴ]乎仁[¯, 11]。知[㆑, 33]恥[ハチ, 13]近[゠, 32ㄴ]乎勇[¯, 11]

B: 子曰好(コノン)で學(マナフル)は知に近し。力(ツトメ)て行(フ)は仁に近し。恥(ハチ)を知は勇に近し

C: 子(し)の曰(のたう)ばく、好(この)んで學(まな)ぶるは知(ち)に近(ちか)し。力(つと)めて行(おこな)ふは仁(じん)に近(ちか)し。恥(はぢ)を知(し)るは勇(よう)に近(ちか)し。

D: 선생님께서 말씀하시기를, 즐겨 배우는 것은 지에 가깝다. 힘써 행하는 것은 인에 가깝다. 부끄러움을 아는 것은 용에 가깝다.

a: 子[음합부]曰[22]二[음합부]字[33]衍[음합부, エン]文[12一]。

b: 子曰の二字は衍(エン)文なり。

c: 子曰(しゑつ)の二字(じし)は衍文(えんぶん)なり。

d: 자왈(子曰) 두 글자는 연문(衍文)[불필요한 자구]이다.

a: 好[음합부, カウ]近乎[음합부, コ]知[チ]之知[33]並[11]去[음합

부]聲[122]

b: 好(カウ)近乎知(コチ)の知は並に去聲

c: 好(かう)、近(きん)、乎知(こち)の知(ち)は竝(なら)びに去聲(きょせい)。

d: 호(好)·근(近)·호지(乎知)의 지(知)는 모두 거성[좋아하다·가까이하다·지혜]이다.

a: 此[33]言[下, イフ]未[レ]{スシ}及[二]乎達[一, レ, 31一, 11]德[11]而[31]求[メ, 31]以[31]入[レ]德[11]之事[上, 13]。

b: 此は未德に達するに及未(スシ)て求(メ)て以て德に入事を言(イフ)。

c: 此(これ)は未(いま)だ德(とく)に達(たっ)するに及(およ)ばずして、求(もと)めて以(も)ちて德(とく)に入(い)る事(こと)を言(い)ふ。

d: 이것은 아직 달덕에 미치지 못하여 덕에 들어가기를 구하는 일을 말씀하신 것이다.[123]

a: 通[二, 32ㄴ]上[22]文[一, 11, 31]三[음합부]知[13]爲[レ]知[23~33, 거]、三[음합부]行[13, 거]爲[レ, 32]仁[23~33]。則此[22]三[음합부]近[33]者勇[22]之次[12一]也。

---

122 「好近」 사이의 음합부는 불필요하다. 「好近乎知之知並去聲」은 실려 있지 않은 텍스트도 있다.

123 앞에서 '達德'을 명사구로 보았으므로, 여기에서도 '達德'을 명사구로 보는 것이 좋다. 寬文本에도 「達[음합부]德」으로 되어 있다. '求以入德' 또한 '求'를 서술어, '以入德'을 목적어로 보는 것이 좋다. 寬文本에도 「求[ㅕ, ル기]以[テ]入[レ]德[二]之事[上, キ]」로 되어 있다. d에서는 이에 따랐다.

b: 上の文に通して三知を知と爲、三行を仁と爲す。則此の三近
は勇の次なり。

c: 上(かみ)の文(ぶん)に通(とう)して、三知(さむち)を知(ち)と
し、三行(さむかう)を仁(じん)とす。則(すなは)ち此(こ)の三近
(さむきん)は、勇(よう)の次(つぎ)なり。

d: 앞의 문장을 통하여 보면, 세 가지 앎을 지로 삼고, 세 가지 행함을
인으로 삼는다. 그런즉 이 세 가지 가까운 일은 용의 다음이다.

a: 呂[음합부]氏[21]曰、愚[음합부]者[33]自[ミ]、是[23~33, 32ㄴ,
거]而[31]不[ヒ]求[モトメ]。

b: 呂氏が曰、愚者は自(ミ)、是として求(モトメ)不。

c: 呂氏(りょし)が曰(い)はく、愚者(ぐしゃ)は自(みづか)ら是(し)
として求(もと)めず。

d: 여씨[여대림(呂大臨)]가 말하기를, '어리석은 이는 스스로 옳다고
여겨 구하지 않는다.

a: 自[ラ]私[ワタクシ, 31—]者[22, 33]徇[ニ, シタカ]人[음합부]欲
[一, 11]而[31]忘[ヒ, 33ㄴ]反[ル, 13—]。

b: 自(ラ)私(ワタクシ)する者のは人欲に徇(シタカ)て反(ル)ことを
忘る。

c: 自(みづか)ら私(わたくし)する者(もの)は、人欲(じんよく)に徇
(したが)ひて反(かへ)ることを忘(わす)る。

d: 스스로 사사로이 하는 이는 인욕을 좇아 돌아올 것을 잊는다.

a: 懦[음합부, タン[124], 거탁]者[33]甘[ㇾ, ネカフ]爲[二, 13—]人[22]下[一, シモ]而[31]不[ㇾ, ス]辭[음독부, 23ㄴ, 평탁]。

b: 懦(タン)者は人の下(シモ)爲ことを甘(ネカフ)て辭せ不(ス)。

c: 懦者(だんしゃ)は人(ひと)の下(しも)たることを甘(ねが)うて辭(し)せず。

d: 유약한 이는 남의 아래에 있는 것을 달갑게 여겨 마다하지 않는다.

a: 故[11]好[31]學[フル, 33]非[ㇾ, トモ]知[11]、然[13ㄱ]足[二]以[31]破[一, ㇾ, ヤフル, 11]愚[13]。

b: 故に好て學(フル)は知に非(トモ)、然も以て愚を破(ヤフル)に足。

c: 故(ゆゑ)に好(この)みて學(まな)ぶるは知(ち)にあらざれども、然(しか)も以(も)ちて愚(ぐ)を破(やぶ)るに足(た)る。

d: 그러므로 즐겨 배우는 것은 지는 아니지만 그것으로써 어리석음을 깨기에 족하다.

a: 力[ツトメ, 31]行[フ, 33]非[ㇾ, トモ]仁[11]、然[13ㄱ]足[二]以[31]忘[一, ㇾ, 11]私[ワ, 13]。

b: 力(ツトメ)て行(フ)は仁に非(トモ)、然も以て私(ワ)を忘に足。

c: 力(つと)めて行(おこな)ふは仁(じん)にあらざれども、然(しか)も以(も)ちて私(わたくし)を忘(わす)るるに足(た)る。

---

124 「懦」의 한음은 「ダ」와 「ジュ」 두 종류가 있다. 다만 『原本備旨大學中庸』이라는 책에 「懦」의 한자음으로 「奴臥奴亂二反」이라는 두 종류의 한자음이 실려 있어서 「ダン」이라는 한자음의 존재도 확인할 수 있다. 여기서는 훈점에 따랐다.

제2장 동경대학 국어연구실 소장 『중용장구』의 해독과 번역 299

d: 힘써 행하는 것은 인은 아니지만 그것으로써 사사로움을 잊기에 족하다.

a: 知[レ, ル, 33]恥[13]、非[レ, トモ]勇[11]然[13ㄱ]足[ᄐ]以[31]起[一, レ, ヲコス, 11]懦[음독부, 13]

b: 恥を知(ル)は、勇に非(トモ)然も以て懦を起(ヲコス)に足

c: 恥(はぢ)を知(し)るは勇(よう)にあらざれども、然(しか)も以(も)ちて懦(だん)を起(おこ)すに足(た)る。

d: 부끄러움을 아는 것은 용은 아니지만 그것으로써 유약함을 일으켜 세우기에 족하다.'

A: 知[ᄐ, シンヌル, 33一]斯[22]三[22]者[一, 13]、則知[ᄐ, 33ㄴ]所[ᄐ, 훈합부]以[13]脩[一, レ, 33ㄴ]身[13]。

B: 斯の三の者を知(シンヌル)ときは、則身を脩る所以を知る。

C: 斯(こ)の三(み)つの者(もの)を知(し)んぬるときは、則(すなは)ち身(み)を修(をさ)むる所以(ゆゑん)を知(し)る。

D: 이 세 가지를 알면 (자신의) 몸을 닦는 방편을 알게 된다.

A: 知[ᄐ, 33一]所[ᄐ, 훈합부]以[13]脩[一, レ]身[13]、則知[ᄐ, 33ㄴ]所[ᄐ, 훈합부]以[13]治[一, レ]人[13]。

B: 身を脩所以を知ときは、則人を治所以を知る。

C: 身(み)を修(をさ)むる所以(ゆゑん)を知(し)んぬるときは、則(すなは)ち人(ひと)を治(をさ)むる所以(ゆゑん)を知(し)る。

D: (자신의) 몸을 닦는 방편을 알면 남을 다스리는 방편을 알게 된다.

A: 知[三, 33一]所[二, 훈합부]以[13]治[一, ㄴ]人[13]、則知[四, 33ㄴ]所[三, 훈합부]以[13]治[二, 33ㄴ]天[음합부]下國[음합부]家[一, 13]矣

B: 人を治所以を知ときは、則天下國家を治る所以を知る

C: 人(ひと)を治(をさ)むる所以(ゆゑん)を知(し)んぬるときは、則(すなは)ち天下(てんか)國家(こっか)を治(をさ)むる所以(ゆゑん)を知(し)る。

D: 남을 다스리는 방편을 알면 천하 국가를 다스리는 방편을 알게 된다.

a: 斯[22]三[22]者[云, 33]指[二, 32ㄴ]三[음합부]近[一, 13]而[31]言[フ]。

b: 斯の三の者(イフ)は三近を指して言(フ)。

c: 斯(こ)の三(み)つの者(もの)といふは、三近(さむきん)を指(さ)して言(い)ふ。

d: 이 세 가지란 세 가지 가까운 것[125]을 가리켜 말한 것이다.

a: 人[ト云, 33]者、對[レ, 31一, 거]已[11]之稱[거]。

b: 人(トイフ)は、已に對する稱。

c: 人(ひと)といふは、己(おのれ)に對(たい)する稱(しょう)。

d: 남이란 자기와 상대되는 명칭이다.

a: 天[음합부]下、國[음합부]家[33]、則盡[二, ツク, 32]乎人[一,

---

125 호학(好學)은 지에 가깝다. 역행(力行)은 인에 가깝다. 지치(知恥)는 용에 가깝다.

11]矣。

b: 天下、國家は、則人に盡(ツク)す。

c: 天下(てんか)國家(こっか)は、則(すなは)ち人(ひと)に盡(つく)す。

d: 천하 국가는 남을 다 포괄한다.

a: 言[ㇾ]此[13, 31]以[31]結[゠, 32ㄴ]上[22]文[22]脩[ㇾ, 33ㄴ]身[13]之意[ー, 13, 31]起[゠, 32]下[22]文[22]九[음합부]經[22]之端[ー, ハシ, 13]也

b: 此を言て以て上の文の身を脩る意を結して下の文の九經の端(ハシ)を起す

c: 此(これ)を言(い)ひて以(も)ちて、上(かみ)の文(ぶん)の身(み)を修(をさ)むる意(い)を結(けっ)して、下(しも)の文(ぶん)の九經(きうけい)の端(はし)を起(おこ)す。

d: 이것을 말함으로써 위 문장의 (자신의) 몸을 닦는다는 뜻을 마무리 짓고 아래 문장의 구경[아홉 가지 항상된 원칙]의 단서를 일으킨 것이다.

A: 凡[23ㄱ]爲[゠, オサムル, 11]天[음합부]下國[음합부]家[ー, 13]、有[゠]九[음합부]經[ー]。

B: 凡そ天下國家を爲(オサムル)に九經有。

C: 凡(およ)そ天下(てんか)國家(こっか)を爲(をさ)むるに、九經(きうけい)有(あ)り。

D: 무릇 천하 국가를 다스림에 구경[아홉 가지 항상된 원칙]이 있다.

A: 曰[イ]、脩[レ, ム]身[13]也。尊[レ, フ]賢[13]也。親[レ, 32]親[13, 평]也。

B: 曰(イ)、身を脩(ム)。賢を尊(フ)。親を親す。

C: 曰(い)はく、身(み)を修(をさ)む。賢(けん)を尊(たふと)ぶ。親(しん)を親(しん)す。

D: (그 구경이란 다음을) 말한다. (자신의) 몸을 닦는다. 현명한 이를 높인다. 어버이·친척을 친애한다.

A: 敬[゠, 32]大[음합부]臣[ー, 13]也。體[゠, 32]羣[음합부]臣[ー, 13]也。子[゠, 23~33, 32]庶[음합부]民[ー, 13]也。

B: 大臣を敬す。羣臣を體す。庶民を子とす。

C: 大臣(たいしん)を敬(けい)す。群臣(くんしん)を體(てい)す。庶民(しょみん)を子(こ)とす。

D: 대신을 공경한다. 여러 신하들의 마음을 헤아린다. 서민을 자식처럼 여긴다.

A: 來[゠, キタス, 32]百[음합부]工[ー, 13]也。柔[゠, ヤスン, 32]遠[음합부]人[ー, 13]也。懷[゠, ナツク]諸[음합부]侯[ー, 13]也

B: 百工を來(キタス)す。遠人を柔(ヤスン)ず。諸侯を懷(ナツク)

C: 百工(はくこう)を來(きた)す。遠人(ゐんじん)を柔(やす)んず。諸侯(しょこう)を懷(なつ)く。

D: 여러 장인들을 찾아오게 한다. 먼 지방의 사람을 편안하게 한다. 제후들을 품는다.

a: 經[33, 평]常[평]也。

b: 經は常。

c: 經(けい)は常(しゃう)。

d: 경(經)은 상(常)[항상됨]이다.

a: 體[云, 32, 23~33, 33]謂[ル]、設[31]以[ㇾ]身[13, 31]處[二, オイ]
其地[一, 11]而[31]察[二, 31一, 12一, 입]其[22]心[一, 13]也。[126]

b: 體すと(イフ)は謂(ル)、設て身を以て其地に處(オイ)て其の心
を察するなり。

c: 體(てい)すといふは、謂(いはゆる)設(まう)けて身(み)を以(も)
ちて、其(そ)の地(ち)に處(お)いて、其(そ)の心(こころ)を察
(さっ)するなり。

d: 체(體)한다는 것은 말하자면 자신을 그의 처지에 있다고 가정하여
그의 마음을 헤아리는 것이다.

a: 子[スト云, 23~33[127], 33]如[二, 11, 32]父[음합부]母[22]之愛[二,
31一, 21]其[22]子[一, 13]也。

b: 子(ストイフ)は父母の其の子を愛するが如にす。

c: 子(こ)とすといふは、父母(ふぼ)の其(そ)の子(こ)を愛(あい)す

---

126 이 구문은「設」이하가「謂」의 목적어이며「謂」를 동사로 읽는 것이 옳다. 그런데
본 훈점본에서는 뒤쪽에「所謂」가 포함된 구문에 이끌려「いはゆる」라고 읽은
것으로 보인다. 寬文本도「體[ハ]、謂[下]設[テ]以[ㇾ, テ]身[ヲ]處[二, テ]其[ノ]
地[一, 二]而[メ]察[ナ, ルヲ]其[ノ]心[上, ヲ]也。→體(てい)は、設(まう)けて身
(み)を以(も)ちて、而(しかう)して其(そ)の地(ち)に處(お)いて、其(そ)の心
(こころ)を察(さっ)するを謂(い)ふ。」와 같이「謂」를 동사로 읽고 있다.

127 주점을 찍었다가 먹으로 지운 것 같다. b 이하에서는 반영하지 않았다.

るが如(ごと)くにす。

d: 자식처럼 여긴다는 것은 부모가 자기 자식을 사랑하는 것처럼 하
는 것이다.

a: 柔[ニ, ヤスン, 23~33, 33]遠[음합부]人[一, 13]、所[훈합부]謂、
無[レ, キソ합점]忘[ニ, 13~23]賓[음합부]旅[一, 13]者[22¹²⁸]也。

b: 遠人を柔(ヤスン)とは、所謂、賓旅を忘こと無(キソ)。

c: 遠人(ゑんじん)を柔(やす)んずとは、所謂(いはゆる)、賓旅(ひ
んりょ)を忘(わす)るること無(な)きぞ。

d: 먼 지방의 사람을 편안하게 한다는 것은 말하자면 손님과 나그네
를 잊지 않는다는 것이다.¹²⁹

a: 此[33]列[ニ, ツラヌ]九[음합부]經[22]之目[一, ナ, 13]也。

b: 此は九經の目(ナ)を列(ツラヌ)。

c: 此(これ)は九經(きうけい)の目(な)を列(つら)ぬ。

d: 이것은 구경(九經)의 이름[항목]을 열거한 것이다.

a: 呂[음합부]氏[21]曰、天[음합부]下、國[음합부]家[22]之本[33]
在[レ]身[11]。故[11]脩[レ, 13]身[13]爲[ニ]九[음합부]經[22]之
本[一, 23~33]。

---

128 「者[22]」는 「無(な)き者(もの)なり」와 같이 읽을 때는 반영할 수 있다. 그러나
「無」에 가나점이 찍혀 있고, 더구나 합점이 기입되어 있어서 「無(な)きぞ」와 같
이 종결되므로 「者」는 부독자가 된다. 따라서 「者[22]」는 반영할 수 없다.

129 맹자(孟子) 고자(告子) 하편에 「敬老慈幼, 無忘賓旅(노인을 공경하고 어린이를
사랑하며 손님과 나그네를 홀대해서는 안 된다.)」라고 되어 있다.

b: 呂氏が曰、天下、國家の本は身に在。故に身を脩を九經の本
と爲。

c: 呂氏(りょし)が曰(い)はく、天下(てんか)國家(こっか)の本(も
と)は、身(み)に在(あ)り。故(ゆゑ)に身(み)を修(をさ)むるを九
經(きうけい)の本(もと)とす。

d: 여씨[여대림(呂大臨)]가 말하기를, '천하 국가의 출발점은 자신에
게 있다. 그러므로 (자신의) 몸을 닦는 것을 구경의 출발점으로 삼
는다.

a: 然[32ㄴ, 31]必¹³⁰、親[゠, 32]師[음합부]友[¯, 13]。然[31]後[11]
脩[ㇾ, 33ㄴ]身[13]之道、進[12]。故[11]尊[ㇾ, 33ㄴ]賢[13]次[ㇾ,
ツク]之[11]。

b: 然して必、師友を親す。然て後に身を脩る道、進む。故に賢
を尊る之に次(ツク)。

c: 然(しかう)して必(かなら)ず師友(しいう)を親(しん)す。然(し
かう)して後(のち)に身(み)を修(をさ)むる道(みち)進(すす)
む。故(ゆゑ)に賢(けん)を尊(たふと)ぶること、之(これ)に次
(つ)ぐ。

d: 그리고 반드시 스승과 벗을 가까이 한다. 그런 후에 (자신의) 몸을
닦는 도가 나아간다. 그러므로 현명한 사람을 높이는 것이 그 다음
이다.

---

130 「必」의 상단에 「ヒ」처럼 보이는 주기가 보인다. 부독자가 아니므로 삭제부 표시
는 아니다. 또한 「必」의 음인 「ヒツ」의 「ヒ」를 기입했다고 보기에는 기입 위치가
이례적인 데다가 「かならず」라고 훈독해야 하므로 맞지 않다. 현재로서는 무엇
을 의미하는지 알 수 없다.

a: 道[22]之所[ㅼ]進[12]、莫[ㅼ, 32ㄴ]先[=, 33]其家[ㄱ, 11｜]。故[11]親[ㅼ, 31一, 13~23]親[13, 평]次[ㅼ]之[11]。

b: 道の進む所、其家より先は莫し。故に親を親すること之に次。

c: 道(みち)の進(すす)む所(ところ)、其(そ)の家(いへ)より先(さき)は莫(な)し。故(ゆゑ)に親(しん)を親(しん)すること、之(これ)に次(つ)ぐ。

d: 도가 나아가는 곳으로서 집안보다 앞서는 것은 없다. 그러므로 어버이·친척을 친애하는 것이 그 다음이다.

a: 由[ㅼ, ヨリ, 32ㄴ]家以[31]及[=]朝[음합부]廷[ㄱ, 11]。故[11]敬[=, 32ㄴ]大[음합부]臣[ㄱ, 13]、體[=, 31一, 13~23]羣[음합부]臣[ㄱ, 13]次[ㅼ]之[11]。

b: 家由(ヨリ)し以て朝廷に及。故に大臣を敬し、羣臣を體すること之に次。

c: 家(いへ)よりして、以(も)ちて朝廷(てうてい)に及(およ)ぶ。故(ゆゑ)に大臣(たいしん)を敬(けい)し、群臣(くんしん)を體(てい)すること、之(これ)に次(つ)ぐ。

d: 집안으로부터 조정에 미친다. 그러므로 대신을 공경하고 여러 신하들의 마음을 헤아리는 것이 그 다음이다.

a: 由[=, ヨリ, 32ㄴ]朝[음합부]廷[ㄱ, 31]以[31]及[=]其[22]國[ㄱ, 11]。故[11]子[=, 23~33, 32ㄴ]庶[음합부]民[ㄱ, 13]、來[=, キタス]百[음합부]工[ㄱ, 13]、次[ㅼ]之[11]。

b: 朝廷由(ヨリ)して以て其の國に及。故に庶民を子とし、百工を來(キタス)、之に次。

c: 朝廷(てうてい)よりして、以(も)ちて其(そ)の國(くに)に及(およ)ぶ。故(ゆゑ)に庶民(しょみん)を子(こ)とし、百工(はくこう)を來(きた)すこと、之(これ)に次(つ)ぐ。

d: 조정으로부터 자기 나라에 미친다. 그러므로 서민을 자식처럼 여기고 여러 장인들을 오게 하는 것이 그 다음이다.

a: 由[ニ, ヨリ, 32ㄴ]其[22]國[一]以[31]及[ニ]天[음합부]下[一, 11]。故[11]柔[ヤスン, 32ㄴ]遠[음합부]人[一, 13]、懷[ニ, ナツクル, 13~23]諸[음합부]侯[一, 13]、次[ﾚ, ク]之[11]。

b: 其の國由(ヨリ)し以て天下に及。故に遠人を柔(ヤスン)じ、諸侯を懷(ナツクル)こと、之に次(ク)。

c: 其(そ)の國(くに)よりして、以(も)ちて天下(てんか)に及(およ)ぶ。故(ゆゑ)に遠人(ゑんじん)を柔(やす)んじ、諸侯(しょこう)を懷(なつ)くること、之(これ)に次(つ)ぐ。

d: 자기 나라로부터 천하에 미친다. 그러므로 먼 지방의 사람을 편안하게 하고 제후를 품는 것이 그 다음이다.

a: 此、九[음합부]經[22]之序[ツイテ, 12―]也。

b: 此、九經の序(ツイテ)なり。

c: 此(これ)、九經(きうけい)の序(つい)でなり。

d: 이것이 구경의 순서이다.

a: 視[゠, 13~23]羣[음합부]臣[̄, 13]、猶[゠, ヲ]{シ}吾[21]四[음합
부]體[̄, 22]。視[゠, 13~23]百[음합부]姓[̄, 13]猶[゠]吾[21]子
[̄, 22]。

b: 羣臣を視こと、猶(ヲ)吾が四體の猶(シ)。百姓を視こと猶吾が
子の猶。

c: 群臣(くんしん)を視(み)ること、猶(なほ)吾(わ)が四體(してい)
のごとし。百姓(はくせい)を視(み)ること、猶(なほ)吾(わ)が子
(こ)のごとし。

d: 여러 신하들을 보기를 마치 내 사지와 같이 한다. 백성을 보기를 마
치 내 자식과 같이 한다.

a: 此[レ]視[ヽ, ミ]臣[13]、視[ヽ, ル]民[13]之別[12一, 입]也

b: 此(レ)臣を視(ミ)、民を視(ル)別なり

c: 此(これ)臣(しん)を視(み)、民(たみ)を視(み)る別(へつ)なり。

d: 이것이 신하를 보는 것과 백성을 보는 것의 구별이다.’

A: 脩[ヽ, 33一]身[13]、則道立[ツ]。

B: 身を脩ときは、則道立(ツ)。

C: 身(み)を修(をさ)むるときは、則(すなは)ち道(たう)立(た)つ。

D: (자신의) 몸을 닦으면 도가 서게 된다.

A: 尊[ヽ, 33一]賢[13, 평]、則不[ヽ, 13ㄴ]惑[ハ]。

B: 賢を尊ときは、則惑(ハ)ず。

C: 賢(けん)を尊(たふと)ぶるときは、則(すなは)ち惑(まど)はず。

D: 현명한 이를 높이면 미혹되지 않게 된다.

A: 親[ㇾ, 음독부, 31—, 33—]親[13, 평]、則諸[음합부]父、昆[음합부]弟、不[ㇾ]怨[ウラミ]。

B: 親を親するときは、則諸父、昆弟、怨(ウラミ)不。

C: 親(しん)を親(しん)するときは、則(すなは)ち諸父(しょふ)、昆弟(こんてい)、怨(うら)みず。

D: 어버이·친척을 친애하면 제부(諸父)[백부·숙부]와 형제들이 원망하지 않게 된다.

A: 敬[二, 음독부, 31—, 33—, 거]大[음합부]臣[一, 13]、則不[ㇾ]眩[음독부, 23ㄴ, 거]。

B: 大臣を敬するときは、則眩せ不。

C: 大臣(たいしん)を敬(けい)するときは、則(すなは)ち眩(けん)せず。

D: 대신을 공경하면 현혹되지 않게 된다.

A: 體[二, 음독부, 31—, 33—]羣[음합부]臣[一, 13]、則士[22]之報[음합부]禮重[オモ, 32ㄴ]。

B: 羣臣を體するときは、則士の報禮重(オモ)し。

C: 群臣(くんしん)を體(てい)するときは、則(すなは)ち士(し)の報禮(ほうれい)重(おも)し。

D: 여러 신하들의 마음을 헤아리면, 사(士)의 보답하는 예가 중해진다.

A: 子[ニ, コト, 31—, 33—]庶[음합부]民[ー, 13]、則、百[음합부]姓勸[12]。

B: 庶民を子(コト)するときは、則、百姓勸む。

C: 庶民(しょみん)を子(こ)とするときは、則(すなは)ち、百姓(はくせい)勸(すす)む。

D: 서민을 자식처럼 여기면 백성이 권면하게 된다.

A: 來[ニ, 32, 33—]百[음합부]工[ー, 13]、則、財[음합부]用足[33ㄴ]。

B: 百工を來すときは、則、財用足る。

C: 百工(はくこう)を來(きた)すときは、則(すなは)ち財用(さいよう)足(た)る。

D: 여러 장인을 오게 하면 재정이 풍족해진다.

A: 柔[ニ, ヤスン, 31—, 33—]遠[음합부]人[ー, 13]、則、四[음합부]方歸[32, 평]之。

B: 遠人を柔(ヤスン)ずるときは、則、四方歸す。

C: 遠人(ゑんじん)を柔(やす)んずるときは、則(すなは)ち四方(しはう)歸(くゐ)す。

D: 먼 지방의 사람을 편안하게 하면 사방이 귀의하게 된다.

A: 懷[ニ, ナツクル, 33—]諸[음합부]侯[ー, 13]、則、天[음합부]下畏[オツ]之

B: 諸侯を懷(ナツクル)ときは、則、天下畏(オツ)

C: 諸侯(しょこう)を懷(なつ)くるときは、則(すなは)ち天下(てん

か)畏(お)づ。

D: 제후를 품으면 천하가 두려워하게 된다。

a: 此[33]言[二]九[음합부]經[22]之效[一, シルシ, 13]也。

b: 此は九經の效(シルシ)を言。

c: 此(これ)は九經(きうけい)の效(しるし)を言(い)ふ。

d: 이것은 구경의 효험을 말한 것이다。

a: 道立[23~33, 33]、謂[下]道成[二]於已[一, 11]而[31]可[レ, 13]爲[中]民[22]表[上, 음독부, 상]。

b: 道立とは、道已に成て民の表爲可を謂。

c: 道(たう)立(た)つとは、道(たう)己(おのれ)に成(な)りて民(た み)の表(へう)と爲(す)べきを謂(い)ふ。

d: 도가 선다는 것은 도가 자기 몸에 이루어져 백성의 모범이 될 만함 을 말한다。

a: 所[훈합부]謂、建[二, ト云]其[22]有[一, レ, 13—]極[입]、是[12 —]也。

b: 所謂、其の極有ことを建(トイフ)、是なり。

c: 所謂(いはゆる)、其(そ)の極(きょく)有(あ)ることを建(た)つと いふ、是(これ)なり。

d: 이른바 (임금이) 그의 모범을 세운다는 것이 바로 이것이다。[131]

---

131 서경(書經) 주서(周書) 홍범(洪範)편에 「五, 皇極, 皇建其有極, 斂時五福, 用敷錫 厥庶民. 惟時厥庶民于汝極, 錫汝保極(다섯 번째는 황극으로 임금이 모범을 세우

a: 不[ㇾ, 23~33, 33]惑、謂[ㇾ]不[ㇾ, 13]疑[二, ウタカハ]於理[一, 11]。

b: 惑不とは、理に疑(ウタカハ)不を謂。

c: 惑(まど)はずとは、理(り)に疑(うたが)はざるを謂(い)ふ。

d: 미혹되지 않는다는 것은 이치에 대해 의심하지 않음을 말한다.

a: 不[ㇾ, 23~33, 33]眩[23ㄴ, 거]、謂[ㇾ]不[ㇾ, 13]迷[二, ハ]於事[一, 11]。

b: 眩せ不とは、事に迷(ハ)不を謂。

c: 眩(けん)せずとは、事(こと)に迷(まど)はざるを謂(い)ふ。

d: 현혹되지 않는다는 것은 일에 대해 헤매지 않음을 말한다.

a: 敬[二, 云, 32, 23~33, 33, 거]大[음합부]臣[一, 13]、則信[음합부, 거]任[31一, 13~23, 거탁]專[モ, 11]而[31]小[음합부]臣、不[ㇾ]得[二]以[31]間[一, ㇾ, ヘタツル, 13~23]之[13]。故[11]臨[ㇾ]事[11]而[31]不[ㇾ]眩[23ㄴ, 거]也。

b: 大臣を敬すと(イフ)は、則信任すること專(モ)にて小臣、以て之を間(ヘタツル)こと得不。故に事に臨て眩せ不。

c: 大臣(たいしん)を敬(けい)すといふは[132]、則(すなは)ち信任(し

는 것이다. 오복을 거두어서 여러 백성들에게 베풀어주면 여러 백성들은 너의 모범에 대하여 너에게 모범을 보존해줄 것이다.)」라고 되어 있다.

132 이 부분은 「來百工……」, 「柔遠人……」과 마찬가지로 '대신을 공경하면 ……'과 같이 해석되는 문장으로 「大臣(たいしん)を敬(けい)するときは」와 같이 가정표현으로 훈독되는 것이 옳다. 여기서는 해당 구를 설명할 때 사용하는 가점을 하고 있으나 이는 잘못이다. 寬文本은 「敬[ㇾ, スレハ]大[음합부]臣[ヲ] → 大臣(たいしん)を敬(けい)すれば」와 같이 가정표현으로 바르게 가점되어 있다.

んじむ)すること專(もはら)にして、小臣(せうしん)以(も)ちて
之(これ)を間(へだ)つること得(え)ず。故(ゆゑ)に事(こと)に臨
(のぞ)みて眩(けん)せず。

d: 대신을 공경하면 신임하는 것을 온전히 하여 소신이 이[대신]를 이
간질할 수 없다. 그러므로 일에 임하여 현혹되지 않는다.

a: 來[二, 32, 33一]百[음합부]工[一, 13]、則通[ㇾ, 32ㄴ, 평]功[1
3]、易[ㇾ, カヘ]事[13, 31]農[음합부]末[입탁]、相[훈합부]資[タ
スク]。故[11]財[음합부]用、足[33ㄴ]。

b: 百工を來すときは、則功を通し、事を易(カヘ)て農末、相資
(タスク)。故に財用、足る。

c: 百工(はくこう)を來(きた)すときは、則(すなは)ち功(こう)を通
(とう)し、事(こと)を易(か)へて、農末(のうばつ)相(あ)ひ資(た
す)く。故(ゆゑ)に財用(さいよう)足(た)る。

d: 여러 장인을 오게 하면 기술을 통하게 하고[서로 교역함], 일을 바
꾸어서 농업과 상공업이 서로 돕는다. 그러므로 재정이 풍족해진
다.

a: 柔[二, 31一, 33一]遠[음합부]人[一, 13]、則天[음합부]下之旅、
皆悅[31]而願[ㇾ]出[二, 12, 13一]於其[22]塗[一, ミチ, 11]。故
[11]四[음합부]方歸[32, 평]。

b: 遠人を柔するときは、則天下旅、皆悅て其の塗(ミチ)に出むこ
とを願。故に四方歸す。

c: 遠人(ゑんじん)を柔(やす)んずるときは、則(すなは)ち天下(て

んか)の旅(りょ)、皆(みな)悦(よろこ)びて、其(そ)の塗(みち)に出(い)でむことを願(ねが)ふ。故(ゆゑ)に四方(しはう)歸(くゐ)す。

d: 먼 지방의 사람을 편안하게 하면 천하의 나그네가 모두 기뻐하며 그의 길에서 나오기[천하를 떠도는 것을 그만둠]를 원하게 된다. 그러므로 사방이 귀의하는 것이다.

a: 懷[二, ナツクル, 33—]諸[음합부]侯[一, 13]、則德[22]之所[ㇾ, 22]施[32]者[22]博[ヒ, 32ㄴ, 입]而[31]威[22, 평]之所[ㇾ, 22]制[31—, 거]者[22]廣[32ㄴ]矣。故[11]曰[二]天[음합부]下、畏[一, オツ, 23~33]之

b: 諸侯を懷(ナツクル)ときは、則德の施す所の者の博(ヒ)して威の制する所の者の廣し。故に天下、畏(オツ)と曰

c: 諸侯(しょこう)を懷(なつ)くるときは、則(すなは)ち德(とく)の施(ほどこ)す所(ところ)の者(もの)博(ひろ)くして、威(ゐ)の制(せい)する所(ところ)の者(もの)廣(ひろ)し。故(ゆゑ)に天下(てんか)畏(お)づと曰(い)ふ。

d: 제후를 품으면 덕을 베푸는 바와 위엄의 제어하는 바가 넓어진다. 그러므로 천하가 두려워한다고 말한 것이다.

A: 齊[음합부, サイ[133], 평]明[평]盛[음합부]服[32ㄴ, 31]非[ㇾ, ㇾ, 33]禮[11]不[ㇾ, 13ㄴ]動。所[二, 훈합부]以[12—]脩[一, ㇾ, ム

---

133 「齊」의 한음은 「セイ」이고 오음이 「サイ」이다. 여기서는 훈점에 따랐다. 아래 세 주에서도 훈점에 따랐다.

ル]身[13]也。

B: 齊(サイ)明盛服して禮に非(レ)ば動不ず。身を脩(ムル)所以なり。

C: 齊明(さいめい)盛服(せいふく)して、禮(れい)にあらざれば動(とう)せず。身(み)を修(をさ)むる所以(ゆゑん)なり。

D: 정돈하여 정결하게 하고 의복을 정제하며 예가 아니면 움직이지 않는다. (이것이 자신의) 몸을 닦는 방편이다.

A: 去[レ, ステ]讒[サン, 13]遠[レ, サケ]色[13]、賤[レ, イヤシン, 32ㄴ]貨[음독부, 13]而[31]貴[レ, フ]德[13]。所[二, 훈합부]以[12一]勸[一, レ, ススム, 33ㄴ]賢[13]也。

B: 讒(サン)を去(ステ)色を遠(サケ)、貨を賤(イヤシン)して德を貴(フ)。賢を勸(ススム)る所以なり。

C: 讒(さむ)を去(す)て色(いろ)を遠(さ)け、貨(くゎ)を賤(いや)しんじて德(とく)を貴(たふと)ぶ。賢(けん)を勸(すす)むる所以(ゆゑん)なり。

D: 참언하는 이를 버리고 여색을 멀리하며 재물을 천하게 여기고 덕을 귀하게 여긴다. (이것이) 현명한 이를 권면하는 방편이다.

A: 尊[二, タトヒ]其[22]位[一, 13]、重[二, オモン, 32ㄴ]其[22]禄[一, 13]、同[二, 32]其[22]好[음합부, 거]惡[一, 13, 거]。所[二, 훈합부]以[12一]勸[一, レ, スヽムル]親[31一, 13一, 평, 삽입부[レ, 親[13, 평]]]也。

B: 其の位を尊(タトヒ)、其の禄を重(オモン)じ、其の好惡を同

す。親を親することを勸(ススムル)所以なり。

C: 其(そ)の位(くらゐ)を尊(たふと)び、其(そ)の祿(ろく)を重(お
も)んじ、其(そ)の好惡(かうを)を同(おな)じくす。親(しん)を
親(しん)することを勸(すす)むる所以(ゆゑん)なり。

D: 그 지위를 높이고 녹을 많이 주며 좋아함과 싫어함을[134] 함께한다.
(이것이) 어버이·친척을 친애함을 권면하는 방편이다.

A: 官[음독부]盛[サカン, 11, 32ㄴ, 31]任[음합부, 거탁]使[32]。所
[三, 훈합부]以[12—]勸[二, ル]大[음합부]臣[一, 13]也。

B: 官盛(サカン)にして任使す。大臣を勸(ル)所以なり。

C: 官(くゎん)盛(さか)んにして任使(じむし)す。大臣(たいしん)
を勸(すす)むる所以(ゆゑん)なり。

D: 관(官)을 성하게 하여[135] 일을 (믿고) 맡기고 부린다.[136] (이것이) 대
신을 권면하는 방편이다.

A: 忠[음합부]信[アル, 33—, 거]{アテ}重[レ, 32]祿[13, 입]。所[二,
훈합부]以[12—]勸[一, レ, 33ㄴ]士[13]也。

B: 忠信(アル)ときは祿を重ず。士を勸る所以なり。

C: 忠信(ちうしん)あるときは、祿(ろく)を重(おも)んず。士(し)
を勸(すす)むる所以(ゆゑん)なり。

D: (신하가) 충신(忠信)이 있으면 녹을 많이 준다. (이것이) 사(士)를

---

134 「好惡」를 기쁜 일과 슬픈 일이라고 파악하는 견해도 있다.
135 「官盛」에 대해 관속을 많이 둔다고 보는 견해와 관직의 권위를 크게 한다는 견해
가 있다.
136 「任使」에 대해 아랫사람 부리는 일을 마음대로 하도록 맡겨둔다는 견해도 있다.

권면하는 방편이다.

A: 時[11]使[ツカフ, 31]薄[レ, ウスウ, 32]歛[レン, 13, 상]。所[ᴷ, 훈합부]以[12—]勸[ᴷ, ススムル]百[음합부]姓[ᴾ, 13]也。

B: 時に使(ツカフ)て歛(レン)を薄(ウスウ)す。百姓を勸(ススムル)所以なり。

C: 時(とき)に使(つか)うて歛(れむ)を薄(うす)うす。百姓(はくせい)を勸(すす)むる所以(ゆゑん)なり。

D: 때에 맞게 일을 시키고 세금을 적게 걷는다. (이것이) 백성을 권면하는 방편이다.

A: 日[ヒ丶, 11]省[カヘリミ]、月[ツ¹³⁷다자반복부, 11]試[ココロミ, 31]、既[음합부, キ]稟[ヒン¹³⁸, 상]、稱[レ, カナフ]事[11]。所[ᴷ, 훈합부]以[12—]勸[ᴷ, ル]百[음합부]工[ᴾ, 13]也。

B: 日(ヒヒ)に省(カヘリミ)、月(ツキツキ)に試(ココロミ)て、既稟(キヒン)、事に稱(カナフ)。百工を勸(ル)所以なり。

C: 日(ひび)に省(かへり)み、月(つきづき)に試(こころ)みて、既稟(きひむ)、事(こと)に稱(かな)ふ。百工(はっこう)を勸(すす)むる所以(ゆゑん)なり。

D: 날마다 살피고 달마다 시험하여 창고의 녹을 일[성과]에 맞게 준

---

137 「ツキ」의 「キ」가 생략되었다.
138 본문에는 「稟[줄 품]」으로 되어 있으나 내용상으로는 「稟[창고 름]」이 옳다. 「稟
[창고 름]」의 일본 한자음은 「リム(한음)」이고, 「稟[줄 품]」의 한자음은 「ヒム(한
음)・ホム(오음)」이다. 여기서는 두 글자를 혼동하여 「稟」의 한자음을 가점한 것
으로 보인다. 이하 가나점에 따랐다.

다. (이것이) 백공을 권면하는 방편이다.

A: 送[ㇾ, オクリ]徃[음독부, 13]迎[ㇾ, ムカヘ]來[음독부, 13]、嘉
[ㇾ, ヨミ, 32ㄴ]善[음독부, 13]而[31]矜[ᅳ, メクム]不[음합부]能
[一, 13]。所[ᄐ, 훈합부]以[12一]柔[ᅳ, 31一]遠[음합부]人[一,
13]也。

B: 徃を送(オクリ)來を迎(ムカヘ)、善を嘉(ヨミ)して不能を矜(メ
クム)。遠人を柔する所以なり。

C: 徃(わう)を送(おく)り來(らい)を迎(むか)へ、善(せん)を嘉(よ
み)して不能(ふのう)を矜(めぐ)む。遠人(ゑんじん)を柔(やす)
んずる所以(ゆゑん)なり。

D: 가는 사람을 배웅하고 오는 사람을 맞이하며, 잘하는 자를 좋게 여
기고[칭찬하고] 못하는 자를 불쌍히 여긴다. (이것이) 먼 지방의 사
람을 편안하게 하는 방편이다.

A: 繼[ᅳ, ツキ]絶[13 /]世[一, 13]、舉[ᅳ, アケ]廢[スタレ, 13 /]國
[一, 13]、治[ㇾ, メ]亂[음독부, 13]持[ㇾ, タモチ, 32ㄴ139]危[一,
アヤウキ, 13, 31140]、朝[음합부]聘、以[ㇾ, テシ]時[13]、厚[ㇾ,
アツウシ, 32ㄴ141]徃[음독부, 13]而[31]薄[ㇾ, ウスウ, 32]來[음
독부, 13]。所[ᄐ, 훈합부]以[12一]懷[ᅳ, ナツクル]諸[음합부]侯
[一, 13]也

139 가나점과 오코토점이 대립한다. B 이하에서는 가나점을 취하였다.
140 31위치에 朱點 위에 墨點을 덧찍어 지운 것처럼 보인다. 잘못 기입한 朱點을 지운
것으로 보인다.
141 가나점과 오코토점이 중복된다.

B: 絶たる世を繼(ツキ)、廢(スタレ)たる國を舉(アケ)、亂を治(メ)危(アヤウキ)を持(タモチ)、朝聘、時を以(テシ)、往を厚(アツウシ)て來を薄(ウスウ)す。諸侯を懷(ナツクル)所以なり

C: 絶(た)えたる世(よ)を繼(つ)ぎ、廢(すた)れたる國(くに)を舉(あ)げ、亂(らん)を治(をさ)め危(あや)ふきを持(たも)ち、朝聘(てうへい)時(とき)を以(も)ってし、往(わう)を厚(あつ)うして來(らい)を薄(うす)うす。諸侯(しょこう)を懷(なつ)くる所以(ゆゑん)なり。

D: 끊어진 대를 잇고 무너진 나라를 세우며, 혼란을 다스리고 위태로움을 붙들어주며, 조근(朝覲)[제후가 천자를 뵈러 감]과 빙문(聘問)[제후가 대부를 부름]을 때에 맞게 하며, 가는 것[하사품]을 후하게 하고 오는 것[진상품]을 박하게 한다. (이것이) 제후를 품는 방편이다.

a: 齊[33]側[음합부]皆反。

b: 齊は側皆反。

c: 齊(さい)は側皆(そくかい)の反(はん)。

d: 재(齊)는 측개(側皆)의 반절[재계(齋戒)하다]이다.

a: 去[33]上[음합부]聲。

b: 去は上聲。

c: 去(きょ)は上聲(しゃうせい)。

d: 거(去)는 상성[제거하다]이다.

a: 遠、好、惡、歛[33]、並[11]去[음합부]聲。

b: 遠、好、惡、歛は、並に去聲。

c: 遠(ゑん)、好(かう)、惡(を)、歛(れむ)は、竝(なら)びに去聲(きょせい)。

d: 원(遠)·호(好)·오(惡)·렴(歛)은 모두 거성[멀리하다·좋아하다·싫어하다·거두다]이다.

a: 既[33]許[음합부]氣[22]反。

b: 既は許氣の反。

c: 既(き)は許氣(きょき)の反(はん)。

d: 기(既)는 허기(許氣)의 반절[창고, 녹봉]이다.

a: 稟[33]彼[음합부]錦、力[음합부]錦、二[ツ, 22]反。

b: 稟は彼錦、力錦、二(ツ)の反。

c: 稟(ひむ)は彼錦(ひきむ)、力錦(りょくきむ)、二(ふた)つの反(はん)。

d: 품/름(稟)은 피금(彼錦)/력금(力錦), 두 개의 반절[창고]이다.

a: 稱[33]去[음합부]聲。

b: 稱は去聲。

c: 稱(しょう)は去聲(きょせい)。

d: 칭(稱)은 거성[맞다, 상응하다]이다.

a: 朝音[33]潮

b: 朝音は潮

c: 朝(てう)の音(いむ)は潮(てう)。

d: 조(朝)의 음은 조(潮)[알현하다]이다.

a: 此[33]言[二]九[음합부]經[22]之事[一 , 13]也。

b: 此は九經の事を言。

c: 此(これ)は九經(きうけい)の事(こと)を言(い)ふ。

d: 이는 구경(九經)과 관련된 일을 말하였다.

a: 官盛[11, 32ㄴ, 31]任[음합부, 거탁]使[23~33, 33]、謂[二]官[음합부]屬[입]、衆[음합부]盛[11, 32ㄴ, 31, 거]足[㇄ , レル, 13]任[二 , 음독부, 31一, 11]使[음합부]令[一 , 11, 거]也。

b: 官盛にして任使とは、官屬、衆盛にして使令に任するに足(レル)を謂。

c: 官盛(くゎんせい)にして任使(じむし)すとは、官屬(くゎんしょく)衆盛(しうせい)にして、使令(しれい)に任(じむ)するに足(た)れるを謂(い)ふ。

d: 관(官)을 성하게 하여 일을 맡긴다는 것은, 관속(官屬)이 많아서 (대신이 관속에게 일을) 맡기고 부리기에 충분함을 말한다.[142]

a: 蓋、大[음합부]臣[33]不[㇄]當[㇄ , 11]親[二 , ミツカラ, 32]細[음

---

142 '任使令'의 '使令'은 대문의 '使'에 대응하며 의미는 동일하다. 따라서 '任'과 '使令'은 병렬 관계로 보아 '맡기고 부리기'로 번역하는 것이 좋다. d에서는 이에 따랐다.

합부, 거]事[一, 13]。 故[11]所[二, 훈합부]以[22]優[一, ㇚, ユタ
カ, 11, 31一]之[13]者[22]如[㇚, 32ㄴ]此[22]。

b: 蓋、大臣は當に細事を親(ミツカラ)す當不。 故に之を優(ユタ
カ)にする所以の者の此の如し。

c: 蓋(けだ)し大臣(たいしん)は當(まさ)に細事(せいし)を親(みづ
か)らすべからず。 故(ゆゑ)に之(これ)を優(ゆた)かにする所以
(ゆゑん)の者(もの)、此(かく)の如(ごと)し。

d: 왜냐하면 대신은 세세한 일을 직접 맡기에 적당하지 않다. 그러므
로 대신을 우대하는 방법이 이와 같다.

a: 忠[음합부]信[11 ＼, 33一]、 重[㇚, 32, 23~33, 33]禄[13]、 謂[二]
待[㇚, 13~23]之[13]誠[11 ／]而[31]養[㇚, 13~23]之[13]厚[一, ア
ツキ, 13]。

b: 忠信あるときは、 禄を重ずとは、 之を待こと誠ありて之を養
こと厚(アツキ)を謂。

c: 忠信(ちうしん)あるときは祿(ろく)を重(おも)んずとは、 之(こ
れ)を待(ま)つこと誠(せい)ありて、 之(これ)を養(やしな)ふこ
と厚(あつ)きを謂(い)ふ。

d: (신하가) 충신(忠信)이 있으면 녹을 많이 준다는 것은, (임금이) 신
하를 대하기를 진심으로써 하고 신하를 대접하기를 후하게 함을
말한다.

a: 蓋、以[㇚]身[13, 31]體[㇚, 32, 거]之[11]。 而[31]知[下]其[22]所
[㇚]賴[二, ヨル]乎上[一, 11]者[22]如[上, ㇚]此[22]也。

b: 蓋、身を以て之に體す。而て其の上に賴(ヨル)所者の此の如
　知。

c: 蓋(けだ)し身(み)を以(も)ちて之(これ)に體(てい)す。而(しか
　う)して其(そ)の上(かみ)に賴(よ)る所(ところ)の者(もの)、此
　(かく)の如(ごと)きを知(し)る。

d: 무릇 (임금이) 자신(의 마음)을 바탕으로 하여 이[신하들의 마음]
　를 헤아린다. 그래서 그[신하]가 윗사람[임금]에게 의지함이 이와
　같음을 알 수 있다.[143]

a: 旣[음독부, 21, 거]讀[33]曰[ㄴ]餼[23~33]。

b: 旣が讀は餼と曰。

c: 旣(き)が讀(よみ)は餼(き)と曰(い)ふ。

d: 기(旣)의 독법은 희(餼)[창고, 녹봉]이다.

a: 餼[음합부]稟[33]稍[144][훈합부, ヤヽ]{シヨウ}食[31一, 23ㄱ]{シ
　ヨク}也。

b: 餼稟は稍(ヤヤ)食するぞ。

c: 餼稟(きひむ)は、稍(やや)食(しよく)するぞ。

d: 희름은 조금 먹는 것이다.[145]

---

143 본 훈점본의 가점자는 「知」가 「如此」까지 걸리는 것으로 보았으나, 그 앞의 「者」
　까지 걸리는 것으로 볼 수도 있다. 그렇게 보면 '(신하들이) 그 윗사람[임금]에게
　의지하는 바를 아는 것이 이와 같다'와 같이 해석할 수 있다.
144 「稍」는 거성으로 좌변의 「禾」에서 알 수 있듯이 본래 벼의 끝부분이라는 뜻인데,
　'조금, 약간'의 의미와 '봉록, 봉미'의 뜻도 있다.
145 여기서 「稍食」은 봉록의 의미로 쓰였으므로 좌훈에서 「しょうしよく」와 같이
　읽은 것이 타당하다. 정훈은 두 글자를 나누어 읽었는데 잘못되었다. 그러나 여기
　서는 정훈에 따랐다.

a: 稱[ㇾ, カナフ, 23~33, 33]事[11]、如[下, 13｜]周[음합부]禮[22]槀
[음합부]人[음합부]職[11]曰[中, 21]考[二, カンカヘ]其[22]弓[음
합부, 평]弩[一, ト, 13, 31]以[31]上[中, 음합부]下[ス, 23~33]其
[22]食[一146, シ, 13, 거]是[12—]也。

b: 事に稱(カナフ)とは、周禮の槀人職に其の弓弩(ト)を考(カンカ
ヘ)て以て其の食(シ)を上下(ス)と曰が如き是なり。

c: 事(こと)に稱(かな)ふとは、周禮(しゅらい)の槀人職(かうじん
しょく)に、其(そ)の弓弩(きうど)を考(かんが)へて、以(も)ち
て其(そ)の食(し)を上下(しゃうか)すと曰(い)ふが如(ごと)き、
是(これ)なり。

d: 일[성과]에 맞게 준다는 것은, 주례(周禮)의 고인직(槀人職)편에,
'궁노를 감안하여[활을 만든 성과를 살펴서] 이로써 녹봉을 올리
고 내린다.'라고 말한 것과 같은 것이 바로 이것이다.

a: 徃[23~33, 33]則、爲[ㇾ, 11]之[21]授[ㇾ]節[13, 31, 입]以[31]送
[ㇾ, リ]之[13]、來[23~33, 33]則、豐[二, 11]其[22]委[イ]積[一,
シ147, 13, 31, 거]以[31]迎[ㇾ, フ]之[13]。

b: 徃とは則、之が爲に節を授て以て之を送(リ)、來とは則、其の
委積(イシ)を豐にて以て之を迎(フ)。

c: 往(わう)とは148、則(すなは)ち、之(これ)が爲(ため)に節(せつ)

146 「上」이 와야 할 자리이다.
147 「積」은 '적'(입성)으로 읽으면 '모으다, 저축하다'의 의미가 있는데, '자'(거성)로
읽으면 '쌓다'의 의미가 된다. 전자의 일본 한자음은 「セキ(한음)・シャク(오음)」
이고, 후자는 「シ(한음・오음)」이다.
148 이곳의 「往」과 바로 뒤의 「來」는 「ゆくときは」, 「きたるときは」로 훈독하는 것
이 적절해 보인다. 여기서는 훈점에 따랐다.

を授(さづ)けて以(も)ちて之(これ)を送(おく)り、來(らい)とは、則(すなは)ち、其(そ)の委積(ゐし)を豐(ゆた)かにして以(も)ちて之(これ)を迎(むか)ふ。

d: 가는 사람은 그를 위해서 부절을 주어서 배웅하고, 오는 사람은 물자를 풍족히 하여 이를 맞이한다.

a: 朝[32, 23~33, 33, 평]謂[三]諸[음합부]侯[22]見[二 , 13]於天[음합부]子[一 , 11]。

b: 朝すとは諸侯の天子に見を謂。

c: 朝(てう)すとは、諸侯(しょこう)の天子(てんし)に見(まみ)ゆるを謂(い)ふ。

d: 조현(朝見)한다는 것은 제후가 천자를 알현하는 것을 말한다.

a: 聘[32, 23~33, 33, 거]¹⁴⁹謂[下]諸[음합부]侯[22]使[中]{ムルヲ}大[음합부]夫[13, 31]來[31]獻[上 , 23ㄴ]。

b: 聘すとは諸侯の大夫を使て來て獻せ使(ムルヲ)謂。

c: 聘(へい)すとは、諸侯(しょこう)の大夫(たいふ)をして來(きた)りて獻(けん)せしむるを謂(い)ふ。

d: 빙문하게 한다는 것은 제후가 대부로 하여금 와서 (예물을) 바치게 하는 것을 말한다.

a: 王[음합부]制[11]、比[음합부]年[11]一[タヒ]、小[음합부]聘[32ㄴ, 거]、三[음합부]年[11]一[タヒ]大[음합부]聘[32ㄴ, 거]五[음

합부]年[11]一[タヒ]朝[32]。

b: 王制に、比年に一(タヒ)、小聘し、三年に一(タヒ)大聘し五年に一(タヒ)朝す。

c: 王制(わうせい)に、比年(ひねん)に一(ひと)たび小聘(せうへい)し、三年(さむねん)に一(ひと)たび大聘(たいへい)し、五年(ごねん)に一(ひと)たび朝(てう)す。

d: (예기) 왕제(王制)편에 '매년[150] 한 번 작은 빙문을 하고, 3년에 한 번 큰 빙문을 하고, 5년에 한 번 조현을 한다.'라고 하였다.

a: 厚[ㇾ, 32ㄴ]徃[13]、薄[ㇾ, 32, 23~33, 33]來[13]、謂[二]燕[음합부, 거]賜[33, 상]厚[アツク, 32ㄴ]而[31]納[음합부, 입탁]貢[거]薄[一, ウスキ, 13]

b: 徃を厚し、來を薄すとは、燕賜は厚(アツク)して納貢薄(ウスキ)を謂

c: 往(わう)を厚(あつ)くし、來(らい)を薄(うす)うすとは、燕賜(えんし)は厚(あつ)くして納貢(だふこう)は薄(うす)きを謂(い)ふ。

d: 가는 것을 후하게 하고 오는 것을 박하게 한다는 것은, 잔치와 하사품은 후하고 (대부가 제후 자신에게) 공물을 바치는 것은 박한 것을 말한다.

A: 凡[ソ]爲[二, オサムル, 11]天[음합부]下、國[음합부]家[一, 13]、有[二]九[음합부]經[一]。所[二, 훈합부]以行[一, ㇾ, フ]之

<hr>

[150] 「比年」에는 여기에서 사용된 '매년'이라는 의미 외에 '근년'이라는 의미도 있다.

[13]者[22, 33]一[12—]也

B: 凡ソ天下、國家を爲(オサムル)に、九經有。之を行(フ)所以者
のは一なり

C: 凡(およ)そ天下(てんか)國家(こっか)を爲(をさ)むるに、九經
(きうけい)有(あ)り。之(これ)を行(おこな)ふ所以(ゆゑん)の者
(もの)は一(ひと)つなり。

D: 무릇 천하 국가를 다스림에 구경이 있다. 이것을 행하는 수단은 하
나이다.

a: 一[33]者、誠[12—]也。一[13ㄱ]有[ㄴ, 33—]不[ㄴ, 13~23]誠[ア
ラ]、則是[22]九[22]者[22]皆、爲[二, ナル]虛[음합부]文[一,
23~33]矣。此九[음합부]經[22]之實也

b: 一は、誠なり。一も誠(アラ)不こと有ときは、則是の九の者の
皆、虛文と爲(ナル)。此九經の實

c: 一(ひと)つは誠(せい)なり。一(ひと)つも誠(せい)あらざること
有(あ)るときは、則(すなは)ち是(こ)の九(ここの)つの者(も
の)、皆(みな)虛文(きょぶん)と爲(な)る。此(これ)九經(きうけ
い)の實(しつ)。

d: 그(대문에서 말한) 하나는 성(誠)이다. 하나라도 성(誠)하지 않은
바가 있다면, 이 아홉 가지가 모두 공허한 겉치레가 된다. 이는 구
경의 알맹이이다.

A: 凡、事[훈독부]豫[アラカシメ, 31—, 33—]則立[ツ]。不[ㄴ, 33
—]豫[アラカシメセ]、則廢[33ㄴ]。

B: 凡、事豫(アラカシメ)するときは則立(ツ)。豫(アラカシメセ)
不ときは、則廢る。

C: 凡(およ)そ、事(こと)豫(あらかじ)めするときは、則(すなは)
ち立(た)つ。豫(あらかじ)めせざるときは、則(すなは)ち廢(す
た)る。

D: 무릇 일은 미리 하면 성공한다. 미리 하지 않으면 실패한다.

A: 言[コト]前[サキ, 11]定[ツル, 11[151], 33—]則、不[ㇾ, 13ㄴ]跲[ツ
マツカ]。事前[11]定[ツル, 33—]則不[ㇾ, 13ㄴ]困[クルシマ]。

B: 言(コト)前(サキ)に定(ツル)ときは則、跲(ツマツカ)不ず。事
前に定(ツル)ときは則困(クルシマ)不ず。

C: 言(こと)前(さき)に定(さだ)めつるときは、則(すなは)ち跲(つ
まづ)かず。事(こと)前(さき)に定(さだ)めつるときは、則(す
なは)ち困(くる)しまず。

D: 말은 먼저 정하면 (중도에) 실패하지 않는다. 일은 먼저 정하면 곤
란해지지 않는다.

A: 行[음독부, 거]、前[11]定[ツル, 33—]則不[ㇾ, 13ㄴ]疚[ヤマシカ
ラ]。道、前[11]定[ツル, 33—]則不[ㇾ, 13ㄴ]窮[キハマラ]

B: 行、前に定(ツル)ときは則疚(ヤマシカラ)不ず。道、前に定
(ツル)ときは則窮(キハマラ)不ず

C: 行(かう)、前(さき)に定(さだ)めつるときは、則(すなは)ち疚
(やま)しからず。道(たう)、前(さき)に定(さだ)めつるとき

151 11위치, 즉「に」자리에 주점이 보이지만, 문맥상 반영할 수 없다.

は、則(すなは)ち窮(きは)まらず。

D: 행은 먼저 정하면 병폐가 없다. 도는 먼저 정하면 곤란해지지 않는다.

a: 跲[33]其[음합부]劫[22]反。行去[음합부]聲

b: 跲は其劫の反。行去聲

c: 跲(けふ)は其劫(きけふ)の反(はん)。行(かう)は去聲(きょせい)。

d: 겁(跲)은 기겁(其劫)의 반절[넘어지다]이다. 행(行)은 거성[행하다, 행위]이다.

a: 凡、事[23~33, 33]指[二]達[㇄, シ]道[11]達[㇄, スル]德[11]九[음합부]經[22]之屬[一, タクヒ, 13]。

b: 凡、事とは道に達(シ)德に達(スル)九經の屬(タクヒ)を指。

c: 凡(およ)そ事(こと)とは、道(たう)に達(たっ)し、德(とく)に達(たっ)する九經(きうけい)の屬(たぐひ)を指(さ)す。

d: 무릇 일이란, 도에 달하고 덕에 달하는[높은 수준의 도덕의] 구경의 부류를 가리킨다.

a: 豫[33]素[훈합부, モトヨリ]定[ムルナリ]也。跲[ケウ, 33, 입]躓[チ, 거]也。疚[キウ, 33]病也。

b: 豫は素(モトヨリ)定(ムルナリ)。跲(ケウ)は躓(チ)。疚(キウ)は病。

c: 豫(よ)は素(もと)より定(さだ)むるなり。跲(けふ)は躓(ち)。疚

(きう)は病(へい)。

d: 예(豫)는 미리 정하는 것이다. 겁(跲)은 지(躓)[넘어지다]이다. 구(疚)는 병(病)[병폐가 있다]이다.

a: 此承[ニ, ウケ]上[22]文[一, 11, 31]言[四, フ]凡事、皆、欲[ニ, 32, 23~33]先立[ニ, タテン, 13—]乎誠[一, 13]。

b: 此上の文に承(ウケ)て凡事、皆、先誠を立(タテン)ことを欲すと言(フ)。

c: 此(これ)上(かみ)の文(ぶん)に承(う)けて、凡(およ)そ事(こと)、皆(みな)先(ま)づ誠(せい)を立(た)てんことを欲(ほっ)すと言(い)ふ。

d: 이는 앞 문장을 이어받아, 모든 일에 있어서 모두 먼저 성(誠)을 세우고자 함을 말한 것이다.

a: 如[ニ, キ]下[22]文[22]所[一, レ, 22]推[ヲス]、是[12—]也

b: 下の文の推(ヲス)所の如(き)、是なり

c: 下(しも)の文(ぶん)の推(お)す所(ところ)の如(ごと)き、是(これ)なり。

d: 뒤 문장에서 넓히는 바와 같은 것이 이것이다.

A: 在[ニ]下[음합부]位[一, 11, 31]不[レ, 33—]獲[ニ, エラレ]乎上[一, カミ, 11]、民、不[レ, 13ㄴ]可[ニ]得[31]而治[一, ム]矣。

B: 下位に在て上(カミ)に獲(エラレ)不ときは、民、得て治(ム)可不ず。

C: 下位(かゐ)に在(あ)りて上(かみ)に獲(え)られざるときは、民(たみ)得(え)て治(をさ)むべからず。

D: 아랫자리에 있으면서 윗사람에게 (신임을) 얻지 못하면, 백성을 다스릴 수 없다.

A: 獲[二, エラルヽ, 13~23]乎上[一, 11]、有[レ, レトモ]道、不[レ, 33—]信[二, 음독부アラ]乎朋[음합부]友[一, 11]、不[レ, 13ㄴ]獲[二, ラレ]乎[삽입부上[一, 11]]]矣。

B: 上に獲(エラルル)こと、道有(レトモ)、朋友に信(アラ)不ときは、上に獲(ラレ)不ず。

C: 上(かみ)に獲(え)らるること、道(たう)有(あ)れども、朋友(ほういう)に信(しん)あらざるときは、上(かみ)に獲(え)られず。

D: 윗사람에게 (신임을) 얻는 데는 도가 있지만 붕우에게 신뢰를 받지 못하면 윗사람에게 (신임을) 얻을 수 없다.

A: 信[二, アル, 13~23]乎朋[음합부]友[一, 11]、有[レ, レトモ]道、不[レ, 33—]順[二, 음독부アラ]乎親[一, 11]、不[レ, 13ㄴ]信[二, アラ]乎朋[음합부]友[一, 11]矣。

B: 朋友に信(アル)こと、道有(レトモ)、親に順(アラ)不ときは、朋友に信(アラ)不ず。

C: 朋友(ほういう)に信(しん)あること、道(たう)有(あ)れども、親(おや)に順(しゅん)あらざるときは、朋友(ほういう)に信(しん)あらず。

D: 붕우에게 신뢰를 받는 데는 도가 있지만 부모에게 순종하지 않으

면 붕우에게 신뢰를 받을 수 없다.

A: 順[゠, 음독부ナル]乎親[ᅳ, 11]、有[ㇾ, トモ]道、反[゠, カヘサフ, 31―, 11]諸身[ᅳ, 11]不[ㇾ, 33―]誠[アラ]、不[ㇾ, 13ㄴ]順[゠, アラ]乎親[ᅳ, 11]矣。

B: 親に順(ナル)、道有(トモ)、身に反(カヘサフ)するに誠(アラ)不ときは、親に順(アラ)不ず。

C: 親(おや)に順(しゅん)なること、道(たう)有(あ)れども、身(み)に反(かへ)さうするに誠(せい)あらざるときは、親(おや)に順(しゅん)あらず。

D: 부모에게 순종하는 데는 도가 있지만 (자신의) 몸을 돌이켜 봄에 성(誠)이 없으면 부모에게 순종하지 않는 것이다.

A: 誠[ㇾ, ニスル, 13~23]身[13]、有[ㇾ, トモ]道、不[ㇾ, 33―]明[゠, ラカセ]乎善[ᅳ, 음독부, 13]、不[ㇾ, 13ㄴ]誠[゠, アラ]乎身[ᅳ, 11]矣

B: 身を誠(ニスル)こと、道有(とも)、善を明(ラカセ)不ときは、身に誠(アラ)不ず

C: 身(み)を誠(せい)にすること、道(たう)有(あ)れども、善(せん)を明(あき)らかにせざるときは、身(み)に誠(せい)あらず。

D: (자신의) 몸을 성(誠)하게 하는 데는 도가 있지만 선을 밝게 알지 못하면 (자신의) 몸에 성(誠)이 없는 것이다.

a: 此[ㇾ]、又、以[ᅮ]在[゠]下[음합부]位[ᅳ, 11]者[ᅩ, 13, 31]推

[31]言[下]素[11 |]定[ムル]之意[上 , 13]。

b: 此、又、下位に在者を以て推て素より定(ムル)意を言。

c: 此(これ)、又(また)、下位(かゐ)に在(あ)る者(もの)を以(も)ち
て、推(お)して素(もと)より定(さだ)むる意(い)を言(い)ふ。

b: 이는 또 아랫자리에 있는 자를 예로 들어, 미리 정한다는 말의 뜻을
넓혀 말한 것이다.

a: 反[二 , カヘサフ, 31—, 11]諸身[一 , 11]不[レ , 23~33, 33]誠、謂
[下 , フ]反[31]求[二 , ルトキ, 11]諸身[一 , 11]而所[レ]存[31—]、
所[レ]發[31—]、未[レ]能[中]眞[음합부]實[11, 32ㄴ]而[31]無[음
합부]妄[上 , 12 | , 13~23]也。

b: 身に反(カヘサフ)するに誠不とは、反て身に求(ルトキ)に存す
る所、發する所、未眞實にして無妄なること能未謂(フ)。

c: 身(み)に反(かへ)さうするに誠(せい)あらずとは、反(かへ)りて
身(み)に求(もと)むるときに存(そん)する所(ところ)、發(はつ)
する所(ところ)、未(いま)だ眞實(しんしつ)にして無妄(ぶばう)
なること能(あた)はざるを謂(い)ふ。

d: (자신의) 몸을 돌이켜 봄에 성(誠)이 없다는 것은, (자신의) 몸으로
돌이켜 구함에 (마음에) 있는 바와 (밖으로) 나타나는 바가 진실되
고 무망하지[거짓됨이 없지] 못함을 말한다.

a: 不[レ , 23~33, 33]明[二]乎善[一 , 13]、謂[レ]未[レ , 13~23]能[下]
察[二 , 32ㄴ, 입]於人[22]心、天[음합부]命[22]之本[음합부]然
[一 , 13]而[31]眞[マ, 11]知[中 , 13~23][152]至[음합부]善[22]之所[上 ,

ㄴ, 13]在也

b: 善を明不とは、未人の心、天命の本然を察して眞(マ)に至善の
在所を知こと能未こと謂

c: 善(せん)を明(あき)らかにせずとは、未(いま)だ人(ひと)の心
(こころ)、天命(てんめい)の本然(ほんぜん)を察(さっ)して、眞
(まこと)に至善(しせん)の在(あ)る所(ところ)を知(し)ること能
(あた)はざることを謂(い)ふ。

d: 선을 밝게 알지 못한다는 것은 사람의 마음과 천명의 본연을 살펴
서 진실로 지극한 선이 있는 곳을 알지 못함을 말한다.

A: 誠[33]者、天[22]之道[12一]也。誠[ㄴ, スル, 11[153], 33]之[13]
者、人[훈독부, 22]之道[12一]也。

B: 誠は、天の道なり。之を誠(スル)は、人の道なり。

C: 誠(せい)は、天(てん)の道(たう)なり。之(これ)を誠(せい)する
は、人(ひと)の道(たう)なり。

D: 성(誠)은 하늘의 도이다. 이것을 성실히 하는 것은 사람의 도이다.

A: 誠[33]者、不[ㄴ, 32ㄴ]勉[ツトメ]而[31]中[アタル]。不[ㄴ, 32
ㄴ]思[ハ]而[31]得[ウ]。從[음합부, シヨウ]容[11, 32ㄴ, 31]中
[ㄴ, アタル, 33]道[11]、聖[음합부]人[12一]也。

B: 誠は、勉(ツトメ)不して中(アタル)。思(ハ)不して得(ウ)。從
(シヨウ)容にして道に中(アタル)は、聖人なり。

152 33위치에 주점을 묵점으로 지운 흔적이 있다.
153 11 위치에 주점이 찍혀 있으나 문맥상 반영하지 않았다.

C: 誠(せい)は、勉(つと)めずして中(あた)る。思(おも)はずして得(う)。從容(しょうよう)にして道(たう)に中(あた)るは、聖人(せいじん)なり。

D: 성(誠)은 힘쓰지 않아도 (도에) 합치되고 생각하지 않아도 얻을 수 있다. 자연히 도에 합치되는 것은 성인이다.

A: 誠[ㇾ, ス云, 23~33, 33]之[13]者擇[ㇾ, エラム]善[음독부, 13]而[31]固[32／]執[33ㄴ]之者[22, 12―]也

B: 之を誠(ス)と(イフ)は善を擇(エラム)で固く執る者のなり

C: 之(これ)を誠(せい)すといふは、善(せん)を擇(えら)んで固(かた)く執(と)る者(もの)なり。

D: 이것을 성실히 한다는 것은, 선을 택하여 굳게 지키는 것이다.

a: 中[33]並[11]去聲。從[33]七[음합부]容[22]反

b: 中は並に去聲。從は七容の反

c: 中(ちう)は竝(なら)びに去聲(きょせい)。從(しょう)は七容(しつよう)の反(はん)。

d: 중(中)은 모두 거성[합치되다]이다. 종(從)은 칠용(七容)의 반절이다.

a: 此、承[ニ, ウケ]上[22]文[22]誠[一, ㇾ, スト云, 11]身[13]而[31]言[フ]。

b: 此、上の文の身を誠(ストイフ)に承(ウケ)て言(フ)。

c: 此(これ)、上(かみ)の文(ぶん)の、身(み)を誠(せい)すといふに承(う)けて言(い)ふ。

d: 이는 앞 문장에서 몸을 성실히 한다고 한 것을 받아서 말한 것이다.

a: 誠[33]者、眞[음합부]實無[음합부]妄[22]之謂[イヒ]、天[음합부]理[22]之本[음합부]然[12—]也。

b: 誠は、眞實無妄の謂(イヒ)、天理の本然なり。

c: 誠(せい)は、眞實(しんしつ)無妄(ぶばう)の謂(い)ひ、天理(てんり)の本然(ほんぜん)なり。

d: 성(誠)은 진실되고 무망함을 말하며, 천리의 본래 그러한 성질이다.

a: 誠[ㇾ, 31—]之[13]者[22]、未[ㇾ]{レトモ}能[二]眞[음합부]實無[음합부]妄[一, 12ㅣ, 13~23]、而欲[二, 31—, 13~23]其[22]眞[음합부]實無[음합부]妄[一, ナラン, 13—]之謂[二]人[음합부]事[22]之當[음합부]然[一, 23~33]也。

b: 之を誠する者の、未眞實無妄なること能未(レトモ)、其の眞實無妄(ナラン)ことを欲すること人事の當然と謂。

c: 之(これ)を誠(せい)する者(もの)、未(いま)だ眞實(しんしつ)無妄(ぶばう)なること能(あた)はざれども、其(そ)の眞實(しんしつ)無妄(ぶばう)ならんことを欲(ほっ)すること、人事(じんし)の當然(たうぜん)と謂(い)ふ。

d: 이를 성실히 한다는 것은, 아직 진실되고 무망하지 못하더라도 진실되고 무망해지고자 바라는 것이니, (이는) 인사(人事)의 당연히 그래야 하는 일이다.

a: 聖[음합부]人[22]之德[33]渾[음합부, コン, 거]然[13 /]天[음합

부]理、眞[음합부]實無[음합부]妄[ナリ합점, 11, 32ㄴ, 31¹⁵⁴]不
[ㇾ]待[二]思[훈합부, ㇶ]勉[一, ツトムル, 13一]而[31]從[음합부]
容[11, 32ㄴ, 31]中[ㇾ, ル]道[11]。則亦天[22]之道[12一]也。

b: 聖人の德は渾(コン)然たる天理、眞實無妄(ナリ)思(ㇶ)勉(ツト
ムル)ことを待不て從容にして道に中(ル)。則亦天の道なり。

c: 聖人(せいじん)の德(とく)は、渾然(こんぜん)たる天理(てん
り)、眞實(しんしつ)無妄(ぶばう)なり。思(おも)ひ勉(つと)む
ることを待(ま)たずして、從容(しょうよう)にして道(たう)に
中(あた)る。則(すなは)ち亦(また)天(てん)の道(たう)なり。

d: 성인의 덕은 혼연(渾然)한 천리이니 진실되고 무망하다. 생각하고
힘쓰지 않아도 자연히 도에 맞는다. 그런즉 이 또한 하늘의 도이다.

a: 未[ㇾ, 33一]{レハ}至[二]於聖[一, 11]、則不[ㇾ, シ]能[ㇾ]無[二,
13~23]人[음합부]欲[22]之私[一]而[31]其[22]爲[ㇾ, スル, 13~23]
德[13]、不[ㇾ]能[二]皆實[一, 음독부, 12|, 13~23]。

b: 未聖に至未ときは、則人欲の私無こと能不(シ)て其の德を爲
(スル)こと、皆實なること能不。

c: 未(いま)だ聖(せい)に至(いた)らざるときは、則(すなは)ち人欲
(じんよく)の私(わたくし)無(な)きこと能(あた)はずして、其
(そ)の德(とく)を爲(す)ること、皆(みな)實(しつ)なること能(あ
た)はず。

d: 성인의 경지에 이르지 못하면 인욕의 사사로움이 없을 수 없어, 그
가 덕을 행하는 것이 모두 진실할 수 없다.

---

154 가나점과 오코토점이 대립하는데 가나점에 합점이 있으므로 가나점을 취했다.

a: 故[11]未[ㆍ]{レハ}能[ニ]不[ㆍ, 32ㄴ]思而[31]得[一, ウル, 13~23]、則必擇[ㆍ]善[13, 31]然[31]後[11]可[ニ]以[31]明[一, ㆍ, 11, 32]善[13]。

b: 故に未思不て得(ウル)こと能未ときは、則必善を擇て然て後に以て善を明にす可。

c: 故(ゆゑ)に未(いま)だ思(おも)はずして得(う)ること能(あた)はざるときは、則(すなは)ち必(かなら)ず善(せん)を擇(えら)びて、然(しかう)して後(のち)に以(も)ちて善(せん)を明(あき)らかにすべし。

d: 그러므로 생각하지 않고는(성을) 얻을 수 없기에, 반드시 선을 선택한 후에야 비로소 선을 밝힐 수 있다.

a: 未[ㆍ]{レハ}能[ニ]不[ㆍ, 32ㄴ]勉而[31]中[一, アタル, 13~23]、則必固[32／]執[31]然[31]後[11]可[ニ]以[31]誠[一, ㆍ, 11, 32]身[13]。

b: 未勉不して中(アタル)こと能未(レハ)、則必固く執て然て後に以て身を誠にす可。

c: 未(いま)だ勉(つと)めずして中(あた)ること能(あた)はざれば、則(すなは)ち必(かなら)ず固(かた)く執(と)りて、然(しかう)して後(のち)に以(も)ちて身(み)を誠(せい)にすべし。

d: 힘쓰지 않고는 (도에) 합치될 수 없기에, 반드시 (선을) 굳게 지킨 후에야 비로소 몸을 성실히 할 수 있다.

a: 此則、所[훈합부]謂、人[22]之道[12一]也。

b: 此則、所謂、人の道なり。

c: 此(これ)則(すなは)ち、所謂(いはゆる)人(ひと)の道(たう)なり。

d: 이것이 이른바 사람의 도이다.

a: 不[レ, 32ㄴ]思而[31]得[ル, 23~33, 33]生[ナカラ, 11, 32ㄴ, 31]知[ソ, 33ㄴ]也。不[レ, 32ㄴ]勉[ツトメ, 31]而中[アタル, 33]安[32ㄴ, 31]行[ソ]也。

b: 思不して得(ル)ことは生(ナカラ)にして知る(ソ)。勉(ツトメ)不して中(アタル)は安じて行(ソ)。

c: 思(おも)はずして得(う)ることは、生(む)まれながらにして知(し)るぞ。勉(つと)めずして中(あた)るは、安(やす)んじて行(おこな)ふぞ。

d: 생각하지 않고 (성을) 얻는 것은 태어나면서 아는 것이다. 힘쓰지 않고 (도에) 합치되는 것은 편안하게 행하는 것이다.

a: 擇[レ, 23~33, 33]善[13]、學[マ, 31]知[33ㄴ]、以[음합부]下[22]之事[12一]。固[32／]執[23~33, 33]利[23~33, 32ㄴ, 31]行[フ]、以[음합부]下[22]之事[12一]也

b: 善を擇ことは、學(マ)て知る、以下の事なり。固く執ことは利として行(フ)、以下の事なり

c: 善(せん)を擇(えら)ぶことは、學(まな)びて知(し)る、以下(いか)の事(こと)なり。固(かた)く執(と)ることは、利(り)として行(おこな)ふ、以下(いか)の事(こと)なり。

d: 선을 선택하는 것은 배워서 아는 것으로, 아래의 일이다. 굳게 지키는 것은 이롭게 여겨 행하는 것으로, 아래의 일이다.

A: 博[32 /]學[マナヒ]之、審[ツマヒラカ, 11]問[ヒ]之、愼[31]思[ヒ]之、明[11]辨[음독부, 32ㄴ]之、篤[32 /]行[フ]之

B: 博く學(マナヒ)、審(ツマヒラカ)に問(ヒ)、愼て思(ヒ)、明に辨じ、篤く行(フ)

C: 博(ひろ)く學(まな)び、審(つまび)らかに問(と)ひ、愼(つつし)みて思(おも)ひ、明(あき)らかに辨(へん)じ、篤(あつ)く行(おこな)ふ。

D: 널리 배우며, 자세하게 물으며, 신중하게 생각하며, 밝게 분별하며, 독실하게 행한다.

a: 此[33]誠[ヽ, 11, 31―]之[13]之目[ナ, 12―]也。

b: 此は之を誠にする目(ナ)なり。

c: 此(これ)は之(これ)を誠(せい)にする目(な)なり。

d: 이는 이것을 성실히 행하는 조목이다.

a: 學[입]、問[거탁]、思[평]、辨[33, 거]所[ニ, 훈합부]以[12―]擇[ヽ]善[13]而爲[ヽ]知[シレリ[155], 23~33, 거]、學[ナ]而[31]知[ー, 33ㄴ]也。

b: 學、問、思、辨は善を擇知(シレリ)と爲、學(ナ)て知る所以な

155 「知」가 거성일 경우 '지혜'[智]의 의미이다. 이 경우 음독을 하는 것이 일반적이어서 가나점에서「シレリ」라고 읽은 것은 적절치 않다.

り。

c: 學(かく)、問(ぶん)、思(し)、辨(へん)は、善(せん)を擇(えら)び、知(し)れりとし、學(まな)びて知(し)る所以(ゆゑん)なり。

d: 배우고 묻고 생각하고 분별하는 것은 선을 택하여 지(知)로 삼기 위한 수단이다. (이것은) 배워서 아는 것이다.[156]

a: 篤[32／]行[卜云, 33, 거]、所[二, 훈합부]以[12—]固[32／]執[입]而[31]爲[ㇾ, シ]仁[13]、利[23~33, 32ㄴ]而[31]行[一, フ]也。

b: 篤く行(トイフ)は、固く執て仁を爲(シ)、利として行(フ)所以なり。

c: 篤(あつ)く行(おこな)ふといふは、固(かた)く執(と)りて仁(じん)を爲(し)、利(り)として行(おこな)ふ所以(ゆゑん)なり。

d: 독실하게 행하는 것은 굳게 지켜서 인을 행하기 위한 수단이다. (이것은) 이롭게 여겨 행하는 것이다.[157]

a: 程[음합부]子[21]曰、五[22]者[22]廢[二, スツレ, 33]其[22]一[一, モ, 13]、非[ㇾ, 13ㄴ]學[11]也

b: 程子が曰、五の者の其の一を(モ)廢(スツレ)ば、學に非ず

c: 程子(ていし)が曰(い)はく、五(いつ)つの者(もの)、其(そ)の一(ひと)つをも廢(す)つれば、學(かく)にあらず。

d: 정자(程子)가 말하기를, 다섯 가지 중 하나라도 폐하면 학문이 아

---

156 '所以'는 '爲知'까지 걸리는 것으로 보는 것이 좋다. 寬文本에도 「所[二, 음합부]以擇[ㇾ, テ]善[ヲ]而爲[一, ㇾ]知[卜]」라고 되어 있다. d에서는 이에 따랐다.
157 '所以'는 '爲仁'까지 걸리는 것으로 보는 것이 좋다. 寬文本에도 「所[二, 음합부]以固[훈합부]執[テ]而爲[一, ㇾ]知[卜]」라고 되어 있다. d에서는 이에 따랐다.

니다.

A: 有[レ, 13, 33]弗[レ, 13~23]學[マナヒ]、學[フ]之。弗[レ, 12ㄴ, 33]能[ヨクセ]、弗[レ, 13ㄴ]措[ヲカ]也。[158]

B: 學(マナヒ)弗こと有をば、學(フ)。能(ヨクセ)弗れば、措(ヲカ)弗ず。

C: 學(まな)びざること有(あ)るをば、學(まな)ぶ。能(よ)くせざ れば、措(お)かず。

D: 배우지 않은 것이 있으면 배운다. 잘하지 못하면 그만두지 않는다.

A: 有[レ, ル, 33]弗[レ, 13~23]問[トハ]、問[フ]之。弗[レ, 12ㄴ, 33] 知[シラ]弗[レ, 13ㄴ]措也。

B: 問(トハ)弗こと有(ル)は、問(フ)。知(シラ)弗れば措弗ず。

C: 問(と)はざること有(あ)るをば、問(と)ふ。知(し)らざれば、 措(お)かず。

D: 묻지 않은 것이 있으면 묻는다. 모르면 그만두지 않는다.

A: 有[レ, 13, 33]弗[レ, 13~23]思[オモハ]、思[フ]之。弗[レ, 12ㄴ] 得[エ]、弗[レ, 13ㄴ]措也。

158 寬文本에는 「有[レ, リ]弗[レ, ル]弗]學[ハ]。學[テ]之弗[レ, ンハ]能[クセ]弗[レ] 措[ヲカ]也。」와 같이 가점되어 있어서 「學(まな)ばざること有(あ)り。學(まな) びて能(よ)くせずんば、措(お)かず。」와 같이 훈독할 수 있다. 이것은 '배우지 않는 일이 있다. (이왕 배운다면) 배워서 잘하지 못할 경우 그만두지 않는다.'와 같이 해석할 수 있다. 이것은 주자의 주석에 의한 해석이다. 본 훈점본은 주자의 주석을 담은 중용장구이지만 해당 부분에서는 이에 따르지 않고 있다. 다섯 개의 조목 모두 그러하다.

B: 思(オモハ)弗こと有をば、思(フ)。得(エ)弗れ、措弗ず。

C: 思(おも)はざること有(あ)るをば、思(おも)ふ。得(え)ざれ
ば、措(お)かず。

D: 생각하지 않은 것이 있으면 생각한다. 얻지 못하면 그만두지 않는다.

A: 有[ㇾ, 13, 33]弗[ㇾ, 13~23]辨[음독부セ]、辨[음독부, 32]之。弗
[ㇾ, 12ㄴ, 33]明[メ]、弗[ㇾ, 13ㄴ]措也。

B: 辨(セ)弗こと有をば、辨す。明(メ)弗れば、措弗ず。

C: 辨(へん)ぜざること有(あ)るをば、辨(へん)ず。明(あき)らめ
ざれば、措(お)かず。

D: 분별하지 않은 것이 있으면 분별한다. 명확하게 하지 못하면 그만
두지 않는다.

A: 有[ㇾ, 13, 33]弗[ㇾ, 13~23]行[オ[159]ハ]、行[フ]之。弗[ㇾ, 12ㄴ,
33]篤[アツク, 23ㄴ]、弗[ㇾ, 13ㄴ]措也。

B: 行(オハ)弗こと有をば、行(フ)。篤(アツク)せ弗れば、措弗
ず。

C: 行(おこな)はざること有(あ)るをば、行(おこな)ふ。篤(あつ)
くせざれば、措(お)かず。

D: 행하지 않은 것이 있으면 행한다. 독실하게 하지 못하면 그만두지
않는다.

A: 人、一[タヒ]能[ㇾ, スレ, 33]之[コレ, 13]、己[ヲノㇾ]、百[ㇾ,

---
159 「オ」와「ハ」사이에 두 글자 분 공백이 있다.

モヽタヒシ]之[レヲ]。人、十[トタヒ]、能[レ, スレ, 33]之[
ヲ]、己[ヲノレ]、千[チタヒ, 32]之

B: 人、一(タヒ)之(コレ)を能(スレ)ば、己(ヲノレ)、之(レヲ)百
(モモタヒシ)。人、十(トタヒ)、之(ヲ)能(スレ)ば、己(ヲノ
レ)、千(チタヒ)す

C: 人(ひと)、一(ひと)たび之(これ)を能(よ)くすれば、己(おの
れ)、之(これ)を百(もも)たびし、人(ひと)、十(と)たび之(こ
れ)を能(よ)くすれば、己(おのれ)、千(ち)たびす。

D: 남이 한 번에 이것을 잘한다면 나는 이것을 백 번 하며, 남이 열 번
에 이것을 잘한다면 나는 (이것을) 천 번 한다.

a: 君[음합부]子[22]之學[입]、不[レ, サレ, 33]爲[セ]則已[ヤム]。
爲[スル, 33─]則、必、要[二, 32]其[22]成[一, ナラン, 13─]。

b: 君子の學、爲(セ)不(サレ)ば則已(ヤム)。爲(スル)ときは則、
必、其の成(ナラン)ことを要す。

c: 君子(くんし)の學(かく)、爲(せ)ざれば則(すなは)ち已(や)む。
爲(す)るときは則(すなは)ち、必(かなら)ず其(そ)の成(な)らん
ことを要(えう)す。

d: 군자의 배움은 (애초에) 하지 않으면 그만이지만, (일단) 한다면 반
드시 성취해야 한다.

a: 故[11]常[11]百[二, 음합부]倍[11, 32]其[22]功[一, 13]。

b: 故に常に其の功を百倍にす。

c: 故(ゆゑ)に常(つね)に其(そ)の功(こう)を百倍(はくはい)にす。

d: 그러므로 언제나 그 노력을 백배로 한다.

a: 此困[クルシン]而[31]知[リ]、勉[ツトメ]而[31]行[フ]者[22, 12
一]也。勇[22, 거]之事[12一]也

b: 此困(クルシン)で知(リ)、勉(ツトメ)て行(フ)者のなり。勇の事
なり

c: 此(これ)困(くる)しんで知(し)り、勉(つと)めて行(おこな)ふ者
(もの)なり。勇(よう)の事(し)なり。

d: 이는 애써서 알고 힘써서 행하는 것이다. 용(勇)의 일이다.

A: 果[ハタ, 32ㄴ, 31]能[゠, ヨク, 31一, 33一]此[22]道[゛, ミチ, 13]
矣、雖[ㆍ, ヘ]愚[음독부, 12一, 23~33]、必明[アキラカ, 12一]。
雖[ㆍ, ヘ]柔[음독부, 12一, 23~33, 평탁]必強[コハ, 32ㄴ]

B: 果(ハタ)して此の道(ミチ)を能(ヨク)するときは、愚なりと雖
(ヘ)、必明(アキラカ)なり。柔なりと雖(ヘ)必強(コハ)し

C: 果(はた)して此(こ)の道(みち)を能(よ)くするときは、愚(ぐ)な
りといへども、必(かなら)ず明(あき)らかなり。柔(じう)なり
といへども、必(かなら)ず強(こは)し。

D: (위에서 말한 방법을) 철저히 수행하여 이 도를 잘하게 되면, 어리
석다 하여도 반드시 밝아진다. 유약하다 하여도 반드시 강해진다.

a: 明[23~33, 33, 평]者、擇[ㆍ, ノ¹⁶⁰]善[13]之功。強[33, 평]者、固

---

160 「ノ」처럼 보이지만 「ノ」를 기입할 이유도 없고 「ノ」라고 해도 가점위치가 높다.
「フ」, 즉「ふ」를 기입했을 가능성도 있지만 이 경우도 가점위치가 너무 높다. B 이

[32／]執[33ㄴ]之效[シルシ, 12—]。

b: 明とは、善を擇(ノ)功。強は、固く執る效(シルシ)なり。

c: 明(めい)とは、善(せん)を擇(えら)ぶ功(こう)。強(きゃう)とは、固(かた)く執(と)る效(しるし)なり。

d: 밝아지는 것은 선을 선택한 결과이다. 강해지는 것은 굳게 지킨 결과이다.

a: 呂[음합부]氏[21]曰、君[음합부]子[22]所[ニ, 훈합부]以[33]學[一, マナフル]者、爲[ニ, タメ]能[32／]變[ニ, 음합부]化[セン, 21]氣[음합부]質[一, 13]而[훈합부, ノミ]已。

b: 呂氏が曰、君子の學(マナフル)所以は、能く氣質を變化(セン)が爲(タメ)而已(ノミ)。

c: 呂氏(りょし)が曰(い)はく、君子(くんし)の學(まな)ぶる所以(ゆゑん)は、能(よ)く氣質(きしつ)を變化(へんくゎ)せんが爲(ため)のみ。

d: 여씨[여대림(呂大臨)]가 말하기를, '군자가 배우는 이유는 다름 아니라 기질을 변화시키기 위해서이다.

a: 德、勝[ニ, 33—]氣[음합부]質[一, 11]、則愚[음합부]者[13ㄱ]可[�]進[ニ]於明[一, 11]。柔[음합부, 평탁]者[13ㄱ]可[ㅣ]進[ニ]於強[一, 11]。

b: 德、氣質に勝ときは、則愚者も明に進可。柔者も強に進可。

c: 德(とく)、氣質(きしつ)に勝(か)つときは、則(すなは)ち愚者

하에서는 반영하지 않았다.

(ぐしゃ)も明(めい)に進(すす)むべし。柔者(じうしゃ)も強(きゃう)に進(すす)むべし。

d: 덕이 기질을 이기면 어리석은 자도 밝음으로 나아갈 수 있다. 유약한 자도 강함으로 나아갈 수 있다.

a: 不[ㇾ, 33─]能[ㇾ]勝[ㇾ, 13~23]之[11]、則雖[ㇾ]有[ㇾ, 23~33]志[二, コヽロサス, 13~23]於學[一, 11]、亦愚[11, 32ㄴ, 31, 평탁]不[ㇾ]能[ㇾ]明[12丨, 13~23]。柔[11, 32ㄴ, 평탁]不[ㇾ]能[ㇾ]立[13~23]而[훈합부, ノミ]已[12─]矣。

b: 之に勝こと能不ときは、則學に志(ココロサス)こと有と雖、亦愚にして明なること能不。柔にし立こと能不而已(ノミ)なり。

c: 之(これ)に勝(か)つこと能(あた)はざるときは、則(すなは)ち學(かく)に志(こころざ)すこと有(あ)りといへども、亦(また)愚(ぐ)にして明(めい)なること能(あた)はず。柔(じう)にして立(た)つこと能(あた)はざるのみなり。

d: (덕이) 이것[기질]을 이기지 못하면, 배움에 뜻을 두어도 어리석기 때문에 밝아질 수 없다. 유약하기 때문에 설 수 없다.

a: 蓋、均[ヒトシ, 32／]善[11, 32ㄴ, 거]而[31]無[ㇾ, キ, 33]惡[입]者性[음독부, 12─]也。人[22]所[ㇾ, 12─]同[キ]也。

b: 蓋、均(ヒトシ)く善にして惡無(キ)は性なり。人の同(キ)所なり。

c: 蓋(けだ)し均(ひと)しく善(せん)にして惡(あく)無(な)きは、性(せい)なり。人(ひと)の同(おな)じき所(ところ)なり。

d: 무릇 똑같이 선하고 악이 없는 것은 성(性)이다. 사람들의 공통된
    바이다.

a: 昏[음합부]明、強[음합부]弱[22]之禀[ヒン, 22, 상]、不[レ, 33]
    齊[ヒトシカラ]者、才[음독부, 12—]也。人[22]所[レ, 12—]異
    [11, 31—]也。

b: 昏明、強弱の禀(ヒン)の、齊(ヒトシカラ)不は、才なり。人の
    異にする所なり。

c: 昏明(こんめい)、強弱(きゃうじゃく)の禀(ひむ)の、齊(ひと)し
    からざるは、才(さい)なり。人(ひと)の異(こと)にする所(とこ
    ろ)なり。

d: 어두움과 밝음, 강함과 약함의 타고난 것이 똑같지 않은 것은 재
    (才)[재질]이다. 사람들의 차이 나는 바이다.

a: 誠[レ, 11, 31—, 23~33, 33]之[13]者[33[161]]、所[下, 훈합부]以[12
    —]反[二, カヘ]其[22]同[一, 11]而[31]變[中, 31—]其[22]異[上, ナ
    ル, 13]也。

b: 之を誠にするとは、其の同に反(カヘ)て其の異(ナル)を變する
    所以なり。

c: 之(これ)を誠(まこと)にするとは、其(そ)の同(おな)じきに反
    (かへ)りて、其(そ)の異(こと)なるを變(へん)ずる所以(ゆゑん)
    なり。

---

161 앞의 「誠」에도 33점이 기입되어 있어서 중복되므로 이 오코토점은 반영하지 않
    는다.

d: 이것을 성실하게 한다는 것은, 사람들의 공통된 것[성(性)]을 회복하고 사람들의 차이 나는 것[재(才)]을 변화시키는 수단이다.

a: 夫[レ]以[ニ]不[レ, ル]美[음독부ナラ, 거탁]之質[一, 음독부, 13, 31, 입]求[ニ, メ, 33]變而[31]美[一, ナラシメン, 13一, 거탁]、非[ニ, 33]百[ニ, 음합부]倍[31一, 11]其[22]功[一, 13]、不[レ]足[ニ]以[31]致[一, レ, 32, 11]之[13]。

b: 夫(レ)美(ナラ)不(ル)質を以て變て美(ナラシメン)ことを求(メ)ば、其の功を百倍するに非ば、以て之を致すに足不。

c: 夫(それ)美(び)ならざる質(しつ)を以(も)ちて、變(か)へて美(び)ならしめんことを求(もと)めば、其(そ)の功(こう)を百倍(はくはい)するにあらずんば、以(も)ちて之(これ)を致(いた)すに足(た)らず。

d: 무릇 뛰어나지 못한 자질을 가지고 변화하여 뛰어나게 되는 것을 구하면서, 노력을 백배로 하지 않으면 그것[뛰어나게 되는 것]을 이루기에 부족하다.

a: 今、以[ニ]鹵[음합부, 口]莽[マウ]、減[음합부, 입탁]裂[レツ, 입]之學[一, 13, 31, 입]或[33]作[ナ, 32ㄴ]或[33]輟[トヽマ, 31]以[31]變[ニ, セント, 32ㄴ, 거]其不[レ, ル]美[ナラ]之質[一, 13, 31, 입]

b: 今、鹵莽(ロマウ)、減裂(レツ)學を以て或は作(ナ)し或は輟(トヽマ)て以て其美(ナラ)不(ル)質を變(セント)して

c: 今(いま)、鹵莽(ろまう)、減裂(べつれつ)の學(かく)を以(も)ち

て、或(ある)いは作(な)し或(ある)いは輟(とど)まりて、以(も)ちて其(そ)の美(び)ならざる質(しつ)を變(へん)ぜんとして

d: (그런데) 이제 거칠고 소략하고 멸렬한 배움으로써 하다 말다 하여 스스로의 뛰어나지 못한 자질을 변화시키려고 하다가,

a: 及[ㇵ, 31, 33]不[ㇵ, 11]能[ㇵ]變[31一, 13~23]、則曰[㎜, イハン, 13~23]天[음합부]質[입]不[ㇵ, 12ㄴ, 33]美[ナラ, 거탁]、非[ㇿ, 32, 23~33]學[22]所[ㇿ, 11]能變[ㆍ, 31一]、

b: 變すること能不に及ては、則天質美(ナラ)不れば、學の能變する所に非ずと曰(イハン)こと、

c: 變(へん)ずること能(あた)はざるに及(およ)びては、則(すなは)ち天質(てんしつ)美(び)ならざれば、學(かく)の能(よ)く變(へん)ずる所(ところ)にあらずと曰(い)はんこと、

d: 변화시키지 못함에 이르러서는 타고난 자질이 뛰어나지 못하여 배움이 변화시킬 수 있는 바가 아니라고 하는 것은,

a: 是、果[ㇿ, 음독부, 11, 32ㄴ]於自[ミ]棄[ㆍ, スツル, 11, 31]其[22]爲[ㇿ, スル, 13~23]不[음합부]仁[ㆍ, 13]¹⁶²、甚[32ㄴ]矣

b: 是、自(ミ)棄(スツル)に果にして其の不仁を爲(スル)こと、甚し

c: 是(これ)自(みづか)ら棄(す)つるに果(くゎ)にして其(そ)の不仁(ふじん)を爲(す)ること、甚(はなは)だし。

d: 이는 섣불리 스스로 포기하여 불인(不仁)을 행하는 것이 심한 것이다.'

---

162 여기에서 「爲不仁」은 '(사람됨이) 인하지 못함'의 의미이므로 「爲」를 「なる」라고 읽는 것이 옳고 「スル」라고 훈독한 것은 적절하지 않다.

A〉右第二十[22]章

B〉右第二十の章

C〉右(みぎ)第二十(ていじしふ)の章(しゃう)。

D〉이상은 제20장이다.

a〉此、引[ニ]孔[음합부]子[22]之言[一, 13, 31]以[31]繼[ニ]大[음합부]舜[인명부]文[인명부]武[인명부]周[음합부]公[인명부, 22]之緒[一, 11, 31]明[ニ, 32]其[22]所[レ, 22]傳[ツタフル]之一[음합부]致[一, タル, 13~23, 13]。舉[アケ]而[31]措[レ, ヲク, 13~23]之[13]、亦猶[レ, ヲ]{シ}是[22]耳。

b〉此、孔子の言を引て以て大舜文武周公の緒に繼て其の傳(ツタフル)所の一致(タル)ことを明す。舉(アケ)て之を措(ヲク)こと、亦猶(ヲ)是の猶(シ)。

c〉此(これ)、孔子(こうし)の言(げん)を引(ひ)きて、以(も)ちて大舜(たいしゅん)文(ぶん)武(ぶ)周公(しうこう)の緒(しょ)に繼(つ)ぎて、其(そ)の傳(つた)ふる所(ところ)の一致(いっち)たることを明(あ)かす。舉(あ)げて之(これ)を措(お)くこと、亦(また)猶(なほ)是(か)くのごとし。

d〉이것은 공자의 말을 인용함으로써 순임금·문왕·무왕·주공의 실마리를 계승하여, 전한 바가 일치함을 밝힌 것이다. (공자가 선현의 말씀을) 들어서 그것을 (자신의 말에) 배치하는 것이 역시 이와 같다.

a〉蓋、包[ニ]費[음합부]隱[一, 13]、兼[ニ]小[음합부]大[一, 13, 31]

以[31]終[二, フ]十二章[22]之意[一, 13]。

b〉蓋、費隠を包、小大を兼て以て十二章の意を終(フ)。

c〉蓋(けだ)し費隠(ひいん)を包(か)ねて、小大(せうたい)を兼(か)ねて、以(も)ちて十二章(しふじしゃう)の意(い)を終(を)ふ。

d〉비(費)[용이 광범함]와 은(隠)[체가 감추어져 있음]을 포괄하고 작고 큰 것을 겸하여 제12장의 뜻을 끝맺었다.

a〉章[22]内[ウ, 11]語[ヒ, カ, 13~23]誠[13]、始[31]詳[ツマ, 12—]。而所[훈합부]謂、誠[33, 평]者、實[음독부, 12—, 입]。[163] 此[22]篇[22]之樞[음합부, スウ, 평]紐[チウ, 12—, 거]也。

b〉章の内(ウ)に誠を語(カ)こと、始て詳(ツマ)なり。所謂、誠は、實なり。此の篇の樞(スウ)紐(チウ)なり。

c〉章(しゃう)の内(うち)に誠(せい)を語(かた)ること、始(はじ)めて詳(つまび)らかなり。所謂(いはゆる)誠(せい)は、實(しつ)なり。此(こ)の篇(へん)の樞紐(すうぢう)なり。

d〉이 장 안에서 성(誠)을 말한 것이 비로소 상세하다. 이른바 성(誠)은 실(實)이다. 이 책의 중추이다.

a〉又、按[二, 31—, 11]孔[음합부]子[22]家[음합부]語[一, 13]、亦、載[二, 13\]此[22]章[一, 13]。而[31]其[22]文、尤[モ]詳[ツ, 12—]。

---

163 寛文本에서는「實」에서 끊지 않고 뒤와 연결하여「實[二]」, 즉「實(まこと)に」라고 읽었다. 이에 따라 해당 부분을 해석하면 '이른바 성이라는 것은 실로 이 편[중용]의 중추이다.'와 같다. 이것이 한문구문을 보다 잘 이해한 것으로 판단된다.

b〉 又、孔子の家語を按ずるに、亦、此の章を載たり。而て其の
　　文、尤(モ)詳(ツ)なり。

c〉 又(また)孔子(こうし)の家語(けご)を按(あん)ずるに、亦(また)
　　此(こ)の章(しゃう)を載(の)せたり。而(しかう)して其(そ)の文
　　(ぶん)、尤(もっと)も詳(つまび)らかなり。

d〉 또 공자가어를 살펴보니 그 책에서도 이 장을 싣고 있다. 그런데 공
　　자가어의 글이 더욱 상세하다.

a〉 成[レ, 13~23]功[13]一[卜云, 12―]也之下[11]、有[二]公[22]曰
　　[32／]子[22]之言[コト]、美[12―]矣、至[32―]矣、寡[음합부]
　　人實[훈합부, マコト]固[11]不[レ, 卜云コト, 32ㄴ]足[二]以[31]
　　成[一, 11]之也。

b〉 功を成こと一なり(トイフ)下に、公の曰く子の言(コト)、美な
　　り、至れり、寡人實(マコト)固に以て成に足不し(トイフコト)
　　有。

c〉 功(こう)を成(な)すこと一(ひと)つなりといふ下(しも)に、公
　　(こう)の曰(い)はく、子(し)の言(こと)、美(び)なり、至(いた)
　　れり、寡人(くゎじん)實(まこと)に固(まこと)に、以(も)ちて
　　成(な)すに足(た)らじといふこと有(あ)り。

d〉 '성과를 이루는 것은 하나이다.'라고 한 부분 다음에, '애공이 말하
　　기를, 선생의 말씀은 아름답습니다. 지극합니다. (그러나) 과인은
　　진실로 이를 이루기에 족하지 않습니다.'라는 내용이 있다.

a〉 故[11]其[22]下[11]復、以[二]子[음합부]曰[一, 13, 31]起[一, 32]

答[22]辭[ー, 13]。今、無[ニ]此[22]問[22]詞[ー, コトハ]。而[31]
猶有[ニ, ツ]子[음합부]曰[22]二[음합부]字[ー]。

b〉 故に其の下に復、子曰を以て答の辭を起す。今、此の問の詞
(コトハ)無。而て猶子曰の二字有(ツ)。

c〉 故(ゆゑ)に其(そ)の下(しも)に復(また)、子曰(しゑつ)を以(も)
ちて答(たふ)の辭(ことば)を起(おこ)す。今(いま)、此(こ)の問
(ぶん)の詞(ことば)無(な)し。而(しかう)して猶(なほ)子曰(し
ゑつ)の二字(じし)有(あ)りつ。

d〉 그러므로 그 아래에 또 자왈(子曰)로 답하는 말을 일으켰다. 지금
여기에는 묻는 말이 없다. 그런데도 '자왈(子曰)' 두 글자가 있다.

a〉 蓋、子[음합부]思、刪[ニ, ケツリ]其[22]繁[음합부]文[ー, 13,
31]以[31]附[ニ, ツク]于篇[ー, 11]。而[31]所[レ]刪、有[ニ, 13,
33][164]不[レ]盡[サ]者[ー, 22]、今、當[レ, 11]爲[ニ, ス]衍[음합
부]文[ー, 23~33]也。

b〉 蓋、子思、其の繁文を刪(ケツリ)て以て篇に附(ツク)。而て刪
所、盡(サ)不者の有をば、今、當に衍文と爲(ス)當。

c〉 蓋(けだ)し子思(しし)、其(そ)の繁文(はんぶん)を刪(けづ)りて
以(も)ちて篇(へん)に附(つ)く。而(しかう)して刪(けづ)る所
(ところ)、盡(つく)さざる者(もの)有(あ)るをば、今(いま)當
(まさ)に衍文(えんぶん)と爲(す)べし。

---

164 寛文本에서는「有[ニ, リ]不[レ, ル]盡[サ]者[ー, モノ]。」라고 가점하여「盡(つ
く)さざる者(もの)有(あ)り。」와 같이 읽었는데 이것이 문맥상 타당하다고 생각
된다.

d〉 아마도 자사가 그 번문(繁文)을 깎아내어 이 책에 붙인 것이다. 그
　런데 깎은 바에 철저하지 못함이 있음은 이제 마땅히 연문(衍文)
　[불필요한 자구]이라고 해야 할 것이다.

a〉 博[훈합부]學[卜云]之以[훈합부]下、家[음합부]語[11]無[ㇾ]
　之。意[ヲモミル, 11]彼[11]有[二, ル, 21]闕[음합부]文[一]。抑
　[ソモ다자반복부]、此、或[33]子[음합부]思[21]所[ㇾ]補[ヲキ
　ヌフ]也歟[21]

b〉 博學(トイフ)以下、家語に之無。意(ヲモミル)に彼に闕文有
　(ル)か。抑(ソモソモ)、此、或は子思が補(ヲキヌフ)所歟か

c〉 博(ひろ)く學(まな)ぶといふ以下(しもつかた)、家語(けご)に之
　(これ)無(な)し。意(おもん)みるに、彼(かしこ)に闕文(くゑつ
　ぶん)有(あ)るか。抑(そもそも)此(これ)、或(ある)いは子思(し
　し)が補(おぎぬ)ふ所(ところ)か。

d〉 '넓게 배운다.' 이하는 공자가어에 없다. 생각건대, 그곳[공자가
　어]에 궐문이 있는 듯하다. 아니면 이것은 혹 자사가 보충한 부분
　일지도 모른다.

제21장

A: 自[ㇾ, ヨリ]誠[マコト, 11, 31]明[ナル]、謂[ニ]之[13]性[一, 23~33]。

B: 誠(マコト)に自(ヨリ)て明(ナル)、之を性と謂。

C: 誠(まこと)に自(よ)りて明(あき)らかなる、之(これ)を性(せい) と謂(い)ふ。

D: 성(誠)을 바탕으로 밝아지는 것, 이것을 성(性)이라고 한다.

A: 自[ㇾ]明[アキラカナル, 11, 31, 평]誠[アル]、謂[ニ]之[13]教[一, 음독부, 23~33]。

B: 明(アキラカナル)に自て誠(アル)、之を教と謂。

C: 明(あき)らかなるに自(よ)りて誠(まこと)ある、之(これ)を教 (かう)と謂(い)ふ。

D: 밝음을 바탕으로 진실해지는 것, 이것을 교(教)라고 한다.

A: 誠[アル, 33—]則明[ア, 12—]矣。明[ア, 12|, 33—]則誠[アリ]矣

B: 誠(アル)ときは則明(ア)なり。明(ア)なるときは則誠(アリ)

C: 誠(まこと)あるときは則(すなは)ち明(あき)らかなり。明(あ き)らかなるときは則(すなは)ち誠(まこと)あり。

D: 진실하면 밝아진다. 밝으면 진실해진다.

a: 自[33, 거탁]由[평]也。

b: 自は由。

c: 自(じ)は由(いう)なり。

d: 자(自)는 유(由)[말미암다]이다.

a: 德、無[ㇾ, 32ㄴ]不[ㇾ, 云, 13~23]實[アラ]。¹⁶⁵ 而[31]明[평]、無[ㇾ, 33]不[ㇾ, 卜云, 13~23]照者、聖[음합부]人[22]之德[음독부, 12—]。所[ニ, 22]性[23~33, 32ㄴ]而[31]有[一, ル]者[12—]也。天[22]道[12—]也。

b: 德、實(アラ)不(イフ)こと無し。而て明、照不(トイフ)こと無は、聖人の德なり。性として有(ル)所の者なり。天の道なり。

c: 德(とく)、實(まこと)あらずといふこと無(な)し。而(しかう)して明(めい)、照(て)らさずといふこと無(な)きは、聖人(せいじん)の德(とく)なり。性(せい)として有(あ)る所(ところ)の者(もの)なり。天(てん)の道(たう)なり。

d: 덕이 진실하지 않음이 없고 밝음이 비추지 않음이 없는 것은 성인의 덕이다. 본성으로 타고나 소유한 바이다. 하늘의 도이다.

a: 先、明[ニ, 32ㄴ]乎善[一, 13]而[31]後[11]能、實[ニ, 11, 31—, 33¹⁶⁶, 입]其善[一, 13]者¹⁶⁷、賢[음합부]人[22]之學[12—]。由

---

165 「德無不實」이 「聖人之德」까지 걸리므로 句點이 아니라 讀點이 찍히는 것이 타당하다. b, c는 훈점에 따랐으나 d의 한국어 번역은 한문구문에 따랐다.

166 성점 좌측 아래에 33점이 보이므로 b 이하에서 반영하였다. 또 성점 위쪽으로 권점이 보이는데 이것은 무엇을 의미하는 것인지 알 수 없다. 두 점 모두 다른 朱點과는 색이 차이가 있다. 뒤편 「者」의 33점을 지우면서 여기에 33점을 찍은 것은 아닐까 생각된다.

[レ]教[11, 거]而[31]入[ル]者[22, 12ー]也。人[22]道[12ー]也。

b: 先、善を明して後に能、其善を實にするは、賢人の學なり。教に由て入(ル)者のなり。人の道なり。

c: 先(ま)づ善(せん)を明(あき)らかにして、後(のち)に能(よ)く其(そ)の善(せん)を實(まこと)にするは、賢人(けんじん)の學(かく)なり。教(かう)に由(よ)りて入(い)る者(もの)なり。人(ひと)の道(たう)なり。

d: 먼저 선을 밝게 하고 나중에 그 선을 진실하게 할 수 있는 것은 현인의 학문이다. 가르침으로 말미암아[또는 가르침을 통하여] 들어가는 것이다. 사람의 도이다.

a: 誠[11 ＼, 33ー]則無[レ, シ]不[レ, 云, 13~23]明[ナラ]矣。明[12｜, 33ー, 평]則、可[三, 32ㄴ]以[31]至[二, 33ㄴ]於誠[一, 11]矣

b: 誠あるときは則明(ナラ)不(イフ)こと無(シ)。明なるときは則、以て誠に至る可し

c: 誠(まこと)あるときは則(すなは)ち明(あき)らかならずといふこと無(な)し。明(あき)らかなるときは則(すなは)ち以(も)ちて誠(まこと)に至(いた)るべし。

d: 진실하면 밝지 않음이 없게 된다. 밝으면 진실함에 이를 수 있게 된다.

A〉右第二十一[22]章

B〉右第二十一の章

C〉右(みぎ)第二十一(ていじしふいつ)の章(しゃう)。

---

167 33위치에 朱點을 찍었다가 먹으로 지웠다.

D〉이상은 제21장이다.

A〉子[음합부]思[인명부]承[二, ウケ]上[22]章[22]夫[음합부]子[22]天[음합부]道、人[음합부]道[22]之意[一, 11]而[31]立[レ, タツ]言[コト, 13]也。

B〉子思上の章の夫子の天道、人道の意に承(ウケ)て言(コト)を立(タツ)。

C〉子思(しし)、上(かみ)の章(しゃう)の、夫子(ふうし)の天道(てんたう)人道(じんたう)の意(い)に承(う)けて言(こと)を立(た)つ。

D〉자사가 위 장[제20장]에서 선생님[공자]이 말씀하신 천도, 인도의 뜻을 이어받아서 입론으로 삼았다.

A〉自[レ]此、以[음합부]下、十二章[33]皆子[음합부]思[21]之言[12一]。以[31]反[음합부, 거]覆[32ㄴ, 31, 입]推[二, 훈합부, ヲシ]明[アキラカ, 32]此[22]章[22]之意[一, 13]

B〉此自、以下、十二章は皆子思が言なり。以て反覆して此の章の意を推(ヲシ)明(アキラカ)す

C〉此(これ)より以下(いか)十二章(しふじしゃう)は、皆(みな)子思(しし)が言(こと)なり。以(も)ちて反覆(はんぷく)して此(こ)の章(しゃう)の意(い)を推(お)し明(あき)らかにす。

D〉여기부터 이하의 열두 장[제22장-제33장]은 모두 자사의 말이다. 이 장의 뜻을 반복하여 넓혀 밝힌 것이다.

제22장

A: 唯、天[음합부]下[22]至[음합부]誠[ノミ, 평]、爲[ニ, 32]能盡
[ニ, 32, 23~33¹⁶⁸]其性[一, 13]。

B: 唯、天下の至誠(ノミ)、能其性を盡すと爲す。

C: 唯(ただ)天下(てんか)の至誠(しせい)のみ、能(よ)く其(そ)の性
(せい)を盡(つく)すと爲(す)。

D: 오직 천하의 지성(至誠)만이 자신의 성(性)을 다할 수 있다.

A: 能盡[ニ, 33一]其[22]性[一, 13]、則能盡[ニ, 32]人[22]之性[一,
13]。

B: 能其の性を盡ときは、則能人の性を盡す。

C: 能(よ)く其(そ)の性(せい)を盡(つく)すときは、則(すなは)ち能
(よ)く人(ひと)の性(せい)を盡(つく)す。

D: 자신의 성을 다할 수 있으면 타인의 성을 다할 수 있다.

A: 能盡[ニ, 33一]人[22]之性[一, 13]、則能盡[ニ, 32]物[22]之性[一,
13]。

B: 能人の性を盡ときは、則能物の性を盡す。

---

168 「盡(つく)すことを爲(す)」와 같이 읽히는 것이 바람직하다. 寬文本은 「爲[ニ,
ス]能[ク]盡[ニ, スコトヲ]其[ノ]性[一, ヲ]」와 같이 가점되어 있다. B, C는 훈점
에 따랐으나 D의 한국어 번역은 한문구문에 따랐다.

C: 能(よ)く人(ひと)の性(せい)を盡(つく)すときは、則(すなは)ち
能(よ)く物(もの)の性(せい)を盡(つく)す。

D: 타인의 성을 다할 수 있으면 사물의 성을 다할 수 있다.

A: 能盡[＝ , 33一]物[22]之性[㇐ , 13]、則可[＝]以[31]贊[＝ , タスク]
天[음합부]地[22]之化[음합부]育[㇐ , 13]。

B: 能物の性を盡ときは、則以て天地の化育を贊(タスク)可。

C: 能(よ)く物(もの)の性(せい)を盡(つく)すときは、則(すなは)ち
以(も)ちて天地(てんち)の化育(くゎいく)を贊(たす)くべし。

D: 사물의 성을 다할 수 있으면 천지의 화육(化育)을 도울 수 있다.

A: 可[＝ , 33一]以[31]贊[＝]天[음합부]地[22]之化[음합부]育[㇐ ,
13]、則可[㇈]以[31]與[＝ , 23~33]天[음합부]地[㇐]、參[㇞ , マシ
ハル]矣

B: 以て天地の化育を贊可ときは、則以て天地と參(マシハル)可

C: 以(も)ちて天地(てんち)の化育(くゎいく)を贊(たす)くべきと
きは、則(すなは)ち以(も)ちて天地(てんち)と參(まじ)はるべ
し。

D: 천지의 화육을 도울 수 있으면 천지와 함께할 수 있게 된다.

a: 天[음합부]下[22]至[음합부]誠[23~33, 33, 평]、謂[＝]聖[음합부]
人[22]之德[22]之實[음독부, 입]、天[음합부]下[モ]莫[＝ , ナキ,
13]能加[㇐ , フル, 13~23]也。

b: 天下の至誠とは、聖人の德の實、天下(モ)能加(フル)こと莫(ナ

キ)を謂。

c: 天下(てんか)の至誠(しせい)とは、聖人(せいじん)の德(とく)の實(しつ)、天下(てんか)も能(よ)く加(くは)ふること莫(な)きを謂(い)ふ。

d: '천하의 지성(至誠)'이라는 것은, 성인의 덕의 성(誠)이 천하(의 그 어떤 것)도 (그 이상) 보탤 수 있는 것이 없음을 말한다.

a: 盡[ᆖ]其[22]性[ᄀ, 13]者、德、無[ᄂ]不[ᄂ, 云, 13~23]實[ナラ, 입]。

b: 其の性を盡者、德、實(ナラ)不(イフ)こと無。

c: 其(そ)の性(せい)を盡(つく)す者(もの)は、德(とく)、實(しつ)ならずといふこと無(な)し。

d: 그 성을 다하는 자는 덕이 진실하지 않음이 없다.

a: 故[11]無[ᆖ]人[음합부]欲[22]之私[ᄀ]而[31]天[음합부]命[22]之在[ᄂ, 33ㄴ]我[11]者[22]察[ᄂ, 음독부, 32, 입]之[13]。[169]

b: 故に人欲の私無て天命の我に在る者の之を察す。

c: 故(ゆゑ)に人欲(じんよく)の私(わたくし)無(な)くして、天命(てんめい)の我(われ)に在(あ)る者(もの)、之(これ)を察(さっ)す。

d: 그러므로 인욕의 사사로움이 없고 나에게 있는 천명을 살핀다.

a: 由[ᄂ, ヨ]之[11, 31]巨[음합부]細[セイ]、精[음합부]粗、無[ᆖ、

---

169 주점 위에 먹으로 덧찍은 것으로 보인다.

シ]毫[カウ]髪[ハツ, 22]之不[̄, ㇾ, ト云, 13~23]盡[サ]也。

b: 之に由(ヨ)て巨細(セイ)、精粗、毫髪(カウハツ)の盡(サ)不(ト
イフ)こと無(シ)。

c: 之(これ)に由(よ)りて、巨細(きょせい)精粗(せいそ)、毫髪(か
うはつ)の盡(つく)さずといふこと無(な)し。

d: 이로 말미암아 크고 작음과 정밀하고 거칢이 털끝만큼도 다하지
않음이 없다.

a: 人[음합부]物[22]之性[33, 거]、亦我[21]之性[12─, 거]。

b: 人物の性は、亦我が性なり。

c: 人物(じんぶつ)の性(せい)は、亦(また)我(わ)が性(せい)なり。

d: 타인과 사물의 성은 또한 나의 성이다.

a: 但、以[̄]所[ㇾ, 22]賦[クハラルヽ]形[음합부]氣[22]不[̄, ㇾ,
サル, 13]同[カラ]而[31]有[ㇾ, 33ㄴ]異[ナル, 13~23]耳[12─]。

b: 但、賦(クハラルル)所の形氣の同(カラ)不(サル)を以て異(ナル)
こと有る耳なり。

c: 但(ただ)賦(くば)らるる所(ところ)の形氣(けいき)の同(おな)じ
からざるを以(も)ちて、異(こと)なること有(あ)るのみなり。

d: 다만 부여받은[타고난] 형기(形氣)가 같지 않기 때문에 다름이 있
을 뿐이다.

a: 能、盡[ㇾ, スト云, 33]之[13]者[33[170]]、謂[̄]知[シル, 13~23]之

---

170 「盡」에 33점, 즉 「は」점이 있으므로 이것은 불필요하다. 반영하지 않았다.

無[ㇾ, 32ㄴ]不[ㇾ, 13~23]明[ナラ]而[31]處[ヲル, 13~23]之無[̄,
　　ㇾ, 13]不[ㇾ, 云, 13~23]當[ラ]也。

b: 能、之を盡(ストイフ)は、知(シル)こと明(ナラ)不こと無して
　　處(ヲル)こと當(ラ)不(イフ)こと無を謂。

c: 能(よ)く之(これ)を盡(つく)すといふは、知(し)ること明(あき)
　　らかならずといふこと無(な)くして、處(を)ること當(あた)ら
　　ずといふこと無(な)きを謂(い)ふ。

d: 다할 수 있다는 것은, 아는 것이 밝지 않음이 없고 처함이 합당하지
　　않음이 없음을 말한다.

a: 贊[33, 거]猶[ㇾ, ヲ]助[22]也。

b: 贊は猶(ヲ)助の猶。

c: 贊(さん)は猶(なほ)助(しょ)のごとし。

d: 찬(贊)은 조(助)[돕다]와 같다.

a: 與[̄, 23~33]天[음합부]地[̄]、參[マシハルト云, 33]、謂[̄下]
　　與[̄, 23~33]天[음합부]地[̄]、並[11]立[31]爲[̄上, ㇾ, 13]三[음
　　독부, 13]也。

b: 天地と、參(マシハルトイフ)は、天地と、並に立て三を爲を
　　謂。

c: 天地(てんち)と參(まじ)はるといふは、天地(てんち)と竝(なら)
　　びに立(た)ちて、三(さむ)を爲(な)すを謂(い)ふ。

d: 천지와 함께한다는 것은, 천지와 나란히 서서 셋을 이룸을 말한다.

a: 此自[ㇾ, ヲ]誠[11]而[31]明[12│, 평]者[22]之事[훈독부, 12—]也

b: 此誠に自(ヲ)て明なる者の事なり

c: 此(これ)誠(まこと)に自(よ)りて明(あき)らかなる者(もの)の事(こと)なり。

d: 이것은 성(誠)을 바탕으로 밝아지는 자의 일이다.

A〉右第二十二[22]章

B〉右第二十二の章

C〉右(みぎ)第二十二(ていじしふじ)の章(しゃう)。

D〉이상은 제22장이다.

a〉言[二]天道[一, 13]也

b〉天道を言

c〉天道(てんたう)を言(い)ふ。

d〉천도를 말하였다.

제23장

A: 其[22]次[ツキ, 33]致[ㄴ, 32]曲[음독부, 13]。曲、能[32／]有[ㄴ,
リ]誠。

B: 其の次(ツキ)は曲を致す。曲、能く誠有(リ)。

C: 其(そ)の次(つぎ)は曲(きょく)を致(いた)す。曲(きょく)、能
(よ)く誠(まこと)有(あ)り。

D: 그 다음[버금가는 사람]은(치우친) 한쪽을 지극히 한다. 한쪽을 지
극히 하면 능히 진실하다.

A: 誠[11＼, 33—]則、形[アラハル]。形[ア□[171]ハルヽ, 33—]則著
[チヨ, 12—, 거]。

B: 誠あるときは則、形(アラハル)。形(アハルル)ときは則著(チ
ヨ)なり。

C: 誠(まこと)あるときは則(すなは)ち形(あらは)る。形(あらは)
るるときは則(すなは)ち著(ちょ)なり。

D: 진실하면 있으면 드러난다. 드러나면 또렷하다.

A: 著[음독부, 12|, 33—]則明[12—, 평]。明[12|, 33—]則動[32
／]。

B: 著なるときは則明なり。明なるときは則動く。

---

171 한 글자 분의 공백이 있다.

C: 著(ちょ)なるときは則(すなは)ち明(あき)らかなり。明(あき)らかなるときは則(すなは)ち動(うご)く[172]。

D: 또렷하면 밝다. 밝으면 (타인·사물을) 움직일[감동시킬] 수 있다.

A: 動[33—]則變[음독부, 32]。變[31—, 33—]則化[32]。

B: 動ときは則變ず。變ずるときは則化す。

C: 動(うご)くときは則(すなは)ち變(へん)ず。變(へん)ずるときは則(すなは)ち化(くゎ)す。

D: 움직일 수 있으면 변화시킬 수 있다. 변화시킬 수 있으면 교화할 수 있다.

A: 唯、天[음합부]下[22]至[음합부]誠[ノミ]爲[ニ, 32]能化[一, 31—, 13—]

B: 唯、天下の至誠(ノミ)能化することを爲す

C: 唯(ただ)天下(てんか)の至誠(しせい)のみ、能(よ)く化(くゎ)することを爲(す)。

D: 오직 천하의 지성(至誠)만이 능히 교화할 수 있다.

a: 其次[23~33, 33]通[ニ, 32ㄴ]大[음합부]賢[ヨリ]以[훈합부, シモツカタ]下、凡、誠有[ㇾ, ル]未[ㇾ, タ, 33ㄴ, 13~23]至者[一, 11]而[31]言[イフ]也。

b: 其次とは大賢(ヨリ)以下(シモツカタ)、凡、誠未(タ)至末るこ

---

172 「動」에「く」가 가점되어 있어서 B와 C는 이에 따랐다. 그러나 문맥상 타동사로 보는 것이 타당하므로 D는 타동사로 번역하였다.

と有(ル)者に通して言(イフ)。

c: 其(そ)の次(つぎ)とは、大賢(たいけん)より以下(しもつかた)、凡(およ)そ誠(まこと)末(いま)だ至(いた)らざること有(あ)る者(もの)に通(とう)して言(い)ふ。

d: '그 다음'이란 대현(大賢) 이하로 무릇 성(誠)에 지극하지 못함이 있는 자를 통틀어 말한다.

a: 致[32, 23~33, 33]推[훈합부, 32ㄴ]致[32]也。曲[33, 입]一[음합부]偏[평]也。

b: 致すとは推し致す。曲は一偏。

c: 致(いた)すとは推(お)し致(いた)す。曲(きょく)は一偏(いっぺん)。

d: 다한다는 것은 밀어붙여서 끝까지 이르게 하는 것이다. 곡(曲)은 (치우친) 한쪽이다.

a: 形[アラハルト云, 33]者、積[ㇾ]中[ウチ, 11]而[31]發[ㇾ, 32, 입]外[11]。

b: 形(アラハルトイフ)は、中(ウチ)に積て外に發す。

c: 形(あらは)るといふは、中(うち)に積(つ)みて外(そと)に發(はつ)す。

d: 드러난다는 것은 속에 쌓여 밖으로 드러나는 것이다.

a: 著[11|[173], 33一, 거]則又加[ㇾ, フ]顯[アキラカナル, 13一]矣。

---

[173] 「き」가 기대되는 자리이므로 「13|」이 기입되어야 하는데 11위치에 잘못 기입한 것으로 보인다.

b: 著きときは則又顯(アキラカナル)ことを加(フ)。

c: 著(いちじる)しきときは則(すなは)ち、又(また)顯(あき)らかな
ることを加(くは)ふ。

d: 또렷하면 거기에 더하여 더 분명해진다.

a: 明[12|, 33一, 평]則又、有[ニ]光[음합부]輝[キ, 평]發[음합부]越
[22]之盛[一, 12|, 13~23]也。

b: 明なるときは則又、光輝(キ)發越の盛なること有。

c: 明(あき)らかなるときは則(すなは)ち、又(また)光輝(くゎうく
ゐ)發越(はつゑつ)の盛(さか)んなること有(あ)り。

d: 밝으면 거기에 더하여 광채가 성하게 발산된다.

a: 動[ト云, 33, 상]者、誠、能動[レ, 32]物[13]。

b: 動(トイフ)は、誠、能物を動す。

c: 動(うご)くといふは、誠(まこと)、能(よ)く物(もの)を動(うご)
かす。

d: 움직인다는 것은 성(誠)이 능히 타물(他物)을 움직인다는[감동시
킨다는] 것이다.

a: 變[23~33, 33, 거]者、物從[シタカ]而[31]變[32]。

b: 變とは、物從(シタカ)て變ず。

c: 變(へん)ずとは、物(もの)從(したが)ひて變(へん)ず。

d: 변화시킨다는 것은 타물이 (나를) 따라 변하는 것이다.

a: 化[33]則有[ㇾ, 33ㄴ]不[ㇾ, ルコト合点, 32ㄴ[174]]知[二]其[22]所
　　[훈합부]以[ー, ㇾ, 13]然[ル]者[モノ, 12一]。

b: 化は則其の然(ル)所以を知不(ルコト)有る者(モノ)なり。

c: 化(くゎ)すとは、則(すなは)ち其(そ)の然(しか)る所以(ゆゑん)
　　を知(し)らざること有(あ)る者(もの)なり。

d: 교화한다는 것은 그렇게 되는 연유를 모르(는 사이에 변화되)는 것
　　이 있는 것이다.

a: 蓋、人之性、無[ㇾ]不[ㇾ, ト云, 13~23]同[カラ]。而[31]氣、則
　　有[ㇾ]異[음독부, 거]。

b: 蓋、人性、同(カラ)不(トイフ)こと無。而て氣、則異有。

c: 蓋(けだ)し人(ひと)の性(せい)、同(おな)じからずといふこと無
　　(な)し。而(しかう)して氣(き)則(すなは)ち異(い)有(あ)り。

d: 사람의 성은 같지 않음이 없다. 그러나 기(氣)는 다름이 있다.

a: 故[11]惟[タヽ]、聖[음합부]人[ノミ]、能擧[二, アケ]其[22]性
　　[22]之全[음합부]體[ー, 13]而[31]盡[ㇾ, ツク, 32]之[13]。

b: 故に惟(タヽ)、聖人(ノミ)、能其の性の全體を擧(アケ)て之を
　　盡(ツク)す。

c: 故(ゆゑ)に惟(ただ)聖人(せいじん)のみ、能(よ)く其(そ)の性(せ
　　い)の全體(せんてい)を擧(あ)げて之(これ)を盡(つく)す。

d: 그러므로 오직 성인만이 그 성(性)의 온전한 체(體)를 들어 다할[지

---

174 가나점과 오코토점이 함께 사용될 수 없다. 가나점에 합점이 있으므로 가나점을
　　취했다.

극한 경지에 이르게 할] 수 있다.

a: 其[22]次[33]則必、自[ニ, ヨ]其[22]善[22]端[ハシ, 22]發[음합부, 입]見[상]之偏[ニ, 11]而[31]悉[コトダ자반복부ク, 11]推[음합부, 32ㄴ]致[32ㄴ]之[31]以[31]各、造[ニ, イタル]其[22]極[ニ, 11, 입]也。

b: 其の次は則必、其の善の端(ハシ)の發見偏に自(ヨ)て悉(コトコトク)に推し致して以て各、其の極に造(イタル)。

c: 其(そ)の次(つぎ)は、則(すなは)ち必(かなら)ず、其(そ)の善(せん)の端(はし)の發見(はっけん)の偏(かたよ)りに自(よ)りて、悉(ことごと)くに推(お)し致(いた)して、以(も)ちて各(おのおの)其(そ)の極(きは)まりに造(いた)る。

d: 그 다음[버금가는 사람]은, 반드시 선한 실마리가 나타나는(치우친) 한쪽을 바탕으로 하여, (나머지도) 하나하나 넓히고 지극하게 하여 각각 그 지극한 경지에 이르게 한다.

a: 曲、無[ㄴ, 33ㅡ]不[ㄴ, ト云, 13~23]致、則德、無[ㄴ]不[ㄴ, 13~23]實[ナラ, 입]。

b: 曲、致不(トイフ)こと無ときは、則德、實(ナラ)不こと無。

c: 曲(きょく)致(いた)さずといふこと無(な)きときは、則(すなは)ち德(とく)實(しつ)ならずといふこと無(な)し。

d: (치우친) 한쪽을 철저하게 지극히 하면 덕이 철저하게 진실하게 된다.

a: 而[31]形[평]、著[거]、動[상]、變[22, 거]之功、自[オ]不[ㇾ]能
[ㇾ]已[ヤム, 13~23]。

b: 而て形、著、動、變の功、自(オ)已(ヤム)こと能不。

c: 而(しかう)して形(けい)、著(ちょ)、動(とう)、變(へん)の功(こ
う)、自(おの)づから已(や)むこと能(あた)はず。

d: 그리하여 형(形)[드러나다], 저(著)[또렷하다], 동(動)[감동시키
다], 변(變)[변화시키다]의 효과가 절로 그칠 수 없게 된다.

a: 積[ツン]而[31]至[ニ, 33一]於能化[一, 31一, 11]、則其至[음합
부]誠[22]之妙[거탁]、亦、不[ㇾ, 13ㄴ]異[ニ, ナラ]於聖[음합부]
人[一, 11]矣

b: 積(ツン)で能化するに至ときは、則其至誠の妙、亦、聖人に異
(ナラ)不ず

c: 積(つ)んで能(よ)く化(くゎ)するに至(いた)るときは、則(すな
は)ち其(そ)の至誠(しせい)の妙(べう)、亦(また)聖人(せいじん)
に異(こと)ならず。

d: 쌓여서 능히 교화함에 이르면 지성(至誠)의 오묘함이 또한 성인과
다르지 않게 된다.

A〉右第二十三[22]章

B〉右第二十三の章

C〉右(みぎ)第二十三(ていじしふさむ)の章(しゃう)。

D〉이상은 제23장이다.

a〉言[゠]人道[㆒ , 13]也

b〉人道を言

c〉人道(じんたう)を言(い)ふ。

d〉인도를 말하였다.

제24장

A: 至[음합부]誠[22]之道、可[ᐟ]以[31]前[음합부]知[ᐟ, 32]。

B: 至誠の道、以て前知す可。

C: 至誠(しせい)の道(たう)、以(も)ちて前知(せんち)すべし。

D: 지성(至誠)의 도(를 가진 사람)는 (일이 일어나기 전에) 미리 알 수 있다.

A: 國[음합부]家將[ᐟ, 11]{スルトキハ}興[オコラン, 23~33]、必、有[ᐟ]禎[음합부, テイ, 평]祥[ᐟ, シヤウ]。

B: 國家將に興(オコラン)と將(スルトキハ)、必、禎祥(テイシヤウ)有。

C: 國家(こっか)將(まさ)に興(おこ)らんとするときは、必(かなら)ず禎祥(ていしゃう)有(あ)り。

D: 국가가 장차 흥하려 할 때는 반드시 상서로운 조짐이 있다.

A: 國[음합부]家將[ᐟ, 11]{スルトキハ}亡[ヒン, 23~33]、必、有[ᐟ]妖[음합부, ヨウ, 평]孼[ᐟ, ケツ, 입탁]。

B: 國家將に亡(ヒン)と將(スルトキハ)、必、妖孼(ヨウケツ)有。

C: 國家(こっか)將(まさ)に亡(ほろ)びんとするときは、必(かなら)ず妖孼(えうげつ)有(あ)り。

D: 국가가 장차 망하려 할 때는 반드시 괴이한 일이 있다.

A: 見[ニ, アラハレ]乎著[음합부, シ, 평]龜[一, 11, 31]動[ニ, 32／]乎四[음합부]體[一, 11]。

B: 著(シ)龜に見(アラハレ)て四體に動く。

C: 蓍龜(しきん)に見(あらは)れて、四體(してい)に動(うご)く。

D: 시초점과 거북점에 나타나며 사체(四體)에 (평상시와 다른) 변동이 생긴다.

A: 禍[음합부]福將[レ, 11]{トキニハ}至[ナン, 23~33]、善[음독부]、必先、知[ル]之。不[음합부]善、必、先知[33ㄴ]之。

B: 禍福將に至(ナン)と將(トキニハ)、善、必先、知(ル)。不善、必、先知る。

C: 禍福(くゎふく)將(まさ)に至(いた)りなんとするときには、善(せん)必(かなら)ず先(ま)づ知(し)る。不善(ふせん)必(かなら)ず先(ま)づ知(し)る。

D: 재앙이나 복이 장차 이르려 할 때에는, (지성(至誠)은) 좋은 것도 반드시 먼저 알고 좋지 않은 것도 반드시 먼저 안다.

A: 故[11]至[음합부]誠、如[レ, 32ㄴ]神[22]

B: 故に至誠、神の如し

C: 故(ゆゑ)に至誠(しせい)、神(かみ)の如(ごと)し。

D: 그러므로 지성(至誠)은 귀신과 같다.

a: 見音[33]現

b: 見音は現

c: 見(けん)の音(いむ)は現(けん)。

d: 현(見)의 음은 현(現)[나타나다]이다.

a: 禎[음합부, 평]祥[33, 평]者福[22]之兆[キサシ]。妖[음합부, 평]孼[33, 입탁]者禍[22]之萠[キサシ]。

b: 禎祥は福の兆(キサシ)。妖孼は禍の萠(キサシ)。

c: 禎祥(ていしゃう)は、福(ふく)の兆(きざ)し。妖孼(えうげつ)は、禍(わざはひ)の萠(きざ)し。

d: 정상(禎祥)은 복의 징조이다. 요얼(妖孼)은 재앙의 조짐이다.

a: 蓍[33]所[二 , 훈합부]以[12—]筮[一 , 31—, 거탁]。龜[33, 평]所[二 , 훈합부]以[12—]卜[一 , 31—, 입탁]。

b: 蓍は筮する所以なり。龜は卜する所以なり。

c: 蓍(し)は筮(ぜい)する所以(ゆゑん)なり。龜(きん)は卜(ぼく)する所以(ゆゑん)なり。

d: 시(蓍)는 시초점을 치는 수단이다. 균(龜)은 거북점을 치는 수단이다.

a: 四[음합부]體[23~33, 33]謂[175]動[음합부]作、威[음합부]儀[22]之間[アヒタ]、如[下 , キ]執[レ , トル, 21]玉[13]、高[二 , 음합부]卑[ニシ]其[22]容[一 , 13, 31]俯[음합부]仰[上 , 31—]之類[12—]。[176]

---

[175] 「謂」뒤에「 二 」,「類」뒤에「 一 」가 가점될 것이 기대되지만 여기에서는「謂」를 읽지 않은 것으로 보인다. 또는「謂」를「いはゆる」로 읽었을 가능성도 있다.

[176] 본 훈점본의 가점자는「其容」을「高卑」의 목적어로 보았으나「執玉高卑」와「其容俯仰」을 병렬구조로 보는 것이 옳은 듯하다. 寬文本에서는「如[二 , シ]執[レ]

b: 四體とは動作、威儀の間(アヒタ)、玉を執(トル)が、其の容を高卑(ニシ)て俯仰する如(キ)類なり。

c: 四體(してい)とは、動作(とうさ)威儀(ゐぎ)の間(あひだ)、玉(ぎょく)を執(と)るが、其(そ)の容(よう)を高卑(かうひ)にして俯仰(ふぎゃう)するが如(ごと)きの類(たぐひ)なり。

d: 사체(四體)는 동작과 위의[몸가짐]를 할 때에 옥을 잡음에 그 얼굴을 높게 하거나 낮게 하여 숙이거나 드는 것과 같은 종류이다.

a: 凡、此[33]皆、理[22]之先[マツ]見[13／]者[12—]也。

b: 凡、此は皆、理の先(マツ)見たる者なり。

c: 凡(およ)そ此(これ)は皆(みな)理(り)の先(ま)づ見(あらは)れたる者(もの)なり。

d: 무릇 이것은 모두 (일이 일어나기 전에) 이(理)가 먼저 나타난 것이다.

a: 然、唯、誠[22]之至[훈합부, リ]極[マリ]而[31]無[下, 32ㄴ]一[음합부]毫[22]私[음합부]僞[22]留[二, トヽマル]於心[음합부]目[22]之間[一, 11]者[上, 22, 31]乃、能、有[三]以[31]察[二, 31—, 13~23]其幾[一, 13, 평]焉。

b: 然、唯、誠の至(リ)極(マリ)て一毫の私僞の心目の間に留(トヽマル)者の無して乃、能、以て其幾を察すること有。

玉[ヲ]高[음합부]卑、其[ノ]容俯[음합부]仰[ノ]之類[一, ノ]。→玉(ぎょく)を執(と)ること高卑(かうひ)にして、其(そ)の容(かたち)俯仰(ふぎゃう)の類(たぐひ)の如(ごと)し。」と같이「執玉高卑」와「其容俯仰」을 병렬구조로 읽고 있다.

c: 然(しか)れども唯(ただ)誠(せい)の至(いた)り極(きは)まりて、
一毫(いつかう)の私僞(しぐゐ)の心目(しむぼく)の間(あひだ)に
留(とど)まる者(もの)無(な)くして、乃(いま)し能(よ)く以(も)
ちて其(そ)の幾(き)を察(さつ)すること有(あ)り。

d: 오직 성(誠)이 지극하여, 털끝만큼도 사사로움이나 거짓이 마음
과 눈 사이에 머무름이 없어야 비로소 그 기미를 살필 수 있다.

a: 神[云, 33]謂[゠]鬼[음합부]神[̄, 13]

b: 神(イフ)は鬼神を謂

c: 神(しん)といふは、鬼神(くゐしん)を謂(い)ふ。

d: 신(神)이라고 하는 것은 귀신을 말한다.

A〉右第二十四[22]章

B〉右第二十四の章

C〉右(みぎ)第二十四(ていじしふし)の章(しゃう)。

D〉이상은 제24장이다.

a〉言[゠]天道[̄, 13]也

b〉天道を言

c〉天道(てんたう)を言(い)ふ。

d〉천도를 말하였다.

A: 誠[マコト, 33]者、自[ミ]、成[32]也。而[31]道[33]自[ミ]、道
[ミチヒク]也

B: 誠(マコト)は、自(ミ)、成す。而て道は自(ミ)、道(ミチヒク)

C: 誠(まこと)は自(みづか)ら成(な)す。而(しかう)して道(たう)は
自(みづか)ら道(みちび)く。

D: 성(誠)은 스스로 이룬다. 그리고 도는 스스로 이끈다.

a: 道[음합부]也[ヤ, 22]之道[33]、音導

b: 道也(ヤ)の道は、音導

c: 道也(たうや)の道(たう)は、音(いむ)、導(たう)。

d: 도야(道也)의 도는 음이 도(導)[177][이끌다]이다.

a: 言[33]誠[33]者物[22]之所[ニ, 훈합부]以[11, 32ㄴ]自成[ㄱ, 32]而
[31]道[33]者人[22]之所[ㅼ, 12一]當[ニ, 11]{ヘキ}自、行[ㄱ, フ]
也。

b: 言は誠は物の自成す所以にして道は人の當に自、行(フ)當(ヘ
キ)所なり。

c: 言(いふこころ)は、誠(まこと)は物(もの)の自(みづか)ら成(な)
す所以(ゆゑん)にして、道(たう)は人(ひと)の當(まさ)に自(み

---

177 「道」는 명사[길]일 때는 상성이고, 동사[이끌다]일 때는 거성이다.

づか)ら行(おこな)ふべき所(ところ)なり。

d: 말하는 뜻은 이러하다. 성은 사물이 스스로 이루는 방편이며, 도는 사람이 마땅히 스스로 행해야 하는 바이다.

a: 誠[33]以[ㇾ]心[13, 31]言[ㇾ, フ]{フ합점}本[13]{ナリ합점}也。

b: 誠は心を以て言(フ)本(ナリ)。

c: 誠(まこと)は心(こころ)を以(も)ちて言(い)ふ、本(もと)なり。

d: 성은 마음으로써 말한 것이니 근본이다.

a: 道[33]以[ㇾ]理[13, 31]言[ㇾ, フ]{イフ합점}用[음독부, 13, 거]{ナリ합점}也

b: 道は理を以て言(イフ)用(ナリ)

c: 道(たう)は理(り)を以(も)ちて言(い)ふ、用(よう)なり。

d: 도는 이치로써 말한 것이니 작용이다.

A: 誠[33]者、物[22]之終[음합부]始[12一]。不[ㇾ, 33]誠[アラ]、無[ㇾ, 32ㄴ]物。

B: 誠は、物の終始なり。誠(アラ)不ば、物無し。

C: 誠(まこと)は、物(もの)の終始(しうし)なり。誠(まこと)あらずんば、物(もの)無(な)し。

D: 성은 사물의 시작과 끝이다. 성이 없으면 사물도 없다.

A: 是[훈합부, 22]故[11]君[음합부]子誠[アル, 13]之爲[ㇾ, 32]貴[23~33]

B: 是の故に君子誠(アル)を貴と爲す

C: 是(こ)の故(ゆゑ)に君子(くんし)、誠(まこと)あるを貴(たふと)
しとす。

D: 이러한 까닭에 군자는 성을 귀하게 여긴다.

a: 天[음합부]下[22]之物[33]、皆、實[음합부]理[22]之所[㇚, 12—]
爲[ナ, 32]。

b: 天下の物は、皆、實理の爲(ナ)す所なり。

c: 天下(てんか)の物(もの)は、皆(みな)實理(しつり)の爲(な)す所
(ところ)なり。

d: 천하의 사물은 모두 참된 이치가 만든 것이다.

a: 故[11]、必、得[ニ]是[22]理[一, 13, 31]然[훈합부, 31]後[11]有
[ニ]是[22]物[一]。

b: 故に、必、是の理を得て然て後に是の物有。

c: 故(ゆゑ)に必(かなら)ず是(こ)の理(り)を得(え)て、然(しかう)
して後(のち)に是(こ)の物(もの)有(あ)り。

d: 그러므로 반드시 이러한 이치를 얻고 나서야 이러한 사물이 있다.

a: 所[㇚, 22]得[ル]之理、既[11]盡[ツキヌル, 33—]則是[22]物、
亦、盡[キ]而[31]無[㇚]有[ル, 13~23]矣。

b: 得(ル)所の理、既に盡(ツキヌル)ときは則是の物、亦、盡(キ)
て有(ル)こと無。

c: 得(う)る所(ところ)の理(り)、既(すで)に盡(つ)きぬるときは、

則(すなは)ち是(こ)の物(もの)、亦(また)盡(つ)きて有(あ)ること無(な)し。

d: 얻은 이치가 이미 다하여 없어지면, 이러한 사물도 다하여 없어지게 된다.

a: 故[11]人[22]之心、一[モ]、有[ㇾ, 33一]不[ㇾ, ル, 13~23]實[ナラ]、則、雖[ㇾ]有[ㇾ, 23~33]所[ㇾ]爲[31一]、亦、如[ㇾ, 32ㄴ]無[ㇾ, 21]有[ル, 13~23]。

b: 故に人の心、一(モ)、實(ナラ)不(ル)こと有ときは、則、爲する所有と雖、亦、有(ル)こと無が如し。

c: 故(ゆゑ)に人(ひと)の心(こころ)、一(ひと)つも實(しつ)ならざること有(あ)るときは、則(すなは)ち爲(す)る所(ところ)有(あ)りといへども、亦(また)有(あ)ること無(な)きが如(ごと)し。

d: 그러므로 사람의 마음이 조금이라도 진실하지 않음이 있으면, 행한 바가 있어도 (그 행위는) 없는 것과 같다.

a: 而[31]君[음합부]子、必、以[ㇾ]誠[13, 31]爲[ㇾ]貴[32ㄴ, 23~33]也。

b: 而て君子、必、誠を以て貴しと爲。

c: 而(しかう)して君子(くんし)、必(かなら)ず誠(まこと)を以(も)ちて貴(たふと)しとす。

d: 그러므로 군자는 반드시 성을 귀하게 여긴다.

a: 蓋、人[22]之心、能、無[ㇾ, 32ㄴ]不[ㇾ, 云, 13~23]實[アラ, 31,

입]乃爲[レ, 32]有[二, 23~33]以[31]自、成[一, 13~23]。

b: 蓋、人の心、能、實(アラ)不(イフ)こと無して乃以て自、成こ
と有と爲す。

c: 蓋(けだ)し人(ひと)の心(こころ)、能(よ)く實(しつ)あらずとい
ふこと無(な)くして、乃(いま)し以(も)ちて自(みづか)ら成(な)
すこと有(あ)りとす。

d: 사람의 마음이 진실하지 않음이 없어야만 스스로 이룸이 있다고
할 수 있다.

a: 而[32ㄴ, 31]道[22]之在[レ, 33ㄴ]我[11]者[22]亦、無[レ]不[レ,
云, 13~23]行[ハレ]矣

b: 而して道の我に在る者の亦、行(ハレ)不(イフ)こと無

c: 而(しかう)して道(たう)の我(われ)に在(あ)る者(もの)、亦(ま
た)行(おこな)はれずといふこと無(な)し。

d: 그리고 나에게 있는 도 또한 행해지지 않음이 없게 된다.

A: 誠[33]者、非[二]自[ミ]成[レ, 32]已[13]而[훈합부, ノミ]已[一,
11]也。所[二, 훈합부]以[12—]成[一, レ, 32]物[13]也。

B: 誠は、自(ミ)已を成す而已(ノミ)に非。物を成す所以なり。

C: 誠(まこと)は、自(みづか)ら已(おのれ)を成(な)すのみにあら
ず。物(もの)を成(な)す所以(ゆゑん)なり。

D: 성은 스스로 자신을 이룰 뿐만 아니라 남을 이루어주는 수단이다.

A: 成[レ, 32, 33]已[13]、仁[12—]也。成[レ, 32, 33]物[13]、知[12

一]也。

B: 已を成すは、仁なり。物を成すは、知なり。

C: 己(おのれ)を成(な)すは、仁(じん)なり。物(もの)を成(な)す
は、知(ち)なり。

D: 자신을 이루는 것은 인(仁)이다. 남을 이루어주는 것은 지(智)이다.

A: 性[22]之德[12—]也。合[ニ, アハ, 31—]外[음합부]内[一, 13]之
道[12—]也。

B: 性の德なり。外内を合(アハ)する道なり。

C: 性(せい)の德(とく)なり。外内(ぐゎいだい)を合(あ)はする道
(たう)なり。

D: (이는) 본성의 덕이다. 안팎을 합한 도이다.

A: 故[11]時[11]措[ヲク, 13~23]之、宜[음독부, 11 ╱, 평탁]也

B: 故に時に措(ヲク)こと、宜あり

C: 故(ゆゑ)に時(とき)に措(お)くこと、宜(ぎ)あり。

D: 그러므로 때에 맞춰 조처하는 것이 마땅하다.

a: 知[33]去[음합부]聲

b: 知は去聲

c: 知(ち)は去聲(きょせい)。

d: 지(知)는 거성[지혜]이다.[178]

---

178 「知」는 동사[알다]일 때는 평성이고, 명사[지혜]일 때는 거성이다.

a: 誠[33]雖[゠]所[゠ ,훈합부]以[12—, 23~33]成[⌐ , ﾚ , 32]已
[13]、然[モ]既[11]有[゠ , 33—]以[31]自成[⌐ , ナス, 13~23]、則
自[음합부]然[11]及[ﾚ]物[11, 31]而道、亦、行[゠ , ハル]於彼
[⌐ , 11]矣。

b: 誠は已を成す所以なりと雖、然(モ)既に以て自成(ナス)こと有
ときは、則自然に物に及て道、亦、彼に行(ハル)。

c: 誠(まこと)は己(おのれ)を成(な)す所以(ゆゑん)なりといへど
も、然(しか)も既(すで)に以(も)ちて自(みづか)ら成(な)すこと
有(あ)るときは、則(すなは)ち自然(しぜん)に物(もの)に及(お
よ)びて、道(たう)、亦(また)彼(かれ)に行(おこな)はる。

d: 성은 자신을 이루는 수단이지만, 이미 그것으로써 스스로 이루었
다면 자연히 남에게 미치게 되어 도가 또한 저들에게 행해진다.

a: 仁[33]者、體[22]之存[32ㄴ]、知[33, 거]者、用[22, 거]之發[31
—, 12—, 입]。

b: 仁は、體の存し、知は、用の發するなり。

c: 仁(じん)は體(てい)の存(そん)し、知(ち)は用(よう)の發(はつ)
するなり。

d: 인(仁)은 체(體)가 (안에) 존재하는 것이고 지(智)는 용(用)이 (밖으
로) 발현된 것이다.

a: 是皆、吾[21]性[22]之固[マコト, 11]有[アリ]而[31]無[゠ , 32ㄴ]
内[음합부]外[22]之殊[⌐ , 평]。

b: 是皆、吾が性の固(マコト)に有(アリ)て内外の殊無し。

c: 是(これ)皆(みな)、吾(わ)が性(せい)の固(まこと)に有(あ)りて
內外(だいぐゎい)の殊(しゅ)無(な)し。

d: 이것[성(誠)]은 모두 나의 본성이 본래 지닌 것으로, 안팎의 다름이
없다.

a: 既[11]得[二, 33一]於已[一, 11]、則見[二, アラハルヽ, 거]於事[一,
11]者[22]以[ヒ]時[13, 31]措[31]之而皆得[二]其[22]宜[一, 13]也

b: 既に已に得ときは、則事に見(アラハルル)者の時を以て措て皆
其の宜を得

c: 既(すで)に已(おのれ)に得(う)るときは、則(すなは)ち事(こと)
に見(あらは)るる者(もの)、時(とき)を以(も)ちて措(お)きて皆
(みな)其(そ)の宜(ぎ)を得(う)。

d: (성이) 이미 자기에게 획득되어 있으면, (그 성이) 일에 때맞춰 나
타나고, (그 성을 가지고) 몸을 놀려 행동하면 모두 마땅하게 된다.

A〉 右第二十五[22]章

B〉 右第二十五の章

C〉 右(みぎ)第二十五(ていじしふご)の章(しゃう)。

D〉 이상은 제25장이다.

a〉 言[二]人[음합부]道[一, 13]也

b〉 人道を言

c〉 人道(じんたう)を言(い)ふ。

d〉 인도를 말하였다.

제26장

A: 故[11]至[음합부]誠[33]無[ㇾ]息[ヤム, 13~23]

B: 故に至誠は息(ヤム)こと無

C: 故(ゆゑ)に至誠(しせい)は息(や)むこと無(な)し。

D: 그러므로 지성(至誠)[지극한 성(誠)]은 쉼이 없다.

a : 既[11]無[ᆖ, ナケレ, 33]虛[음합부]假[ᆖ]、自、無[ᆖ]間[음합
부, 거[179]]斷[ᆖ]{現反}

b: 既に虛假無(ナケレ)ば、自、間斷無

c: 既(すで)に虛假(きょか)無(な)ければ、自(おの)づから、間斷
(かんたん)無(な)し。

d: 허위와 가식이 없으므로 자연히 끊임이 없다.

A: 不[ㇾ, サレ, 33]息[ヤマ]、則、久[シ]。久[ケレ, 33]則徵[シル
シ, 11 /]

B: 息(ヤマ)不(サレ)ば、則、久(シ)。久(ケレ)ば則徵(シルシ)あり

C: 息(や)まざれば、則(すなは)ち久(ひさ)し。久(ひさ)しけれ
ば、則(すなは)ち徵(しるし)あり。

D: 쉬지 않으면 오래고, 오래면 징험이 있다.

---

179 「間」은 평성일 때는 '사이', 거성일 때는 '틈'이라는 뜻이다.

a: 久[33]常[〓, 12─]於中[￣, ウチ, 11]也。徵[33, 평]驗[〓, シルシ,
   11／]於外[￣, 11]也

b: 久は中(ウチ)に常なり。徵は外に驗(シルシ)あり

c: 久(きう)は中(うち)に常(つね)なり。徵(ちょう)は外(そと)に驗
   (しるし)あり。

d: 구(久)는 안으로 항상됨이다. 징(徵)은 밖으로 나타나는 징험이
   다.

A: 徵[シルシ, 11＼, 33─]則悠[음합부, 평]遠[12─]。悠[음합부,
   평]遠[12|, 33─]則博[음합부, ハク, 입]厚[12─]。博[음합부]厚
   [12|, 33─]則高[음합부]明[12─, 평]

B: 徵(シルシ)あるときは則悠遠なり。悠遠なるときは則博(ハク)
   厚なり。博厚なるときは則高明なり

C: 徵(しるし)あるときは、則(すなは)ち悠遠(いうゑん)なり。悠
   遠(いうゑん)なるときは、則(すなは)ち博厚(はくこう)なり。
   博厚(はくこう)なるときは、則(すなは)ち高明(かうめい)な
   り。

D: 징험이 있으면 아득히 멀다. 아득히 멀면 넓고 두텁다. 넓고 두터
   우면 높고 밝다.

a: 此、皆、以[下]其[22]驗[〓, シルシアル]於外[￣, 11]者[上, 13,
   31]言[レ, フ]之[13]。

b: 此、皆、其の外に驗(シルシアル)者を以て之を言(フ)。

c: 此(これ)、皆(みな)、其(そ)の外(そと)に驗(しるし)ある者(も

の)を以(も)ちて之(これ)を言(い)ふ。

d: 이는 모두 밖으로 징험이 드러난 것을 가지고 말한 것이다.

a: 鄭[음합부]氏[21]所[훈합부]謂、至[음합부]誠[22]之德、著[ニ,
アラハルト云ル]於四[음합부]方[一, 11]者[22]是[コレ, 12一]
也。

b: 鄭氏が所謂、至誠の德、四方に著(アラハルトイヘル)者の是
(コレ)なり。

c: 鄭氏(ていし)が所謂(いはゆる)、至誠(しせい)の德(とく)、四方
(しはう)に著(あらは)るといへる者(もの)、是(これ)なり。

d: 정씨[정현(鄭玄)]가 이른바 지성의 덕이 사방에 드러난다고 한 것
이 이것이다.

a: 存[ニ, 31一]諸中[一, 11]者[22]旣[11]久[シキ, 33一]、則驗[ニ, シ
ルシ, 11＼]於外[一, 11]者[22]益[マス다자반복부]悠[음합부]遠
[11, 32ㄴ]而[31]無[ト, 32ㄴ]窮[キハマリ]矣。

b: 中に存する者の旣に久(シキ)ときは、則外に驗(シルシ)ある者
の益(マスマス)悠遠にして窮(キハマリ)無し。

c: 中(うち)に存(そん)する者(もの)、旣(すで)に久(ひさ)しきとき
は、則(すなは)ち外(そと)に驗(しるし)ある者(もの)、益(ます
ます)悠遠(いうゑん)にして窮(きは)まり無(な)し。

d: 안에 있는 것이 오래면 밖으로 징험이 드러나는 것이 더욱 아득하
고 멀어서 다함이 없게 된다.

a: 悠[음합부]遠[12ㅣ, 31[180]]故[11]其[22]積[ツモリ]也、廣[음합부]博[11, 32ㄴ]而[31]深[음합부]厚[12—]。

b: 悠遠なるが故に其の積(ツモリ)、廣博にして深厚なり。

c: 悠遠(いうゑん)なるが故(ゆゑ)に、其(そ)の積(つも)り、廣博(くゎうはく)にして深厚(しむこう)なり。

d: 아득하고 멀기 때문에 그 쌓임이 넓으며 깊고 두텁다.

a: 博[음합부]厚[ナル, 21]故[11]其發[31—, 13~23]也、高[음합부]大[11, 32ㄴ]而[31]光[음합부]明[12—]

b: 博厚(ナル)が故に其發すること、高大にして光明なり

c: 博厚(はくこう)なるが故(ゆゑ)に、其(そ)の發(はっ)すること、高大(かうたい)にして光明(くゎうめい)なり。

d: 넓고 두텁기 때문에 그 드러나는 것이 높고 크며 밝게 빛난다.

A: 博[음합부]厚[33]所[ニ, 훈합부]以[12—]載[ー, ㇾ, ノスル]物[13]也。

B: 博厚は物を載(ノスル)所以なり。

C: 博厚(はくこう)は、物(もの)を載(の)する所以(ゆゑん)なり。

D: 넓고 두터움은 사물을 싣는 수단이다.

A: 高[음합부]明[33]所[ニ, 훈합부]以[12—]覆[ー, ㇾ, オホフ]物[13]也。

B: 高明は物を覆(オホフ)所以なり。

---

180 21위치에 찍혀야 할 것이 잘못 찍힌 것으로 보인다. 이하21점, 즉「が」로 읽는다.

C: 高明(かうめい)は、物(もの)を覆(おほ)ふ所以(ゆゑん)なり。

D: 높고 밝음은 사물을 덮는 수단이다.

A: 悠[음합부, 평]久[33]所[二, 훈합부]以[12—]成[一, レ, 32]物[13]
　　也

B: 悠久は物を成す所以なり

C: 悠久(いうきう)は、物(もの)を成(な)す所以(ゆゑん)なり。

D: 유구함은 사물을 이루는 수단이다.

a: 悠[음합부]久[33]、即悠[음합부]遠、兼[二]内[음합부]外[一, 13]
　　而[31]言[レ, フ]之[13]也。

b: 悠久は、即悠遠、内外を兼て之を言(フ)。

c: 悠久(いうきう)は、即(すなは)ち悠遠(いうゑん)、内外(だい
　　ぐゎい)を兼(か)ねて之(これ)を言(い)ふ。

d: 유구함은 아득하고 먼 것이니, 안팎을 겸하여 말한 것이다.

a: 本、以[二]悠[음합부]遠[一, ナル, 13, 31]致[二, 32]高[음합부]厚
　　[一, ナル, 13~23, 13]。

b: 本、悠遠(ナル)を以て高厚(ナル)ことを致す。

c: 本(もと)、悠遠(いうゑん)なるを以(も)ちて、高厚(かうこう)な
　　ることを致(いた)す。

d: 본래 아득하고 먼 것으로써 높고 두터움을 이룬다.

a: 而[31]高[음합부]厚[33]又悠[음합부]久[12—]也。

b: 而て高厚は又悠久なり。

c: 而(しかう)して高厚(かうこう)は又(また)悠久(いうきう)な
り。

d: 그러므로 높고 두터움은 또한 유구함이다.

a: 此[33]言[下]聖[음합부]人[22]與[二, 23~33]天[음합부]地[一]、同
[上, ㄴ, 31―, 13―]用[음독부]

b: 此は聖人の天地と、用同することを言

c: 此(これ)は聖人(せいじん)の天地(てんち)と、用(よう)、同(お
な)じくすることを言(い)ふ。

d: 이는 성인이 천지(天地)와 더불어 용(用)이 같음을 말한 것이다.

A: 博[음합부, 입]厚[33]配[ㄴ, 32]地[11]。高[음합부]明[33]配[ㄴ,
32, 거]天[11]。悠[음합부, 평]久[33]無[ㄴ]疆[キハマリ]

B: 博厚は地に配す。高明は天に配す。悠久は疆(キハマリ)無

C: 博厚(はくこう)は地(ち)に配(はい)す。高明(かうめい)は天(て
ん)に配(はい)す。悠久(いうきう)は疆(きは)まり無(な)し。

D: 넓고 두터움은 땅과 짝이 된다. 높고 밝음은 하늘과 짝이 된다. 유
구함은 다함이 없다.

a: 此[33]言[下]聖[음합부]人[22]與[二, 23~33]天[음합부]地[一]、同
[上, ㄴ, 31―, 13―]體[13]

b: 此は聖人の天地と、體を同することを言

c: 此(これ)は聖人(せいじん)の天地(てんち)と、體(てい)を同(お

な)じくすることを言(い)ふ。

d: 이는 성인이 천지(天地)와 더불어 체(體)가 같음을 말한 것이다.

A: 如[ㇾ, ナル, 33一]此[22]者、不[ㇾ, 32ㄴ]見[アラハレ]而[31]章
[アキラカ, 12一]。不[ㇾ, 32ㄴ]動[ウコカ]而[31]變[음독부, 32,
거]。無[음합부]爲[11, 32ㄴ]而[31]成[32]

B: 此の如(ナル)ときは、見(アラハレ)不して章(アキラカ)なり。
動(ウコカ)不して變ず。無爲にして成す

C: 此(か)くの如(ごと)くなるときは、見(あらは)れずして章(あ
き)らかなり。動(うご)かずして變(へん)ず。無爲(ぶゐ)にして
成(な)す。

D: 이와 같으면 드러내지 않아도 분명하다. 움직이지 않아도 변한다.
행위가 없어도 이루어진다.

a: 見音[33]現

b: 見音は現

c: 見(けん)の音(いむ)は現(けん)。

d: 현(見)의 음은 현(現)[드러내다]이다.[181]

a: 見[33, 거]猶[ㇾ, ヲ]{シ}示[22, 상탁[182]]也。

b: 見は猶(ヲ)示の猶(シ)。

---

181 「見」은 음이 '견'일 때는 '보다'이고, 음이 '현'일 때는 '드러내다'라는 뜻이다. 후
자의 의미일 때 후대에는 「現」으로 쓰이게 되었다.
182 「示」의 한음은 「シ」이고, 오음이 「ジ」이다. 여기서는 성점에 따라 탁음 「じ」로
나타냈다.

c: 見(けん)は猶(なほ)示(じ)のごとし。

d: 현(見)은 시(示)[드러내다]와 같다.

a: 不[レ]見[アラハレ, 거]而[31]章[12|, 33]、以[レ]配[レ, 31一, 13]地[11, 31]而言[フ]也。

b: 見(アラハレ)不て章なるは、地に配するを以て言(フ)。

c: 見(あらは)れずして章(あき)らかなるは、地(ち)に配(はい)するを以(も)ちて言(い)ふ。

d: 드러내지 않아도 분명하다는 것은, 땅에 짝이 됨을 가지고 말한 것이다.

a: 不[レ, 32ㄴ]動而[31]變[31一, 33]、以[レ]配[レ, 13]天[11]而[31]言[フ]也。

b: 動不して變ずるは、天に配を以て言(フ)。

c: 動(うご)かずして變(へん)ずるは、天(てん)に配(はい)するを以(も)ちて言(い)ふ。

d: 움직이지 않아도 변한다는 것은, 하늘에 짝이 됨을 가지고 말한 것이다.

a: 無[음합부]爲[11, 32ㄴ]而[31]成[33]、以[〓]無[음합부]疆[ᄀ, 13]而[31]言也

b: 無爲にして成は、無疆を以て言

c: 無爲(ぶゐ)にして成(な)すは、無疆(ぶきゃう)を以(も)ちて言(い)ふ。

d: 행위가 없어도 이루어진다는 것은, 다함이 없음을 가지고 말한 것
이다.

A: 天[음합부]地[22]之道、可[ニ, 32ㄴ]一[음합부]言[11, 32ㄴ]而
[31]盡[一, ツクシツ]也。

B: 天地の道、一言にして盡(ツクシツ)可し。

C: 天地(てんち)の道(たう)、一言(いつげん)にして盡(つく)しつ
べし。

D: 천지의 도는 한마디 말로써 다할 수 있다.

A: 其爲[ㄴ, 31一, 13~23]物[13][183]不[ㄴ, 33一]貳[フタコヽロア
ラ]、則其生[ㄴ, 음독부, 31一, 13~23]物[13]不[ㄴ, 13ㄴ]測[ハカ
リアラ]

B: 其物を爲すること貳(フタココロアラ)不ときは、則其物を生
すること測(ハカリアラ)不ず

C: 其(そ)の物(もの)を爲(す)ること貳(ふたごころ)あらざるとき
は、則(すなは)ち其(そ)の物(もの)を生(せい)すること測(はか)
りあらず。

D: 그것[천지의 도]의 됨됨이는 둘이 아니다. 그런즉 그것이 사물을
생성하는 작용은 헤아릴 수 없다.

---

183 「爲」가 '됨됨이'라는 의미로 쓰일 때는 「なり」라고 읽는다. 따라서 「物(もの)の
爲(な)ること」와 같이 읽는 것이 옳다. 寬文本은 그렇게 가점되어 있다. B, C는 훈
점에 따랐으나 D는 '됨됨이'라고 하였다.

a: 此[ヨリ]以[훈합부]下、復{扶又反}、以[二]天[음합부]地[一, 13, 31]明[二, 32]至[음합부]誠[22]無[レ]息[13~23]之功[음합부]用[一, 13]。

b: 此(ヨリ)以下、復、天地を以て至誠の息こと無功用を明す。

c: 此(これ)より以下(しもつかた)、復(また)、天地(てんち)を以(も)ちて至誠(しせい)の息(や)むこと無(な)き功用(こうよう)を明(あ)かす。

d: 이 이하는 다시 천지(天地)로써 지성의 쉼 없는 작용을 밝힌 것이다.

a: 天[음합부]地[22]之道、可[二]一[음합부]言[11, 32ㄴ]而[31]盡[一, シツ]。不[レ, ラク]過[レ, スキ]曰[レ, 11]誠[13]而[훈합부, ノミ]已。

b: 天地の道、一言にして盡(シツ)可。誠を曰に過(スキ)不(ラク)而已(ノミ)。

c: 天地(てんち)の道(たう)、一言(いつげん)にして盡(つく)しつべし。誠(まこと)を曰(い)ふに過(す)ぎざらくのみ。

d: 천지의 도는 한마디 말로써 다할 수 있다. (이는) 다름 아니라 성(誠)을 말한 것이다.

a: 不[レ, ル, 33]貳[フタ心アラ]、所[二, 훈합부]以[12一]誠[一, 11 ＼]也。

b: 貳(フタココロアラ)不(ル)は、誠ある所以なり。

c: 貳(ふたごころ)あらざるは、誠(まこと)ある所以(ゆゑん)なり。

d: (어떤 것이) 둘이 아님은 (그것인) 진실할 수 있는 원인이다.

a: 誠[11 ＼, 21]故[11]不[ㇾ, ス]息[ヤマ]、而[31]生[ㇾ, 31一, 13~23]物[13]之多[32ㄴ]。

b: 誠あるが故に息(ヤマ)不(ス)、而て物を生すること多し。

c: 誠(まこと)あるが故(ゆゑ)に息(や)まず、而(しかう)して物(もの)を生(せい)すること多(おほ)し。

d: 진실하므로 그침이 없고, 그래서 사물을 생성함이 많다.

a: 有[ㇾ, ル]莫[ㇾ, 13~23]知[゠, 13~23]其[22]所[゠, 훈합부]以[13]然[一, ル]者[モノナリ]

b: 其の然(ル)所以を知こと莫こと有(ル)者(モノナリ)

c: 其(そ)の然(しか)る所以(ゆゑん)を知(し)ること莫(な)きこと有(あ)る者(もの)なり。

d: (그래서) 그것이 그러한 이유를 (아무도) 알지 못한다.

A: 天[음합부]地[22]之道[33]博[ヒロ, 32ㄴ]也。厚[アツ, 32ㄴ]也。高[タカ, 32ㄴ]也。明[アキラカ, 12一]也。悠[ハルカ, 12一]也。久[ヒサ, 32ㄴ]也

B: 天地の道は博(ヒロ)し。厚(アツ)し。高(タカ)し。明(アキラカ)なり。悠(ハルカ)なり。久(ヒサ)し。

C: 天地(てんち)の道(たう)は博(ひろ)し。厚(あつ)し。高(たか)し。明(あき)らかなり。悠(はる)かなり。久(ひさ)し。

D: 천지의 도는 넓고 두텁고 높고 밝고 아득하고 오래다.

a: 言[33]天[음합부]地[22]之道、誠[음합부]一[11, 32ㄴ, 31]不[ㄴ, 13ㄴ]貳[アラ]。

b: 言は天地の道、誠一にして貳(アラ)不ず。

c: 言(いふこころ)は天地(てんち)の道(たう)、誠一(せいいつ)にして貳(ふたごころ)あらず。

d: 말하는 뜻은 이러하다. 천지의 도는 진실하고 한결같아서 둘이 아니다.

a: 故[11]能、各、極[二]其[22]盛[一, 13~23, 13]而[31]有[二]下[22]文[22]生[ㄴ, 31一]物[13]之功[一]

b: 故に能、各、其の盛ことを極て下の文の物を生する功有

c: 故(ゆゑ)に能(よ)く、各(おのおの)、其(そ)の盛(さか)んなることを極(きは)めて、下(しも)の文(ぶん)の物(もの)を生(せい)する功(こう)有(あ)り。

d: 그러므로 능히 각각 그 성함을 지극히 하여, 아래 글의 사물을 생성하는 공(功)이 있다.

A: 今夫[12ㄴ, 평]、天[33][184]昭[음합부, 평]昭[22]之多[ヲ丶キ, 12一]。及[二, 31, 33]其[22]無[一, ㄴ, 11]窮[マリ]也、日[음독부]、月[음독부]、星[음합부, 음독부]辰[음독부]、繫[カ丶レリ]焉。萬[음합부]物覆[オホハル]焉。

B: 今夫れ、天は昭昭の多(ヲヲキ)なり。其の窮(マリ)無に及ては、日、月、星辰、繫(カカレリ)。萬物覆(オホハル)。

---

184 이 자리에 「斯」가 있는 텍스트도 있다.

C: 今(いま)夫(それ)、天(てん)は、昭昭(せうせう)の多(おほ)きなり。其(そ)の窮(きは)まり無(な)きに及(およ)びては、日(じつ)、月(ぐゑつ)、星辰(せいしん)、繋(かか)れり。萬物(ばんぶつ)覆(おほ)はる。

D: 무릇 하늘은 밝음이 많이 모인 것이다. 그 무궁함에 대해 말하자면, 해, 달, 별이 그것[하늘]에 매여 있다. 만물이 그것[하늘]으로 덮여 있다.

A: 今夫[12ㄴ, 평]、地[33]一[음합부]撮[음합부, サツ, 입]土[22]之多[12一]。及[二, 31, 33]其[22]廣[음합부]厚[一, ナル, 11]、載[二, ノセ]華[음합부, 거]嶽[一, 13, 입탁]而[31]不[ㄴ, 13ㄴ]重[ヲモシト, 23ㄴ]。振[二, オサメ]河[음합부]海[一, 13]而[31]不[ㄴ, 13ㄴ]洩[モラサ]。萬[음합부]物、載[ノセラル]焉。

B: 今夫れ、地は一撮(サツ)土の多なり。其の廣厚(ナル)に及ては、華嶽を載(ノセ)て重(ヲモシト)せ不ず。河海を振(オサメ)て洩(モラサ)不ず。萬物、載(ノセラル)。

C: 今(いま)夫(それ)、地(ち)は、一撮土(いつさつと)の多(おほ)きなり。其(そ)の廣厚(くゎうこう)なるに及(およ)びては、華嶽(くゎがく)を載(の)せて重(おも)しとせず。河海(かかい)を振(をさ)めて洩(もら)さず。萬物(ばんぶつ)載(の)せらる。

D: 무릇 땅은 한 줌의 흙이 많이 모인 것이다. 그 넓고 두터움에 대해 말하자면, 화악(華嶽)[화산(華山)]을 싣고 있으면서도 무겁게 여기지 않는다. 하해(河海)를 수용하고 있으면서도 새지 않는다. 만물이 거기[땅]에 실려 있다.

A: 今夫[12ㄴ, 평]山[훈독부, 33]、一[음합부]卷[음합부, ケン, 평]石[22]之多[12一]。及[ニ, 31, 33]其[22]廣[음합부]大[ー, ナル, 11]、草[음합부]木生[32]之。禽[음합부]獸、居[ヲリ]之。寶[음합부]藏[거]、興[オコル]焉。

B: 今夫れ山は、一卷(ケン)石の多なり。其の廣大(ナル)に及ては、草木生す。禽獸、居(ヲリ)。寶藏、興(オコル)。

C: 今(いま)夫(それ)山(やま)は、一卷石(いつくゑんせき)の多(おほ)きなり。其(そ)の廣大(くゎうたい)なるに及(およ)びては、草木(さうぼく)生(せい)す。禽獸(きむしう)、居(を)り。寶藏(ほうさう)、興(おこ)る。

D: 무릇 산은 한 줌의 돌이 많이 모인 것이다. 그 광대함에 대해 말하자면, 초목이 (산에서) 난다. 금수가 (산에) 산다. 보물이 (산에서) 나온다.

A: 今夫[12ㄴ, 평]水[33]一[음합부]勺[シヤク, 22, 입]之多[12一]。及[ニ, 31, 33]其不[ー, ㇀, 11]測[ハカラ]、黿[음합부, ケン]{音元}鼉[タ]{可反[185]}、鮫[음합부, カウ]龍[평]、魚[음합부, 평탁]鼈[ヘツ, 입탁]、生[ナル]焉。貨[음합부, クワ]財、殖[음독부, 32, 입]焉

B: 今夫れ水は一勺(シヤク)の多なり。其測(ハカラ)不に及ては、黿(ケン)鼉(タ)、鮫(カウ)龍、魚鼈(ヘツ)、生(ナル)。貨(クワ)財、殖す

---

[185] 『경전석문(經典釋文)』의 이 글자에 대한 반절은 「徒河反」이다. 잘못 옮겨 적은 것으로 보인다.

C: 今(いま)夫(それ)水(みづ)は、一勺(いっしゃく)の多(おほ)きなり。其(そ)の測(はか)らざるに及(およ)びては、黿鼉(ぐゑんた)、蛟龍(かうりょう)、魚鼈(ぎょべつ)、生(な)る。貨財(くゎさい)、殖(しょく)す。

D: 무릇 물은 한 잔의 물이 많이 모인 것이다. 그 헤아릴 수 없음에 대해 말하자면, 바다거북, 악어, 상어, 용, 물고기, 자라가 (물에서) 난다. 재화와 재물이 (물에서) 불어난다.

a: 夫[21]音[33]扶。華藏[33]並[11]去[음합부]聲。卷[33]平[음합부]聲。勺[33]市[음합부]若[22]反

b: 夫が音は扶。華藏は並に去聲。卷は平聲。勺は市若の反

c: 夫(ふ)が音(いむ)は扶(ふ)。華(くゎ)藏(さう)は竝(なら)びに去聲(きょせい)。卷(くゑん)は平聲(へいせい)。勺(しゃく)は市若(しじゃく)の反(はん)。

d: 부(夫)의 음은 부(扶)[발어사]이다. 화(華)·장(藏)은 모두 거성[화산(華山)·저장고]이다. 권(卷)은 평성[주먹]이다. 작(勺)은 시약(市若)의 반절[잔]이다.

a: 昭[음합부]昭[33]猶[ニ, ヲ]{シ}耿[음합부, カウ]耿[ー, 22]。小[음합부]明[12一]也。此[33]指[ニ, 32ㄴ]其[22]一[음합부]處[ー, 13]而[31]言[ㆍ, フ]之[13]。

b: 昭昭は猶(ヲ)耿(カウ)耿(ー)の猶(シ)。小明なり。此は其の一處を指して之を言(フ)。

c: 昭昭(せうせう)は猶(なほ)耿耿(かうかう)のごとし。小明(せう

めい)なり。此(これ)は其(そ)の一處(いっしょ)を指(さ)して之
(これ)を言(い)ふ。

d: 소소(昭昭)는 경경(耿耿)과 같으니 작고 밝은 것이다. 이는 (하늘
의 밝은 곳 중) 한 곳을 가리켜 말한 것이다.

a: 及[ニ, 23~33, 33]其[22]無[ー, ㇄, 11]窮、猶[下, ヲ]十[음합부]二
[22]章[22]及[ニ, テハトイヘル]其[22]至[ー, 32|, 11]也之意[上,
22]。蓋、舉[ニ]全[음합부]體[ー, 13]而[31]言也。

b: 其の窮無に及とは、猶(ヲ)十二の章の其の至れるに及(テハト
イヘル)意の猶。蓋、全體を舉て言。

c: 其(そ)の窮(きは)まり無(な)きに及(およ)ぶとは、猶(なほ)十二
(しふじ)の章(しゃう)の、其(そ)の至(いた)れるに及(およ)びて
はといへる意(い)のごとし。蓋(けだ)し全體(せんてい)を舉(あ)
げて言(い)ふ。

d: '그 무궁함에 대해 말하자면'이라고 한 것은, 12장에서 '그 지극함
에 이르러서는'이라고 한 것과 뜻이 같다. 전체를 들어서 말한 것이다.

a: 振[シン, 33, 평]收[シウ, 평]也。卷[33, 평]區[ク, 평]也。

b: 振(シン)は收(シウ)。卷は區(ク)。

c: 振(しん)は收(しう)。卷(くゑん)は區(く)。

d: 진(振)은 수(收)[거두다]이다. 권(卷)은 구(區)[작다]이다.

a: 此[22]四[음합부]條[33]、皆、以[31]發[下, 음합부]明[32]由[ニ,
ヨル¹⁸⁶]其[22]不[㇄, ス]貳[心アラ]、不[ー, ㇄, 11]息[31]以[31]

致[゠, 32ㄴ]盛[음합부]大[ㄱ, 13]而[31]能生[ﾚ, 31一]物[13]之意[上, 13]。

b: 此の四條は、皆、以て其の貳(ココロアラ)不(ス)、息不に由(ヨリ)て以て盛大を致して能物を生する意を發明す。

c: 此(こ)の四條(してう)は、皆(みな)、以(も)ちて其(そ)の貳(ふたごころ)あらず、息(や)まざるに由(よ)りて、以(も)ちて盛大(せいたい)を致(いた)して能(よ)く物(もの)を生(せい)する意(い)を發明(はつめい)す。

d: 이 네 조목은 모두 (천지의 도가) 둘이 아니고 그치지 않음으로 말미암아 성대함을 이뤄 능히 사물을 생성한다는 뜻을 밝혔다.

a: 然[13ㄱ]、天[음합부]地、山[음합부]川、實[11]非[下, 32]由[゠, ヨ]積[음합부, セキ]累[ㄱ, ルイ, 11]而[31]後[11]大[上, 12|, 11]。讀[훈합부, マン]者[22]不[゠, 33]以[ﾚ]辭[13, 31]害[上 187, ﾚ, 23ㄴ]意[13]、可[12一]也

b: 然も、天地、山川、實に積累(セキルイ)に由(ヨ)て後に大なるに非ず。讀(マン)者の辭を以て意を害せ不ば、可なり

c: 然(しか)も天地(てんち)、山川(さんせん)、實(しつ)に積累(せきるい)に由(よ)りて後(のち)に大(おほ)きなるにあらず。讀(よ)まん者(もの)、辭(ことば)を以(も)ちて意(い)を害(かい)せずんば、可(か)なり。

d: 그러나 천지와 산천은 실은 쌓이고 모임에 따라 나중에 커진 것이 아

---

186 오코토점과의 호응상 「ヨリ」로 읽는 것이 자연스럽다. b 이하에서는 이에 따랐다.
187 「゠」가 달려야 하나 「上」이 잘못 달렸다.

니다. 읽는 자는 말 때문에[말에 얽매여] 본의를 해쳐서는 안 된다.

A: 詩[11]曰、維[12ㄴ]天[22]之命、於[アヽ]、穆[ヨイカナ]、不
[ㇾ, 13ㄴ]已[ヤマ]。蓋曰[32／]、天[ノ]之所[ニ, 훈합부]以[12
一]爲[ᄀ, ㇾ, 13／]天[음독부]也。

B: 詩に曰、維れ天の命、於(アア)、穆(ヨイカナ)、已(ヤマ)不
ず。蓋曰く、天(ノ)天爲たる所以なり。

C: 詩(し)に曰(い)はく、維(これ)天(てん)の命(めい)、於(ああ)、
穆(よ)いかな、已(や)まず。蓋(けだ)し曰(い)はく、天(てん)の
天(てん)たる所以(ゆゑん)なり。

D: 시경에 말하기를, '이것은 하늘의 명(命)이니, 아 좋구나, 그치지
않는다.' 이는 하늘이 하늘인 까닭을 말한 것이다.

A: 於[アヽ]乎、不[ㇾ, ンヤ]顯[アキラカナラ]、文[음합부]王[22]
之德[22]之純[モハラナル, 13~23]。蓋[32ㄴ]曰[32／]、文[음합
부]王[22]之所[ニ, 훈합부, ユヘン]以[12一]爲[ᄀ, ㇾ, 13／]文
也。純[モハラ, 11, 32ㄴ, 31]亦、不[ㇾ, 13ㄴ]已[ヤマ]

B: 於(アア)、顯(アキラカナラ)不(ンヤ)、文王の德の純(モハラナ
ル)こと。蓋し曰く、文王の文爲たる所以(ユヘン)なり。 純(モ
ハラ)にして亦、已(ヤマ)不ず

C: 於(ああ)、顯(あき)らかならざらんや、文王(ぶんわう)の德(と
く)の純(もは)らなること。蓋(けだ)し曰(い)はく、文王(ぶん
わう)の文(ぶん)たる所以(ゆゑん)なり。純(もは)らにして亦
(また)已(や)まず。

D: '아 드러나지 않겠는가, 문왕의 덕의 순수함이여.' 이는 문왕이 문(文)인 까닭과 그 순수함이 그치지 않음을 말한 것이다.

a: 於[21]音[33]烏。乎[21]音呼

b: 於が音は烏。乎が音呼

c: 於(を)が音(いむ)は烏(を)。乎(こ)が音(いむ)は呼(こ)。

d: 오(於)의 음은 오(烏)이다. 호(乎)의 음은 호(呼)이다.

a: 詩、周[음합부]頌、維[음합부]天[음합부]之[음합부]命[22]篇。

b: 詩、周頌、維天之命の篇。

c: 詩(し)、周頌(しうしょう)、維天之命(ゐてんしめい)の篇(へん)。

d: (위에 인용된 시는) 시경 주송(周頌) 유천지명(維天之命)편이다.

a: 於[ヨ[188], 33]歎[음독부, 31一, 거]辭。穆[33, 입탁]深[음합부]遠也。

b: 於(ヨ)は歎する辭。穆は深遠。

c: 於(を)は歎(たん)する辭(し)。穆(ぼく)は深遠(しむゑん)。

d: 오(於)는 감탄하는 말이다. 목(穆)은 심원함이다.

a: 不[ヘ, ヤト云, 33]顯、猶[ヘ, ヲ]{シ}言[ᆖ, 21]豈不[ᆖ, ヘ, スヤト]顯[アキラカナラ]也。

---

188 「於」가 감탄의 의미일 경우 한음은 「ヲ」, 오음은 「ウ」이다. 그 밖의 의미일 경우 한음은 「ヨ」, 오음은 「ヲ」이다. 따라서 여기에는 「ヲ」가 가점되는 것이 옳다. 여기서는 훈점에 따랐다.

b: 顯不(ヤトイフ)は、猶(ヲ)豈顯(アキラカナラ)不(スヤト)言が猶
(シ)。

c: 顯(あき)らかならざらんやといふは、猶(なほ)豈(あに)顯(あき)
らかならずやと言(い)ふがごとし。

d: '드러나지 않겠는가'라고 한 것은, '어찌 드러나지 않겠는가[마땅
히 드러난다]'라고 하는 것과 같다.

a: 純[33, 평]純[음합부]一[11, 32ㄴ, 31]不[ㆍ, ソ]雜[マシハラ]也。
引[ㆍ]此[13, 31]以[31]明[ᄀ, 32]至[음합부]誠[22]無[ㆍ, キ]息
[13~23]之意[ᄀ, 13]。

b: 純は純一にして雜(マシハラ)不(ソ)。此を引て以て至誠の息こ
と無(キ)意を明す。

c: 純(しゅん)は、純一(しゅんいつ)にして雜(まじ)はらざるぞ。
此(これ)を引(ひ)きて以(も)ちて至誠(しせい)の息(や)むこと無
(な)き意(い)を明(あ)かす。

d: 순(純)은 순일하고 (다른 것이) 섞이지 않은 것이다. 이것을 인용하
여 지성이 그치지 않는다는 말의 뜻을 밝혔다.

a: 程[음합부]子[21]曰、天[음합부]道、不[ㆍ]已[ヤマ]。文[음합
부]王純[ᄀ, モハラ, 11, 32ㄴ]於天[음합부]道[ᄀ, 11, 31]亦不[ㆍ]
已[ヤマ]。

b: 程子が曰、天道、已(ヤマ)不。文王天道に純(モハラ)にして亦
已(ヤマ)不。

c: 程子(ていし)が曰(い)はく、天道(てんたう)已(や)まず。文王

(ぶんわう)天道(てんたう)に純(もは)らにして、亦(また)已(や)
まず。

d: 정자(程子)가 말하기를, '천도는 그치지 않는다. 문왕도 천도에 순
일하여 그치지 않는다.

a: 純[12｜, 33一]則無[ㇾ, ク]二[フタ心]、無[ㇾ, シ]雜[マシハル,
13~23]。不[ㇾ, 33一]已則無[ニ]間[음합부]斷、先[음합부]後[一]

b: 純なるときは則二(フタココロ)無く、雜(マシハル)こと無
(シ)。已不ときは則間斷、先後無

c: 純(もは)らなるときは、則(すなは)ち二(ふたごころ)無(な)く、
雜(まじ)はること無(な)し。已(や)まざるときは、則(すなは)ち
間斷(かんたん)、先後(せんこう)無(な)し。

d: 순수하면 다른 마음이 없고 잡스러운 것이 없다. 그치지 않으면 끊
어짐과 (그로 인한) 앞뒤(의 구분)이 없게 된다.'

A〉右第二十六[22]章
B〉右第二十六の章
C〉右(みぎ)第二十六(ていじしふりく)の章(しゃう)。
D〉이상은 제26장이다.

a〉言[ニ]天[음합부]道[一, 13]也
b〉天道を言
c〉天道(てんたう)を言(い)ふ。
d〉천도를 말하였다.

제27장

A: 大[ナル]哉[21, 11ㄴ]、聖[음합부]人[22]之道

B: 大(ナル)哉かな、聖人の道

C: 大(おほ)きなるかな、聖人(せいじん)の道(たう)。

D: 크구나, 성인의 도여.

a: 包[ᄀ]下[22]文[22]兩[음합부]節[ᄀ, 13]而[31]言

b: 下の文の兩節を包て言

c: 下(しも)の文(ぶん)の兩節(りゃうせつ)を包(か)ねて言(い)ふ。

d: 아래 글의 두 절을 포괄하여 말하였다.

A: 洋[음합부, ヤウ]洋[음합부]乎[コ, 23~33, 32ㄴ, 31]發[ᄀ, 음합부, 입]育[32]萬[음합부]物[ᄀ, 13]。峻[タカウ, 32ㄴ, 31]極[ᄀ, イタ
ル]于天[ᄀ, 11]

B: 洋(ヤウ)洋乎(コ)として萬物を發育す。峻(タカウ)して天に極
(イタル)

C: 洋洋乎(やうやうこ)として、萬物(ばんぶつ)を發育(はついく)
す。峻(たか)うして天(てん)に極(いた)る。

D: 한없이 넓어서 만물을 발육시킨다. 높아서 하늘에 이른다.

a: 峻[33, 거]高[음합부]大也。

b: 峻は高大。

c: 峻(しゅん)は高大(かうたい)。

d: 준(峻)은 높고 큰 것이다.

a: 此[33]言[下, フ]道之極[ニ, キハメ]¹⁸⁹{イタ합점}於至[음합부]大[一, 13]{ニ합점}¹⁹⁰而[31]無[上, レ, 13—]外也

b: 此は道至大(ニ)極(イタ)て外無ことを言(フ)

c: 此(これ)は、道(たう)の至大(したい)に極(いた)りて外(そと)無(な)きことを言(い)ふ。

d: 이는 도가 지극히 큼에 이르러 밖이 없는 것을 말한다.

A: 優[음합부, イウ, 평]優[23~33, 32ㄴ, 31]大[ナル]哉[21, 11ㄴ]。禮[음합부]儀、三[음합부]百、威[음합부]儀、三[음합부]千

B: 優(イウ)優として大(ナル)哉かな。禮儀、三百、威儀、三千

C: 優優(いういう)として大(おほ)きなるかな。禮儀(れいぎ)三百(さむはく)、威儀(ゐぎ)三千(さむせん)。

D: 넉넉히 크구나. 예의(禮儀)가 3백 가지, 위의(威儀)가 3천 가지이다.

a: 優[음합부]優[33]充[훈합부]足[31]有[レ, 33ㄴ]餘[アマリ]之意。

b: 優優は充足て餘(アマリ)有る意。

---

189 11위치의 오코토점을 먹으로 지운 것이 보인다.
190 좌훈이지만 합점이 달려 있으므로 이에 따라 「至大(したい)に極(いた)りて」라고 훈독하였다.

c: 優優(いういう)は、充(み)ち足(た)りて餘(あま)り有(あ)る意
  (い)。

d: 우우(優優)는 충분하고 족하여 남음이 있다는 뜻이다.

a: 禮[음합부]儀[33]、經[음합부]禮也。威[음합부]儀[33]、曲[음합
  부]禮也。

b: 禮儀は、經禮。威儀は、曲禮。

c: 禮儀(れいぎ)は經禮(けいれい)。威儀(ゐぎ)は曲禮(きょくれ
  い)。

d: 예의는 경례(經禮)[큰 예]이다. 위의는 곡례(曲禮)[작은 예]이다.

a: 此[33]言[下, フ]道[22]之入[二]於至[음합부]小[一, 11]而[31]無
  [上, レ, ナキ, 13一]間[ヒマ, 거]也

b: 此は道の至小に入て間(ヒマ)無(ナキ)ことを言(フ)

c: 此(これ)は、道(たう)の至小(しせう)に入(い)りて間(ひま)無
  (な)きことを言(い)ふ。

d: 이는 도가 지극히 작음에 들어가 틈이 없는 것을 말한다.

A: 待[二]其[22]人[一, 13, 31]而後[11]行[33ㄴ]

B: 其の人を待て後に行る

C: 其(そ)の人(ひと)を待(ま)ちて、後(のち)に行(おこな)はる。

D: (성인의 도는) 그 사람[이 도를 행할 만한 사람]을 기다린 뒤에 행
  해진다.

a: 總[スヘ, 31]結[二, 32]上[22]兩[음합부]節[一, 13]

b: 總(スヘ)て上の兩節を結す

c: 總(すべ)て上(かみ)の兩節(りゃうせつ)を結(けっ)す。

d: 위의 두 절을 총괄하여 맺었다.

A: 故[11]曰苟[イヤシク, 13ㄱ]、不[二, サ, 12ㄴ, 33]至[음합부]德[一, ニアラ]、至[음합부]道[11]、不[ㄴ, 13ㄴ]凝[ナラ]焉

B: 故に曰苟(イヤシク)も、至德(ニアラ)不(サ)れば、至道に、凝(ナラ)不ず

C: 故(ゆゑ)に曰(い)はく、苟(いやしく)も至德(しとく)にあらざれば、至道(したう)に凝(な)らず。

D: 그러므로 말하기를, 만일 지극한 덕(을 지닌 사람)이 아니면 지극한 도가 이루어지지 않는다.

a: 至[음합부]德[23~33, 33]謂[二]其[22]人[一, 13]。至[음합부]道[33]指[二, 32ㄴ]上[22]兩[음합부]節[一, 13]而[31]言也。

b: 至德とは其の人を謂。至道は上の兩節を指して言。

c: 至德(しとく)とは、其(そ)の人(ひと)を謂(い)ふ。至道(したう)は、上(かみ)の兩節(りゃうせつ)を指(さ)して言(い)ふ。

d: 지극한 덕이란 그 사람[성인의 도를 행할 만한 사람]을 말한다. 지극한 도는 위의 두 절을 가리켜 말한 것이다.

a: 凝[キヨウ, 33, 평탁]聚[음합부, 거]也。成[음합부, 평]也

b: 凝(キヨウ)は聚。成

c: 凝(ぎょう)は、聚(しう)。成(せい)。

d: 응(凝)은 취(聚)[모이다]이다. 성(成)[이루어지다]이다.

A: 故[11]君[음합부]子、尊[ニ, タト]德[음합부]性[ー, 13]而[31]道
　　[ニ, ヨル]問[음합부]學[ー, 11]。

B: 故に君子、德性を尊(タト)て問學に道(ヨル)。

C: 故(ゆゑ)に君子(くんし)、德性(とくせい)を尊(たふと)びて問
　　學(ぶんかく)に道(よ)る。

D: 그러므로 군자는 덕성을 존중하고 학문에 의거한다.

A: 致[ニ, 32ㄴ]廣[음합부]大[ー, 13]而[31]盡[ニ, 32]精[음합부]微
　　[ー, 13]。

B: 廣大を致して精微を盡す。

C: 廣大(くゎうたい)を致(いた)して精微(せいび)を盡(つく)す。

D: 넓고 큼을 다하고 정밀하고 미세함을 다한다.

A: 極[ニ, キハメ]高[음합부]明[ー, 13]而[31]道[ニ, ヨル]中[음합부]
　　庸[ー, 11]。

B: 高明を極(キハメ)て中庸に道(ヨル)。

C: 高明(かうめい)を極(きは)めて中庸(ちうよう)に道(よ)る。

D: 높고 밝음을 다하고 중용에 의거한다.

A: 温[ㇾ, タツネ]故[フルキ, 13]而[31]知[ㇾ, ル]新[アタラシキ,
　　13]。

B: 故(フルキ)を温(タツネ)て新(アタラシキ)を知(ル)。

C: 故(ふる)きを溫(たづ)ねて新(あたら)しきを知(し)る。

D: 옛 것을 탐색하여[배우고 익혀] 새로운 것을 안다.

A: 敦[음합부, トン, 평]厚[11, 32ㄴ, 31, 거]以[31]崇[ト, タトフ]禮
[13]

B: 敦(トン)厚にして以て禮を崇(タトフ)

C: 敦厚(とんこう)にして以(も)ちて禮(れい)を崇(たふと)ぶ。

D: (예를) 두터이 함으로써 예를 높인다.

a: 尊[33]者、恭[음합부, 평]敬[거]、奉[음합부, 거]持[22, 평]之
意。

b: 尊は、恭敬、奉持の意。

c: 尊(そん)は、恭敬(きょうけい)、奉持(ほうち)の意(い)。

d: 존(尊)은 공경하고 받들어 지닌다는 뜻이다.

a: 德[음합부]性[23~33, 33]者、吾[21]所[ト, 22]受[二, 13／]於天
[一, 11]之正[음합부]理[12一]。

b: 德性とは、吾が天に受たる所の正理なり。

c: 德性(とくせい)とは、吾(わ)が天(てん)に受(う)けたる所(ところ)の正理(せいり)なり。

d: 덕성이란 내가 하늘로부터 받은 바른 이치이다.

a: 道[33]由[평]也。

b: 道は由。

c: 道(たう)は由(いう)。

d: 도(道)는 유(由)[말미암다]이다.

a: 温[ヲン, 33]猶[二, ヲ]{シ}燖[음합부, シン, 평]温[22]之温[一, 22]。謂[二]故[モト]、學[ヒタル, 13]之矣、復[191]、時[11]習[一, ナラハス, 13]之也。

b: 温(ヲン)は猶(ヲ)燖(シン)温の温の猶(シ)。故(モト)、學(ヒタル)を、復、時に習(ナラハス)を謂。

c: 溫(をん)は猶(なほ)燖溫(しむをん)の溫(をん)のごとし。故(もと)學(まな)びたるを、復(また)時(とき)に習(なら)はすを謂(い)ふ。

d: 온(溫)은 심온(燖溫)[식은 것을 다시 데움]의 온(溫)[데우다]과 같다. 예전에 배운 것을 다시 시시때때로 익히는[익숙하게 하는] 것을 말한다.

a: 敦[トン, 33, 평]加[レ, フルソ]厚[アツキ, 13—]也。

b: 敦(トン)は厚(アツキ)ことを加(フルソ)。

c: 敦(とん)は、厚(あつ)きことを加(くは)ふるぞ。

d: 돈(敦)은 두터움을 더하는 것이다.

a: 尊[二, ト云, 33]德[음합부]性[一, 13]、所[三, 훈합부]以存[レ, 32 ㄴ]心[13][192]而[31]極[二]乎道[음합부]體[22]之大[一, 음독부, 13]

---

191 11위치의 오코토점을 먹으로 지운 것이 보인다.

也。

b: 德性を尊(トイフ)は、心を存して道體の大を極所以。

c: 德性(とくせい)を尊(たふと)ぶといふは、心(こころ)を存(そん)して、道體(たうてい)の大(たい)を極(きは)むる所以(ゆゑん)なり。

d: 덕성을 높인다는 것은 마음을 보존하여 도체(道體)의 큼을 다하기 위한[도체가 갖는 크기의 극한에 이르기 위한] 수단이다.

a: 道[二, ヨル, 23~33, 33]問[음합부]學[一, 11]、所[三, 훈합부]以[12—]致[レ, 32ㄴ]知[13]而[31]盡[二, ツク, 32]乎道[음합부]體[22]之細[一, 13, 상]也。

b: 問學に道(ヨル)とは、知を致して道體の細を盡(ツク)す所以なり。

c: 問學(ぶんかく)に道(よ)るとは、知(ち)を致(いた)して道體(たうてい)の細(せい)を盡(つく)す所以(ゆゑん)なり。

d: 학문에 의거한다는 것은 앎을 지극히 하여 도체의 세세함을 다하기 위한[도체가 갖는 세세함의 극한에 이르기 위한] 수단이다.

a: 二[훈합부, 22]者[22, 33]脩[レ, オサメ]德[13]凝[レ, ナ, 32]道[13]之大[음합부]端[12—, 평]也。

b: 二の者のは德を脩(オサメ)道を凝(ナ)す大端なり。

c: 二(ふた)つの者(もの)は、德(とく)を修(をさ)め道(たう)を凝(な)す大端(たいたん)なり。

d: 이 두 가지는 덕을 닦고 도를 이루는 중요한 단서이다.

---

192 11위치의 오코토점을 먹으로 지운 것이 보인다.

a: 不[下]以[二]一[음합부]毫[22]私[음합부]意[一, 13, 31]自蔽[上,
カクサ]。

b: 一毫の私意を以て自蔽(カクサ)不。

c: 一毫(いつかう)の私意(しい)を以(も)ちて自(みづか)ら蔽(かく)
さず。

d: 털끝만큼의 사심으로도 스스로 가리지 않는다.

a: 不[下]以[二]一[음합부]毫[22]私[음합부]欲[一, 13, 31]自、累[上,
ワツラハ]。

b: 一毫の私欲を以て自、累(ワツラハ)不。

c: 一毫(いつかう)の私欲(しよく)を以(も)ちて自(みづか)ら累(わ
づら)はず。

d: 털끝만큼의 사욕으로도 스스로 얽매이지 않는다.

a: 涵[三, 음합부, カン, 평]泳[エイ, 32ㄴ, 거]乎其所[二, 13]已[ステ,
11, 31[193]]知[一, 31]敦[三, 음합부]篤[11, 32]乎其所[二, 13]已[11]
能[一, ヨク, 31一]。

b: 其已(ステ)に知所を涵泳(カンエイ)して其已に能(ヨク)する所
を敦篤にす。

c: 其(そ)の已(すで)に知(し)る所(ところ)を涵泳(かむゑい)して、
其(そ)の已(すで)に能(よ)くする所(ところ)を敦篤(とんとく)に
す。

d: 이미 아는 바를 함영(涵泳)[몸에 스며들게 만듦]하고, 이미 잘하는

---

193 이 31위치의 오코토점, 즉「て」는 문맥상 반영할 수 없다.

바를 돈독히 한다.

a: 此、皆、存[ﾚ, 31—]心[11¹⁹⁴]之屬[タクヒ, 12—]也。

b: 此、皆、心に存する屬(タクヒ)なり。

c: 此(これ)皆(みな)、心(こころ)に存(そん)する屬(たぐひ)なり。

d: 이는 모두 마음을 보존하는 일에 속한다.

a: 析[ﾚ, ワカツ, 23~33¹⁹⁵, 33—]理、則不[ﾚ]使[ﾚ]有[二]毫[음합
부, カウ, 평탁¹⁹⁶]釐[평]之差[一, タカヒ]。

b: 理析(ワカツ)ときは、則毫(カウ)釐差(タカヒ)有使不。

c: 理(り)を析(わか)つときは、則(すなは)ち毫釐(かうり)の差(た
が)ひ有(あ)らしめず。

d: 이치를 분석할 때에는 털끝만큼의 차이도 있게 하지 않는다.

a: 處[ﾚ, 31—, 33—, 상]事[13]、則不[ﾚ]使[ﾚ]有[二]過[음합부]不
[음합부]及之謬[一, アヤマリ]。

b: 事を處するときは、則過不及謬(アヤマリ)有使不。

c: 事(こと)を處(しょ)するときは、則(すなは)ち過不及(くゎふき
ふ)の謬(あやま)り有(あ)らしめず。

d: 일을 처리할 때에는 지나치거나 미치지 못하는 잘못이 있게 하지

---

194 「存心」은 '마음을 보존하다'라는 뜻이므로 11위치의 오코토점, 즉 「に」는 문맥
상 반영할 수 없다. 이하의 주석문에서도 D의 번역은 '마음을 보존하다'로 하
였다.
195 23~33위치의 오코토점은 문맥상 반영하기 어렵다. b 이하에서는 이에 따랐다.
196 「毫」의 한음은 「カウ」이고 오음은 「ガウ」이다. 여기서는 성점에 따랐다.

않는다.

a: 理[음합부]義[13, 33]則日[ヒ丶, 11]知[二, リ]其[22]所[一, ㇑, 13]
未[㇑, タ]知[ラ]、

b: 理義をば則日(ヒヒ)に其の未(タ)知(ラ)未所を知(リ)、

c: 理義(りぎ)をば、則(すなは)ち日(ひび)に其(そ)の未(いま)だ知
(し)らざる所(ところ)を知(し)り、

d: 의리(義理)에 대해서는 알지 못하던 바를 날마다 (서로) 알게 된다.

a: 節[음합부]文[13, 33]則日[ヒ丶, 11]謹[二, シム]其[22]所[一, ㇑,
13]未[㇑, タ]{ル}謹[ツ丶シマ]。

b: 節文をば則日(ヒヒ)に其の未(タ)謹(ツツシマ)未(ル)所を謹(シ
ム)。

c: 節文(せつぶん)をば、則(すなは)ち日(ひび)に其(そ)の未(いま)
だ謹(つつし)まざる所(ところ)を謹(つつし)む。

d: 절문(節文)[예]에 대해서는 삼가지 못하던 바를 날마다 삼가게 된다.

a: 此、皆、致[㇑, 32]知[13]之屬[タクヒ, 12—]也。

b: 此、皆、知を致す屬(タクヒ)なり。

c: 此(これ)皆(みな)、知(ち)を致(いた)す屬(たぐひ)なり。

d: 이는 모두 앎을 지극히 하는 일에 속한다.

a: 蓋、非[㇑, レ, 33]存[㇑, 31—, 11]心[11]、無[二]以[31]致[一, ㇑,
13~23]知[13]。

b: 蓋、心に存するに非(レ)ば、以て知を致こと無。

c: 蓋(けだ)し心(こころ)に存(そん)するにあらざれば、以(も)ちて知(ち)を致(いた)すこと無(な)し。

d: 마음을 보존하지 않으면 앎을 지극히 할 수 없다.

a: 而[31]存[レ, 31—]心[11]者[22]、又、不[レ]可[ニ]以[31]不[一, レ, ハアル]致[レ]知[13]。

b: 而て心に存する者の、又、以て知を致不(ハアル)可不。

c: 而(しかう)して心(こころ)に存(そん)する者(もの)、又(また)以(も)ちて知(ち)を致(いた)さずんばあるべからず。

d: 그리고 마음을 보존하는 자는 또한 앎을 지극히 하지 않을 수 없다.

a: 故[11]此[22]五[음합부]句、大[음합부]小、相[훈합부]資[タスケ]、首[음합부]尾、相[훈합부]應[거, 32]。

b: 故に此の五句、大小、相資(タスケ)、首尾、相應す。

c: 故(ゆゑ)に此(こ)の五句(ごく)、大小(たいせう)、相(あ)ひ資(たす)け、首尾(しうび)、相(あ)ひ應(よう)ず。

d: 그러므로 이 다섯 구는 크고 작음이 서로 돕고[바탕이 되고], 머리와 꼬리가 서로 응한다.

a: 聖[음합부]賢[22]所[レ]示[ニ, 32]入[レ, 33レ]德[11]之方[一, 13]、莫[レ, 32レ]詳[ニ, ナル, 33]於此[一, 11|]。

b: 聖賢の德に入る方を示す所、此より詳(ナル)は莫し。

c: 聖賢(せいけん)の德(とく)に入(い)る方(かた)を示(しめ)す所(と

ころ)、此(これ)より詳(つまび)らかなるは莫(な)し。

d: 성현이 덕에 들어가는 방법을 보여준 바가 이보다 자세한 것은 없다.

a: 學[음합부]者、宜[ㇾ, ク]{シ}盡[ㇾ, 32]心[13]焉

b: 學者、宜(ク)心を盡す宜(シ)

c: 學者(かくしゃ)、宜(よろ)しく心(こころ)を盡(つく)すべし。

d: 배우는 자는 마땅히 (이에) 마음을 다하여야 한다.

A: 是[훈합부, 22]故[11]、居[ㇾ]上[11, 31]不[ㇾ, 13ㄴ]驕[ラ]。爲
[ㇾ, シ]下[シモ, 23~33, 31]不[ㇾ, 13ㄴ]倍[ソムカ]。

B: 是の故に、上に居て驕(ラ)不ず。下(シモ)と爲(シ)て倍(ソム
カ)不ず。

C: 是(こ)の故(ゆゑ)に、上(かみ)に居(ゐ)て驕(おご)らず。下(し
も)として倍(そむ)かず。

D: 그러므로 윗자리에 있으면서 교만히 하지 않는다. 아랫사람으로
서 배반하지 않는다.

A: 國有[ㇾ, 33—]道、其[22]言足[ニ, レリ]以[31]興[一, ヲコ, 32,
11]。國無[ㇾ, 33—]道、其黙[モタ, 32ㄴ, 31]足[ニ]以[31]容[一,
イルヽ, 11]。

B: 國道有ときは、其の言以て興(ヲコ)すに足(レリ)。國道無とき
は、其黙(モタ)して以て容(イルル)に足。

C: 國(くに)、道(たう)有(あ)るときは、其(そ)の言(こと)を以(も)
ちて興(おこ)すに足(た)れり。國(くに)、道(たう)無(な)きとき

は、其(それ)默(もだ)して以(も)ちて容(い)るるに足(た)れり。

D: 나라에 도가 있으면 말로 (몸을) 일으키기에[벼슬자리에 나아가기에] 족하다. 나라에 도가 없으면 침묵함으로써 (몸을) 들이기에[벼슬자리에 나아가지 않고 은거하기에] 족하다.

A: 詩[11]曰、既[11]明[음독부, 11, 32ㄴ, 31]且哲[음독부, 12一, 입]。以[31]保[二, ヤスンス, 23~33, 33]其[22]身[一, 13]、其[ソレ]此[コレ, 13]之謂[イフ]與[21]

B: 詩に曰、既に明にして且哲なり。以て其の身を保(ヤスンス)とは、其(ソレ)此(コレ)を謂(イフ)與か

C: 詩(し)に曰(い)はく、既(すで)に明(めい)にして且(かつ)哲(てつ)なり。以(も)ちて其(そ)の身(み)を保(やす)んずとは、其(それ)此(これ)を謂(い)ふか。

D: 시경에 이르기를, '이미 밝고 또 밝다. 이로써 그 몸을 보전한다.'라고 한 것은 이것을 말하는 것이 아니겠는가?

a: 倍[33]與[23~33][197]背同。

b: 倍は背與と同。

c: 倍(はい)は背(はい)と同(おな)じ。

d: 배(倍)는 배(背)[배반하다]와 같다。

a: 與[33]平聲

b: 與は平聲

---

197 「與」 아래에 「レ」가 필요하다.

c: 與(よ)は平聲(へいせい)。

d: 여(與)는 평성[감탄 어조사]이다.

a: 興[23~33, 33]謂[²]興[음합부, 평]起[32ㄴ, 31, 거]在[ˉ , ˪ , 13]
位[11]也。

b: 興とは興起して位に在を謂。

c: 興(きょう)とは、興起(きょうき)して位(ゐ)に在(あ)るを謂(い)
ふ。

d: 흥(興)이란 흥기하여 지위에 있음을 말한다.

a: 詩、大[음합부]雅、烝[음합부, シヨフ, 평]民[22, 평]之篇[12一]

b: 詩、大雅、烝(シヨフ)民の篇なり

c: 詩(し)、大雅(たいが)、烝民(しょうみん)の篇(へん)なり。

d: (위에 인용된 시는) 시경 대아(大雅) 증민(烝民)편이다.

A〉 右第二十七[22]章

B〉 右第二十七の章

C〉 右(みぎ)第二十七(ていじしふしつ)の章(しゃう)。

D〉 이상은 제27장이다.

a〉 言[²]人[음합부]道[ˉ , 13]也

b〉 人道を言

c〉 人道(じんたう)を言(い)ふ。

d〉 인도를 말하였다.

제28장

A: 子曰、愚[11, 32ㄴ, 평탁]而[31]好[コノム, 31]自[ミ]、用[キ]、
賤[32ㄴ]而[31]好[31]自、專[ホシイママ, 11, 32ㄴ]生[二, ムマ
レ]乎今[22]之世[一, 11, 31]反[二, カヘル]古[22]之道[一, 11]。

B: 子曰、愚にして好(コノム)で自(ミ)、用(キ)、賤して好て自、
專(ホシイママ)にし今の世に生(ムマレ)て古の道に反(カヘ
ル)。

C: 子(し)の曰(のたう)ばく、愚(おろ)かにして好(この)んで自(み
づか)ら用(もち)ゐ、賤(いや)しくして好(この)んで自(みづか)
ら專(ほしいまま)にし、今(いま)の世(よ)に生(む)まれて、古
(いにしへ)の道(たう)に反(かへ)る。

D: 선생님께서 말씀하시기를, 어리석으면서도 즐겨 스스로(자기 의
견을) 쓰고, 비천하면서도 즐겨 자기 마음대로 하고, 지금 세상에
태어나서 옛날 도로 돌아가고자 한다.

A: 如[レ, キ, 22]此[22]者[33]裁[ワサハイ]、及[二]其[22]身[一, 11]
者[22, 12一]也

B: 此の如(キ)の者は裁(ワサハイ)、其の身に及者のなり

C: 此(か)くの如(ごと)きの者(もの)は、裁(わざはひ)其(そ)の身
(み)に及(およ)ぶ者(もの)なり。

D: 이와 같은 자는 재앙이 그 몸에 미친다.

a: 好[33]去[음합부]聲。裁[33]古[22]灾[22]字[198]

b: 好は去聲。裁は古の灾の字

c: 好(かう)は去聲(きょせい)。裁(さい)は古(いにしへ)の灾(さい)の字(し)。

d: 호(好)는 거성[좋아하다]이다. 재(裁)는 옛날의 재(灾) 자이다.

a: 以[음합부]上、孔[음합부]子之言[13]、子[음합부]思[인명부]引之[31]反[음합부]復[32, 입]也[199]

b: 以上、孔子言を、子思引て反復す

c: 以上(いしゃう)、孔子(こうし)の言(げん)を子思(しし)引(ひ)きて、反復(はんぷく)す。

d: 이상은 공자의 말을 자사가 인용하여 반복하였다.

A: 非[ニ, アラサレ, 33]天[음합부]子[一, 11]、不[レ, 13ㄴ]議[レ, ハカラ]禮[13]、不[レ, 13ㄴ]制[レ, 음독부セ]度[13, 상]、不[レ, 13ㄴ]考[レ, カンカヘ]文[13]

B: 天子に非(アラサレ)ば、禮を議(ハカラ)不ず、度を制(セ)不ず、文を考(カンカヘ)不ず

C: 天子(てんし)にあらざれば、禮(れい)を議(はか)らず、度(と)を制(せい)せず、文(ぶん)を考(かんが)へず。

<hr />

198 「裁」와「灾」는「災」의 속자(俗字)이다.
199 「反復也」는 대문에 등장한「反」자에 대한 훈고주일 것이다. 따라서 앞의「以上孔子言子思引之」와 분리하여 읽어야 한다. 寬文本도「以[음합부]上孔[음합부]子[ノ]言、子[음합부]思引[レ, ク]。反[ハ]、復也。(이상은 공자의 말을 자사가 인용한 것이다. 반(反)은 복(復)[돌이키다]이다.)」와 같이 나누어 읽고 있다. 여기서는 훈점에 따랐다.

D: 천자가 아니면 예를 의논하지 않고 법도를 제정하지 않으며 문자를 고정(考訂)하지 않는다.

a: 此[ヨリ]以[훈합부]下[33]子[음합부]思[21]之言[12一]。

b: 此(ヨリ)以下は子思が言なり。

c: 此(これ)より以下(しもつかた)は、子思(しし)が言(げん)なり。

d: 여기부터 이하는 자사의 말이다.

a: 禮[33]親[음합부]疏、貴[음합부]賤、相[훈합부]接[マシハル]之體[상]也。

b: 禮は親疏、貴賤、相接(マシハル)體。

c: 禮(れい)は、親疏(しんそ)貴賤(くゐせん)の相(あ)ひ接(まじ)はる體(てい)。

d: 예(禮)는 친소(親疏)와 귀천(貴賤)이 서로 접하는 체(體)[본체, 기준]이다.

a: 度[33]品[음합부]制。文[33]書[22]名也

b: 度は品制。文は書の名

c: 度(と)は品制(ひむせい)。文(ぶん)は書(しょ)の名(な)。

d: 도(度)는 품제(品制)이다. 문(文)은 서(書)[글자]의 이름이다.

A: 今、天[음합부]下、車[クルマ]同[ㇾ, 32ㄴ]軌[アト, 13]、書、同[ㇾ, シ]文[13]、行[음독부, 거]、同[ㇾ, 32]倫[음독부, 13, 평]

B: 今、天下、車(クルマ)軌(アト)を同し、書、文を同し、行、倫
を同す

C: 今(いま)天下(てんか)、車(くるま)軌(あと)を同(おな)じくし、
書(しょ)文(ぶん)を同(おな)じくし、行(かう)倫(りん)を同(お
な)じくす。

D: 지금 천하에서 수레는 궤폭(軌幅)이 같으며, 글씨는 문[자체(字
體)]이 같으며, 행동은 차례가 같다.

a: 行[33]去聲

b: 行は去聲

c: 行(かう)は去聲(きょせい)。

d: 행은 거성[행하다]이다.

a: 今[23~33, 33]子[음합부]思、自、謂[二]當[음합부]時[一 , 13]
也。

b: 今とは子思、自、當時を謂。

c: 今(いま)とは、子思(しし)自(みづか)ら當時(たうし)を謂(い)
ふ。

d: 지금이란, 자사 자신의 당시를 말한다.

a: 軌[クヰ, 33]轍[음합부, 입]迹[입]之度。倫[33, 평]次[음합부]序
[22]之體。

b: 軌(クヰ)は轍迹度。倫は次序の體。

c: 軌(くゐ)は、轍迹(てつせき)の度(と)。倫(りん)は次序(ししょ)

の體(てい)。

d: 궤(軌)는 수레바퀴 자국의 (폭의) 치수이다. 윤(倫)은 차례의 체[본체, 기준]이다.

a: 三[22]者[22]皆、同[32ㄴ]。言[イフ心, 33]天[음합부]下一[음합부]統[12ー]也

b: 三の者の皆、同じ。言(イフココロ)は天下一統なり

c: 三(み)つの者(もの)皆(みな)同(おな)じ。言(いふこころ)は、天下(てんか)一統(いっとう)なり。

d: 세 가지 것이 모두 같다. 말하는 뜻은 이러하다. 천하가 통일되었다는 것이다.

A: 雖[ㇾ, へ]有[ニ, 23~33]其[22]位[ー, クラヰ]、苟[マコト, 11]無[ニ, 33ー]其[22]德[ー]、不[ニ, 13ㄴ]敢[31]作[ニ, ツクラ]禮[음합부]樂[ー, 13]焉。

B: 其の位(クラヰ)有と雖(へ)、苟(マコト)に其の德無ときは、敢て禮樂を作(ツクラ)不ず。

C: 其(そ)の位(くらゐ)有(あ)りといへども、苟(まこと)に其(そ)の德(とく)無(な)きときは、敢(あ)へて禮樂(れいがく)を作(つく)らず。

D: 그 지위[천자의 지위]가 있더라도 만약 그 덕[성인의 덕]이 없으면 감히 예악을 만들지 않는다.

A: 雖[ㇾ, へ]有[ニ, 23~33]其德[ー]、苟[マ, 11]無[ニ, 33ー]其[22]位

[一, クラキ]、亦不[二, 13ㄴ]敢[31]作[二]禮[음합부]樂[一, 13]焉

B: 其德有と雖(へ)、苟(マ)に其の位(クラキ)無ときは、亦敢て禮
樂を作不ず

C: 其(そ)の德(とく)有(あ)りといへども、苟(まこと)に其(そ)の位
(くらゐ)無(な)きときは、亦(また)敢(あ)へて禮樂(れいがく)を
作(つく)らず。

D: 그 덕이 있더라도 만약 그 지위가 없으면 역시 감히 예악을 만들지
않는다.

a: 鄭[음합부]氏[21]曰、言[33]作[二, ル, 33]禮[음합부]樂[一, 13]
者、必聖[음합부]人[ニシ, 31]在[二, 31, 12一]天[음합부]子之位
[一, 11]

b: 鄭氏が曰、言は禮樂を作(ル)は、必聖人(ニシ)て天子位に在て
なり

c: 鄭氏(ていし)が曰(い)はく、言(いふこころ)は、禮樂(れいがく)
を作(つく)るは、必(かなら)ず聖人(せいじん)にして天子(てん
し)の位(くらゐ)に在(あ)りてなり。

d: 정씨[정현(鄭玄)]가 말하기를, '말하는 뜻은 이러하다. 예악을 만
드는 일은 반드시 성인이면서 천자의 지위에 있고서야 할 수 있
다.'

A: 子曰吾[12ㄴ]、說[二, トカンスレトモ]夏[22]禮[一, 13]、杞、
不[ㅣ, 13ㄴ]足[ㅣ]徵[シルシト, 31一, 11]也。

B: 子曰吾れ、夏の禮を說(トカンスレトモ)、杞、徵(シルシト)す

るに足不ず。

C: 子(し)の曰(のたう)ばく、吾(われ)夏(か)の禮(れい)を說(と)か
んとすれども、杞(き)、徵(しるし)とするに足(た)らず。

D: 선생님께서 말씀하시기를, 나는 하나라의 예를 말하고자 하나 (그
후손인) 기나라는 (하나라의 예에 대한) 증거로 삼기에 부족하다.

A: 吾[12ㄴ]學[二, マナヒ, 23~33, 13ㄱ]殷[22]禮[一, 13]、有[二, リ]
宋[ノミ]存[一, 31一, 13~23]焉。

B: 吾れ殷の禮を學(マナヒ)とも、宋(ノミ)存すること有(リ)。

C: 吾(われ)殷(いん)の禮(れい)を學(まな)びたりとも、宋(そう)の
み存(そん)すること有(あ)り。

D: 나는 은나라의 예를 배웠는데 (그 후손인) 송나라만 (은나라의 예
를) 보존하고 있다.

A: 吾[12ㄴ]、學[二, マナム]周[22]禮[一, 13, 31]今、用[ル]之。吾
[33]從[ㇾ, フ]周[11]

B: 吾れ、周の禮を學(マナム)で今、用(ル)。吾は周に從(フ)

C: 吾(われ)周(しう)の禮(れい)を學(まな)んで、今(いま)用(もち)
ゐる。吾(われ)は周(しう)に從(したが)ふ。

D: 나는 주나라의 예를 배웠는데, 지금 (세상에서 그것을) 쓰고 있다.
나는 주나라(의 예)를 따르겠다.

a: 此、又、引[二]孔[음합부]子[22]之言[一, 13]。

b: 此、又、孔子の言を引。

c: 此(これ)又(また)孔子(こうし)の言(げん)を引(ひ)く。

d: 이는 또다시 공자의 말을 인용하였다.

a: 杞[33]夏[22]之後[12—]。徵[チョウ, 33, 평]證也。宋[33]殷[22]之後[12—]。

b: 杞は夏の後なり。徵(チョウ)は證。宋は殷の後なり。

c: 杞(き)は夏(か)の後(のち)なり。徵(ちょう)は證(しょう)なり。宋(そう)は殷(いん)の後(のち)なり。

d: 기나라는 하나라의 후예이다. 징(徵)은 증(證)[증거로 삼다]이다. 송나라는 은나라의 후예이다.

a: 三[음합부]代[22]之禮、孔[음합부]子、皆嘗[カツ, 31]學[ㇾ]之[13]。而[31]能、言[二]其[22]意[一, 13]。

b: 三代の禮、孔子、皆嘗(カツ)て之を學。而て能、其の意を言。

c: 三代(さむたい)の禮(れい)、孔子(こうし)皆(みな)嘗(かつ)て之(これ)を學(まな)ぶ。而(しかう)して能(よ)く其(そ)の意(い)を言(い)ふ。

d: 삼대의 예를 공자는 모두 배운 적이 있다. 그래서 그 뜻을 말할 수 있었다.

a: 但、夏[22]禮[33]既[11]不[ㇾ]可[二]考[음합부]證[一, 32]。

b: 但、夏の禮は既に考證す可不。

c: 但(ただ)夏(か)の禮(れい)は既(すで)に考證(かうしょう)すべか

らず。

d: 다만 하나라의 예는 이미 고증할 수 없다.

a: 殷[22]禮[33]雖[ㇵ]存[23~33]、又、非[二]當[음합부]世[22]之法
   [一, 11]。

b: 殷の禮は存と雖、又、當世の法に非。

c: 殷(いん)の禮(れい)は存(そん)すといへども、又(また)當世(た
   うせい)の法(はふ)にあらず。

d: 은나라의 예는 남아 있지만 또한 당대의 법이 아니다.

a: 惟[タヽ]、周[22]禮[33]乃、時[22]王[22]之制[12一]。今[훈합부]
   日所[ㇵ, 12一]用[ル]。

b: 惟(タタ)、周の禮は乃、時の王の制なり。今日用(ル)所なり。

c: 惟(ただ)周(しう)の禮(れい)は、乃(すなは)ち時(とき)の王(わ
   う)の制(せい)なり。今日(けふ)用(もち)ゐる所(ところ)なり。

d: 오직 주나라 예만 당시의 왕의 제도여서 오늘날 쓰고 있는 것이다.

a: 孔[음합부]子、既[11]不[ㇵ, レ, 33]得[ㇵ]位[13]、則從[ㇵ, フ]周
   [11]而[훈합부, ノミ]已

b: 孔子、既に位を得不(レ)ば、則周に從(フ)而已(ノミ)

c: 孔子(こうし)既(すで)に位(くらゐ)を得(え)ざれば、則(すなは)
   ち周(しう)に從(したが)ふのみ。

d: 공자는 지위를 얻지 못했으므로 주나라의 예를 따랐을 뿐이다.

A〉右第二十八[22]章

B〉右第二十八の章

C〉右(みぎ)第二十八(ていじしふはつ)の章(しゃう)。

D〉이상은 제28장이다.

a〉承[二, ウ]上[22]章[22]爲[レ]下[23~33, 31]不[一, レ, ト云, 11]倍
[ソムカ]而[31]言[フ]、亦人[음합부]道[12一]也

b〉上の章の下と爲て倍(ソムカ)不(トイフ)に承(ウ)て言(フ)、亦
人道なり

c〉上(かみ)の章(しゃう)の、下(しも)と爲(な)りて、倍(そむ)かず
といふに承(う)けて言(い)ふ。亦(また)人道(じんたう)なり。

d〉앞 장[제27장]에서 '아랫사람으로서 배반하지 않는다.'라고 한 것
을 받아서 말한 것이다. 또한 인도이다.

제29장

A: 王[�, タル, 11, 거]天[음합부]下[⼀, 11]、有[⼆]三[음합부]重
　[⼀, 거]焉。其[12ㄴ]寡[ㇾ, スクナキ]過[アヤマチ]矣乎[11ㄴ]

B: 天下に王(タル)に、三重有。其れ過(アヤマチ)寡(スクナキ)な

C: 天下(てんか)に王(わう)たるに三重(さむちょう)有(あ)り。其
　(それ)過(あやま)ち寡(すく)なきかな。

D: 천하에서 왕노릇함에 있어서는 세 가지 중요한 것이 있다.(이것을
　갖추면 아마도) 허물이 적어지지 않겠는가?

a: 王[33]去聲

b: 王は去聲

c: 王(わう)は去聲(きょせい)。

d: 왕은 거성[왕노릇하다]이다.

a: 呂[음합부]氏[인명부, 21]曰、三[음합부]重[33]、謂[⼆]議[ㇾ, 32
　ㄴ]禮[13]、制[ㇾ, 32ㄴ]度[13]、考[⼀, ㇾ, フル, 13]文[13]。

b: 呂氏が曰、三重は、禮を議し、度を制し、文を考(フル)を
　謂。

c: 呂氏(りょし)が曰(い)はく、三重(さむちょう)は、禮(れい)を議
　(ぎ)し、度(と)を制(せい)し、文(ぶん)を考(かんが)ふるを謂
　(い)ふ。

d: 여씨[여대림(呂大臨)]가 말하기를, '세 가지 중요한 것은 예를 의
논하고 법도를 제정하고 문자를 고정(考訂)함을 말한다.

a: 惟[タ丶]、天[음합부]子、得[二, 33一]以[31]行[一, ㇚, 13一]之
[13]、則、國不[㇚]異[㇚, 11, 23ㄴ]政[13]、家、不[㇚, 32ㄴ]殊
[㇚, 11, 23ㄴ]俗[13]而[31]人、得[㇚]寡[㇚, スクナキ, 13一]過[ア
ヤマチ]矣

b: 惟(タタ)、天子、以て之を行ことを得ときは、則、國政を異に
せ不、家、俗を殊にせ不して人、過(アヤマチ)寡(スクナキ)こ
とを得

c: 惟(ただ)天子(てんし)、以(も)ちて之(これ)を行(おこな)ふこと
を得(う)るときは、則(すなは)ち國(くに)政(まつりごと)を異
(こと)にせず、家(いへ)俗(しょく)を殊(こと)にせずして、人
(ひと)過(あやま)ち寡(すく)なきことを得(う)。

d: 오직 천자가 이것만을 행할 수 있으면, 제후국마다 정사가 다르지
않고 집집마다 풍속이 다르지 않아서 사람들이 허물이 적게 될 것
이다.'

A: 上[カミ, 13 /]焉者[22]、雖[㇚, へ]善[음독부, 23~33, 거]、無
[㇚, 32ㄴ]徵[シルシ]。無[㇚, 33一]徵、不[㇚, 13ㄴ]信[음독부セ
ラレ]。不[㇚, 33一]信[음독부セラレ]、民弗[㇚, 13ㄴ]從[シタ
カハ]。

B: 上(カミ)たる者の、善と雖(へ)、徵(シルシ)無し。徵無とき
は、信(セラレ)不ず。信(セラレ)不ときは、民從(シタカハ)

弗ず。

C: 上(かみ)たる者(もの)、善(せん)すといへども徴(しるし)無(な)し。徴(しるし)無(な)きときは、信(しん)ぜられず。信(しん)ぜられざるときは、民(たみ)從(したが)はず。

D: 위[하(夏), 상(商) 시대]의 것은 좋지만 증거가 없다. 증거가 없으면 믿지 않는다. 믿지 않으면 백성이 따르지 않는다.

A: 下[シモ, 13／]焉者[モ, 22]、雖[ㇾ]善[음독부, 32, 23~33]不[ㇾ, 13ㄴ]尊[カラ]。不[ㇾ, トキ, 33]尊、不[ㇾ, 13ㄴ]信。不[ㇾ, 33]信[23ㄴ]、民弗[ㇾ, 13ㄴ]從[シタカハ]

B: 下(シモ)たる者(モ)の、善すと雖尊(カラ)不ず。尊不(トキ)は、信不ず。信ぜ不ば、民從(シタカハ)弗ず

C: 下(しも)たる者(もの)、善(せん)すといへども尊(たふと)からず。尊(たふと)からざるときは、信(しん)ぜず。信(しん)ぜざれば民(たみ)從(したが)はず。

D: (성인으로서) 아래에 있는 자는 잘하지만[능력이 있지만] 귀하지 않다[지위가 높지 않다]. 귀하지 않으면 믿지 않는다. 믿지 않으면 백성이 따르지 않는다.

a: 上[23~33, 33]焉者、謂[下, フ]時[22]王[ヨリ]、以[훈합부]前[サキ]、如[二, キ]夏商[22]之禮[一, 22]、[200] 雖[ㇾ]善[32, 23~33]而皆、不[上, ㇾ, 13]可[ㇾ]考。

b: 上とは、時の王(ヨリ)、以前(サキ)、夏商の禮の如(キ)、善す

---

200 주점으로 句點을 찍고 그것을 먹으로 지웠다.

と雖皆、考可不を謂(フ)。

c: 上(かみ)とは、時(とき)の王(わう)より以前(さき)、夏(か)商(しゃう)の禮(れい)の如(ごと)き、善(せん)すといへども皆(みな)考(かんが)ふべからざるを謂(い)ふ。

d: 위라고 하는 것은 당시의 왕보다 이전으로, 하나라와 상나라의 예(禮)와 같이 좋은 것이라 하더라도 모두 상고할 수 없는 것을 말한다.

a: 下[シモ, 33]焉者、謂[下]聖[음합부]人[22]在[レ, 13~23]下[11]、如[二, ク]孔[음합부]子[一, 22]、雖[レ]善[二, 23~33]於禮[一, 11]、而不[レ, 13]在[中]尊[음합부]位[上, 11]也

b: 下(シモ)は、聖人の下に在こと、孔子の如(ク)、禮に善と雖、尊位に在不を謂

c: 下(しも)は、聖人(せいじん)の下(しも)に在(あ)ること、孔子(こうし)の如(ごと)く、禮(れい)に善(せん)すといへども尊位(そんゐ)に在(あ)らざるを謂(い)ふ。

d: 아래라고 하는 것은 성인이 아래 지위에 있는 것으로, 공자처럼 비록 예를 잘 알지만 높은 지위[제왕의 지위]에 있지 않음을 말한다.

A: 故[11]君[음합부]子[22]之道、本[二, モトツク]諸身[一, 11]。徵[二, シルシ, 11／]諸庶[음합부]民[一, 11]。

B: 故に君子の道、身に本(モトツク)。庶民に徵(シルシ)あり。

C: 故(ゆゑ)に君子(くんし)の道(たう)、身(み)に本(もと)づく。庶民(しょみん)に徵(しるし)あり。

D: 그러므로 군자의 도는 자신에 근본을 두면서도 백성에게서 증거
[효과]를 찾는다.

A: 考[ニ, カンカヘ]諸三[음합부]王[一, 11, 31]而不[レ, 13ㄴ]繆[ア
ヤマラ]。建[ニ, タ]諸天[음합부]地[一, 11, 31]而不[レ, 13ㄴ]悖
[ミタレ]。

B: 三王に考(カンカヘ)て繆(アヤマラ)不ず。天地に建(タ)て悖(ミ
タレ)不ず。

C: 三王(さむわう)に考(かんが)へて繆(あやま)らず。天地(てん
ち)に建(た)てて悖(みだ)れず。

D: (군자의 도는) 삼왕[하의 우왕(禹王)·은의 탕왕(湯王)·주의 문왕
(文王)]에 상고하여도 틀리지 않는다. 천지에 세워도 잘못되지 않
는다.

A: 質[ニ, タヽシ]諸鬼[음합부]神[一, 11, 31]而無[レ, 32ㄴ]疑[ウタ
カフ, 13~23]。百[음합부]世[11, 32ㄴ, 31]以[31]侯²⁰¹[ニ, マチ]
聖[음합부]人[一, 13]而[31]不[レ, 13ㄴ]惑[マトハ]

B: 鬼神に質(タヽシ)て疑(ウタカフ)こと無し。百世にして以て聖
人を侯(マチ)て惑(マトハ)不ず

C: 鬼神(くゐしん)に質(ただ)して疑(うたが)ふこと無(な)し。百
世(はくせい)にして以(も)ちて聖人(せいじん)を侯(ま)ちて惑
(まど)はず。

D: (군자의 도는) 귀신에게 물어보아도 의심할 바가 없다. 백세 동안

---

201 본문은「侯」라고 되어 있으나「俟」가 맞다.

성인을 기다려도 미혹되지 않는다.

a: 此[22]君[음합부]子[23~33, 33]指[下 , 32ㄴ]王[ニ , 13 /]天[음합
부]下[一 , 11]者[上 , 22, 13]而[31]言。

b: 此の君子とは天下に王たる者のを指して言。

c: 此(こ)の君子(くんし)とは、天下(てんか)に王(わう)たる者(も
の)を指(さ)して言(い)ふ。

d: 여기서 군자란 천하의 왕이 된 자를 가리켜 말한 것이다.

a: 其[22]道[23~33, 33]、即、議[ㇾ , 32ㄴ]禮[13]、制[ㇾ , 32ㄴ]度
[13]、考[ㇾ , ル]文[13]、之事[12—]也。

b: 其の道とは、即、禮を議し、度を制し、文を考(ル)、事な
り。

c: 其(そ)の道(たう)とは、即(すなは)ち禮(れい)を議(ぎ)し、度
(と)を制(せい)し、文(ぶん)を考(かんが)ふる事(こと)なり。

d: 그 도란 예를 의논하고 법도를 제정하고 문자를 고정(考訂)하는 일
이다.

a: 本[ニ , 23~33, 33]謂[202]身[一 , 11]、有[ニ , ソ]其[22]德[一]也。

b: 身に本とは、其の德有(ソ)。

c: 身(み)に本(もと)づくとは、其(そ)の德(とく)有(あ)るぞ。

d: 자신에 근본을 둔다는 것은 (자신이) 덕을 가지고 있는 것이다.

---

202 본문은 「謂」라고 되어 있으나 「諸」가 맞다.

a: 徵[二, 23~33, 33]諸庶[음합부]民[一, 11]、驗[三, シルシナルソ]
其[22]所[二, 11]信[32ㄴ, 31]從[一]也。

b: 庶民に徵とは、其の信じて從所に驗(シルシナルソ)。

c: 庶民(しょみん)に徵(しるし)ありとは、其(そ)の信(しん)じて從
(したが)ふ所(ところ)に驗(しるし)なるぞ。

d: 백성에게서 증거를 찾는다는 것은 그들[백성]이 믿고 따르는 바에
서 증거를 찾는다는 것이다.

a: 建[33, 거]立也。立[二]於此[一, コ丶, 11]而[31]參[음독부, 32,
평]{マシハル합점}於彼[一, カシコ, 11]也。

b: 建は立。此(ココ)に立て彼(カシコ)に參(マシハル)。

c: 建(けん)は立(りふ)。此(ここ)に立(た)てて彼(かしこ)に參(ま
じ)はる。

d: 건(建)은 입(立)[세우다]이다. 여기에 세워 저기에 참여한다는 것
이다.

a: 天[음합부]地[33]者、道也。鬼[음합부]神[33]者、造[음합부]化
[22]之迹[12—]也。

b: 天地は、道。鬼神は、造化の迹なり。

c: 天地(てんち)は道(たう)。鬼神(くゐしん)は造化(さうくゎ)の迹
(あと)なり。

d: 천지는 도이다. 귀신은 조화의 자취이다.

a: 百[음합부]世[11, 32ㄴ]以[31]俟[二]聖[음합부]人[一, 13]而[31]不

[✓, 23~33, 33]惑、[203] 所[훈합부]謂、聖[음합부]人、復、起[オ
コルトモ]、不[✓, シト云]易[二, カヘ]吾[21]言[一, 13]者[22, 12
一]也

b: 百世にし以て聖人を俟て惑不とは、所謂、聖人、復、起(オコ
ルトモ)、吾が言を易(カヘ)不(シトイフ)者のなり

c: 百世(はくせい)にして以(も)ちて聖人(せいじん)を俟(ま)ちて惑
(まど)はずとは、所謂(いはゆる)聖人(せいじん)復(また)起(おこ)るとも、吾(わ)が言(こと)を易(か)へじといふ者(もの)なり。

d: 백세 동안 성인을 기다려도 미혹되지 않는다는 것은, (맹자의) 이
른바 '성인이 다시 태어나도 나의 말을 바꾸지 못할 것이다.'라는
것이다.

A: 質[二, タヽシ]諸鬼[음합부]神[一, 11]而[31]無[✓, 33一]疑[ウタ
カフ]、知[✓, 33ㄴ]天[13]也。

B: 鬼神に質(タヽシ)て疑(ウタカフ)無ときは、天を知る。

C: 鬼神(くゐしん)に質(ただ)して疑(うたが)ふこと無(な)きときは、天(てん)を知(し)る。

D: 귀신에게 물어보아도 의심이 없다는 것은 하늘을 아는 것이다.

A: 百[음합부]世[11, 32ㄴ, 31]以[31]俟[二, マチ]聖[음합부]人[一,
13]而[31]不[✓, 33一]惑[マトハ]、知[✓, 33ㄴ]人[13]也

B: 百世にして以て聖人を俟(マチ)て惑(マトハ)不ときは、人を知る

---

203 주점으로 句點을 찍고 그것을 먹으로 지웠다.

C: 百世(はくせい)にして以(も)ちて聖人(せいじん)を俟(ま)ちて
惑(まど)はざるときは、人(ひと)を知(し)る。

D: 백세 동안 성인을 기다려도 미혹되지 않는다는 것은 사람을 아는
것이다.

a: 知[ㇾ]天[13]、知[ㇾ, 卜, 云, 33]人[13]、知[二]其[22]理[一, 13]
也

b: 天を知、人を知(トイフ)は、其の理を知

c: 天(てん)を知(し)り、人(ひと)を知(し)るといふは、其(そ)の理
(り)を知(し)る。

d: 하늘을 알고 사람을 안다는 것은, 그 이치를 아는 것이다.

A: 是[훈합부, 22]故[11]君[음합부]子動[ウ, 33—]而世[ヨヽ]、爲
[二]天[음합부]下[22]道[一, 23~33]。

B: 是の故に君子動(ウ)ときは世(ヨヨ)、天下の道と爲。

C: 是(こ)の故(ゆゑ)に君子(くんし)動(うご)くときは、世(よよ)天
下(てんか)の道(たう)とす。[204]

D: 그러므로 군자는 움직이면 대대로 천하의 도가 된다.

A: 行[オコナフ, 33—]而世[ヨヽ]、爲[二, 32]天[음합부]下[22]法
[一, 23~33]。

B: 行(オコナフ)ときは世(ヨヨ)、天下の法と爲す。

---

204 「爲天下道」,「爲天下法」,「爲天下則」의「爲」는 동사「なる」혹은 조동사「たり」
로 읽는 것이 타당할 것이다. B, C는 훈점에 따르고, D는 바른 이해에 따랐다.

C: 行(おこな)ふときは、世(よよ)天下(てんか)の法(はふ)とす。

D: 행하면 대대로 천하의 법이 된다.

A: 言[イフ, 33—]而世[ヨ丶]、爲[ニ, 32]天[음합부]下[22]則[一, ノリ, 23~33]。

B: 言(イフ)ときは世(ヨヨ)、天下の則(ノリ)と爲す。

C: 言(い)ふときは、世(よよ)天下(てんか)の則(のり)とす。

D: 말하면 대대로 천하의 준칙이 된다.

A: 遠[サクル, 33—]之則有[ㄴ]望[13~23]。近[ツクル, 33—]之則不[ㄴ, 13ㄴ]厭[イトハ]

B: 遠(サクル)ときは則望こと有。近(ツクル)ときは則厭(イトハ)不ず

C: 遠(さ)くるときは、則(すなは)ち望(のぞ)むこと有(あ)り。近(ちか)づくるときは、則(すなは)ち厭(いと)はず。

D: 멀어지면 (군자를) 우러러봄이 있다. 가까워지면 (군자를) 싫어하지 않는다.

a: 動[23~33, 33]兼[ニ]言[음합부]行[一, 13]而[31]言[フ]。

b: 動とは言行を兼て言(フ)。

c: 動(とう)とは、言行(げんかう)を兼(か)ねて言(い)ふ。

d: 동(動)이란 말과 행실을 겸하여 말한 것이다.

a: 道[33]兼[ニ]法[음합부]則[一, 13]而[31]言[フ]。

b: 道は法則を兼て言(フ)。

c: 道(たう)は、法則(はふそく)を兼(か)ねて言(い)ふ。

d: 도(道)는 법과 준칙을 겸하여 말한 것이다.

a: 法[33]法[음합부]度也。則[33]準[음합부, シユン, 상]則[입]也

b: 法は法度。則は準(シユン)則

c: 法(はふ)は法度(はふと)。則(そく)は準則(しゅんそく)。

d: 법은 법도이다. 칙은 준칙이다.

A: 詩[11]曰、在[レ, テモ]彼[カシコ, 11]、無[レ, ク]惡[ニクマ
ルヽ, 13~23]、在[レ, テモ]此[コヽ, 11]無[レ, シ]射[イトハルヽ,
13~23]。庶[ニ, 훈합부, コヒネカ]幾夙[음합부]夜[ー, 11, 31]以
[31]永[32／]終[レ, ント云ヘリ]譽[ホマレ, 13]。

B: 詩に曰、彼(カシコ)に在(テモ)、惡(ニクマルル)こと無(ク)、
此(ココ)に在(テモ)射(イトハルル)こと無(シ)。夙夜に庶幾(コ
ヒネカ)て以て永く譽(ホマレ)を終(ントいヘリ)。

C: 詩(し)に曰(い)はく、彼(かしこ)に在(あ)りても惡(にく)まるる
こと無(な)く、此(ここ)に在(あ)りても射(いと)はるること無
(な)し。夙夜(しくや)に庶幾(こひねが)ひて、以(も)ちて永(な
が)く譽(ほま)れを終(を)へんといへり。

D: 시경에 이르기를, '저기에 있어도 싫어함을 받지 않고, 여기에 있
어도 싫어함을 당하지 않는다. 아침부터 밤까지 길이 명예를 이루
기를 바란다.'라고 하였다.

A: 君[음합부]子、未[ㇾ, タ]{シ}有、不[ㇾ, 32ㄴ]如[ㇾ, ナラ]此
[22, 31]而蚤[ハヤク]、有[ㇾ, ル]譽[゠, ホマレ]於天[음합부]下
[゠, 11]者[モノ, 33]也

B: 君子、未(タ)有未(シ)、此の如(ナラ)不して蚤(ハヤク)、天下
に譽(ホマレ)有(ル)者(モノ)は

C: 君子(くんし)未(いま)だ有(あ)らじ、此(か)くの如(ごと)くなら
ずして、蚤(はや)く天下(てんか)に譽(ほま)れ有(あ)る者(もの)
は。

D: 군자 중에는 아마 없었을 것이다, 이와 같이 하지 않고서 일찍이
천하에 명예가 있는 이는.

a: 惡[33]去[음합부]聲。

b: 惡は去聲。

c: 惡(を)は去聲(きょせい)。

d: 오(惡)는 거성[미워하다]이다.

a: 射[22]音[33]妬。詩[11, 33]作[ㇾ]斁[11]

b: 射の音は妬。詩には斁に作

c: 射(えき)の音(いむ)は妬(と)。詩(し)には斁(えき)に作(つく)
る。

d: 역(射)의 음은 두(妬)[205]이다. 시경에는 역(斁)으로 되어 있다.

205 『시경언해(詩經諺解)』의 18:22b에서는 「斁」의 반절로서『경전석문』에 나타난
「丁故反」에 해당되는 독음을 '두'로 하였다. 이에 따랐다.

a: 詩、周[음합부]頌、振[음합부]鷺[22]之篇。

b: 詩、周頌、振鷺の篇。

c: 詩(し)、周頌(しうしょう)、振鷺(しんろ)の篇(へん)。

d: (위에 인용된 시는) 시경 주송(周頌) 진로(振鷺)편이다.

a: 射[エキ, 33, 입]厭也。

b: 射(エキ)は厭。

c: 射(えき)は厭(えむ)。

d: 역(射)은 염(厭)[싫어하다]이다.

a: 所[훈합부]謂、此[33]者、指[下, サシ]本[二, ト云]諸身[一, 11]
　　以[음합부]下[22]六[22]事[上, 13]而[31]言

b: 所謂、此は、身に本(トイフ)以下の六の事を指(サシ)て言

c: 所謂(いはゆる)此(これ)は、身(み)に本(もと)づくといふ以下
　　(いか)の六(む)つの事(こと)を指(さ)して言(い)ふ。

d: (대문의 '이와 같이 하지 않고서(不如此)'의) '이'라고 한 것은, '자
　　신에 근본을 두면서도(本諸身)' 이하의 여섯 가지 일을 가리켜 말
　　한 것이다.

A〉 右第二十九[22]章

B〉 右第二十九の章

C〉 右(みぎ)第二十九(ていじしふきう)の章(しゃう)。

D〉 이상은 제29장이다.

a〉承[ニ, ウケ]上[22]章[22]居[レ]上[11, 31]不[一, レ, ト云, 11]驕而[31]言[フ]。

b〉上の章の上に居て驕不(トイフ)に承(ウケ)て言(フ)。

c〉上(かみ)の章(しゃう)の、上(かみ)に居(ゐ)て驕(おご)らずといふに承(う)けて言(い)ふ。

d〉앞 장[제27장]의 '윗자리에 있으면서 교만히 하지 않는다.'라고 한 것을 받아서 말한 것이다.

a〉亦、人[음합부]道[12—]也

b〉亦、人道なり

c〉亦(また)人道(じんたう)なり。

d〉또한 인도이다.

제30장

A: 仲[음합부]尼[인명부]祖[ニ, 음합부]述[32ㄴ]堯[인명부]舜[ー,
인명부, 13]、憲[ニ, 음합부]章[32]文[인명부]武[ー, 인명부, 1
3]。

B: 仲尼堯舜を祖述し、文武を憲章す。

C: 仲尼(ちうぢ)堯(げう)舜(しゅん)を祖述(そしゅつ)し、文武(ぶ
んぶ)を憲章(けんしゃう)す。

D: 중니[공자]는 요임금·순임금을 본받고, 문왕·무왕을 본받았다.

A: 上[カミ]、律[ニ, ノヘ]天[22]時[ー, 13]、下[シモ]、襲[ニ, ヨル]
水[음합부]土[ー, 11]

B: 上(カミ)、天の時を律(ノヘ)、下(シモ)、水土に襲(ヨル)

C: 上(かみ)、天(てん)の時(とき)を律(の)べ、下(しも)、水土(す
いと)に襲(よ)る。

D: 위로는 천시(天時)[자연의 운행]를 본받고, 아래로는 수토(水土)
[일정한 이치]를 따랐다.

a: 祖[음합부]述[23~33, 33]者、遠[ク]、宗[ニ, ス, 23~33, 평]其[22]
道[ー, 13]。憲[음합부]章[23~33, 33]者、近[32／]守[ニ, 33ㄴ]其
[22]法[ー, 13]。

b: 祖述とは、遠(ク)、其の道を宗と(ス)。憲章とは、近く其の法

を守る。

c: 祖述(そしゅつ)とは、遠(とほ)く其(そ)の道(みち)を宗(そう)とす。憲章(けんしゃう)とは、近(ちか)く其(そ)の法(はふ)を守(まも)る。

d: 조술이란 멀리 (요임금과 순임금의) 도를 종주로 삼는 것이다. 헌장이란, 가까이 (문왕과 무왕의) 법을 지키는 것이다.

a: 律[゠, ノフ, 23~33, 33]天[22]時[ᅳ, 13]者、法[゠, ノトル]其[22]自[음합부]然[22]之運[ᅳ, 11]。

b: 天の時を律(ノフ)とは、其の自然の運に法(ノトル)。

c: 天(てん)の時(とき)を律(の)ぶとは、其(そ)の自然(しぜん)の運(うん)に法(のっと)る。

d: 천시를 본받는다는 것은 (천시의) 자연스러운 운행을 본받는 것이다.

a: 襲[゠, ヨルト云, 33[206]]水[음합부]土[ᅳ, 11]者、因[゠, ヨルソ]其一[음합부]定[22]之理[ᅳ, 음독부, 11]。

b: 水土に襲(ヨルトイフ)は、其一定の理に因(ヨルソ)。

c: 水土(すいと)に襲(よ)るといふは、其(そ)の一定(いってい)の理(り)に因(よ)るぞ。

d: 수토에 따른다는 것은 일정한 이치에 따르는 것이다.

a: 皆兼[゠]内[음합부]外[ᅳ, 13]、該[゠, カサ]本[음합부]末[ᅳ, 13]

---

206 23~33위치에 주점을 찍은 후, 묵점으로 지운 흔적이 있다.

而[31]言也

b: 皆内外を兼、本末を該(カサ)て言也

c: 皆(みな)内外(だいぐゎい)を兼(か)ねて、本末(ほんばつ)を該(かさ)ねて言(い)ふ。

d: 모두 내외를 겸하고 본말을 겸하여 말했다.

A: 辟[タトヘ, 33]如[下, 32ㄴ]天[음합부]地[22]之無[ㄴ, 32ノ]不[二, スト云, 13~23]持[음합부, 평]載[一, 23ㄴ, 거]、無[ㄴ, 21]不[中, ト云, 13~23]覆[음합부, フ]幬[上, タウ, 23ㄴ]。

B: 辟(タトヘ)ば天地の持載せ不(ストイフ)こと無く、覆幬(フタウ)せ不(トイフ)こと無が如し。

C: 辟(たと)へば、天地(てんち)の持載(ちさい)せずといふこと無(な)く、覆幬(ふたう)せずといふこと無(な)きが如(ごと)し。

D: 비유하자면 천지가 실어주지 않음이 없고 덮어주지 않음이 없는 것과 같다.

A: 辟[タトヘ, 33]如[二, 32ㄴ]四[음합부]時[22]之錯[훈합부, タカヒ]行[一, ユク, 21]。如[二, 32ㄴ]日[음합부]月[22]之代[カハル 다자반복부]明[一, アキラカナル, 21]

B: 辟(タトヘ)ば四時の錯(タカヒ)行(ユク)が如し。日月の代(カハルカハル)明(アキラカナル)が如し

C: 辟(たと)へば、四時(しし)の錯(たが)ひ行(ゆ)くが如(ごと)し。日月(じつぐゑつ)の代(かはるがはる)明(あき)らかなるが如(ごと)し。

D: 비유하자면 사시[사계절]가 교대로 운행하는 것과 같다. 일월이
   교대로 밝은 것과 같다.

a: 辟音[33]辟[207]。幬[33]徒[음합부]報反

b: 辟音は辟。幬は徒報反

c: 辟(ひ)の音(いむ)は譬(ひ)。幬(たう)は徒報(とほう)の反(は
   ん)。

d: 비(辟)의 음은 비(譬)[비유하다]이다. 도(幬)는 도보(徒報)의 반절
   [덮다]이다.

a: 錯[33]猶[ㇾ, ヲ]{シ}迭[テツ, 22, 입]也。

b: 錯は猶(ヲ)迭(テツ)の猶(シ)。

c: 錯(さく)は猶(なほ)迭(てつ)のごとし。

d: 착(錯)은 질(迭)[교대하다]과 같다.

a: 此[33]言[ニ]聖[음합부]人[22]之德[ㄱ, 13]

b: 此は聖人の德を言

c: 此(これ)は聖人(せいじん)の德(とく)を言(い)ふ。

d: 이는 성인의 덕을 말한 것이다.

A: 萬[음합부]物、並[ナラヒ, 11]育[イクセラレ, 입]而[31]不[ニ, 13
   ㄴ]相[훈합부]害[ㄱ, 23ㄴ]。

---

207 원문에는 「辟音辟」로 되어 있으나 「譬」일 것이다. 寬文本에는 「辟音譬」로 되어
   있다.

B: 萬物、並(ナラヒ)に育(イクセラレ)て相害せ不ず。

C: 萬物(ばんぶつ)、竝(なら)びに育(いく)せられて相(あ)ひ害(か
い)せず。

D: 만물은 함께 길러지되 서로 해치지 않는다.

A: 道、並[11]行[オコナハレ]而[31]不[二, 13ㄴ]相[훈합부]悖[一,
ミタレ]。

B: 道、並に行(オコナハレ)て相悖(ミタレ)不ず。

C: 道(たう)、竝(なら)びに行(おこな)はれて相(あ)ひ悖(みだ)れ
ず。

D: 도는 함께 행해지되 서로 위배되지 않는다.

A: 小[음합부]德[33]川[음합부]流[32ㄴ]、大[음합부]德[33]敦[음합
부, トン, 평]化[32]。

B: 小德は川流し、大德は敦(トン)化す。

C: 小德(せうとく)は川流(せんりう)し、大德(たいとく)は敦化(と
んくゎ)す。

D: 소덕은 내처럼 흐르고, 대덕은 두터이 교화한다.

A: 此[12ㄴ]、天[음합부]地[22]之所[二, 훈합부]以[12一]爲[一, ㆍ,
13 /]大[음독부]也

B: 此れ、天地の大爲たる所以なり

C: 此(これ)、天地(てんち)の大(たい)たる所以(ゆゑん)なり。

D: 이것이 천지가 위대한 이유이다.

a: 悖[ハイ, 33]猶[ヒ, ヲ]{シ}背也。

b: 悖(ハイ)は猶(ヲ)背猶(シ)。

c: 悖(はい)は猶(なほ)背(はい)のごとし。

d: 패(悖)는 배(背)[위배되다]와 같다.

a: 天覆[オホヒ]、地載[ノセ, 31]萬[음합부]物、並[11]育[ニ, セラ
レ, 31, 입]於其[22]間[一, 11]而[31]不[ニ]相[훈합부]害[一, 23
レ]。

b: 天覆(オホヒ)、地載(ノセ)て萬物、並に其の間に育(セラレ)て
而て相害せ不。

c: 天(てん)覆(おほ)ひ、地(ち)載(の)せて、萬物(ばんぶつ)、並(な
ら)びに其(そ)の間(あひだ)に育(いく)せられて而(しかう)して
相(あ)ひ害(かい)せず。

d: 하늘은 덮어주고 땅은 실어주어서, 만물이 함께 그 사이에서 길러
지되 서로 해치지 않는다.

a: 四[음합부]時、日[음합부]月、錯[훈합부, タカヒ]行[ユキ, 31]代
[カハル다자반복부]明[11, 32レ]而[31]不[ニ]相[훈합부]悖[一, ミ
タレ]。

b: 四時、日月、錯(タカヒ)行(ユキ)て代(カハルカハル)明にして
相悖(ミタレ)不。

c: 四時(しし)、日月(じつぐゑつ)、錯(たが)ひ行(ゆ)きて代(かは
るがはる)明(あき)らかにして相(あ)ひ悖(みだ)れず。

d: 사시와 일월이 교대로 운행하고 교대로 밝되 서로 위배되지 않는다.

a: 所[二, 훈합부]以[33]不[ㄴ]害[23ㄴ, 거]不[一, ㄴ, サル]悖[ㄴ]者[33]²⁰⁸、小[음합부]德[22]之川[음합부, 평]流[12一, 평]。

b: 害セ不悖(ㄴ)不(サル)所以は、小德の川流なり。

c: 害(かい)せず悖(みだ)れざる所以(ゆゑん)は、小德(せうとく)の川流(せんりう)なり。

d: 해치지 않고 위배되지 않는 것은 소덕이 내처럼 흐르기 때문이다.

a: 所[二, 훈합부]以[33]並育[セラレ, 입]、並[11]行[一, ヲコナルヽ]者大[음합부]德[22]之敦[음합부, 평]化[12一]。

b: 並育(セラレ)、並に行(ヲコナルル)所以は大德の敦化なり。

c: 竝(なら)びに育(いく)せられ、竝(なら)びに行(おこな)はるる所以(ゆゑん)は、大德(たいとく)の敦化(とんくゎ)なり。

d: 함께 길러지고 함께 행해지는 것은 대덕이 두터이 교화하기 때문이다.

a: 小[음합부]德[33]者、全[음합부]體[22]之分[거탁]。大[음합부]德[33]者、萬[음합부]殊[ノ]之本[モト, 12一]。

b: 小德は、全體の分。大德は、萬殊(ノ)本(モト)なり。

c: 小德(せうとく)は、全體(せんてい)の分(ぶん)。大德(たいとく)は、萬殊(ばんしゅ)の本(もと)なり。

d: 소덕은 전체가 나누어진 것이다. 대덕은 서로 다른 만물의 근본이다.

---

208 33위치의 오코토점, 즉 「は」는 문맥상 반영할 수 없다.

a: 川[음합부]流[33]者、如[二]川[22]之流[一, ルヽ, 21]、脉[음합부, ハラ²⁰⁹, 입탁]絡[ラク, 입]分[음합부]明[11, 32ㄴ]而[31]往[ユイ, 31]不[ㄴ]息[ヤマ]也。

b: 川流は、川の流(ルル)が如、脉絡(バクラク)分明にして往(ユイ)て息(ヤマ)不。

c: 川流(せんりう)は、川(かは)の流(なが)るるが如(ごと)くして、脈絡(ばくらく)分明(ふんめい)にして往(ゆ)いて息(や)まず。

d: 천류는 내가 흐르는 것과 같아, 물줄기가 분명하고 가되 멈추지 않는다.

a: 敦[음합부, トン, 평]化[33]者、敦[二, 음합부, 평]厚[11, 32ㄴ]其[22]化[一, 13, 31]根[음합부]本、盛[음합부]大[11, 32ㄴ, 31]而出[イタ, 32, 13~23]無[ㄴ, 32ㄴ]窮[マリ]也。

b: 敦(トン)化は、其の化を敦厚にして根本、盛大にして出(イタ)すこと窮(マリ)無し。

c: 敦化(とんくゎ)は、其(そ)の化(くゎ)を敦厚(とんこう)にして、根本(こんぽん)盛大(せいたい)にして出(い)だすこと窮(きは)まり無(な)し。

d: 돈화는 그 교화를 두텁게 하여, 근본이 성대하고 내는 것이 무궁하다.

a: 此[33]言[二]天[음합부]地[22]之道[一, 13, 31]以[31]見[二, アラハ, 32]上[22]文[11]取[ㄴ, 33ㄴ]辟[タトへ, 13]之意[一, 13]也

209 한음이「バク」이므로「ハク」를 잘못 쓴 것으로 보인다. b 이하에서는 이에 따랐다.

b: 此は天地の道を言て以て上の文に辟(タトヘ)を取る意を見(ア
　　ラハ)す

c: 此(これ)は天地(てんち)の道(たう)を言(い)ひて、以(も)ちて上
　　(かみ)の文(ぶん)に辟(たと)へを取(と)る意(い)を見(あらは)
　　す。

d: 이는 천지의 도를 말함으로써 위 글에서 비유를 취한 뜻을 나타낸
　　것이다.

A〉 右第三十[22]章

B〉 右第三十の章

C〉 右(みぎ)第三十(ていさむしふ)の章(しゃう)。

D〉 이상은 제30장이다.

a〉 言天道[13]也

b〉 天道を言

c〉 天道(てんたう)を言(い)ふ。

d〉 천도를 말하였다.

제31장

A: 唯[タヽ]天[음합부]下[22]至[음합부]聖[ノミ]、爲[下, 32]能、聰[음합부]明、睿[음합부、거]知[11, 32ㄴ, 31]足[二, タリ]以[31]有[一, ㇄, 11]臨[ノソム, 13~23]也、

B: 唯(タタ)天下の至聖(ノミ)、能、聰明、睿知にして以て臨(ノソム)こと有に足(タリ)、

C: 唯(ただ)天下(てんか)の至聖(しせい)のみ、能(よ)く聰明(そうめい)睿知(えいち)にして、以(も)ちて臨(のぞ)むこと有(あ)るに足(た)り、

D: 오직 천하의 지극한 성인만이 능히 총명·예지하여 (윗자리에) 임하기에 족하며,

A: 寛[음합부, クワン]裕[거]、温[음합부, 평]柔[シウ, 11, 32ㄴ, 31, 평탁]足[二, タリ]以[31]有[一, ㇄, 11]容[イルヽ, 13~23]也、

B: 寛(クワン)裕、温柔(シウ)にして以て容(イルル)こと有に足(タリ)、

C: 寛裕(くゎんいう)温柔(をんじう)にして、以(も)ちて容(い)ること有(あ)るに足(た)り、

D: 관유(寛裕)·온유(溫柔)하여 포용하기에 족하며,

A: 發[음합부, 입]強[평]、剛[음합부, 평]毅[11, 32ㄴ, 31, 거탁]足

[゠, タリ]以[31]有[⁻, ㇾ, 11]執[トル, 13~23]也、

B: 發強、剛毅にして以て執(トル)こと有に足(タリ)、

C: 發強(はつきゃう)剛毅(かうぎ)にして、以(も)ちて執(と)ること有(あ)るに足(た)り、

D: 발강(發強)[강직한 태도를 드러냄]·강의(剛毅)[꼿꼿하게 지조를 지킴]하여 정사를 보기에 족하며,

A: 齊[음합부, 평²¹⁰]莊[평]、中[음합부]正[11, 32ㄴ, 31]足[゠, タリ]以[31]有[⁻, ㇾ, 11]敬[음독부, 31—, 13~23]也、

B: 齊莊、中正にして以て敬すること有に足(タリ)、

C: 齊莊(さいさう)中正(ちうせい)にして、以(も)ちて敬(けい)すること有(あ)るに足(た)り、

D: 재장(齊莊)[엄숙하고 정성스러움]·중정(中正)[치우치지 않음]하여 행동거지가 진중함에 족하며,

A: 文[음합부]理、密[음합부, 입탁]察[11, 32ㄴ, 31, 입]足[゛, タレル]以[31]有[ㇵ, ㇾ, 11]別[ワク, 13~23]也

B: 文理、密察にして以て別(ワク)こと有に足(タレル)爲す

C: 文理(ぶんり)密察(びっさつ)にして、以(も)ちて別(わ)くこと有(あ)るに足(た)れるとす。

D: 문리(文理)[세련되고 이치에 맞음]·밀찰(密察)[상세히 살펴 분별

210 「齊」의 한음은 「セイ」이고 오음이 「サイ」이다. 16장과 20장에서 동일한 의미로 사용되었을 때 「サイ」가 가점되어 있었으므로 여기서도 그에 따랐다. 세주도 동일하다.

함]하여 분별하기에 족하다 할 수 있다.

a: 知[33]去[음합부]聲。

b: 知は去聲。

c: 知(ち)は去聲(きょせい)。

d: 지(知)는 거성[지혜롭다]이다.

a: 齊[33]側皆反。

b: 齊は側皆反。

c: 齊(さい)は側皆(そくかい)の反(はん)。

d: 재(齊)는 측개(側皆)의 반절[삼가다]이다.

a: 別[33]彼[음합부]列反

b: 別は彼列反

c: 別(へつ)は彼列(ひれつ)の反(はん)。

d: 별(別)은 피렬(彼列)의 반절[분별하다[211]]이다.

a: 聰[음합부]明、睿[음합부]知[33]生[음합부, 평]知[거]之質[12一]。

b: 聰明、睿知は生知質なり。

c: 聰明(そうめい)睿知(えいち)は生知(せいち)の質(しつ)なり。

d: 총명·예지는 나면서부터 아는 소질이다.

---

211 『광운(廣韻)』에 「別」의 반절은 「皮列切」[다르다, 떠나다]과 「方別切」[분별하다]의 두 가지가 실려 있다. 여기서는 문맥상 후자로 파악하였다.

a: 臨[33]謂[⹀]居[ㇾ]上[11]而[31]臨[ー, ㇾ, 13]下[11]也。

b: 臨は上に居て下に臨を謂。

c: 臨(りむ)は上(かみ)に居(ゐ)て、下(しも)に臨(のぞ)むを謂(い)ふ。

d: 임(臨)은 윗자리에 있으면서 아랫사람을 대하는 것을 말한다.

a: 其[22]下[22]四[22]者[22, 33]、乃、仁、義、禮、智之德[12一]。

b: 其の下の四の者のは、乃、仁、義、禮、智德なり。

c: 其(そ)の下(しも)の四(よ)つの者(もの)は、乃(すなは)ち仁(じん)、義(ぎ)、禮(れい)、智(ち)の德(とく)なり。

d: 그 아래의 네 가지는 인·의·예·지의 덕이다.

a: 文[23~33, 33]文[음합부]章也。

b: 文とは文章。

c: 文(ぶん)とは文章(ぶんしゃう)。

d: 문(文)은 문장[세련됨]이다.

a: 理[23~33, 33]條[음합부]理也。

b: 理とは條理。

c: 理(り)とは條理(てうり)。

d: 이(理)는 조리[합리적이고 타당한 원칙]이다.

a: 密[23~33, 33, 입탁]詳[음합부, 평]細[11, 31一, 23ㄱ]也。

b: 密とは詳細にするぞ。

c: 密(びつ)とは詳細(しゃうせい)にするぞ。

d: 밀(密)은 상세히 하는 것이다.

a: 察[23~33, 33]明[음합부]辨[11, 31一, 23ㄱ, 거]也

b: 察とは明辨にするぞ

c: 察(さつ)とは明辨(めいへん)にするぞ。

d: 찰(察)은 분별력 있게 하는 것이다.

A: 溥[음합부, 거]博[ハク]、淵[음합부]泉[11, 32ㄴ]而[31]時[トキ, 11]出[イタ, 32]之

B: 溥博(ハク)、淵泉にして時(トキ)に出(イタ)す

C: 溥博(ふはく)淵泉(ゑんせん)にして時(とき)に出(い)だす。

D: 부박(溥博)[두루 미치고 넓음]·연천(淵泉)[고요하고 깊으며 근본이 있음]하여 때때로 드러낸다.

a: 溥[음합부, 거]博[33]、周[훈합부, アマネク]徧[32ㄴ]而[31]廣[훈합부, ク]闊[ヒロシ]也。

b: 溥博は、周(アマネク)徧して廣(ク)闊(ヒロシ)。

c: 溥博(ふはく)は周(あまね)く徧(あまね)くして廣(ひろ)く闊(ひろ)し。

d: 부박(溥博)은 두루 미치며 넓은 것이다.

a: 淵[음합부]泉[33]靜[음합부]深[평, 11, 32ㄴ]而[31]有[ㅣ]本也。

b: 淵泉は靜深にして本有。

c: 淵泉(ゑんせん)は靜深(せいしん)にして本(もと)有(あ)り。

d: 연천(淵泉)은 고요하고 깊으며 근본이 있는 것이다.

a: 出[23~33, 33]發[훈합부, アラハレ]見[ミユルソ, 23ㄱ]也。

b: 出とは發(アラハレ)見(ミユルソ)ぞ。

c: 出(い)だすとは發(あらは)れ見(み)ゆるぞ。

d: 드러낸다는 것은 드러나서 보이는 것이다.

a: 言[33]五[22]者[22]之德、充[ニ, 훈합부, ミチ]積[ツム]於中[ー,
   11]而[31]以[ㇾ]時[13, 31]發[ニ, 훈합부, アラハレ]見[ル]於外
   [ー, 11]也

b: 言は五の者の德、中に充(ミチ)積(ツム)で時を以て外に發(アラ
   ハレ)見(ル)

c: 言(いふこころ)は、五(いつ)つの者(もの)の德(とく)、中(なか)
   に充(み)ち積(つ)んで、時(とき)を以(も)ちて外(そと)に發(あら
   は)れ見(み)ゆるぞ。

d: 말하는 뜻은 이러하다. 다섯 가지 덕이 안에 가득차고 쌓여서 때때
   로 겉으로 드러나서 보인다.

A: 溥[훈합부, フ, 거]博[ハク, 33, 입]如[ㇾ, 32ㄴ]天[22]。淵[음합
   부]泉[33]如[ㇾ, 32ㄴ]淵[22]。

B: 溥(フ)博(ハク)は天の如し。淵泉は淵の如し。

C: 溥博(ふはく)は天(てん)の如(ごと)し。淵泉(ゑんせん)は淵(ふ

ち)の如(ごと)し。

D: 두루 미치며 넓음은 하늘과 같다. 고요하고 깊으며 근본이 있음은 연못과 같다.

A: 見[アラハレ, 31]而民莫[ㇾ, 32ㄴ]不[ㇾ, ト云, 13~23]敬[음독부 セ]。

B: 見(アラハレ)て民敬(セ)不(トイフ)こと莫し。

C: 見(あらは)れて民(たみ)敬(けい)せずといふこと莫(な)し。

D: 드러남에 백성들이 존경하지 않는 이가 없다.

A: 言[イ, 31]而民莫[ㇾ, 32ㄴ]不[ㇾ, ト云, 13~23]信[음독부, 23 ㄴ]。

B: 言(イ)て民信ぜ不(トイフ)こと莫し。

C: 言(い)ひて民(たみ)信(しん)ぜずといふこと莫(な)し。

D: 말함에 백성들이 신뢰하지 않는 이가 없다.

A: 行[31]而民、莫[ㇾ, 32ㄴ]不[ㇾ, 13~23]說[ヨロコハ, 입]

B: 行て民、說(ヨロコハ)不こと莫し

C: 行(おこな)ひて民(たみ)說(よろこ)ばずといふこと莫(な)し。

D: 행함에 백성들이 기뻐하지 않는 이가 없다.

a: 見音[33]現。

b: 見音は現。

c: 見(けん)の音(いむ)は現(けん)。

d: 현(見)의 음은 현(現)[드러나다]이다.

a: 說音[33]悅

b: 說音は悅

c: 說(えつ)の音(いむ)は悅(えつ)。

d: 열(說)의 음은 열(悅)[기뻐하다]이다.

a: 言[33]其[22]充[훈합부, ミチ]積[ツン, 31]極[゠, キハメ]其[22]盛
[ー, 13]而[31]發[훈합부, アラハレ]見[へ, 31]當[゠, ル]其[22]可
[ー, 11]也

b: 言は其の充(ミチ)積(ツン)で其の盛を極(キハメ)て發(アラハレ)
見(へ)て其の可に當(ル)

c: 言(いふこころ)は、其(そ)の充(み)ち積(つ)んで其(そ)の盛(せ
い)を極(きは)めて、發(あらは)れ見(み)えて其(そ)の可(か)に當
(あた)る。

d: 말하는 뜻은 이러하다. 가득 차고 쌓여서 성함을 지극히 하고, 드
러나 보여서 옳음에 들어맞는다.

A: 是[훈합부, 13]以[31]聲[음합부]名、洋[゠, 음합부, ヤウ, 평]溢
[32ㄴ²¹², 입]乎中[음합부]國[ー, 11, 31]施[훈합부, ヒキ]²¹³及[32]
蠻[음합부, 평탁]貊[ー, 11, 입]。

B: 是を以て聲名、中國に洋(ヤウ)溢して蠻貊に施(ヒキ)及す。

---

212 31위치의 오코토점을 먹으로 지웠다.
213 「゠」가 와야 할 자리이다.

C: 是(これ)を以(も)ちて聲名(せいめい)、中國(ちうこく)に洋溢(やういつ)して蠻貊(ばんぱく)に施(ひ)き及(およ)ぼす。

D: 이로써 (성인의) 명성이 나라 안에 차고 넘쳐서 오랑캐 땅에까지 뻗어 미친다.

A: 舟[음합부]車[22]所[ㄴ]至[33ㄴ]、人[음합부]力[22]所[ㄴ]通[음독부, 31一]、

B: 舟車の至る所、人力の通する所、

C: 舟車(しうしゃ)の至(いた)る所(ところ)、人力(じんりょく)の通(とう)する所(ところ)、

D: 배와 수레가 다다르는 바, 사람의 힘이 통하는 바,

A: 天[22]之所[ㄴ]覆[フ]、地之所[ㄴ]載[ノスル]、

B: 天の覆(フ)所、地之載(ノスル)所、

C: 天(てん)の覆(おほ)ふ所(ところ)、地(ち)の載(の)する所(ところ)、

D: 하늘이 덮고 있는 바, 땅이 싣고 있는 바,

A: 日[음합부]月[22]所[ㄴ]照[32]、霜[음합부]露[22]所[ㄴ]隊[ヲツル]、

B: 日月の照す所、霜露の隊(ヲツル)所、

C: 日月(じつぐゑつ)の照(て)らす所(ところ)、霜露(さうろ)の隊(お)つる所(ところ)、

D: 해와 달이 비추는 바, 서리와 이슬이 떨어지는 바,

A: 凡[ソ]有[ニ, 33ㄴ]血[음합부]氣[￣]者[22]莫[ㄴ, 32ㄴ]不[ニ, ト云, 13~23]尊[음합부]親[￣, 23ㄴ]。

B: 凡(ソ)血氣有る者の尊親せ不(トイフ)こと莫し。

C: 凡(およ)そ血氣(くゑっき)有(あ)る者(もの)、尊親(そんしん)せずといふこと莫(な)し。

D: 무릇(이와 같은) 혈기가 있는 것들은(이 성인을) 존경하고 친애하지 않는 것이 없다.

A: 故[11]曰[ㄴ]配[ㄴ, 32, 23~33]天[11]

B: 故に天に配すと曰

C: 故(ゆゑ)に天(てん)に配(はい)すと曰(い)ふ。

D: 그러므로 하늘에 짝한다고 하였다.

a: 施[33]去聲。

b: 施は去聲。

c: 施(い)は去聲(きょせい)。

d: 이(施)는 거성[뻗다]이다.

a: 隊音[33]墜

b: 隊音は墜

c: 隊(つい)の音(いむ)は墜(つい)。

d: 추(隊)의 음은 추(墜)[떨어지다]이다.

a: 舟[음합부]車[22]所[ㄴ, ト云ヨリ]至以[훈합부]下、蓋極[ニ, 훈

합부, メ]言之[ㄱ, 13]。

b: 舟車の至所(トイフヨリ)以下、蓋之を極(メ)言。

c: 舟車(しうしゃ)の至(いた)る所(ところ)といふより以下(しもつ
   かた)、蓋(けだ)し之(これ)を極(きは)め言(い)ふ。

d: '배와 수레가 다다르는 바'라고 한 것 이하는 이것을 끝까지 다 밝
   혀서 말한 것이다.

a: 配[ヒ, 32, 23~33, 33]天[11]、言[33]其[22]德[22]之所[ヒ]及[ホ
   ス]、廣[음합부]大[12ㅣ, 13~23]如[ヒ, 32ㄴ]天[22]也

b: 天に配すとは、言は其の德の及(ホス)所、廣大なること天の
   如し

c: 天(てん)に配(はい)すとは、言(いふこころ)は、其(そ)の德(と
   く)の及(およ)ぼす所(ところ)、廣大(くゎうたい)なること天(て
   ん)の如(ごと)し。

d: 하늘에 짝한다는 것은, 말하는 뜻은 이러하다. 그 덕이 미치는 바
   가 광대하기가 하늘과 같다.

A〉 右第三十一[22]章

B〉 右第三十一の章

C〉 右(みぎ)第三十一(ていさむしふいつ)の章(しゃう)。

D〉 이상은 제31장이다.

a〉 承[ᄀ, ケ]上[22]章[ㄱ, 13]而[31]言[ᄀ, フ]小[음합부]德[22]之川
   [음합부]流[ㄱ, スト云, 13~23, 13]。

b〉上の章を承(ケ)て小德の川流(ストイフ)ことを言(フ)。

c〉上(かみ)の章(しゃう)を承(う)けて小德(せうとく)の川流(せんりう)すといふことを言(い)ふ。

d〉앞 장[제30장]을 이어받아서 소덕이 내처럼 흐르는 것을 말한 것이다.

a〉亦天[음합부]道[12─]也

b〉亦天道なり

c〉亦(また)天道(てんたう)なり。

d〉역시 하늘의 도이다.

제32장

A: 唯[タヽ]天[음합부]下[22]至[음합부]誠[ノミ]、爲[￪ , 32]能經
[二, 음합부, 평]綸[32ㄴ, 평]天[음합부]下[22]之大[음합부]經[ー,
13]、立[二, タテ]天[음합부]下[22]之大[음합부]本[ー, 13]、知
[中, シル, 13一]天[음합부]地[22]之化[음합부]育[ㅗ, 13, 입]。

B: 唯(タタ)天下の至誠(ノミ)、能天下の大經を經綸し、天下の大
本を立(タテ)、天地の化育を知(シル)ことを爲す。

C: 唯(ただ)天下(てんか)の至誠(しせい)のみ、能(よ)く天下(てん
か)の大經(たいけい)を經綸(けいりん)し、天下(てんか)の大本
(たいほん)を立(た)て、天地(てんち)の化育(くゎいく)を知(し)
ることを爲(す)。

D: 오직 천하의 지성(至誠)(을 지닌 사람)만이 천하의 대경을 다스리
고, 천하의 대본을 세우고, 천지의 화육을 알 수 있다.

A: 夫[ソレ]焉[イ, 23ㄱ]有[ㄴ, ラン]所[ㄴ]倚[ヨル]

B: 夫(ソレ)焉(イ)ぞ倚(ヨル)所有(ラン)

C: 夫(それ)焉(いづく)んぞ倚(よ)る所(ところ)有(あ)らん。

D: 어찌 의지하는 바가 있겠는가?

a: 夫[21]音[33]扶。

b: 夫が音は扶。

c: 夫(ふ)が音(いむ)は扶(ふ)。

d: 부(夫)의 음은 부(扶)[발어사]이다.

a: 焉[33]於虔反

b: 焉は於虔反

c: 焉(ゑん)は於虔(よけん)の反(はん)。

d: 언(焉)은 어건(於虔)의 반절[어찌]이다.

a: 經[음합부, 평]綸[33, 평]、皆治[ㇾ, 33ㄴ]絲[13]之事[12—]。

b: 經綸は、皆絲を治る事なり。

c: 經(けい)綸(りん)は、皆(みな)絲(いと)を治(をさ)むる事(こと)
なり。

d: 경(經)과 윤(綸)은 모두 실타래를 정돈하는 일이다.

a: 經[33]者、理[二]其[22]緒[一, 음독부, 13]而[31]分[ㇾ, ツソ]之
[13]。

b: 經は、其の緒を理て之を分(ツソ)。

c: 經(けい)は、其(そ)の緒(しょ)を理(をさ)めて之(これ)を分(わ)
かつぞ。

d: 경(經)은 실타래의 실마리를 정돈하여 나누는 것이다.

a: 綸[33, 평]者、比[二, 32ㄴ]其類[一, 13]而[31]合[ㇾ, スルソ]之
[13]也。

b: 綸は、其類を比して之を合(スルソ)。

c: 綸(りん)は、其(そ)の類(るい)を比(ひ)して之(これ)を合(かふ)するぞ。

d: 윤(綸)은 실타래의 비슷한 실들을 비교하여 합하는 것이다.

a: 經[33, 평]、常也。

b: 經は、常也。

c: 經(けい)は、常(しゃう)。

d: 경(經)은 상(常)[항상적인 원리]이다.

a: 大[음합부]經[33]者、五[음합부]品[22]之人[음합부]倫。

b: 大經は、五品の人倫。

c: 大經(たいけい)は、五品(ごひむ)の人倫(じんりん)。

d: 대경(大經)은 다섯 가지 인륜이다.

a: 大[음합부]本[33]者、所[ㄴ, 22]性[23~33, 31一, 거]之全[음합부]體[12一]也。

b: 大本は、性とする所の全體なり。

c: 大本(たいほん)は、性(せい)とする所(ところ)の全體(せんてい)なり。

d: 대본(大本)은 본성으로 삼는 전체이다.

a: 唯[タヽ]、聖[음합부]人[22]之德、極[ㄴ]誠[13, 31]無[음합부]妄[12一]。

b: 唯(タヽ)、聖人の德、誠を極て無妄なり。

c: 唯(ただ)、聖人(せいじん)の德(とく)、誠(せい)を極(きは)めて
無妄(ぶばう)なり。

d: 오직 성인의 덕만이 지극히 진실되어 거짓됨이 없다.

a: 故[11]於[ニ]人[음합부]倫[一, 11, 31, 평]各、盡[ニ, 32ㄴ]²¹⁴其
[22]當[음합부]然[22]之實[一, 13]²¹⁵而[31]皆、可[ニ]以[31]爲
[ニ]天[음합부]下後[음합부]世[22]法[一, 23~33]。

b: 故に人倫に於て各、其の當然の實を盡して皆、以て天下後世
の法と爲可。

c: 故(ゆゑ)に人倫(じんりん)に於(おい)て、各(おのおの)其(そ)の
當然(たうぜん)の實(しつ)を盡(つく)して、皆(みな)以(も)ちて
天下(てんか)後世(こうせい)の法(はふ)とすべし。

d: 따라서 인륜에 대해 각각 마땅히 그래야 하는 실제를 다하여, 모두
천하 후세의 법으로 삼을 만하다.

a: 所[훈합부]謂、經[ニ, 음합부, 평]綸[トス]之[一, 13]也。

b: 所謂、之を經綸(トス)。

c: 所謂(いはゆる)之(これ)を經綸(けいりん)とす。

d: (이것이) 이른바 이[천하의 대경]를 다스리는 것이다.²¹⁶

a: 其[22]於[ニ]所[ㆍ, 22]性[23~33, 31一]之全[음합부]體[一, 11, 31]

---

214 32위치에 단점을 찍었다가 「ㄴ」, 즉 「し」로 고쳤다.
215 句點을 찍었다가 먹으로 지웠다.
216 이 주석의 「經綸之」는 대문의 「經綸天下之大經」을 반복한 것이다. 따라서 여기
에서도 「之を經綸す」라고 훈독하는 것이 마땅한데 일관성이 없게 되어 있다.

無[二, シ]一[음합부]毫、人[음합부]欲[22]之僞[イツハリノ]以
[31]雜[一, レ, マシハル]之[11]。

b: 其の性とする所の全體に於て一毫、人欲の僞(イツハリノ)以て
之に雜(マシハル)無(シ)。

c: 其(そ)の性(せい)とする所(ところ)の全體(ぜんてい)に於(おい)
て、一毫(いちかう)、人欲(じんよく)の僞(いつは)りの、以(も)
ちて之(これ)に雜(まじ)はる無(な)し。

d: 그 본성으로 삼는 전체에, 인욕의 거짓됨이 섞인 것이 털끝만큼도
없다.

a: 而[31]天[음합부]下[22]之道、千[음합부]變、萬[음합부]化、
皆、由[レ, ヨ]此[11, 31]出[ツ]。

b: 而て天下の道、千變、萬化、皆、此に由(ヨ)て出(ツ)。

c: 而(しかう)して天下(てんか)の道(たう)、千變(せんへん)、萬化
(ばんくゎ)、皆(みな)、此(これ)に由(よ)りて出(い)づ。

d: 따라서 천하의 도는 수없이 변화하나 모두 이로부터 나온다.

a: 所[훈합부]謂立[レ, ルナリ]之[13]也。

b: 所謂之を立(ルナリ)。

c: 所謂(いはゆる)之(これ)を立(た)つるなり。

d: (이것이) 이른바 이[천하의 대본]를 세우는 것이다.

a: 其[レ]於[二, 31, 33]天[음합부]地[22]之化[음합부]育[一, 11,
입]、則、亦、其[22]極[음합부]誠無[음합부]妄[22]者[22]有[二]

黙[モタシ, 31]契[̄, カナフ, 13~23]焉。非[̄, 32]但、聞[훈합부, キヽ]見[ミ]之[31]知[33ㄴ]而[훈합부]已[̄, 11]。

b: 其(レ)天地の化育に於ては、則、亦、其の極誠無妄の者の黙(モタシ)て契(カナフ)こと有。但、聞(キヽ)見(ミ)て知る而已に非ず。

c: 其(それ)天地(てんち)の化育(くゎいく)に於(おい)ては、則(すなは)ち亦(また)、其(そ)の極誠(きょくせい)無妄(ぶばう)の者(もの)、黙(もだ)して契(かな)ふこと有(あ)り。但(ただ)聞(き)き見(み)て知(し)るのみにあらず。

d: 무릇 천지의 화육에 있어서는, 또한 그 지극히 진실되고 거짓됨이 없는 자가 묵묵히 (이것에) 부합함이 있다. 단지 듣고 보아서 아는 것만은 아니다.

a: 此、皆、至[음합부]誠、無[음합부]妄、自[음합부]然[22]之功[음합부]用[12一]。

b: 此、皆、至誠、無妄、自然の功用なり。

c: 此(これ)皆(みな)、至誠(しせい)、無妄(ぶばう)、自然(しぜん)の功用(こうよう)なり。

d: 이는 모두 지성(至誠)과 무망(無妄)의 자연스러운 효과이다.

a: 夫、豈、有[レ]所[̄ =]倚[=, 훈합부, ヨリ]著[ツク]於物[̄, 11]而[31]後[11]能[ヨクセン]哉[12ㄱ]

b: 夫、豈、物に倚(ヨリ)著(ツク)所有て後に能(ヨクセン)哉や

c: 夫(それ)豈(あに)、物(もの)に倚(よ)り著(つ)く所(ところ)有(あ)

りて後(のち)に能(よ)くせんや。

d: 무릇 어찌 (지성과 무망 이외의) 사물에 의지한 바가 있은 후에야
   할 수 있는 것이겠는가?

A: 肫[음합부, シユン, 평]肫[23~33, 32ㄴ, 31]其仁[11／, 평탁]。淵
   [음합부]淵[23~33, 32ㄴ, 31, 평]其淵[음독부, 12—]。浩[음합부,
   거]浩[23~33, 32ㄴ, 31]其天[12—]

B: 肫(シユン)肫として其仁あり。淵淵として其淵なり。浩浩と
   して其天なり

C: 肫肫(しゆんしゆん)として其(それ)仁(じん)あり。淵淵(ゑんゑ
   ん)として其(それ)淵(ゑん)なり。浩浩(かうかう)として其(そ
   れ)天(てん)なり。

D: 간곡하도다, 인(仁)이여. 고요하고 깊도다, 연못이여. 넓고 크도
   다, 하늘이여.

a: 肫[33]之純[22]反

b: 肫は之純の反

c: 肫(しゆん)は之純(ししゆん)の反(はん)。

d: 순(肫)은 지순(之純)의 반절[간곡하다]이다.

a: 肫[음합부, 평]肫[33]懇[음합부]至[22]貌。以[ㅡ二]經[음합부]綸
   [ㅡ一, 13]而[31]言[フ]也。

b: 肫肫は懇至の貌。經綸を以て言(フ)。

c: 肫肫(しゆんしゆん)は懇至(こんし)の貌(かたち)。經綸(けいり

ん)を以(も)ちて言(い)ふ。

d: 순순(肫肫)은 매우 간곡한 모습이다. 다스리는 것에 대해서 말한 것이다.

a: 淵[음합부, 평]淵[33]靜[음합부]深[22]貌。以[ﾚ]立[ﾚ, 13]本[13] 而[31]言[フ]也。

b: 淵淵は靜深の貌。本を立を以て言(フ)。

c: 淵淵(ゑんゑん)は靜深(せいしむ)の貌(かたち)。本(もと)を立 (た)つるを以(も)ちて言(い)ふ。

d: 연연(淵淵)은 고요하고 깊은 모습이다. 근본을 세우는 것에 대해 서 말한 것이다.

a: 浩[음합부]浩[33]廣[음합부]大[22]貌。以[ﾚ]知[ﾚ, 13]化[13]而 [31]言[フ]也。

b: 浩浩は廣大の貌。化を知を以て言(フ)。

c: 浩浩(かうかう)は廣大(くゎうたい)の貌(かたち)。化(くゎ)を知 (し)るを以(も)ちて言(い)ふ。

d: 호호(浩浩)는 광대한 모습이다. 화육을 아는 것에 대해서 말한 것 이다.

a: 其[22]淵[평]、其[22]天[33]則非[ニ]特[ヒトリ]如[ﾚ, クナル]之 [カク, 22]而已[一, 11]

b: 其の淵、其の天は則特(ヒトリ)之(カク)の如(クナル)而已に非

c: 其(そ)の淵(ゑん)、其(そ)の天(てん)は、則(すなは)ち特(ひと)

り之(か)くの如(ごと)くなるのみにあらず。

d: 그 연못과 그 하늘은 단지 (그 속성이) 이와 같음에 그치지 않는다.

A: 苟[イヤシク, 13ㄱ]不[下, 33]固[マ, 11]聰[음합부]明、聖[음합부]知[217][11, 31, 거]達[二, 31一]天德[一, 11]者[上, アラ, 22, 11]、其孰[タレ, 21]能知[12]之

B: 苟(イヤシク)も固(マ)に聰明、聖知にて天德に達する者のに(アラ)不ば、其孰(タレ)か能知ん

C: 苟(いやしく)も固(まこと)に聰明(そうめい)聖知(せいち)にして、天德(てんとく)に達(たつ)する者(もの)にあらずんば、其(それ)孰(たれ)か能(よ)く知(し)らん。

D: 진실로 총명하고 성지(聖智)하여 하늘의 덕에 통달한 자가 아니라면, 누가 능히 알 수 있겠는가?

a: 聖[음합부]知之知[33]去聲

b: 聖知知は去聲

c: 聖知(せいち)の知(ち)は去聲(きょせい)。

d: 성지(聖知)의 지(知)는 거성[지혜롭다]이다.

a: 固[33]猶[ヒ, ヲ]{シ}實[22, 입]也。

b: 固は猶(ヲ)實の猶(シ)。

c: 固(こ)は猶(なほ)實(しつ)のごとし。

d: 고(固)는 실(實)[진실로]과 같다.

---

217 「智」를 썼다가 아래 부분의 「日」을 지운 흔적이 있다.

a: 鄭[음합부]氏[21]曰、唯[タヽ]、聖[음합부]人[ノミ]、能、知[ニ, ル]聖[음합부]人[ㆍ, 13]也

b: 鄭氏が曰、唯(タヾ)、聖人(ノミ)、能、聖人を知(ル)

c: 鄭氏(ていし)が曰(い)はく、唯(ただ)聖人(せいじん)のみ能(よ)く聖人(せいじん)を知(し)る。

d: 정씨[정현(鄭玄)]가 말하기를, 오직 성인만이 성인을 알 수 있다.

A〉右第三十二[22]章

B〉右第三十二の章

C〉右(みぎ)第三十二(ていさむしふじ)の章(しゃう)。

D〉이상은 제32장이다.

a〉承[ニ]上[22]章[ㆍ, 11, 31]而言[ニ, フ]大[음합부]德之敦[음합부]化[ㆍ, 13]。亦、天[음합부]道[12一]也。

b〉上の章に承て大德敦化を言(フ)。亦、天道なり。

c〉上(かみ)の章(しゃう)に承(う)けて大德(たいとく)の敦化(とんくゎ)を言(い)ふ。亦(また)天道(てんたう)なり。

d〉앞 장[제30장]을 이어받아 대덕의 돈화[두터이 교화함]를 말한 것이다. 또한 천도이다.

a〉前[22]章[11, 33]言[ニ, フ]至[음합부]聖之德[ㆍ, 13]此章[11, 33]言[ニ]至[음합부]誠之道[ㆍ, 13]。

b〉前の章には至聖德を言(フ)此章には至誠道を言。

c〉前(まへ)の章(しゃう)には至聖(しせい)の德(とく)を言(い)ふ。

此(こ)の章(しゃう)には至誠(しせい)の道(たう)を言(い)ふ。

d〉 앞 장에서는 지극한 성인[至聖]의 덕을 말하였고, 이 장에서는 지성(至誠)의 도를 말하였다.

a〉 然[13ㄱ]至[음합부]誠之道、非[二, 33]至[음합부]聖[一, 11]不[ㄴ]能[ㄴ]知[13~23]。

b〉 然も至誠道、至聖に非ば知こと能不。

c〉 然(しか)も至誠(しせい)の道(たう)、至聖(しせい)にあらずんば知(し)ること能(あた)はず。

d〉 그러나 지성(至誠)의 도는 지극한 성인이 아니면 알 수 없다.

a〉 至[음합부]聖之德、非[二]至[음합부]誠[一, 11]、不[ㄴ]能[ㄴ]爲[13~23]。

b〉 至聖之德、至誠に非、爲こと能不。

c〉 至聖(しせい)の德(とく)、至誠(しせい)にあらずんば、爲(な)すこと能(あた)はず。

d〉 지극한 성인의 덕은 지성(至誠)이 아니고서는 이룰 수 없다.

a〉 則、亦、非[二]二[음합부]物[一, 11]矣。

b〉 則、亦、二物に非。

c〉 則(すなは)ち亦(また)、二物(じぶつ)にあらず。

d〉 그런즉 역시 (지극한 성인의 덕과 지성의 도는) 두 가지가 아니다.

a〉 此篇言[二]聖[음합부]人、天[음합부]道之極[음합부]致[一,

13]。至[ㇾ]此[11]而[31]無[ニ]以[31]加[一, フル, 13~23]矣[218]

b〉 此篇聖人、天道極致を言。此に至て以て加(フル)こと無

c〉 此(こ)の篇(へん)は聖人(せいじん)、天道(てんたう)の極致
(きょくち)を言(い)ふ。此(これ)に至(いた)りて以(も)ちて加
(くは)ふること無(な)し。

d〉 이 편은 성인, 천도의 극치를 말한 것이다. 여기에 이르러 더할 것
이 없다.

---

218 寛文本에는 「此[ノ]章言[ニ]聖[음합부]人天[음합부]道[ノ]之極[음합부]致[ヲ]、
至[ㇾ, テ]此[ニ]而無[ニ, シ]以[テ]加[一, ㇰ]矣」와 같이 가점되어 있어서 하나의
문장으로 파악하고 있는데 이것이 타당해 보인다. b, c는 본 훈점본의 훈점에 따
랐으나 d는 寛文本에 따랐다.

제33장

A: 詩[11]曰、衣[ᄂ, キ]錦[ニシキ, 13, 31]尚[ᄂ, ウヘ, 11, 32]絅[ケ
イ, 13]。惡[二, ニクンテ, 12—]其[22]文[22]之著[一, アラハナ
ル, 13—]也。

B: 詩に曰、錦(ニシキ)を衣(キ)て絅(ケイ)を尚(ウヘ)にす。其の
文の著(アラハナル)ことを惡(ニクンテ)なり。

C: 詩(し)に曰(い)はく、錦(にしき)を衣(き)て絅(くゑい)を尚(う
へ)にす。其(そ)の文(ぶん)の著(あらは)なることを惡(にく)ん
でなり。

D: 시경에 이르기를, 비단옷을 입고 홑옷을 덧입는다. 그 무늬가 드
러나는 것을 싫어하기 때문이다.

A: 故[11]君[음합부]子之道[33]闇[음합부]然[23~33, 32ㄴ, 31]而日
[ヒヽ, 11]章[アキラカ, 12—]。

B: 故に君子道は闇然として日(ヒヒ)に章(アキラカ)なり。

C: 故(ゆゑ)に君子(くんし)の道(たう)は、闇然(あむぜん)として
日(ひび)に章(あき)らかなり。

D: 그러므로 군자의 도는 은은하지만 나날이 분명해진다.

A: 小[음합부]人之道[33]的[음합부, テキ]然[23~33, 32ㄴ, 31]而日
[ヒヽ, 11]亡[ウシナフ]。

B: 小人道は的(テキ)然として日(ヒヒ)に亡(ウシナフ)。

C: 小人(せうじん)の道(たう)は的然(てきぜん)として日(ひび)に亡(うしな)ふ。

D: 소인의 도는 선명하지만 나날이 사라진다.

A: 君[음합부]子之道[33]淡[アハク, 32ㄴ, 31]而不[ㄴ]厭[イトハ]。簡[음독부, 11, 32ㄴ, 상]而[31]文[12ー]。溫[32ㄴ, 평]而[31]理[12ー, 거²¹⁹]。

B: 君子道は淡(アハク)して厭(イトハ)不。簡にして文なり。溫して理なり。

C: 君子(くんし)の道(たう)は、淡(あは)くして厭(いと)はず。簡(かん)にして文(ぶん)なり。溫(をん)にして理(り)なり。

D: 군자의 도는 담박하면서도 싫증나지 않는다. 간략하면서도 문채가 있다. 온화하면서도 조리가 있다.

A: 知[ニ, リ]遠[キ, 21]之近[一, キ, 13ー, 13²²⁰]、知[ニ, リ]風[음독부, ノ, 평]之自[一, ヨル, 13ー]、知[ニ]微[음독부, ノ, 평탁]之顯[一, ナル, 13ー, 31]可[ニ, 32ㄴ]與[トモ, 11]入[一, ㄴ, 33ㄴ]德[11]矣

B: 遠(キ)が近(キ)ことを知(リ)、風(ノ)自(ヨル)ことを知(リ)、微(ノ)顯(ナル)ことを知て與(トモ)に德に入る可し

C: 遠(とほ)きが近(ちか)きことを知(し)り、風(ふう)の自(よ)るこ

---

²¹⁹ 「理」는 상성자이다. 거성점이 달린 이유는 알 수 없다.
²²⁰ 「を」가 중복되어 달려 있다.

とを知(し)り、微(び)の顯(あき)らかなることを知(し)りて、與(とも)に德(とく)に入(い)るべし。

D: (군자는) 먼 것이 가까운 것(에서 시작됨)을 알고, 풍[겉으로 드러나는 것]이 말미암는 바를 알고, 은미한 것이 뚜렷함을 알아서, 더불어 덕에 들어갈 수 있다.

a: 衣[33]去[음합부]聲。

b: 衣は去聲。

c: 衣(い)は去聲(きょせい)。

d: 의(衣)는 거성[입다]이다.

a: 絅[33]口[음합부]迥反。

b: 絅は口迥反。

c: 絅(くゑい)は口迥(こうくゑい)の反(はん)。

d: 경(絅)은 구형(口迥)의 반절[홑옷]이다.

a: 惡[33]去[음합부]聲。

b: 惡は去聲。

c: 惡(を)は去聲(きょせい)。

d: 오(惡)는 거성[싫어하다]이다.

a: 闇於[음합부]感[22]反

b: 闇於感の反

c: 闇(あむ)は於感(よかむ)の反(はん)。

d: 암(闇)은 어감(於感)의 반절이다.

a: 前章[11, 33]言[ニ]聖[음합부]人[22]之德[ー, 13, 31]極[ニ, キハム
ルソ]其盛[ー, ナル, 13—]矣。

b: 前章には聖人の德を言て其盛(ナル)ことを極(キハムルソ)。

c: 前章(せんしゃう)には聖人(せいじん)の德(とく)を言(い)ひて其
(そ)の盛(さか)んなることを極(きは)むるぞ。

d: 앞 장에서는 성인의 덕을 말하여 그 성함을 지극히 하였다.

a: 此[33]復[マタ]、自[ニ]下[음합부]學[32ㄴ, 31²²¹, 입]立[ㅏ, 33ㄴ]
心[13]之始[ー, 11, 31]言[ㅏ]之[13]。

b: 此は復(マタ)、下學して心を立る始に自て之を言。

c: 此(ここ)は復(また)、下學(かかく)して心(こころ)を立(た)つる
始(はじ)めに自(よ)りて之(これ)を言(い)ふ。

d: 여기에서는 다시 처음 배우는 자가 마음을 세우는 시초로부터 출
발하여 이것을 말하였다.

a: 而[31]下[훈합부, 22]文、又推[ㅏ, ヲシ]之[13, 31]以[31]至[ニ, 33
ㄴ]其極[ー, 11, 입]也。

b: 而て下の文、又之を推(ヲシ)て以て其極に至る。

c: 而(しかう)して下(しも)の文(ぶん)、又(また)之(これ)を推(お)

---

221 「下學」은 '처음 배우는 사람, 초심자'로 이해하는 것이 옳다고 판단되나 가점은
동사로 이해하고 있어서 이와는 다르다. 寬文本은 두 글자 사이에 음합부만을 기
입하여 명사로 이해한 것으로 보인다. d의 우리말 번역은 명사로 하였다.

して、以(も)ちて其(そ)の極(きょく)に至(いた)る。

d: 아래 글은 또 이것을 넓혀서 그 지극함에 이르렀다.

a: 詩、國[음합부]風、衛[22]碩[음합부]人、鄭[22]之丰[ホウ, 평탁]²²², 皆、作[ニ, ツクル]衣[レ, キ]錦[13, 31]褧[음합부, ケイ]衣[一, スト云, 11, 평]。

b: 詩、國風、衛の碩人、鄭の丰(ホウ)、皆、錦を衣(キ)て褧(ケイ)衣(ストイフ)に作(ツクル)。

c: 詩(し)、國風(こくふう)、衛(ゑい)の碩人(せきじん)、鄭(てい)の丰(ほう)、皆(みな)錦(にしき)を衣(き)て褧衣(くゑいい)すといふに作(つく)る。

d: (위에 인용된 시는) 시경 국풍(國風)의 위풍(衛風) 석인(碩人)편과 정풍(鄭風) 봉(丰)편으로서, 모두 '비단을 입고 홑옷을 입는다(衣錦褧衣).'라고 되어 있다.

a: 褧[ケイ, 23~33]絅[ケイ, 23~33]同[ク]禪[음합부, タン, 거²²³]衣[12—]也。

b: 褧(ケイ)と絅(ケイ)と同(ク)禪(タン)衣なり。

c: 褧(くゑい)と絅(くゑい)と同(おな)じく禪衣(たんい)なり。

d: 경(褧)과 경(絅)은 모두 홑옷이다.

---

222 「丰」의 한음은 「ホウ」, 오음은 「フウ」이다. 「ボウ」는 관용음이다. C에서는 성점에 따라 읽었다.
223 「禪」은 평성자인데 거성점이 찍혀 있다. 거성인 「襌」과 혼동했을 가능성이 있다.

a: 尚[33, 상²²⁴]加也。

b: 尚は加。

c: 尙(しゃう)は加(か)。

d: 상(尙)은 가(加)[더하다]이다.

a: 古[22]之學[음합부]者[33]爲[ㇾ, タメ, 11, 32]己[21]。故[11]其立
   [ㇾ, 13~23]心[13]、如[ㇾ.シ]此[22]。

b: 古の學者は己が爲(タメ)にす。故に其心を立こと、此の如(
   シ)。

c: 古(いにしへ)の學者(かくしゃ)は己(おの)が爲(ため)にす。故
   (ゆゑ)に其(そ)の心(こころ)を立(た)つること、此(かく)の如(ご
   と)し。

d: 옛날의 배우는 자는 자신을 위해서 하였다. 그러므로 그 마음을 세
   움이 이와 같았다.

a: 尙[ㇾ, ウヘ, 11, 32]絅[13]。故[11]闇[음합부, 거]然[13 ＼]。

b: 絅を尙(ウヘ)にす。故に闇然たり。

c: 絅(くゑい)を尙(うへ)にす。故(ゆゑ)に闇然(あむぜん)たり。

d: 홑옷을 덧입는다. 그러므로 은은하다.

a: 衣[ㇾ, ル]錦[13]。故[11]有[⁼, リ]日[ヒ丶, 11]章[アラハル丶]之
   實[⁻]。

---

224 「尙」은 평성자인데 상성점이 찍혀 있다. 후기 중고음 이후에 중국어에서 일어난
양상변거(陽上變去)로 인한 성조의 혼동 때문에 나타난 현상으로 판단된다.

b: 錦を衣(ル)。故に日(ヒヒ)に章(アラハルル)實有(リ)。

c: 錦(にしき)を衣(き)る。故(ゆゑ)に日(ひび)に章(あらは)るる實(しつ)有(あ)り。

d: 비단옷을 입는다. 그러므로 나날이 드러나는 내실이 있다.

a: 淡[상]、簡[상]、溫、[225] 絅[33, 거]之襲[ニ, ツケリ]於外[一, 11]也。

b: 淡、簡、溫、絅は外に襲(ツケリ)。

c: 淡(たむ)、簡(かん)、溫(をん)、絅(くゑい)は外(そと)に襲(つ)けり。

d: 담박하고 간략하고 온화한 것은 홑옷을 겉에 덧입었기 때문이다.

a: 不[レ, 32ㄴ]厭而[31]文[11, 32ㄴ, 31]且理[11ノ, 거]焉。錦[22]之美[음독부]、在[レ]中[11]也。

b: 厭不して文にして且理あり。錦の美、中に在。

c: 厭(いと)はずして、文(ぶん)にして且(かつ)理(り)あり。錦(にしき)の美(び)、中(なか)に在(あ)り。

d: 싫증나지 않으면서도 문채가 있으며 또 조리가 있다. 비단의 아름다움이 속에 있기 때문이다.

a: 小[음합부]人[33]反[レ, スレハ, 33, 거]是[11]、則暴[ニ, サラ

---

225 「淡簡溫」이 주제구이고 「絅」이하가 그 이유를 설명하는 구이다. 그런데 본 훈점본의 가점은 「淡簡溫絅」의 네 가지가 주제인 것처럼 되어 있어 옳지 않다. 寛文本에는 「淡簡溫[ハ]、絅[ノ]之襲[ニ, キル]於外[一, ニ]也。」와 같이 바르게 가점되어 있다. d의 우리말 번역은 바른 이해에 따랐다.

シ]{アラハレ}於外[ー, 11]而無[二]實[22]以[31]繼[ー, レ, ツク]之[11]。是[훈합부]以[31]的[음합부, テキ]然[23~33, 32ㄴ]而[31]日[ヒ、, 11]亡[フ]也。

b: 小人は是に反(スレハ)ば、則外に暴(サラシ){アラハレ}實の以て之に繼(ツク)無。是以て的(テキ)然として日(ヒヒ)に亡(フ)。

c: 小人(せうじん)は是(これ)に反(はん)すれば、則(すなは)ち外(そと)に暴(さら)し、實(しつ)の以(も)ちて之(これ)に繼(つ)ぐ無(な)し。是(これ)を以(も)ちて的然(てきぜん)として日(ひび)に亡(うしな)ふ。

d: 소인은 이와 반대이니, 곧 밖에 드러내되 이를 지속할 만한 내실이 없다. 이로 인해 뚜렷한 듯하나 날로 사라지는 것이다.

a: 遠[キ, 21]之近[シト云, 33]、見[二, ル]於彼[ー, カシコ, 11]者[22, 33]由[二, ヨル]於此[ー, 11]也。

b: 遠(キ)が近(シトイフ)は、彼(カシコ)に見(ル)者のは此に由(ヨル)。

c: 遠(とほ)きが近(ちか)しといふは、彼(かしこ)に見(あらは)るる者(もの)は此(ここ)に由(よ)る。

d: 먼 것이 가까운 것(에서 시작됨)이라고 하는 것은, 저기[먼 곳]에 나타나는 것이 여기[가까운 곳]에 말미암기 때문이다.

a: 風[22]之自[ヨルト云, 33]、著[二, アラハル]乎外[ー, 11]者[22, 33]本[二, ツク]乎内[ー, 11]也。

b: 風の自(ヨルトイフ)は、外に著(アラハル)者のは内に本(ツ
ク)。

c: 風(ふう)の自(よ)るといふは、外(そと)に著(あらは)るる者(も
の)は内(うち)に本(もと)づく。

d: 풍[겉으로 드러나는 것]이 말미암는다는 것은 겉으로 드러나는 것
이 속에 기반하기 때문이다.

a: 微[22, 평탁]之顯[ナルト云, 23~33, 33, 거²²⁶]、有[二]諸内[一,
11]者[33]形[二, アラハル]諸外[一, 11]也。

b: 微の顯(ナルトイフ)とは、内に有者は外に形(アラハル)。

c: 微(び)の顯(あき)らかなるといふとは、内(うち)に有(あ)る者
(もの)は外(そと)に形(あらは)る。

d: 은미한 것이 뚜렷하다는 것은 속에 있는 것이 겉으로 드러나기 때
문이다.

a: 有[二]爲[㇑, 11, 31一, 거]己[21]之心[一]而[31]又知[二, 33一]此
[22]三[22]者[一, 13]、則知[㇑]所[㇑, 13]謹[ツゝシム]而[31]可
[㇑]入[㇑]德[11]矣。

b: 己が爲にする心有て又此の三の者を知ときは、則謹(ツゝシム)
所を知て德に入可。

c: 己(おの)が爲(ため)にする心(こころ)有(あ)りて、又(また)此
(こ)の三(み)つの者(もの)を知(し)るときは、則(すなは)ち謹(つ

---

226 「顯」은 『광운(廣韻)』에서 상성자이다. 거성점이 기입된 이유를 현재로서는 알
수 없다.

つし)む所(ところ)を知(し)りて德(とく)に入(い)るべし。

d: 자신을 위하는[내적 수양을 중시하는] 마음이 있고 또 이 세 가지를 안다면, 삼갈 바를 알아 덕에 들어갈 수 있다.

a: 故[11]下[22]文[11]引[レ]詩[13, 31]言[ニ]謹[음합부]獨[22, 입]之事[一, 13]

b: 故に下の文に詩を引て謹獨の事を言

c: 故(ゆゑ)に下(しも)の文(ぶん)に詩(し)を引(ひ)きて謹獨(きんとく)の事(こと)を言(い)ふ。

d: 그러므로 아래 글에서 시경을 인용하여 근독(謹獨)[남이 보지 않아도 스스로 삼감]의 일을 말하였다.

A: 詩[11]曰、潛[カクレ, 31]雖[レ, ヘトモ]伏[フセリ, 23~33]矣、亦孔[ハナハタ]之昭[イチシルシ]。

B: 詩に曰、潛(カクレ)て伏(フセリ)と雖(ヘトモ)、亦孔(ハナハタ)昭(イチシルシ)。

C: 詩(し)に曰(い)はく、潛(かく)れて伏(ふ)せりといへども、亦(また)孔(はなは)だ昭(いちじる)し。

D: 시경에 이르기를, (물고기가 물속에) 숨어서 엎드려 있더라도 또한 심히 밝게 드러난다.

A: 故[11]君[음합부]子内[11]省[カヘリミル, 11]、不[レ, 33一]疚[ヤマシカラ]、無[レ, 32ㄴ]惡[ニ, アシキ, 13~23]於志[一, 훈독부, 11]。

B: 故に君子内に省(カヘリミル)に、疚(ヤマシカラ)不ときは、志に惡(アシキ)こと無し。

C: 故(ゆゑ)に君子(くんし)内(うち)に省(かへり)みるに疚(やま)しからざるときは、志(こころざし)に惡(あ)しきこと無(な)し。

D: 그러므로 군자는 안으로 살펴보아 거리낌이 없으면 뜻에 켕김이 없다.

A: 君[음합부]子之所[ㄴ, 33]不[ㄴ]可[ㄴ]及[フ]者其[12ㄴ]唯[タヽ]人[ノ]之所[ㄴ]不[ㄴ, ル]見乎[21]

B: 君子及(フ)可不所は其れ唯(タタ)人(ノ)見不(ル)所乎か。

C: 君子(くんし)の及(およ)ぶべからざる所(ところ)は、其(それ)唯(ただ)人(ひと)の見(み)ざる所(ところ)か。

D: 군자가 미칠 수 없는 바는 오직 다른 사람들이 보지 못하는 바가 아니겠는가?

a: 惡[33]去[음합부]聲

b: 惡は去聲

c: 惡(を)は去聲(きよせい)。

d: 오(惡)는 거성[켕기다]이다.

a: 詩、小[음합부]雅、正[음합부]月之篇。

b: 詩、小雅、正月篇。

c: 詩(し)、小雅(せうが)、正月(せいぐゑつ)の篇(へん)。

d: (위에 인용된 시는) 시경 소아(小雅) 정월(正月)편이다.

a: 承[゠]上[22]文[⁻, 11, 31]言[下, フ]莫[ㇾ, 32乚]見[゠, アラハナ
ル, 33]乎隱[⁻, カクレタル, 11|]、莫[ㇾ, 13~23, 13]顯[゠, アキ
ラカナル, 33]乎微[⁻, 11|, 평탁]也。

b: 上の文に承て隱(カクレタル)より見(アラハナル)は莫し、微よ
り顯(アキラカナル)は莫ことを言(フ)。

c: 上(かみ)の文(ぶん)に承(う)けて隱(かく)れたるより見(あらは)
なるは莫(な)し、微(び)より顯(あき)らかなるは莫(な)きことを
言(い)ふ。

d: 위 글을 이어받아, 숨은 것보다 드러나는 것이 없고 은미한 것보다
뚜렷한 것이 없음을 말하였다.

a: 疚[キウ²²⁷, 33, 거]病也。

b: 疚(キウ)は病。

c: 疚(きう)は病(へい)。

d: 구(疚)는 병(病)이다.

a: 無[ㇾ, 23~33, 33]惡[゠, 13~23]於志[⁻, 11]、猶[ㇾ, ヲ]{シ}言
[ㇾ, 21]無[ㇾ, 23~33]愧[゠, ハツル, 13~23]於心[⁻, 11]。

b: 志に惡こと無とは、猶(ヲ)心に愧(ハツル)こと無と言が猶(
シ)。

c: 志(こころざし)に惡(あ)しきこと無(な)しとは、猶(なほ)心(こ
ころ)に愧(は)づること無(な)しと言(い)ふがごとし。

d: 뜻에 켕김이 없다는 것은 마음에 부끄러움이 없다고 하는 것과 같다.

---

227 「ク」와 같이 적혀 있으나 「ウ」의 잘못이다.

a: 此君[음합부]子[22]謹[음합부]獨[22]之事[12一]也

b: 此君子の謹獨の事なり

c: 此(これ)君子(くんし)の謹獨(きんとく)の事(こと)なり。

d: 이는 군자가 근독(謹獨)하는 일이다.

A: 詩[11]云、相[ㄴ, ミル, 11]在[ニ, 13]爾[ナ²²⁸, 22]室[一, 11, 입]、
尚[ナヲ]、不[ㄴ, 13ㄴ]愧[ニ, ハチ]于屋[음합부, ヲク]漏[一, ロ
ウ, 11, 거]。

B: 詩に云、爾(ナ)の室に在を相(ミル)に、尚(ナヲ)、屋漏(ヲクロ
ウ)に愧(ハチ)不ず。

C: 詩(し)に云(い)はく、爾(なんぢ)の室(しつ)に在(あ)るを相(み)
るに、尚(なほ)屋漏(をくろう)に愧(は)ぢず。

D: 시경에 이르기를, (네가 홀로) 네 방에 있는 것을 보니 방 귀퉁이
(에 있음)을 부끄러워하지 않는구나.

A: 故[11]君[음합부]子、不[ㄴ, 32ㄴ]動[ウコカ]而[31]敬[음독부,
32]。不[ㄴ, 32ㄴ]言[イハ]而[31]信[음독부, 32]

B: 故に君子、動(ウコカ)不して敬す。言(イハ)不して信す

C: 故(ゆゑ)に君子(くんし)、動(うご)かずして敬(けい)す。言(い)
はずして信(しん)ず。

D: 그러므로 군자는 움직이지 않아도 공경을 받을 만하다. 말하지 않
아도 미덥다.

---

228 「ンチ」부분이 충손(蟲損)으로 보이지 않는다.

a: 相[33]去[음합부]聲

b: 相は去聲

c: 相(しゃう)は去聲(きょせい)。

d: 상(相)은 거성[보다]이다.

a: 詩、大[음합부]雅、抑[ヨク, 22, 입]之篇。

b: 詩、大雅、抑(ヨク)の篇。

c: 詩(し)、大雅(たいが)、抑(よく)の篇(へん)。

d: (위에 인용된 시는) 시경 대아(大雅) 억(抑)편이다.

a: 相[33, 거]視[シ]也。

b: 相は視(シ)。

c: 相(しゃう)は視(し)。

d: 상(相)은 시(視)[보다]이다.

a: 屋[음합부]漏[33]室[22]西[음합부]北[22]隅也。

b: 屋漏は室の西北の隅。

c: 屋漏(をくろう)は、室(しつ)の西北(せいほく)の隅(すみ)。

d: 옥루는 방의 서북쪽 귀퉁이이다.

a: 承[ニ]上[22]文[一, 11, 31]又、言[下]君[음합부]子[22]之戒[훈합부, メ]謹[31]恐[훈합부, ソレ]懼[チ, 31]無[中, 13一]時[23~33, 32ㄴ, 31]不[上, レ, 卜云, 13~23]然。

b: 上の文に承て又、君子の戒(メ)謹て恐(ソレ)懼(チ)て時として

然不(トイフ)こと無ことを言。

c: 上(かみ)の文(ぶん)に承(う)けて、又(また)君子(くんし)の戒(いまし)め謹(つつし)みて恐(おそ)れ懼(お)ぢて、時(とき)として然(しか)らずといふこと無(な)きことを言(い)ふ。

d: 위 글을 이어받아 또 군자가 경계하고 두려워하여 그렇지 않을 때가 없음을 말하였다.

a: 不[ㇾ, 32ㄴ]待[二]言[음합부]動[一, 13, 31]而[훈합부]後[11]敬[음합부]信[11\, 33一]則其爲[ㇾ, 11, 31一]已[21]之功、益[マス다자반복부]、加[マタ]密[12一, 입탁]矣。

b: 言動を待不して而後に敬信あるときは則其已が爲にする功、益(マスマス)、加(マタ)密なり。

c: 言動(げんとう)を待(ま)たずして、而(しかう)して後(のち)に敬信(けいしん)あるときは、則(すなは)ち其(それ)已(おの)が爲(ため)にする功(こう)、益(ますます)加(また)密(びつ)なり。

d: (군자는) 말과 행동을 기다리지 않고도[말이나 행동을 하지 않아도] 그 뒤에 공경을 받을 만한 기품이 있으며 미더우니, 자신을 위한 공(功)이 점점 더 치밀해진다.

a: 故[11]下[22]文[11]引[ㇾ]詩[13, 31]并[アハセ, 31]言[二]其[22]效[一, シルシ, 13, 거]

b: 故に下の文に詩を引て并(アハセ)て其の效(シルシ)を言

c: 故(ゆゑ)に下(しも)の文(ぶん)に詩(し)を引(ひ)きて并(あ)はせて其(そ)の效(しるし)を言(い)ふ。

d: 그러므로 아래 글에서 시경을 인용하여 아울러 그 효과를 말하였다.

A: 詩[11]曰、奏[ㇾ, スㇾメ]假[ヲㇵイナル, 13—, 31]無[ㇾ, 32ㄴ]言[イフ, 13~23]。時[11]靡[ㇾ, シ]有[ㇾ, 13~23]爭[13~23]。

B: 詩に曰、假(ヲヲイナル)ことを奏(ススメ)て言(イフ)こと無し。時に爭こと有こと靡(シ)。

C: 詩(し)に曰(い)はく、假(おほ)いなることを奏(すす)めて言(い)ふこと無(な)し。時(とき)に爭(あらそ)ふこと有(あ)ること靡(な)し。

D: 시경에 이르기를, (군자는 신명(神明) 앞에 나아가) 큰 것[신명께 제사지낼 때 바치는 술과 음식과 음악]을 바칠 때 말함이 없다. 그 때에 다툼이 없다.

A: 是[22]故[11]君[음합부]子[33]、不[ㇾ, 32ㄴ]賞[음독부セ, 31]而民勸[ム]。不[ㇾ, 32ㄴ]怒[イカラ, 31]而民、威[〓, ヲツ]於鈇[음합부, 평]鉞[̄, 13, 입]

B: 是の故に君子は、賞(セ)不して民勸(ム)。怒(イカラ)不して民、鈇鉞を威(ヲツ)

C: 是(こ)の故(ゆゑ)に、君子(くんし)は賞(しゃう)せずして、民(たみ)勸(すす)む。怒(いか)らずして、民(たみ)鈇鉞(ふゑつ)を威(お)づ。

D: 그러므로 군자가 상을 주지 않아도 백성들이 (선을) 권면하며, (군자가) 화를 내지 않아도 백성들이 작두와 도끼[형벌]를 두려워한다.

a: 假[33]格同。

b: 假は格同。

c: 假(か)は格(かく)と同(おな)じ。

d: 가(假)는 격(格)[크다]과 같다.

a: 鈇[21]音夫

b: 鈇が音夫

c: 鈇(ふ)が音(いむ)は夫(ふ)。

d: 부(鈇)의 음은 부(夫)이다.

a: 詩、商[음합부]頌、烈[음합부]祖[22]之篇。

b: 詩、商頌、烈祖の篇。

c: 詩(し)、商頌(しゃうしょう)、烈祖(れつそ)の篇(へん)。

d: (위에 인용된 시는) 시경 상송(商頌) 열조(烈祖)편이다.

a: 奏[33]進也。

b: 奏は進。

c: 奏(そう)は進(しん)。

d: 주(奏)는 진(進)[바치다]이다.

a: 承[二]上[22]文[一, 11]而[31]遂[11]及[二, フ]其[22]效[一, シルシ, 11]。

b: 上の文に承て遂に其の效(シルシ)に及(フ)。

c: 上(かみ)の文(ぶん)に承(う)けて遂(つひ)に其(そ)の效(しるし)

に及(およ)ぶ。

d: 위 글을 이어받아 마지막으로 그 효과를 언급하였다.

a: 言[33]進而[31]感[セシムル, 13~23, 거[229]]、格[ニ, イタル]於神[음합부]明[22]之際[ー, タ, 11]。極[ニ, メ]其[22]誠[음합부]敬[ー, 13, 31]無[レ]有[ニ, 13~23]言[음합부]說[ー]。而[31]人[22]自[オ]化[レ, 32]之[11]也。[230]

b: 言は進て感(セシムル)こと、神明の際(タ)に格(イタル)。其の誠敬を極(メ)て言說有こと無。而て人の自(オ)之に化す。

c: 言(いふこころ)は、進(すす)めて感(かむ)ぜしむること、神明(しんめい)の際(あひだ)に格(いた)る。其(そ)の誠敬(せいけい)を極(きは)めて、言說(げんせつ)有(あ)ること無(な)し。而(しかう)して人(ひと)の自(おの)づから之(これ)に化(くゎ)す。

d: 말하는 뜻은 이러하다. (제물을) 바쳐서 감동시키는 것이 신명의 사이에 이른다. 그 정성과 공경을 지극히 하여 말함이 없다. 그래도 사람들이 저절로 이에 교화된다.

a: 威[33]畏也。

---

229 「感」은 『광운(廣韻)』에서 상성자이다. 『집운(集韻)』에는 거성으로 「憾」의 이체 자로 제시되어 있고, 이에 따르면 '불안해하다'라고 번역할 수 있을 것이다. 여기 서는 「感」 본래의 의미로 번역하였다.

230 이 부분의 구문 이해가 잘못된 것으로 보인다. 「感格」은 한 단위의 동사로 파악하 는 것이 옳다. 즉 '말하는 뜻은 이러하다. (제물을) 바쳐서 신명을 감동시킬 때에 그 정성과 공경을 지극히 하여 말함이 없어도 사람들이 저절로 이에 교화된다.'라 고 보는 것이 옳다. 寬文本에서도 「言[ハ]進[テ]而感[ニ, 훈합부]格[スルノ]於神[음합부]明[ー, ニ]之際、極[ニ, テ]其[ノ]誠敬[ー, ヲ]無[レ, シ]有[レ, ㄱ]言[음합부]說、而[メ]人自[ヲ]化[レ, ス]之也。」와 같이 되어 있어서 「感格」을 「感格(かむかく)するの」와 같이 읽고 있음을 알 수 있다.

b: 威は畏。

c: 威(ゐ)は畏(ゐ)。

d: 위(威)는 외(畏)[두려워하다]이다.

a: 鈇[33]莝[음합부, サ]斫[セキ²³¹, 22, 입]刀也。

b: 鈇は莝斫(サセキ)の刀。

c: 鈇(ふ)は莝斫(させき)の刀(かたな)。

d: 부(鈇)는 여물을 써는 칼이다.

a: 鉞[33, 입]斧[フ]也

b: 鉞は斧(フ)

c: 鉞(ゑつ)は斧(ふ)。

d: 월(鉞)은 부(斧)[도끼]이다.

A: 詩[11]曰、不[ㇾ, ンヤ]顯[ナラ]、惟[コレ]德、百[음합부]辟[ケ
   イ²³²]、其刑[ノリ, 23~33, 32]之。

B: 詩に曰、顯(ナラ)不(ンヤ)、惟(コレ)德、百辟(ケイ)、其刑(ノ
   リ)とす。

C: 詩(し)に曰(い)はく、顯(あき)らかならざらんや。惟(これ)德
   (とく)、百辟(はくへき)其(それ)刑(のり)とす。

D: 시경에 이르기를, 분명하지 않겠는가? 이 덕을 백벽(百辟)[여러

---

231 한음은「シャク」이다.
232 「辟」의 한음은「ヘキ」, 오음은「ビャク」이다.「ケイ」라는 가나점은 바로 뒤쪽에
     나오는「刑」의 한음을 잘못 기입한 것으로 생각된다.

제후들]이 본받는다.

A: 是[훈합부, 22]故[11]君[음합부]子篤[ㇾ, アツク]恭[음독부, 11,
  평]而[31]天[음합부]下、平[タヒラカ, 12—]

B: 是の故に君子恭に篤(アツク)て天下、平(タヒラカ)なり

C: 是(こ)の故(ゆゑ)に君子(くんし)、恭(きょう)に篤(あつ)くして
  天下(てんか)平(たひ)らかなり。

D: 그러므로 군자가 공(恭)[자기 자신에 대해서 성실함]에 돈독하여
  천하가 태평하다.

a: 詩、周頌、烈[음합부, 입]文[22]之篇。

b: 詩、周頌、烈文の篇。

c: 詩(し)、周頌(しうしょう)、烈文(れつぶん)の篇(へん)。

d: (위에 인용된 시는) 시경 주송(周頌) 열문(烈文)편이다.

a: 不[ㇾ, ト云]顯[ナラ]、說[33]見[二, 13 ＼]二十六[22]章[一,
  11]。

b: 顯(ナラ)不(トイフ)、說は二十六の章に見たり。

c: 顯(あき)らかならざらんやといふ說(せつ)は、二十六(じしふり
  く)の章(しゃう)に見(み)えたり。

d: '분명하지 않겠는가?'라고 한 (것에 대한) 해설은 26장에 보인
  다.[233]

───────────────

233 지성(至誠)을 설명한 26장에서 「博厚配地. 高明配天. 悠久無疆. 如此者, 不見而
  章. 不動而變. 無爲而成(넓고 두터움은 땅과 짝이 된다. 높고 빛남은 하늘과 짝이

a: 此[33]借[カリ, 31]引[31]以[31]爲[ニ, 32]幽[음합부]深、玄[음합부]遠[22]之意[ー, 23~33]。

b: 此は借(カリ)て引て以て幽深、玄遠の意と爲す。

c: 此(ここ)は借(か)りて引(ひ)きて、以(も)ちて幽深(いうしむ)玄遠(くゑんゑん)の意(い)とす。

d: 여기에서는 (그것을) 빌려 인용하여서 그윽하고 깊은 뜻으로 삼았다.

a: 承[ニ]上[22]文[ー, 11, 31]言。天[음합부]子有[ニ]不[음합부]顯[22]之德[ー]而[31]諸[음합부]侯法[レ, ノトル, 33一]之[11]、則其[22]德、愈[マス다자반복부]深[32ㄴ]而[31]效[거]、愈、遠[32ㄴ]矣。

b: 上の文に承て言。天子不顯の德有て諸侯之に法(ノトル)ときは、則其の德、愈(マスマス)深して效、愈、遠し。

c: 上(かみ)の文(ぶん)に承(う)けて言(い)ふ。天子(てんし)不顯(ふけん)の德(とく)有(あ)りて、諸侯(しょこう)之(これ)に法(のっと)るときは、則(すなは)ち其(そ)の德(とく)愈(ますます)深(ふか)くして、效(かう)愈(ますます)遠(とほ)し。

d: 위 글을 이어받아 말하였다. 천자는 드러나지 않는 덕이 있어서 제후가 그것을 본받으면, 그 덕이 더욱 깊어지고 그 효과도 더욱 멀리

된다. 유구함은 다함이 없다. 이와 같으면 드러내지 않아도 분명하다. 움직이지 않아도 변한다. 행위가 없어도 이루어진다.)」라고 한 것에 대하여「不見而章, 以配地而言也. 不動而變, 以配天而言也(드러나지 않고 분명하다는 것은, 땅에 짝이 됨을 말한 것이다. 움직이지 않고 변한다는 것은, 하늘에 짝이 됨을 말한 것이다.)」라고 주석한 것을 가리키는 것으로 생각된다.

간다.

a: 篤[33, 입]厚也。

b: 篤は厚。

c: 篤(とく)は厚(こう)。

d: 독(篤)은 후(厚)[두텁다]이다.

a: 篤[レ, 云, 23~33, 33]恭[11]、言[33]不[レ, 32ㄴ]顯[アラハ, 12ㄴ, 31]其[12ㄴ]敬[11 /, 거]也。

b: 恭に篤と(イフ)は、言は顯(アラハ)れ不して其れ敬あり。

c: 恭(きょう)に篤(あつ)くすといふは、言(いふこころ)は、顯(あらは)れずして其(それ)敬(けい)あり。

d: 공(恭)에 돈독하다는 것은, 말하는 뜻은 이러하다. 드러나지 않고서도 공경함이 있다.

a: 篤[レ, 32ㄴ]恭[11]而[31]天[음합부]下平[ナレル, 33]、乃、聖[음합부]人[ノ]至[음합부]德、淵[음합부]微、自[음합부]然[22]之應[음독부, 거]、中[음합부]庸[22]之極[음합부]功[12一]也

b: 恭に篤して天下平(ナレル)は、乃、聖人(ノ)至德、淵微、自然の應、中庸の極功なり

c: 恭(きょう)に篤(あつ)くして天下(てんか)平(たひ)らかなれるは、乃(すなは)ち、聖人(せいじん)の至德(しとく)、淵微(ゑんび)、自然(しぜん)の應(よう)、中庸(ちうよう)の極功(きょくこう)なり。

d: 공(恭)에 돈독하여 천하가 태평해졌다는 것은 성인의 지극한 덕이
   깊고 은미하여 자연스러운 감응이 있는 것이니, (이는) 중용의 지
   극한 공효이다.

A: 詩[11]云、予[ワレ]、懷[ニ, ヨル]明[음합부]德[一, 11]。不[ニ,
   13ㄴ]大[ㅏ, オホキ, 11, 32ㄴ]聲[コエ, 13]、以[一, ㅏ, 23ㄴ]色
   [훈독부, 13]。[234]

B: 詩に云、予(ワレ)、明德に懷(ヨル)。聲(コエ)を大(オホキ)に
   し、色を以せ不ず。

C: 詩(し)に云(い)はく、予(われ)明德(めいとく)に懷(よ)る。聲
   (こゑ)を大(おほ)きにし、色(いろ)を以(も)ってせず。

D: 시경에 이르기를, 나는 밝은 덕(을 가진 사람)에 의지한다. 목소리
   를 크게 하거나 얼굴빛으로써 하지 않는다.

A: 子曰聲[음합부]色[22]之於[ニ, ヲケル, 13~23, 33]以[31]化[一,
   ㅏ, 31一, 11]民[13]、末[スエ, 12一]也。

B: 子曰聲色の以て民を化するに於(ヲケル)ことは、末(スエ)な
   り。

C: 子(し)の曰(のたう)ばく、聲色(せいしょく)の以(も)ちて民(た
   み)を化(くゎ)するに於(お)けることは、末(すゑ)なり。

D: 선생님께서 말씀하시기를, 목소리와 얼굴빛으로써 백성을 교화

---

234 寬文本에는「不[ㅏ]大[ニ, ニセ]聲[ト]以[一, ㅏ, トキ]色。→聲(こゑ)と色(いろ)
   とを大(おほ)きにせず。」로 되어 있다. 일반적으로 '목소리와 얼굴빛을 크게
   하지 않는다.' 또는 '목소리와 얼굴빛을 중요하게 여기지 않는다.'로 해석하는
   듯하다.

하는 것은 말단(의 일)이다.

A: 詩[11]曰、德[22]輶[カロイ, 13~23]如[ヒ, シ]毛[ケ, 22]。

B: 詩に曰、德の輶(カロイ)こと毛(ケ)の如(シ)。

C: 詩(し)に曰(い)はく、德(とく)の輶(かろ)いこと、毛(け)の如(ごと)し。

D: 시경에 이르기를, 덕의 가벼움은 터럭과 같다.

A: 毛[33]猶、有[ヒ]倫[음독부]。上[음합부]天[22]之載[コト]、無[ヒ, 32／]聲[ヲトモ]無[ヒ, 32ㄴ]臭[カモ]。至[レルカナ]矣

B: 毛は猶、倫有。上天の載(コト)、聲(ヲトモ)無く臭(カモ)無し。至(レルカナ)

C: 毛(け)は猶(なほ)倫(りん)有(あ)り。上天(しゃうてん)の載(こと)、聲(おと)も無(な)く臭(か)も無(な)し。至(いた)れるかな。

D: (그러나) 터럭은 오히려 윤(倫)[비교할 만한 것]이 있다. '상천의 일은 소리도 없고 냄새도 없다.' (이렇게 표현해야) 지극해지는구나.

a: 輶[33]由酉二[22]音

b: 輶は由酉二の音

c: 輶(いう)は由(いう)酉(いう)二(ふた)つの音(いむ)。

d: 유(輶)는 유(由)와 유(酉), 두 가지 음이다.

a: 詩、大[음합부]雅、皇[음합부]矣[イ]之篇。

b: 詩、大雅、皇矣(イ)之篇。

c: 詩(し)、大雅(たいが)、皇矣(くゎうい)の篇(へん)。

d: (위에 인용된 시는) 시경 대아(大雅) 황의(皇矣)편이다.

a: 引[ㇾ]之[13, 31]以[31]明[下, 32]上[22]文[22]所[훈합부]謂、不[음합부]顯[22]之德[卜云, 33]者、正[マサ, 11]以[31]其不[ヰ, サル, 13―]大[ㇾ, 卜, 31―, 11]聲[13]與[上, ㇾ, 23~33, 11][235]色也。

b: 之を引て以て上の文の所謂、不顯の德(トイフ)は、正(マサ)に以て其聲を大(卜)するに色與とに不(サル)ことを明す。

c: 之(これ)を引(ひ)きて、以(も)ちて上(かみ)の文(ぶん)の所謂(いはゆる)不顯(ふけん)の德(とく)といふは、正(まさ)に以(も)ちて其(そ)の聲(こゑ)を大(おほ)きとするに、色(いろ)とにせざることを明(あ)かす。[236]

d: 이것을 인용하여서 위 글의 이른바 '드러나지 않는 덕'이라고 하는 것은, 바로 그 목소리를 크게 하거나 얼굴빛으로써 하는 것이 아님을 밝힌 것이다.

a: 又、引[二]孔[음합부]子[22]之言[一, 13, 31]以[31]爲[二, 32]聲[음합부]色[33]乃、化[ㇾ, 31―]民[13]之末[22]務[一, ツトメ, 12

---

235 「與」의 오른쪽 아래에 '古以與字通用'이라고 적혀 있다.
236 이 구문에 대해 寬文本에서는 「明[下, ス]上[음합부]文所[훈합부]謂不[음합부]顯[ノ]之德[ハ]者、正[二]以[ヰ, ナリト云コヲ]其[ノ]不[上, コヲ]大[二, ニセ]聲[卜]與[一, トヲ]色也。→ 上(かみ)の文(ぶん)、所謂(いはゆる)、不顯(ふけん)の德(とく)は、正(まさ)に其(そ)の聲(こゑ)と色(いろ)とを大(おほ)きにせざることを以(も)ちてなりといふことを明(あ)かす。(위 글의 이른바 불현의 덕은, 바로 그 목소리와 얼굴빛을 크게 하지 않음으로써 한다는 것임을 밝혔다.)」와 같이 되어 있다.

一, 23~33]。

b: 又、孔子の言を引て以て聲色は乃、民を化する末の務(ツトメ)なりと爲す。

c: 又(また)、孔子(こうし)の言(げん)を引(ひ)きて、以(も)ちて聲色(せいしょく)は乃(すなは)ち民(たみ)を化(くゎ)する末(すゑ)の務(つと)めなりとす。

d: 또 공자의 말을 인용하여서, 목소리와 얼굴빛은 백성을 교화하는 말단의 일이라고 하였다.

a: 今、但、言[ㇾ, 33]不[二, 23~33]大[ㇾ, 11, 31一]之[13]而[훈합부, ノミ]已[一, 11]、則猶、有[二]聲[음합부]色[ナル]者[一, 22, 31]存[32]。

b: 今、但、之を大にする而(ノミ)已に不と言は、則猶、聲色(ナル)者の有て存す。

c: 今(いま)、但(ただ)し、之(これ)を大(おほ)きにするのみにあらずと言(い)ふは、則(すなは)ち猶(なほ)、聲色(せいしょく)なる者(もの)有(あ)りて存(そん)す。

d: (그런데) 이제 다만 이것[목소리와 얼굴빛]을 크게 하지 않는다고만 한 것은, 그래도 목소리와 얼굴빛이 남아 있는 것이다.

a: 是、末[ㇾ, タ]足[237]以[31]形[二, 음합부]容[31一, 11]不[음합부]顯[22]之妙[一, 13]。

b: 是、末(タ)以て不顯の妙を形容するに足未。

---

237 「二」이 필요한 자리이나 충식으로 인해 잘 보이지 않는다.

c: 是(これ)、未(いま)だ以(も)ちて不顯(ふけん)の妙(べう)を形容
(けいよう)するに足(た)らず。

d: (그러므로) 이것은 불현의 오묘함을 형용하기에 충분하지 않다.

a: 不[ㄴ]若[ㄷ, シカ]烝[음합부]民[22]之詩[11]所[ㄴ, 22]言、德[22]
輶[カロイ, 13~23]如[ㄱ, ㄴ, ト云, 11]毛[22]。則庶[チカウシ]乎
[31]可[ㄷ]以[31]形[음합부]容[ㄱ, 32]矣。

b: 烝民の詩に言所の、德の輶(カロイ)こと毛の如(トイフ)に若(シ
カ)不。則庶(チカウシ)て以て形容す可。

c: 烝民(しょうみん)の詩(し)に言(い)ふ所(ところ)の、德(とく)の
輶(かろ)いこと毛(け)の如(ごと)しといふに若(し)かず。則(す
なは)ち庶(ちか)うして以(も)ちて形容(けいよう)すべし。

d: (시경) 증민(烝民)편의 시에서 말한 바, '덕의 가벼움이 터럭과 같
다.'라고 한 것만 못하다. (이 표현은 덕의 오묘함을) 거의 가깝게
형용했다고 할 만하다.

a: 而[13ㄱ]又、自、以[훈합부, オモヘラク]爲、謂[ㄷ]之[13]毛[ㄱ,
23~33]。則猶、有[ㄷ, リ]可[ㄴ]比[32]者[ㄱ, 22]。是、亦、未
[ㄴ, タ]{ス}盡[ㄷ]其妙[ㄱ, 13]。

b: 而も又、自、以(オモヘラク)爲、之を毛と謂。則猶、比す可者
の有(リ)。是、亦、未(タ)其妙を盡未(ス)。

c: 而(しか)も又(また)、自(みづか)ら以爲(おも)へらく、之(これ)
を毛(け)と謂(い)ふ。則(すなは)ち猶(なほ)、比(ひ)すべき者(も
の)有(あ)り。是(これ)亦(また)、未(いま)だ其(そ)の妙(べう)を

盡(つく)さず。

d: 그런데 또 스스로 생각하기에, 이것[덕]을 터럭이라고 하였다. 그렇다면 여전히 비교할 만한 것이 있다. (그러므로) 이 또한 아직 그 (덕의) 오묘함을 다하지 못하였다.

a: 不[ㇾ, ル]若[下, シカ]文[음합부]王[22]之詩[11]所[ㇾ, 22]言、上[음합부]天[22]之事、無[ㇾ, 32／]聲[ヲトモ]、無[ㇾ, 32ㄴ]臭[カ, 13ㄱ]、然[훈합부, 31]後[11]乃、爲[中, スル, 11]不[음합부]顯[22]之至[上, 23~33]耳[ノミ]。[238]

b: 文王の詩に言所の、上天の事、聲(ヲトモ)無く、臭(カ)も無し、然て後に乃、不顯の至と爲(スル)に若(シカ)不(ル)耳(ノミ)。

c: 文王(ぶんわう)の詩(し)に言(い)ふ所(ところ)の、上天(しゃうてん)の事(こと)、聲(おと)も無(な)く、臭(か)も無(な)し。然(しかう)して後(のち)に乃(すなは)ち、不顯(ふけん)の至(いた)れりと爲(す)るに若(し)かざるのみ。

d: (시경) 문왕 시에서 말한 바, '상천[하늘]의 일은 소리도 없고 냄새도 없다.'라고 한 것만 못하다. 이렇게 표현한 뒤에야 불현의 덕을 지극히 형용한 것이 된다.

a: 蓋聲[卜]臭[卜, 33]有[ㇾ]氣[31]無[ㇾ, シ]形。在[ㇾ]物[11, 31]最

---

238 본서에서는 「不若」을 「爲不顯之至耳」까지 걸리는 것으로 보고 있으나, 「文王之詩所言, 上天之事, 無聲無臭」까지 걸리는 것으로 파악하는 것이 문맥상 바람직하다. 해석은 이에 따랐다.

[13ㄱ]、爲[二,32]微[음합부]妙[一,12一,23~33]。而[31]猶、曰[ㄴ]無[シト]之。

b: 蓋聲(卜)臭(卜)は氣有て形無(シ)。物に在て最も、微妙なりと爲す。而て猶、無(シト)曰。

c: 蓋(けだ)し聲(おと)と臭(か)とは、氣(き)有(あ)りて形(かたち)無(な)し。物(もの)に在(あ)りて最(もっと)も微妙(びべう)なりと爲(す)。而(しかう)して猶(なほ)、無(な)しと曰(い)ふ。

d: 소리와 냄새는 기운만 있고 형체가 없다. (그러므로) 사물에 있어 가장 미묘하다고 여긴다. 그래서 오히려 없다고 하였다.

a: 故[11]唯[タヽ]、此、可[二]以[31]形[二,음합부]容[32]不[음합부]顯、篤[음합부]恭[22]之妙[一,13]。

b: 故に唯(タタ)、此、以て不顯、篤恭の妙を形容す可。

c: 故(ゆゑ)に唯(ただ)、此(これ)、以(も)ちて不顯(ふけん)篤恭(とくきょう)の妙(べう)を形容(けいよう)すべし。

d: 그러므로 오직 이것[상천의 일은 소리도 없고 냄새도 없다]으로써만 불현·독공의 오묘함을 형용할 수 있다.

a: 非[下]此[22]德[22]之外、又、別[11]有[二]是[22]三[음합부]等[一,31]然[31]後[11]爲[上,ㄴ,スル,11]至[レリ,23~33]也

b: 此の德の外、又、別に是の三等有て然て後に至(レリ)と爲(スル)に非

c: 此(こ)の德(とく)の外(ほか)、又(また)別(へつ)に是(こ)の三等(さむとう)有(あ)りて、然(しかう)して後(のち)に至(いた)れり

とするにあらず。

d: 이 덕 이외에 또 별도로 세 등급이 있으며, 그런 후에 지극함에 이른
다고 한 것이 아니다.

A〉右第三十三[22]章。

B〉右第三十三の章。

C〉右(みぎ)第三十三(ていさむしふさむ)の章(しゃう)。

D〉이상은 제33장이다.

A〉子[음합부]思、因[゠]前[マヘ, 22]章[22]極[음합부]致[22]之言
[⁻, コト, 11, 31]反[31]求[゠, メ]其[22]本[⁻, モト, 13, 31]

B〉子思、前(マヘ)の章の極致の言(コト)に因て反て其の本(モト)
を求(メ)て

C〉子思(しし)、前(まへ)の章(しゃう)の極致(きょくち)の言(こと)
に因(よ)りて、反(かへ)りて其(そ)の本(もと)を求(もと)めて、

D〉자사가 앞 장[제32장]의 극치의 말씀에서 출발하여, 돌이켜 그 근
본을 찾고,

A〉復[マタ]、自[゠]下[음합부]學[32ㄴ, 31][239]爲[ㇾ, タメ, 11, 32ㄴ]
已[21]、謹[ㇾ, ツヽシム]獨[アル, 13~23, 13, 입]之事[⁻, 11, 31]
推[ヲシ, 31]而言[ㇾ, イ]之[13, 31]

---

239 여기서는 「下學して」와 같이 동사로 읽고 있으나 '초심자'라는 뜻의 명사로 읽
는 것이 타당하다. 寬文本에서도 두 글자 사이에 음합부를 기입한 것으로 볼 때
명사로 이해한 것으로 판단된다.

B〉復(マタ)、下學して已が爲(タメ)にし、獨(アル)ことを謹(ツツ
シム)事に自て推(ヲシ)て之を言(イ)て

C〉復(また)下學(かかく)して己(おのれ)が爲(ため)にし、獨(ひと)
りあることを謹(つつし)む事(こと)に自(よ)りて、推(お)して
之(これ)を言(い)ひて、

D〉다시 처음 배우는 자가 자신을 위하여 (학문을) 하고 홀로 있는 것
을 삼가는 일로부터 출발하여 넓혀서 이것을 말하여,

A〉以[31]馴[ニ, 음합부, シユン]致[チ, 32, 거]乎篤[ㇾ, アツウ]恭[음
독부, 11]而[31]天[음합부]下平[タヒラカナルコトノ]之盛[一,
ナル, 13]。

B〉以て恭に篤(アツウ)て天下平(タヒラカナルコトノ)盛(ナル)を
馴致(シユンチ)す。

C〉以(も)ちて恭(きょう)に篤(あつ)うして、天下(てんか)平(たひ)
らかなることの盛(さか)んなるを馴致(しゆんち)す。

D〉공(恭)[자기 자신에 대해서 성실함]을 돈독히 하여 천하가 태평해
지는 성대함을 자연스럽게 이르렀다.

A〉又贊[ニ, 음독부, 31一, 13~23, 거]其[22]妙[一, 13]、至[ニ, イタ]
於無[ㇾ, ク]聲[ヲトモ]無[一, ㇾ, シト云, 11]臭[カモ, 31]而後
[11]已[ヤム]焉。

B〉又其の妙を贊すること、聲(ヲトモ)無(ク)臭(カモ)無(シトイ
フ)に至(イタ)て後に已(ヤム)。

C〉又(また)其(そ)の妙(べう)を贊(さん)すること、聲(おと)も無

(な)く、臭(か)も無(な)しといふに至(いた)りて後(のち)に已
(や)む。

D〉 또한 그 오묘함을 칭찬한 것이 소리도 없고 냄새도 없다고 함에 이
르고서야 그쳤다.

A〉 蓋[ケタシ]、擧[二, アケ]一[음합부]篇[22]之要[一, 음독부, 13]
而[31]約[ツ丶メ, 31]言[レ]之[13, 31]

B〉 蓋(ケタシ)、一篇の要を擧(アケ)て約(ツツメ)て之を言て

C〉 蓋(けだ)し、一篇(いっぺん)の要(えう)を擧(あ)げて約(つづ)め
て之(これ)を言(い)ひて、

D〉 대체로 한 편[이 책]의 요점을 들어 요약하여 그것을 말하였는데,

A〉 其反[음합부]復、丁[음합부]寧[11, 32ㄴ, 31]示[レ, 32]人[11]之
意、至[31]深[음합부, 평]切[12一, 입]矣。

B〉 其反復、丁寧にして人に示す意、至て深切なり。

C〉 其(そ)の反復(はんぷく)丁寧(ていねい)にして人(ひと)に示(し
め)す意(い)、至(いた)りて深切(しむせつ)なり。

D〉 반복하여 말하고 정성스럽게 말하여 사람들에게 보여주는 뜻이
지극히 깊고 간절하다.

A〉 學[음합부]者、其[12ㄴ]、可[レ, ケン]不[レ, ル]盡[レ, サ]心[13]
乎[12ㄱ]

B〉 學者、其れ、心を盡(サ)不(ル)可(ケン)乎や

C〉 學者(かくしゃ)、其(それ)、心(こころ)を盡(つく)さざるべけ

んや。

D〉 배우는 자가 마음을 다하지 않을 수 있겠는가?

中庸章句終

새로 보수한 뒤표지

제3장 동경대학 국어연구실 소장 『중용장구』의 원본 사진 515

새로 보수한 뒤표지 안쪽

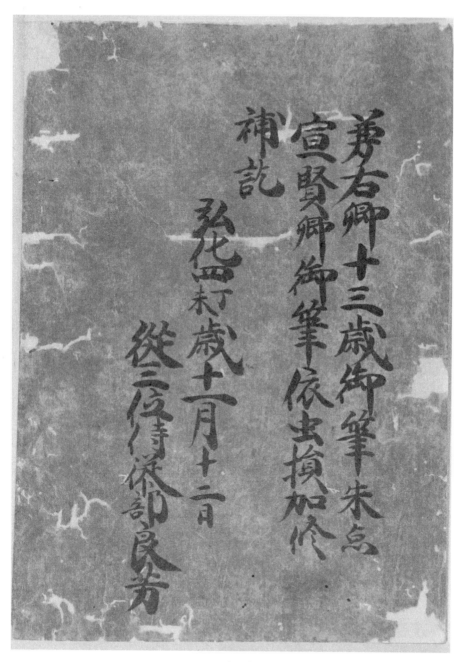

뒤표지

뒤표지 안쪽

55장 뒷면

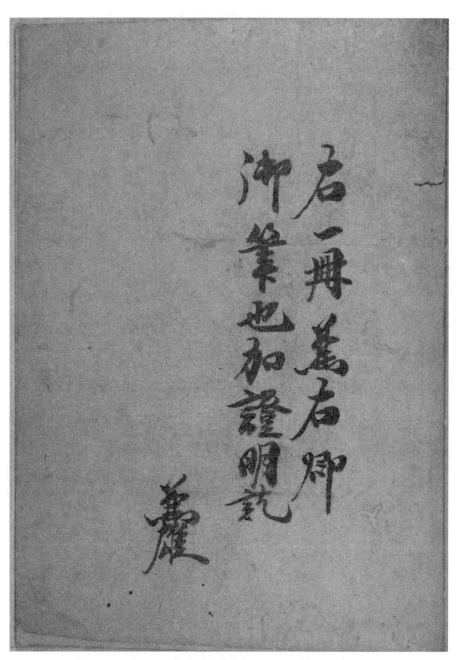

右一冊盖右卿
御筆也加證明記

麁

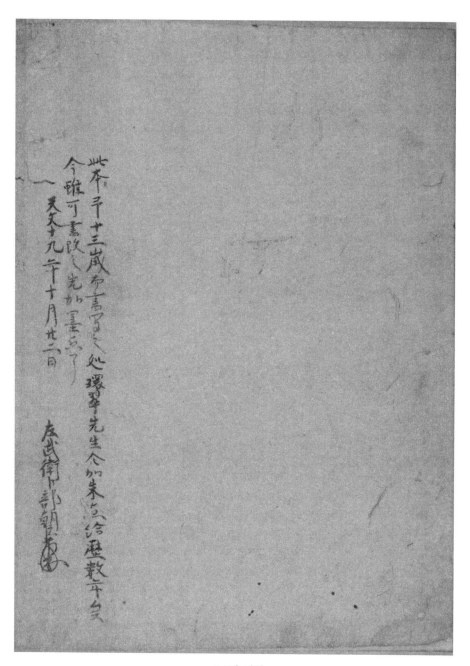

此本予十三歳ノ時書写セシ處
環翠先生命加朱点給歴数年后
今雖可書改ヘ先如墨点了
一矣十九年十月廿二日
　　　庄兵衛ト部朝吉書

54장 뒷면

54장 앞면

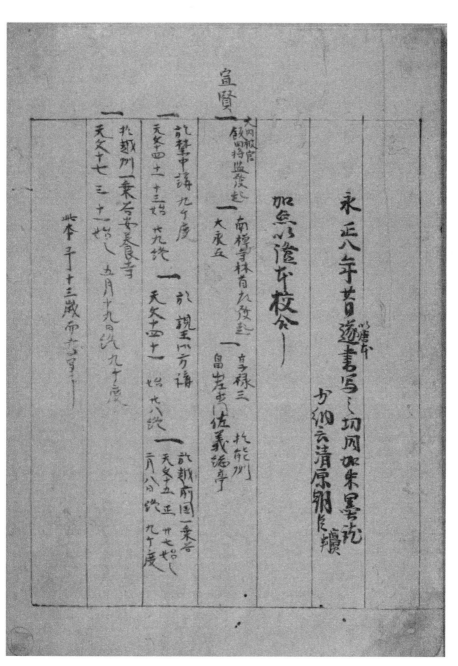

永正八年□月遂書写之切同如朱墨点訖

方々云清原朗良

宣賢

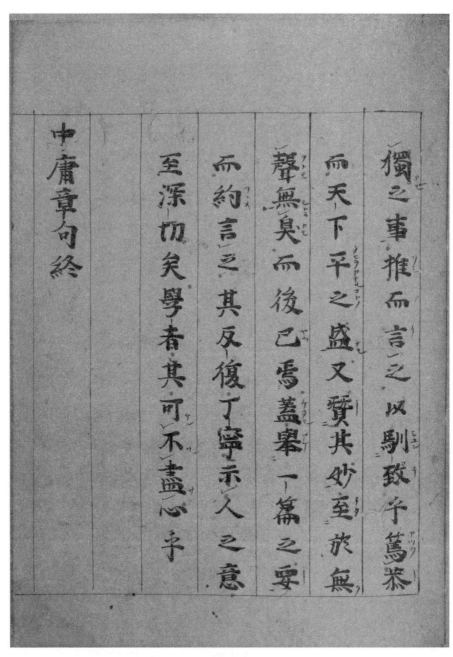

獨之事推而言之以馴致乎篤恭

而天下平之盛又賛其妙至於無

聲無臭而後已焉蓋舉一篇之要

而約言之其反復丁寧示人之意

至深切矣學者其可不盡心乎

中庸章句終

足以形容不顯之妙不若烝民之詩
所言德輶如毛則庶乎可以形容矣
而又自以爲謂之毛則猶有可比者
是亦未盡其妙不若文王之詩所言
上天之事無聲無臭然後乃爲不顯
之至耳蓋聲臭有氣無形在物最爲
微妙而猶曰無之故惟此可以形容
不顯篤恭之妙非此德之外又別有
是三等然後爲至也
後爲至也

右第三十三章子思因前章極致
之言反求其本復自下學爲己謹

則其德愈深而效愈遠矣篤厚也篤

恭言不顯其敬也篤厚而天下平乃

聖人至德淵微自然

之應中庸之極功也　詩云予懷明德

不大聲以色子曰聲色之於以化民

末也　詩曰德輶如毛毛猶有倫上天

之載無聲無臭至矣　輶由百二音○詩大雅皇矣之

篇引之以明上文所謂不顯之德者

正以其不大聲與色也又引孔子之

言以為聲色乃化民之末務今但言

不大之而已則猶有聲色者存是未

曰奏假無言時靡有爭是故君子不

賞而民勸不怒而民威於鈇鉞

音夫○詩商頌烈祖之篇奏進也承
上文而遂及其效言進而感格於神
明之際極其誠敬無有言說而人自
化之也威畏也鈇莝斫刀也鉞斧也

詩曰不顯惟德百辟其刑之是故君

子篤恭而天下平

詩周頌烈文之篇不顯說見二十六
章此借引以為幽深玄遠之意承上
文言天子有不顯之德而諸侯法之

惡於志君-子之 所-不可 及者其唯人

之所-不見乎 惡去-聲○詩・小-雅・正-月
隱莫-顯乎微-也疚病-也無惡-於志疚
言無-慚於心此君-子謹-獨之事也

詩云相-在爾室尚不-愧于屋-漏故君
子不-動而敬不-言而信 相去-聲○詩
相視也屋-漏室西-北隅也承上文又
言君-子之戒謹恐懼無時-不然不待
言動而後敬信則其為-己之功益
加益矣故下文引詩并言其效 詩

51장 앞면

至其極也詩國風衛碩人鄭之丰皆
作衣錦褧衣襲絅同襌衣也尚絅也
故古之學者爲己故其立心如此尚絅
故闇然衣錦故有日章之實淡簡溫
絅之襲於外也不厭而文且理焉錦
之美在中也小人反是則暴於外而
無實以繼之是以的然而日亡也述
之近見於此故由於此也風之自著
于外者本于內也微之顯有諸內者
形諸外也有爲已之心而又知此三
者則知所謹而可入德矣詩曰潛雖
故下文引詩言謹獨之事
伏矣亦孔之昭故君子內省不疚無

50장 뒷면

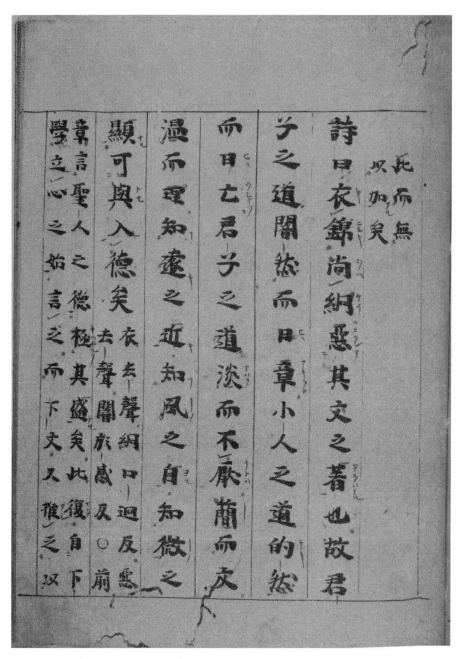

此而無
以加矣

詩曰衣錦尚絅惡其文之著也故君

子之道闇然而日章小人之道的然

而日亡君子之道淡而不厭簡而文

溫而理知遠之近知風之自知微之

顯可與入德矣 衣去聲絅口迥反惡
去聲闇於感反○前
章言聖人之德極其盛矣此復自下

學立心之始言之而下文又雜之以

50장 앞면

530 일본 중용장구 훈점본의 해독과 번역

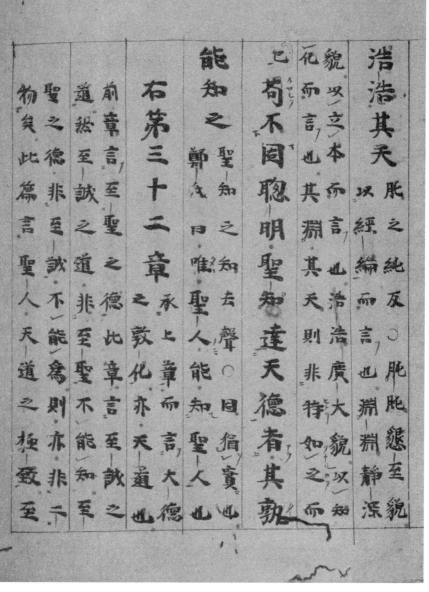

浩浩其天

肫之純反○肫肫懇至貌以經綸而言也淵淵靜深

貌以立本而言也浩浩廣大貌以知化而言也其淵其天則非待如之而

已苟不固聰明聖知達天德者其孰

能知之

聖知之知去聲○固猶實也

鄭氏曰唯聖人能知聖人也

右第三十二章

承上章而言大德之敦化亦天道也

前章言至聖之德此章言至誠之

道然至誠之道非至聖不能知至

聖之德非至誠不能為則亦非二

物負此篇言聖人天道之極致至

49장 뒷면

夫音扶○狀馬於慶反○經綸皆
治絲之事經者理其緒而分
之綸者比其類而合之此經常也大
經者五品之人倫大本者所性之全
體也唯聖人之德極誠無妄於人
倫各盡其當然之實而皆可以為天
下後世法所謂經綸也其於所性
之全體無一毫人欲之偽以雜之而
天下之道千變萬化皆由此出所謂
立之也其於天地之化育則亦其極
誠無妄者有默契焉非但聞見之知
而已此皆至誠無妄自然之功用夫
豈有所倚著於物而後能哉
物而後能哉

有所倚
肫肫其仁淵淵其淵

及蠻貊舟車所至人力所通天之所

覆地之所載日月所照霜露所隊凡

有血氣者莫不尊親故曰配天 聲隊施去

音墜○舟車所至以下蓋極言之 天言其德之所及廣大如天也

右第三十一章 承上章而言小德之 川流亦天道也

唯天下至誠爲能經綸天下之大經

立天下之大本知天地之化育夫焉

48장 뒷면

役列反○聰明睿知知之質臨謂
居上而臨下也其下四者乃仁義禮
智之德文文章也理儀理溥博淵泉
也齊詳細也察明也辨也
而時出之溥博周徧而處闊也淵泉
言五者之德充積於中溥博如天淵
而時發見於外也
泉如淵見而民莫不敬言而民莫不
信行而民莫不說見音現就音悅○
而發見當是以聲名洋溢乎中國施
其可也

48장 앞면

殊之本。川流者，如川之流，脈絡分明
而往不息也。敦化者，敦厚其化，根本
盛大而出焉窮也。此言天地
之道，以見上文取辟之意也。

右第三十章 言天道也

唯天下至聖，爲能聰明睿知，足以有
臨也。寬裕溫柔，足以有容也。發強剛
毅，足以有執也。齊莊中正，足以有敬
也。文理密察，足以有別也。 知去聲齊側皆反別

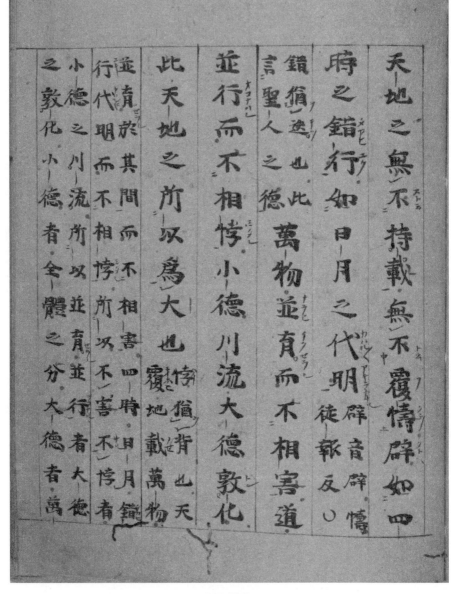

天地之無不持載無不覆幬辟如四

時之錯行如日月之代明　辟音辟幬

錯猶迭也此　萬物並育而不相害道

言聖人之德

並行而不相悖小德川流大德敦化

此天地之所以為大也覆地載萬物

並情於其間而不相害四時日月錯

行代明而不相悖所以不害不悖者

小德之川流所以並育並行者大德

之敦化小德者全體之分大德者萬

47장 앞면

夜以永終譽君兮未有不如此而幾

有譽於天下者也惡去聲射音妬詩

鷺之篇賦獸也所謂此者數〇詩周頌振

指本諸身以下六事而言

右第二十九章　承上章居上不驕而言亦人道也

仲尼祖述堯舜憲章文武上律天時

下襲水土　祖述者遠宗其道憲章者近守其法律天時者法其

自然之運襲水土者因其一定之理皆兼内外該本末而言見碎如

神者造化之迹也百世以俟聖人而
不惑所謂聖人復起不易吾言者也
質諸鬼神而無疑知天也百世以俟
聖人而不惑知人也知天知人是故
君子動而世爲天下道行而世爲天
下法言而世爲天下則遠之則有望
近之則不厭則而言法法度也則隽
也詩曰在彼無惡在此無射庶幾夙

不信不信民弗從　上焉者謂特王以
善而皆不可考　下焉者謂聖人在
知孔子雖善於禮而不在尊位也
前如夏商之禮雖

故君子之道本諸身徵諸庶民考諸

三王而不繆建諸天地而不悖質諸

鬼神而無疑百世以俟聖人而不惑

此君子指王天下者而言其道即議
禮制度考文之事也本諸身有其德
也徵諸庶民驗其所信從也建立也
立於此而象於彼也天地者道也鬼

45장 뒷면

三一代之禮孔一子皆嘗學之而能言其

意但夏禮既不一可考證殷禮雖存又

非當世之法惟周禮乃時王之制今

日所用孔一子既不一得偃則從周而已

右第二十八章 承上章為下不一倍 而言亦人一道也

王天下有三重焉其寡過矣乎 王去 聲〇

呂氏曰三重謂議禮制度考丈惟天

子得以行之則國不一異政家不一殊俗

而人一得上焉者雖善無徵無徵不一信

寡過矣

不信民弗從下焉者雖善不一尊不一尊

45장 앞면

軌、書同文，行同倫。〔行，去聲。○今，子思自謂當時也。軌，轍迹之度。倫，次序之體。三者皆同，言天下一統也。〕雖有其位，苟無其德，不敢作禮樂焉；雖有其德，苟無其位，亦不敢作禮樂焉。〔鄭氏曰：言作禮樂者，必聖人在天子之位。〕子曰：吾說夏禮，杞不足徵也；吾學殷禮，有宋存焉；吾學周禮，今用之，吾從周。〔此又引孔子之言。杞，夏之後。徵，證也。宋，殷之後。〕

44장 뒷면

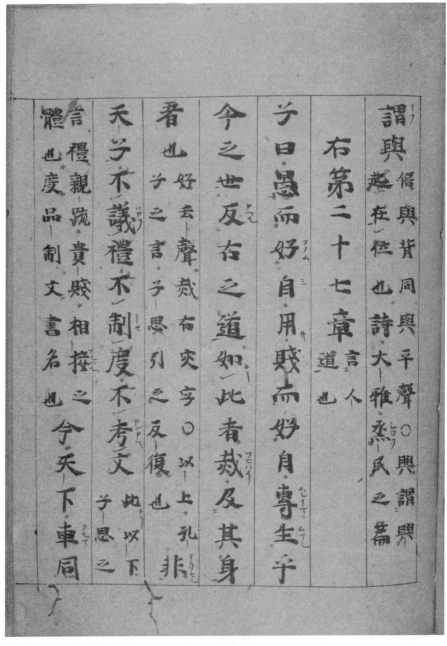

謂與偏與背同與平聲○興謂興

起在位也 詩大雅燕民之篇

右第二十七章 道也 言人

子曰愚而好自用賤而好自專生乎

今之世反古之道如此者烖及其身

者也 好去聲 烖古災字○以上孔

子之言 子思引之反復也 非

天子不議禮不制度不考文 子思之

言禮親疎貴賤相接之 今天下車同

體也度品制文書名也

44장 앞면

自累涵泳乎其所已知敦篤乎其所
已能此皆存心之屬也析理則不使
有毫釐之差處事則不使有過不及
之謬理義則日知其所未知篤
時謹其所未謹此皆致知之屬也蓋
非存心無以致知而存心者又不可
以不致知故此五句大小相資首尾
相應聖賢所示入德之方莫詳於此
學者宜是故居上不驕為下不倍國
盡心焉
有道其言足以興國無道其默足以
容詩曰既明且哲以保其身其此之

德至道不疑焉

至德謂其人至道指
上兩節而言也疑聚

也故君子尊德性而道問學致廣

大而盡精微極高明而道中庸温故

而知新敦厚以崇禮之意德性者吾

所受於天之正理道由也温猶燖過
之温謂故學之矣復時習之也敦加

厚也尊德性所以存心而極乎道體
之大也道問學所以致知而盡乎道
之細也二者修德凝道之大端也

尊者恭敬奉持

不以一毫私意自蔽不以一毫私欲

43장 앞면

右第二十六章。言道也。天

大哉聖人之道。包下文兩洋洋乎發
篤而言

育萬物。峻極于天。峻高也。此言道
之極於至大而無

外。優優大哉。禮儀三百。威儀三千。優
也

充足有餘之意。禮儀經禮也。威儀曲
禮也。此言道之入於至小而無間也

待其人而後行。故曰苟不至
總結上兩節

42장 뒷면

其不貳不息、以致盛大而能生物

之意。然天地山川、實非曲積累而後

大。讀者不以

辭害意、可也。 詩曰、維天之命、於穆不

已。蓋曰天之所以爲天也。於乎不顯

文王之德之純。蓋曰文王之所以爲

文也。純亦不已。

於音烏、乎音呼。○詩周頌維天之命篇。於

歎辭。穆深遠也。不顯猶言豈不顯也。純純一不雜也。引此以明至誠無息

之意。程子曰、天道不已、文王純於

道亦不已。純則無二無雜、不已則無

天之命於穆不已於乎不顯文王純於天

道亦不已純則無二無雜不已則無

廣厚載華嶽而不重振河海而不洩

萬物載焉今夫山一卷石之多及其

廣大草木生之禽獸居之寶藏興焉

今夫水一勺之多及其不測黿鼉蛟

龍魚鼈生焉貨財殖焉　夫音扶華藏並去聲卷平

聲勺市若反〇耴耴猶耿耿小明也

此指其一撮而言之及其無窮十

二章及其卒也之意蓋舉全體而言

也振收也卷區也此四條皆以發明

41장 뒷면

其爲物不貳則其生物不測 比ヨリ以下 復又天

地明至一誠無一息之功用天一地之道可

一言而盡不一過一曰一誠而一已不一貳所一以

誠也誠故不一息而一生物之天一地之道

又有一莫一知其所一以然者

博也厚也高也明也悠也久也言天一地之

道誠一一不一貳故能各一極其

盛而有下文生一物之功 今夫天斯昭

昭之多及其無窮也日月星辰繫焉

萬物覆焉今夫地一撮土之多及其

41장 앞면

548 일본 중용장구 훈점본의 해독과 번역

所以載物也高明所以覆物也悠久

所以成物也 悠久即悠遠兼内外而言之也本以悠久遠致高

厚而高厚又悠久也此 言聖人與天地同用 博厚配地高

明配天悠久無疆 此言聖人與天地同體 如此

者不見而章不動而變無為而成 見音現

現○見猶示也不見而章以配地而言也不動而變以配天而言也無為

而成以無疆天地之道可一言而盡也疆而言也

右第二十五章 言人
道也

故至誠無息 既無虛假自無間斷 不息則久久

則徵 徵驗於中也 徵則悠遠悠遠則
徵驗於外也

博厚博厚則高明 者言之鄭氏所謂
此皆以其驗於外

至誠之德著於四方諸是也存諸中
著既久則驗於外者益悠遠而無窮

矣悠遠故其積也廣博而深厚
博厚故其發也高大而光明

40장 앞면

是物所得之理旣盡則是物亦盡而
無有矣故人之心一有不實則雖有
所爲亦如無有而君子必以誠爲貴
也蓋人之心能無不實乃爲有以自
成而道之在我者亦無不行矣

誠者非自成已而已
也所以成物也成已仁也成物知也

性之德也合外內之道也故時措之
宜也知去聲○誠雖所以成已然旣
有以自成則自然及物而道亦
行於彼矣仁者體之存知者用之發
是皆吾性之固有而無內外之殊旣

39장 뒷면

高卑其容倚仰之類凡此皆理之先
見者也然唯誠之至極而無一毫私
偽留於心目之間者乃能
有以察其幾焉神謂鬼神

右第二十四章　道言天　也

誠者自成也而道自道也　道也之道　音導〇言
誠者物之所以自成而道者人之所以
當自行也誠以心言本也道以理言信
也　誠者物之終始不誠無物是故君
子誠之為貴　天下之物皆實理之所
為故必得是理然後有

39장 앞면

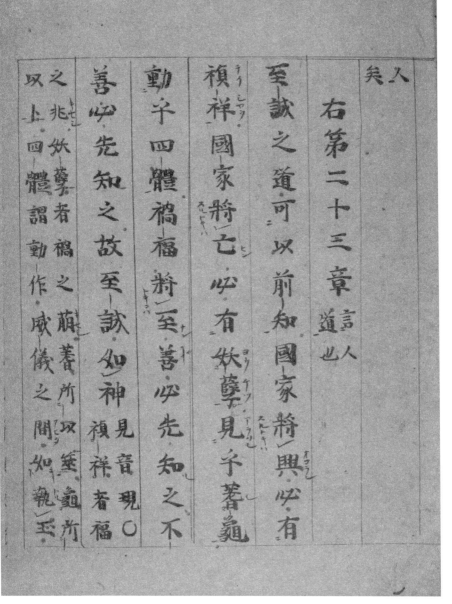

右第二十三章　道也

至誠之道可以前知國家將興必有

禎祥國家將亡必有妖孽見乎蓍龜

動乎四體禍福將至善必先知之不

善必先知之故至誠如神　禎祥者福

之兆妖孽者禍之萌蓍所以筮龜所

以卜四體謂動作威儀之間如龜之

著則明明則動動則變變則化唯天

下至誠爲能化

誠其次通大賢以下凡

致推致也曲一偏也形者積中而後

外著則又加顯矣明則又有光輝發

越之盛也動者誠能動物變者物從

而變化則有不知其所以然者蓋人

之性無不同而氣則有異故惟聖人

能舉其性之全體而盡之其次則必

自其善端發見之偏而悉推致之以

各造其極也曲無不致則德無不實

而形著動變之功自不能已積而至

於能化則其至誠之妙亦不異於聖

與天地參矣

天下至誠謂聖人之德之實天下莫能加也盡其性者德無不實故無人欲之私而天命之在我者察之由之巨細精粗無毫髮之不盡也人物之性亦我之性但以所賦形氣不同而有異耳能盡之者謂知之無不明而處之無不當也贊猶助也與天地參謂與天地並呈為三也此則誠而明者謂之事也

右第二十二章　言天道也

其次致曲曲能有誠誠則形形則著

天道人道之意而立言也自此以

下十二章皆子思之言以反覆推

明此章之意

唯天下至誠爲能盡其性能盡其性

則能盡人之性能盡人之性則能盡

物之性能盡物之性則可以贊天地

之化育可以贊天地之化育則可以

37장 앞면

猶有子曰二字蓋子思刪其繁文以
附于篇而所刪有不盡者今當爲
行之也博學之以下家語無之意
彼有闕文耶此或子思所補也歟

自誠明謂之性自明誠謂之教誠則
明矣明則誠矣

明矣明則誠矣
自誠也德無不實而
明無不照者聖人之

德所性而有者也天道也先明乎善
而後能實其善者賢人之學由教而
入者也人道也誠則無不
明矣明則可以至於誠矣

右第二十一章子思承上章夫子

右第二十章　此引孔子之言以起
大舜文武周公之緒

明其所傳之一致舉而措之亦猶
是耳蓋包費隱兼小大以終十二

章之意章內語誠始詳而所謂誠
者實此篇之樞紐也又按孔子家

語亦載此章而其文尤詳成功一
也之下有公曰子之言美矣至矣

寡人實固不足以成之也故其下
復以子曰起答辭今無此問詞而

苻滅裂之學或作或輟以變其不美
之質及不能變則曰天質不美非學
所能變是果於自
棄其爲不仁甚矣

36장 앞면

千之
君子之學不爲則已爲則必要
其成故常百倍其功此困而知
勉而行者也果能此道矣雖愚必明
雖柔必強之致呂氏曰君子所以學
明者擇善之功勝氣質則
者爲能變化氣質而已德
愚者可進於明柔者可進於強不能
勝之則雖有志於學亦愚不能明柔
不能立而已矣蓋均善而無惡者性
也人所同也昏明強弱之稟不齊者
才也人所異也誠之者所以反其同
而變其異也夫以不美之質求變而
羨非百倍其功不足以致之今以鹵

之審問之愼思之明辨之篤行之誠此

從之助也學問思辨所以擇善而爲知學而知也篤行所以固執而爲仁

利而行也程子曰五者廢其一非學也　有弗學學之弗

能弗措也有弗問問之弗知弗措也

有弗思思之弗得弗措也有弗辨辨

之弗明弗措也有弗行行之弗篤弗

措也人一能之己百之人十能之己

35장 앞면

承上文誠身而言誠者真實無妄之 七容反○此
謂天理之本然也誠之者未能真實
無妄而欲其真實無妄之謂人事之
當然也聖人之德渾然天理真實無
妄不待思勉而從容中道則亦天之
道也未至於聖則不能無人欲之私
而其為德不能皆實故未能不思而
得則必擇善然後可以明善未能不
勉而中則必固執然後可以誠身此
則所謂人之道也不思而得生知也
不勉而中安行也擇善學知以下之
事也固執利行以下之事也博學

562 일본 중용장구 훈점본의 해독과 번역

凡事豫則立不豫則廢言前
定則不跆事前定則不困行前定則
不疚道前定則不窮　其劫反行去
道達德九經之屬豫素定也跆蹟也
疚病也此承上文言凡事皆欲先立
乎試如下文　在下位不獲乎上民不
所推是也　可得而治矣獲乎上有道不信乎朋
友不獲乎矣信乎明友有道不順乎

九經之　凡事豫則立不豫則廢言前
實也
不疚道前定則不窮　譬○凡事指達

官屬衆盛足任使令也蓋大臣不當
親細事故所以優之者如此忠信重
祿謂待之誠而養之厚蓋以身體之
而知其所賴乎上者如此也既讀曰
餼餼稟稍食也稱事如周禮槀人職
曰考其弓弩以上下其食是也往則
爲之授節以送之來則豐其委積以
迎之朝謂諸侯見於天子聘謂諸侯
使大夫來獻王制比年一小聘三年
一大聘五年一朝厚往薄來謂燕賜
厚而納
貢薄
凡爲天下國家有九經所以
行之者一也　一者誠也一有不誠則
是九者皆爲虛文矣此

33장 앞면

臣也忠信重祿所以勸士也時使薄

斂所以勸百姓也日省月試既禀稱

事所以勸百工也送往迎來嘉善而

矜不能所以柔遠人也繼絶世舉廢

國治亂持危朝聘以時厚往而薄來

所以懷諸侯也齊側皆反去上聲遠好惡並去聲既許

氣反禀彼錦反力錦工反稱去聲朝音潮○此言九經之事也官盛任使謂

32장 뒷면

感謂不疑於理不軷謂不迷於事敦
大度則信任專而小臣不得以間之
故臨事而不眩也來百工則通功易
事農末相資故財用足柔遠人則天
下之旅皆悅而願出於其途故四方
歸懷諸侯則德之所施者博而威之
所劎者慶矣故齊明盛服非禮不動
曰天下畏之
所以俗身也去讒遠色賤貨而貴德
所以勸賢也尊其位重其祿同其好
惡所以勸親也官盛任使所以勸大

以及天下故柔遠人懷諸侯次之此

九經之序也視羣臣猶吾四體視百

姓猶吾子此視

臣視民之猶也 修身則道立尊賢則

不惑親親則諸父昆弟不怨敬大臣

則不眩體羣臣則士之報禮重子庶

民則百姓勸來百工則財用足柔遠

人則四方歸之懷諸侯則天下畏之

此言九經之效也道立謂道成於已

而可爲民表所謂建其有極是也不

31장 뒷면

經曰 修身也 尊賢也 親親也 敬大臣

也 體群臣也 子庶民也 來百工也 柔

遠人也 懷諸侯也 經常也 體謂設以身處其地而察其

心也 子知父母之愛其子也 柔遠人 所謂無忘賓旅者也 此列九經之目

也 呂氏曰 天下國家之本在身 故修身爲九經之本 然必親師友然後修

身之道進 故尊賢次之 道之所進 莫先其家 故敬親次之 由家以及朝廷 故敬大臣體群臣次之 之曲朝廷以及其國 故子庶民來百工次之 之曲其國

右 則比三者蓋之次也呂氏曰愚
者自是而不求 自私者徇人欲而忘
反懦者甘爲人下而不辭故好學非
知然足以破愚力行非仁然足以忘
私知恥非勇無以 然足以起懦
然足以起懦 知斯三者則知所以修
身知所以脩身則知所以治人知所
以治人則知所以治天下國家矣斯
者指三近而言人者對己之稱天下
國家則盡乎人矣言此以結上文脩
身之意起下文 凡爲天下國家有九
九經之端也

舊勇也以其等而言則生知安行者
知也學知利行者仁也困知勉行者
勇也蓋人性雖無不善而氣禀有不
同者故聞道有蚤莫行道有難易然
入之塗雖異而所至之域則同比所
能自強不息則其至一也呂氏曰所
攻爲中庸若乃企生知安行之資爲
不可幾及輕因知勉行謂不能有成
此道之所以不明不行也子曰好學近乎知力行
近乎仁知恥近乎勇好近乎知之知
並去聲〇此訓未及乎達德而求以
入德之事通上文三知爲知三行爲

30장 앞면

道雖人所共由然無與三德則無以
行之之達德雖人所同得然一有不誠
則人欲間之而德非其德矣程子曰
所謂誠者止是誠實此三者三者之
外更別 或生而知之或學而知之或
無誠
困而知之及其知之一也或安而行
之或利而行之或勉強而行之及其
成功一也 強上聲○知之者之所知
行之者之所行謂達道也
以其分而言則所以知者知也所以
行者仁也所以次至於知之成功而一

제3장 동경대학 국어연구실 소장 『중용장구』의 원본 사진 571

之達道五所以行之者三曰君臣也

父子也夫婦也昆弟也朋友之交也

五者天下之達道也知仁勇三者天

下之達德也所以行之者一也 知去聲○

達道者天下古今所共由之路即書

所謂五典孟子所謂父子有親君臣

有義夫婦有別長幼有序朋友有信

是也知所以知此也仁所以體此也

勇所以強此也謂之達德者天下古

今所以同得之理也一則誠而已矣達

29장 앞면

所宜也禮則篤

在下位不獲乎上民

文斯二者而已

不可得而治矣　鄭氏曰此句在此故君

子不可以不脩身思脩身不可以不

事親思事親不可以不知人思知人

不可以不知天　故不可以不脩身思脩身

為政在人取人以身以

身以道脩道以仁故思脩身不可以

不事親欲盡親親之仁必由尊賢

義故又當知人親親之殺尊賢

之等皆天理也故又當知天下

以仁　此承上文人道敏政而言也　為

政在人　家語作為政在於得人

語意尤備人謂賢臣身指君身道者

天下之達道仁者天地生物之心而

人得以生者所謂元者善之長也言

人君爲政在於得人而取人之則又

在修身能仁其身則有

君有臣而政無不舉矣　仁者人也親

親爲天義者宜也尊賢爲大親親之

殺尊賢之等禮所生也　殺去聲　人

指人身而言

具此生理自然便有惻祖慈愛之意

深體味之可見真者分別事理各有

28장 앞면

哀公問政　哀一公曾　君名蔣　孚曰文武之政布

在方策其人存則其政舉其人亡則

其政息　方策也　策簡也　息猶滅也　有　是君有是臣則有是政矣

人道敏政地道敏樹夫政也者蒲盧

也　蒲葦是也　以人立政猶以地種樹　夫音扶　○敏速也　蒲盧沈括以為

其成速矣而蒲葦又易生之物其成　人存政舉其易如此

成尤速也言人存政舉其易如此　故

為政在人取人以身修身以道修道

宗廟之禮所以祀乎其先也明乎郊

社之禮禘嘗之義治國其如示諸掌

乎郊祀天社祭地不言后土者省文

也禘天子宗廟之大祭追祭太祖

之所自出於太廟而以太祖配之也

嘗秋祭也四時皆祭舉其一耳禮必

有義對舉之互文也宗廟之祭見諸

掌言易見也此與論語大意大同小

異記有詳略耳

右第十九章

27장 앞면

之子各擧禰於其長而衆相酬蓋宗
廟之中以有事爲榮故逮及賤者使
亦得以申其敬也然毛髮畢而忽則
以毛髮之色別長幼爲坐次也齒年之
數也　踐其位行其禮奏其樂敬其所尊
愛其所親事死如事生事亡如事存
孝之至也
　　　踐猶履也其指先王也所
尊所親先王也其祖考子孫
臣庶也始死謂之死既葬則曰反而
亡焉皆指先王也此結上文雨莭皆
繼志述事之意也
郊社之禮所以事上帝也

之遺衣服祭則設之以授尸也時食四時之食各有其物如春行羔豚膳

膏香之類是也

宗廟之禮所以序昭穆也序

爵所以辯貴賤也序事所以辯賢也

旅酬下爲上所以逮賤也燕毛所以

序齒也左爲昭右爲穆而子孫亦以

爲序有事於大廟則子姓兄弟羣駙

昭穆咸在而不失其倫焉爵公侯卿

爲序昭如字爲去聲○宗廟之次

大夫也事宗祝有司之職事也旅衆

也酬導飲也旅酬之禮賓弟子兄弟

而言武王周公之孝乃天下之人夫

通謂之孝猶孟子之言達尊也

孝者善繼人之志善述人之事者也

上嘗言武王續大王王李丈王之諸以有天下而周公成文武之德以追崇其先祖此繼志述事之大者也下

丈又以其所割牲祀之禮通于上下者言

春秋脩其祖廟陳其宗器設其

之言

裳衣薦其時食

祖廟天子七諸侯五大夫三適士二官師

一宗器先世所藏之重器若周之赤刀大訓天球河圖之屬也裳衣先祖

25장 뒷면

○此言周公之事末、俑老也、追王蓋
推大武之意以及于王迹之所起也、
老公祖餉以上至后稷也、上祀先公
以天子之禮、又推大王王季之意以
及於無窮也、制為禮法以及天下、使
葬用死者之爵、樂用生者之祿、喪服
自期以下、諸侯絶、大夫降、而父母
之喪、上下同之、推已以及人也

右第十八章

子曰、武王周公、其達孝矣乎、達通也
承上章

天子父母之喪、無貴賤一也　追王之
追王之　王去聲

25장 앞면

詩云至于大王實始翦商緒業也戎
衣甲冑之屬壹戎衣武成文言一著

戎衣以衣以伐也紂也武王末受命周公成文武之

德追王大王王季上祀先公以天子

之禮斯禮也達乎諸侯大夫及士庶

人父為大夫子為士葬以大夫祭以

士父為士子為大夫葬以士祭以大

夫期之喪達乎大夫三年之喪達乎

子曰無憂者其惟文王乎以王季爲

父以武王爲子父作之子述之　此言文王

其所作亦積功累仁之事也　武王續

之事書言王季其勤王家蓋

大王王季文王之緒壹戎衣而有天

下身不失天下之顯名尊爲天子富

有四海之内宗廟饗之子孫保之　音大

來下同○此言武王之事續繼也大

王王季之父也書云大王肇基王迹

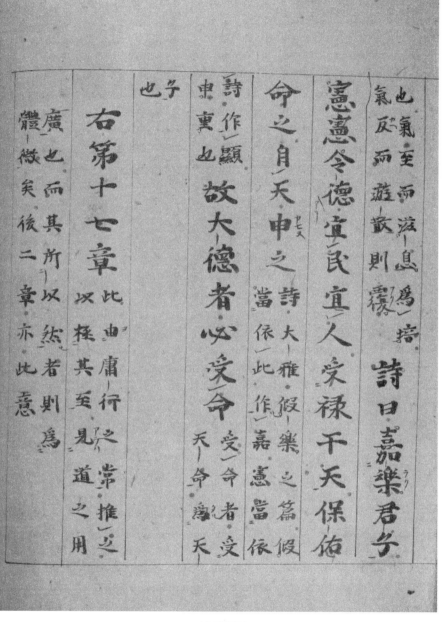

23장 뒷면

賞‧隱‧包‧大
小‧而‧許

子曰‧舜其大孝也與德為聖人尊為

天子富有四海之内宗廟饗之子孫

保之與平聲○子孫謂虞思陳胡公之屬　故大德必得

其位必得其祿必得其名必得其壽

舜年百有十一歲　故天之生物必因其材而篤

焉故栽者培之傾者覆之　材質也篤厚也栽植

著也正
謂此爾　詩曰神之格思不可度思矧

可射思　詩大雅抑之篇格來也　矧況〇
　也射厭也言厭怠　而不敬也思無辭

夫微之顯誠之不
　夫章扶〇誠者真實無

可揜如此夫　　之謂陰陽合散無非

愛者故其發見
之不可揜如此

右第十六章　不見不聞隱也體物
　　　　如征則亦費矣此前

三章以其賢之小者而言此後三
章以其賢之大者而言此一章兼

22장 뒷면

之而弗聞、體物而不可遺、[思]神無形與聲然物

之終始、莫非陰陽合散之所為、是其為物之體而物所不能遺也、其言體

物猶易所謂幹事、使天下之人齊明盛服以

謂幹事

承祭祀、洋洋乎如在其上、如在其左右

右齊側皆反○齊之為言齊也、所以

齊不齊而致其齊也、明猶禁也、洋洋流動充滿之意、能使人畏敬奉承而發見昭著如此、乃其體物而不可遺之驗也、孔子曰其氣發揚于上為昭明焄蒿悽愴、此百物之精也、神之

昭明焄蒿許嬌反

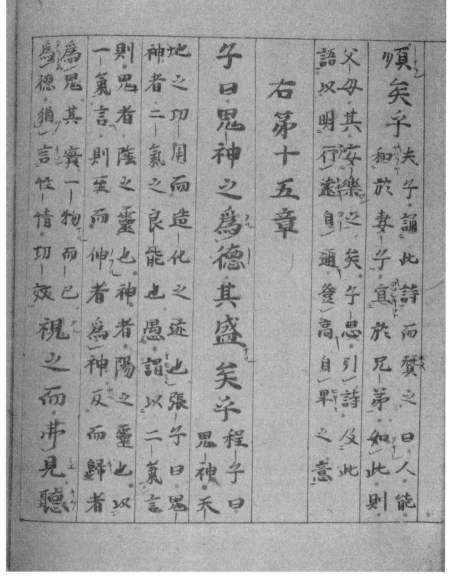

順矣乎　夫子誦此詩而贊之曰人能
父母其和於妻子宜於兄弟如此則
語以明行遠自邇登高自卑之意

右第十五章

子曰鬼神之為德其盛矣乎　程子曰
地之功用而造化之迹也張子曰
神者二氣之良能也愚謂以二氣言
則鬼者陰之靈也神者陽之靈也以
一氣言則至而伸者為神反而歸者
為鬼其實一物而已
為德猶言性情切效視之而弗見聽

21장 뒷면

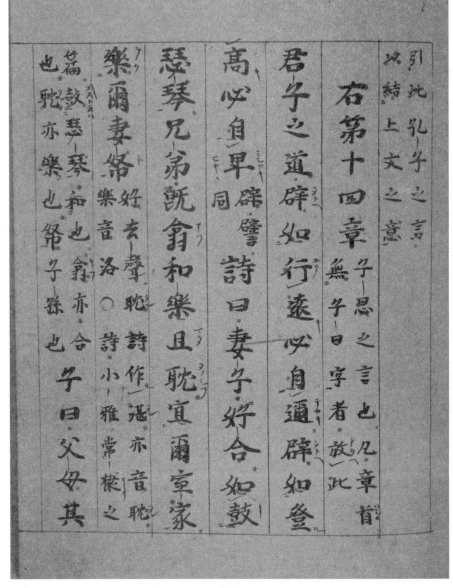

右第十四章 ... 21장 앞면

在上位不陵下在下位不援上正已

而不求於人則無怨上不怨天下不

尤人 援平聲 ○此言不願乎其外也故君子居易以

俟命小人行險以徼幸 易去聲 ○易平地也居易

素位而行也俟命不願乎外也 子曰

徼求也嘗謂所不當得而得者

射有似乎君子失諸正鵠反求諸其

身 正音征鵠工毒反 ○鵠皆侯之中射之畫布曰正棲皮的也子思

右第十三章

道不遠人者 夫婦所
能共詠能一者聖人
所不能皆費也而其所以然
者則至隱存焉下章放此

君子素其位而行不願乎其外 素徇
也言君子但因現在所居之位而
爲其所當爲無慕乎其外之心也 素
冨貴行乎冨貴素貧賤行乎貧賤素
夷狄行乎夷狄素患難行乎患難君
子無入而不自得焉 素其位而行也

難去聲○此言

言顧行 不敢不勉有餘 不敢盡言顧行行顧

言若子胡不慥慥爾　予臣弟友四字　絶句○求猶責

也道不遠久凡己之所以自責而自　道之所當然也敬反

俗庸平常也行者踐其實謹者擇　其可德不足而勉則行益力言有餘

而訒則謹益至謹之至則言顧行矣　行之則行顧言言矣慥慥篤實貌言

君子之言行如此豈不慥慥乎贊美　之也凡此皆不遠久以爲道之事張

子所謂以責人之心　責己則盡道是也

19장 뒷면

勿施於人忠恕之事也以己之心度
人之心未嘗不同則道之不遠於人
者可見故己之所不欲則勿以施之
於人亦不遠人以爲道之事張子所
謂以愛己之心愛人則盡仁是也

矣　愛君子之道四丘未
能一焉所求乎子以事父未能也所
求乎臣以事君未能也所求乎第以
事兄未能也所求乎朋友先施之未
能也庸德之行庸言之謹有所不足

柯耳然猶有彼此之別故伐一著視一之
猶以爲遠也若以人治一人則所以爲
人之道各在當一人之身初無彼此之道
別故君子之治一人也即以其人之道
還治其人之身其人能改即止不治
蓋責之以其所能知能行非一欲其遠一人
以爲道也張一子所謂以
衆人望一又則易從是也　忠恕違道不
遠施諸已而不一願亦勿一施於人盡已
爲忠推一已反一人爲恕違去也如春秋
傳齊師違一穀七里之遠言自此至彼
相一去不不遠人者是也施諸已而不一顧亦
其不一遠一人者是也施諸已之謂也蓋即

子曰道不遠人人之爲道而遠人不可以爲道　道者率性而已固衆人之所能知能行者也故常不遠欲人若爲道者厭其卑近以爲不足爲而反務爲高遠難行之事則非所以爲道矣　詩云伐柯伐柯其則不遠執柯以伐柯睨而視之猶以爲遠故君子以人治人改而止　睨研計反〇詩豳風伐柯之篇柯斧柄則法也睨邪視也言人報柯　伐柯木以爲柯者彼柯長短之法在此

18장 앞면

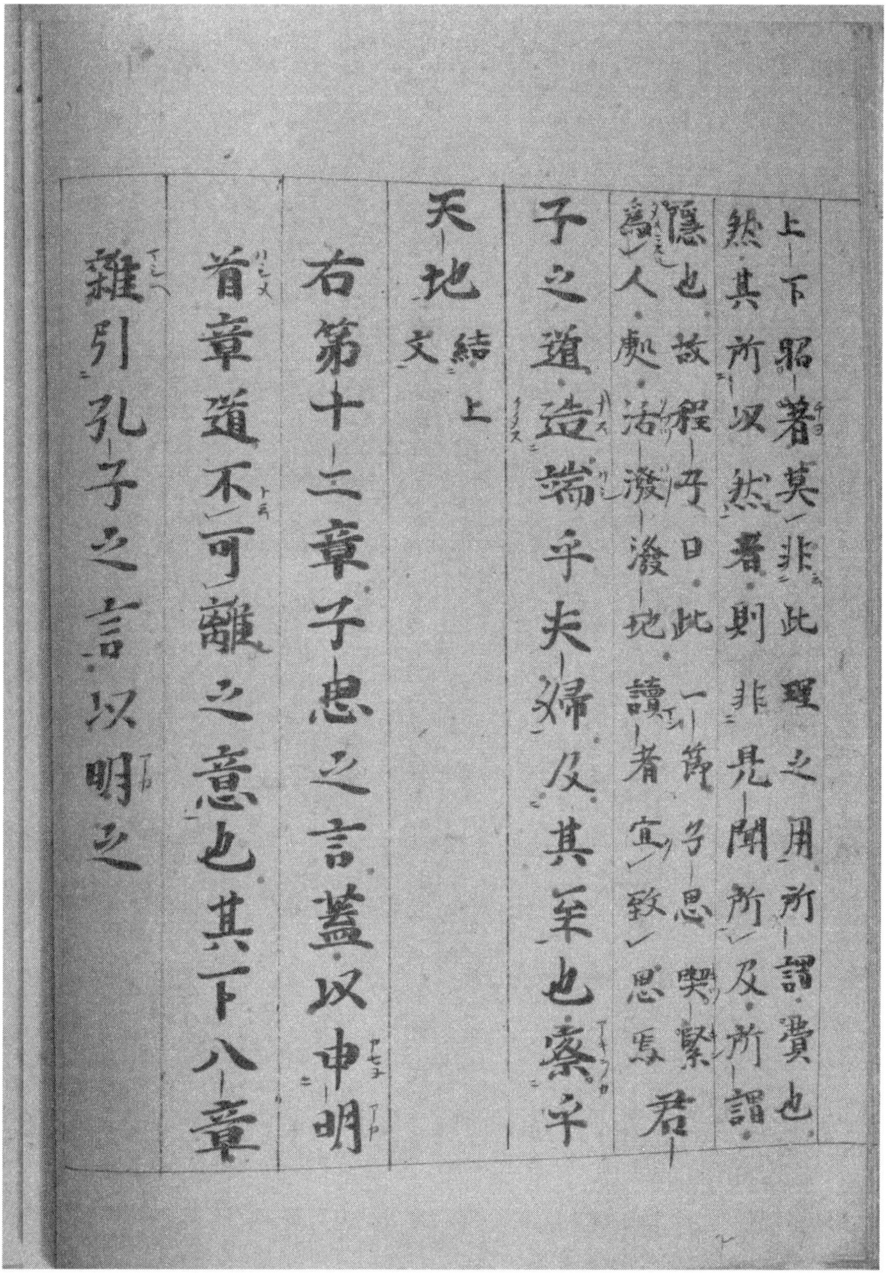
上下昭著莫非此理之用所謂費也
然其所以然者則非見聞所及所謂
隱也故程子曰此一節子思喫緊
爲人處活潑潑地讀者宜致思焉君
子之道造端乎夫婦及其至也察乎
天地 結上文
右第十二章子思之言蓋以申明
首章道不可離之意也其下八章
雜引孔子之言以明之

17장 뒷면

至於聖人天地之所不能盡其大夫無

所其小無內可謂費矣然其理之所

以然則隱而莫之見也蓋可知可能

者道中之一事及其至而聖人不能

能盡也侯氏曰聖人所不知孔子

不能則舉全體而言聖人固有所不

問禮問官之類所不能如孔子不得

徒堯舜病博施之類愚謂人所憾於

天地如覆載生成之偏及寒

暑災祥之不得其正者　詩云鳶

飛戾天魚躍于淵其上下察也

○詩大雅旱麓之篇鳶鴟類戾至也

察著也兮思切此詩以明化育流行

17장 앞면

君子之道費而隱 費符味反○費用
也夫婦之愚可以與知焉及其至也 之廣也隱體之微
雖聖人亦有所不知焉夫婦之不肖
可以能行焉及其至也雖聖人亦有
所不能焉天地之大也人猶有所憾
故君子語大天下莫能載焉語小天 去聲○君子之道並
下莫能破焉 自夫婦居室之間達而

16장 뒷면

則倚乎中庸而已不能半塗而廢是
以遯世不見知而不悔也此中庸之
成德知之盡仁之至不賴勇而裕如
着正吾夫子之事而猶不自居也故
曰唯聖者
能之而已

右第十一章　子思所引夫子之言
以明首章之義者止

此蓋比篇大旨以知仁勇三達德
為入道之門故於篇首即以大舜
顏淵子路之事明之舜知也顏淵
仁也子路勇也三者廢其一則無以
造道而成德矣
餘見第二十章

16장 앞면

過為詭異之行也然以其足以欺世
而盜名故後世或有稱述之者此知
之過而不擇乎善行之過而不用其
中不當强而强者也聖人豈為之哉

君子遵道而行半塗而廢吾弗能已
矣遵道而行則能擇乎善矣半塗而
及之而行有不逮當强而不强者也
已止也聖人於此非勉焉而不敢廢
蓋至誠無息自有所不能止也　君子依乎中庸遯世
有所不能止也
不見知而不悔唯聖者能之　不行素隱

15장 뒷면

強哉矯詩曰矯虎！良是也倚偏著也

塞味達也國有道不變未達之所守

國無道不變卒注之所守也此則所

謂中庸之不可能者非有以自勝其

人欲之私不能擇而守也若子之強

孰大於是夫子以是告子路者所以

抑其血氣之剛而進

之以德義之勇也

右第十章

子曰素隱行怪後世有述焉吾弗為

之矣

素按漢書當作索蓋字之誤也

素隱行怪言深求隱僻之理而

之不及也不報無道謂橫逆之來直
受之而不報也南方風氣柔弱故以
含忍之力勝人為強君子之道也

強君子之道也　社金革死而不厭

北方之強也而強者居之　戈兵之屬

革甲冑之屬北方風氣剛勁故以　故

果敢之力勝人為強強者之事也

君子和而不流強哉矯中立而不倚

強哉矯國有道不變塞焉強哉矯國

無道至死不變強哉矯此四者汝之

以加焉必若中庸則雖不必皆如三

者之難然非義精仁熟而無一毫人

欲之私者不能也三者難而易

中庸易而難此民之所以鮮能也

右第九章 亦承上章以起下章

子路問強 也子路孔子弟子仲由子曰 好勇故問強

南方之強與北方之強與抑而強與

與平聲○抑語辭而汝也 寬柔以教不報無道南

方之強也君子居之 寬柔以教謂 寬柔以順以誨人

則拳拳服膺而弗失之矣回孔子弟
子顏淵名拳拳奉持之貌服猶著也奉
持而著之心胷之間言能守也顏子
蓋其知之故能擇能守如此比得之
所以無過不及而道之所以明也

右第八章

子曰天下國家可均也爵祿可辭也
白刃可蹈也中庸不可能也均平治
三者
亦知仁勇之事天下之至難也然不
必其合於中庸則貲之近似者皆能

13장 뒷면

擇乎中庸而不能期月守也　知去聲

罟音古擭胡化反阱才性反辟與避

同斯居之反○罟網也擭機檻也阱

坑坎也皆所以掩取禽獸者也擇

乎中庸辨別眾理以求所謂中庸即

上章好問用中之事也期月匝一月

也言知禍而不知辟而況能擇而不

能守皆不

得爲知也

右第七章　承上章大知而言又舉

不明之端以起下章也

子曰回之爲人也擇乎中庸得一善

大光明又知此則人執不樂告以善
哉兩端如謂象論不同之極致蓋色
物皆有兩端如小大厚薄之類於善之
中又執其兩端而量度以取中然後
用之則其擇之審而行之至矣然非
在我之權度精切不差何以與此比
知之所以無過不及
而道之所以行也

右第六章

子曰人皆曰予知驅而納諸罟擭陷
阱之中而莫之知辟也人皆曰予知

12장 뒷면

子曰道其不行矣夫　夫音扶。○　不明故不行

右第五章　此章承上章而舉其不行之端以起下章之意

子曰舜其大知也與舜好問而好察

通言隠悪而揚善執其兩端用其中

於民其斯以爲舜乎　好去聲與平聲○舜之　知去聲與平教

所以爲大知者以其不自用而取諸　人也通言者浅近之言猶必察焉

隠而不宣其善者則揚之善者則措而不　無遺善可知然於其言之未善者則　其廣

12장 앞면

矣賢者過之不肖者不及也

○道者天理之當然中而已矣知愚
賢不肖之過不及則生稟之異而失
其中也知者知之過既以道爲不足
行愚者不及知又不知所以行此道
之所以常不行也賢者行之過既以
道爲不足知不肖者不及行又不求
所以知此道之
所以常不明也　人莫不飲食也鮮能
知味也　道不可離人自不察是以有過不及之弊

右第四章

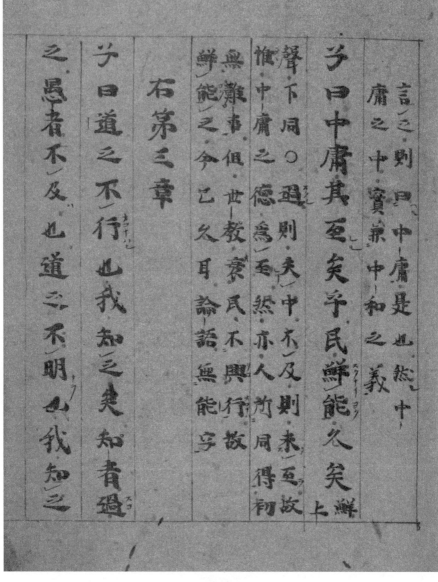

11장 앞면

王肅本作小人之反中庸也程子亦以為然今從之○君子之所以為中庸者以其有君子之德而又能隨時以處中也小人之所以反中庸者以其有小人之心而又無所忌憚也蓋中無定體隨時而在是乃平常之理也君子知其在我故能戒謹不睹恐懼不聞而無時不中小人不知有此則肆欲妄行而無所忌憚矣

右第二章此下十章皆論中庸以釋首章之義文雖不屬而意實相承也變和言庸者游氏曰以性情言之則曰中和以德行

然之善楊氏所謂一篇之體要是

也其下十章蓋子思引夫子之言

以終此章之義

仲尼曰君子中庸小人反中庸　中庸者不

偏不倚無過不及而平常之理乃天

命所當然精微之極致也唯君子爲

能體之　小君子之中庸也君子而時

人反是

中小人之中庸也小人而無忌憚也

10장 앞면

上文之意

右第一章、子思述所傳之意以立言。首明道之本原出於天而不可易、其實體備於己而不可離、次言存養省察之要、終言聖神功化之極。蓋欲學者於此反求諸身而自得之、以去夫外誘之私而充其本

萬物育焉　致推而極之也信者實其
所也育者遂其生也自戒
懼而約之以至於至靜之中而天地位
倚而其守不失則極其中而天地位
矣自謹獨而精之以至於應物之處
無少差謬而無適不然則極其和而
萬物育矣蓋天地萬物本吾一體吾
之心正則天地之心亦正矣吾之氣
順則天地之氣亦順矣故其效驗至
於如此此學問之極功聖人之能事
初非有待於外而脩道之教亦在其
中矣是其一體一用雖有動靜之殊
然必其體立而後用有以行則其實
亦非有兩事也故於此合而言之以結

9장 앞면

離道之遠也

之中發而皆中節謂之和中也者天

下之大本也和也者天下之達道也

樂音洛中節之中去聲〇喜怒哀樂

情也其未發則性也無所偏倚故謂

之中發皆中節情之正也無所乖戾

故謂之和大本者天命之性天下之

理皆由此出道之體也達道者循性

之謂天下古今之所共由道之用也

此言性情之德以致中和天地位焉

明道不可離之意

喜怒哀樂之未發謂

8장 뒷면

於心無物不有無時不然所以不可

須史離也若其可離則為外物而非

道矣是以君子之心常存敬畏雖不

見聞亦不敢忽所以存天理之本然

而不使離於

須史之頃也

莫見乎隱莫顯乎微故

君子慎其獨也

見音現〇隱暗處也

不知而已所獨知之地也言幽暗之

中細微之事跡雖未形而幾則已動

人雖不知而已獨知之則是天下之

事無有著見明顯而過於此者是以

君子既常戒懼而於此尤加謹焉所

取遏人欲於將萌而不使其滋長於

8장 앞면

不能無過不及之差聖人因人物之
所當行者而品節之以爲法於天下
則謂之教若禮樂刑政之屬是也蓋
人之所以爲人道之所以爲道聖人
之所以爲教原其所自無一不本於
天而備於我學者知之則其於學知
所用力而自不能已矣故子思於此
首發明之讀者所宜深體而黙識也
道也者不可須史離也可離非道也
是故君子戒慎乎其所不睹恐懼乎
其所不聞　離去聲○道者日用事物
　　　　　當行之理皆性之德而具

也善讀者玩索而有得焉則終身
用之有不能盡者矣

天命之謂性率性之謂道脩道之謂
教

命猶令也性即理也天以陰陽五
行化生萬物氣以成形而理亦賦
焉猶命令也於是人物之生因各得
其所賦之理以為健順五常之德所
謂性也率循也道猶路也人物各循
其性之自然則其日用事物之間莫
不各有當行之路是則所謂道脩
品莭之也性道雖同而氣稟或異故

子程子曰不偏之謂中不易之謂
庸中者天下之正道庸者天下之
定理此篇乃孔門傳授心法子思
恐其久而差也故筆之於書以授
孟子其書始言一理中散為萬事
末復合為一理放之則彌六合卷
之則退藏於密其味無窮皆實學

6장 뒷면

諸說之同異得失亦得以曲暢旁通

而各極其趣雖於道統之傳不敢妄

議然初學之士或有取焉則亦庶乎

行遠升高之一助云爾淳熙己酉春

三月戊申新安朱熹序

中庸　中者不偏不倚無過

不及之名庸平常也　朱熹章句

6장 앞면

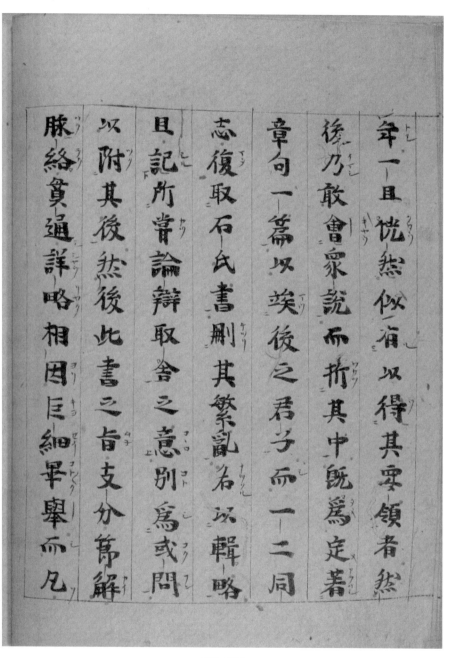

年一且恍然似有以得其要領者然

後乃敢會衆說而折其中既爲定著

章句一篇以俟後之君子而一二同

志復取石氏書刪其繁亂名以輯略

且記所嘗論辯取舍之意別爲或問

以附其後然後此書之旨支分節解

脈絡貫通詳略相因巨細畢舉而凡

5장 뒷면

因其語而得其心也惜乎其所以爲
說者不傳而凡石氏之所輯錄僅出
於其門人之所記是以大義雖明而
微言未析至其門人所自爲說則雖
頗詳盡而多所發明然倍其師說而
淫於老佛者亦有之矣熹自蚤歲卽
嘗受讀而竊疑之沈潛反復蓋亦有

5장 앞면

所寄不越乎言語文字之間而異端
之說日新月盛以至於老佛之徒出
則彌近理而大亂眞矣然而尚幸此
書之不泯故程夫子兄弟者出得有
所考以續夫千載不傳之緒得有所
詔以斥夫二家似是之非蓋子思之
功於是爲天而微程夫子則亦莫能

4장 뒷면

執則精一之謂也其曰君之時中則

執中之謂也世之相後千有餘年而

其言之不異如合符莭歷選前聖之

書所以提挈綱維開示縕奧未有若

是其明且盡者也自是而又再傳以

得孟氏爲能推明是書以承先聖之

統及其沒而遂失其傳焉則吾道之

4장 앞면

思則去聖遠而異端起矣子思懼夫

愈久而愈失其眞也於是推本堯舜

以來相傳之意質以平日所聞父師

之言更互演繹作爲此書以詔後之

學者蓋其憂之也深故其言之也切

其慮之也遠故其說之也譯其曰天

命率性則道心之謂也其曰擇善固

3장 뒷면

哉自是、以來聖聖相承若成湯文武
之爲君・皋陶伊傅周召之爲臣既皆
以此而接夫道統之傳若吾夫子則
雖不得其位而所以繼往聖開來學
其功反有賢於堯舜者然當是時見
而知之者惟顏氏曾氏之傳得其宗
及曾氏之再傳而復得夫子之孫子

3장 앞면

少間斷心便道心常爲一身之主而

人心每聽命焉則危者安微者著而

動靜云爲自無過不及之差矣夫堯

舜禹天下之大聖也以天下相傳天

下之大事也以天下之大聖行天

之大事而其授受之際丁寧告戒不

過如此則天下之理豈有以加於此

2장 뒷면

人莫不有是形故雖上智不能無人

心亦莫不有是性故雖下愚不能無

道心二者雜於方寸之間而不知所

以治之則危者愈危微者愈微而天

理之公卒無以勝夫人欲之私矣精

則察夫二者之間而不雜也一則守

其本心之正而不離也從事於斯無

2장 앞면

至矣盡矣而舜復益之以三言者則

所以明夫堯之一言必如是而后可

庶幾也蓋嘗論之心之虛靈知覺一

而已矣而以爲有人心道心之異者

則以其或生於形氣之私或原於性

命之正而所以爲知覺者不同是以

或危殆而不安或微妙而難見耳然

1장 뒷면

中庸章句序

中庸何爲而作也子思子憂道學之

失其傳而作也蓋自上古聖神繼天

立極而道統之傳有自來矣其見於

經則允執厥中者堯之所以授舜也

人心惟危道心惟微惟精惟一允執

厥中者舜之所以授禹也堯之一言

속표지 안쪽

속표지

앞표지 안쪽

앞표지

새로 보수한 표지 안쪽

새로 보수한 표지

中庸章句
吉田兼右手寫
清原宣賢朱點

보관용 상자 전면

〈동대본중용장구 서지〉

개장. 배접 보수. 새로 보수한 주황색 표지(27.3×21.5㎝). 外題「兼右卿御十三歲御筆/中庸」(卜部良芳 필). 차갈색 원래 표지에는 외제 없음. 표지 안쪽 첫 장 제목「中庸」. 전체 56장. 본문 53장. 楮紙. 序題「中庸章句序」. 그 난외 오른쪽 아래에「宣賢」이라고 적혀 있다. 半葉 匡郭 20.6×17.2㎝. 有界 7행, 각행 14자. 주석 소자 쌍행. 전권에 걸쳐 朱點·朱引·朱ヲコト點과 墨訓點이 가점되어 있다.

阿部隆一(1962:31) 인용 번역

제3장

동경대학 국어연구실 소장 『중용장구』의 원본 사진

❚ 저자: 한문훈독연구회 『중용장구』 참여회원

오미영(숭실대학교 일어일문학과 교수)
박진호(서울대학교 국어국문학과 교수)
한세진(숭실대학교 일어일문학과 초빙교수)
김문정(서울시교육청 학부모교육 강사)
이정범((주)kakao AI Lab 직원)
신웅철(경성대학교 한국한자연구소 HK연구교수)
문현수(숭실대학교 박사후연구원)
허인영(고려대학교 국어국문학과 박사과정)
정문호(일본 北海道大學 대학원 文學院 박사과정)
손범기(사이버한국외국어대학교 일본어학부 조교수)
이태섭(숭실대학교 일어일문학과 석사과정)
한경호(성균관대학교 중어중문학과 초빙교수)
최준호(서울대학교 국어국문학과 박사과정)
배진솔(서울대학교 국어국문학과 박사과정)
엄상혁(서울대학교 국어국문학과 박사과정)

❚ 대표저자

오미영吳美寧

이화여자대학교 경영학과 졸업
일본 慶應義塾大學 日本語日本文化研修課程 수료
한국외국어대학교 대학원 일어일문학과 석사과정: 문학석사
일본 北海道大學 大學院 문학연구과 박사과정: 문학박사
현재 숭실대학교 일어일문학과 교수

『日本論語訓讀史硏究 上·下』(제이앤씨, 2006)
『韓日 初期飜譯聖書의 어학적 연구』(제이앤씨, 2011)
『新일본어학개설』(공저, 제이앤씨, 2012)
『유네스코가 들려주는 아시아 아홉 문자 이야기』(공저, 한림출판사, 2012)
『일본 논어 훈점본의 해독과 번역 上·下─일본 동양문고 소장 『논어집해』를 대상으로─』(한문훈독연구회 총서 1·2. 공저. 숭실대출판국, 2014·2015)
『일본 천자문 훈점본의 해독과 번역─동경대학 국어연구실 소장 『주천자문』을 대상으로─』(한문훈독연구회 총서 3. 박문사, 2019)